ALLTAG DER MACHT
Berlin Wilhelmstraße

jovis

Hans Wilderotter

ALLTAG DER MACHT
Berlin Wilhelmstraße

jovis

Eine Publikation der
Historischen Kommission, Berlin

Lektorat:
Yamin von Rauch
Gestaltung:
sans serif, Berlin und Jürgen Freter, Berlin
Umschlag:
Katharina von Uslar, sans serif, Berlin
Lithographie:
Satzinform, Berlin
Druck und Bindung:
Clausen & Bosse, Leck

jovis Verlagsbüro
Kurfürstenstraße 15/16
D–10785 Berlin

ISBN 3–931321–14–2

INHALT

VERFASSUNG, VERWALTUNG UND POLITISCHE KULTUR

Die preußische und die deutsche Geschichte des 19. und der ersten Hälfte des 20. Jahrhunderts wäre gewiß nicht anders verlaufen, wenn Otto von Bismarck und Otto Braun, Friedrich Ebert und Paul von Hindenburg, Joseph Goebbels und Adolf Hitler ihre Dienstwohnungen und ihre Amtsräume nicht in der Wilhelmstraße, sondern in einer beliebigen anderen Straße Berlins gehabt hätten. Ein Buch über die Ministerien und die Reichsämter in der Wilhelmstraße, über das Reichspräsidentenpalais und die Reichskanzlei, kann und wird also keine neuen Erkenntnisse über die große Politik, über wegweisende Entscheidungen und über Haupt- und Staatsaktionen liefern.

Dies lag auch gar nicht in meiner Absicht. Ich möchte vielmehr Themen behandeln, die mit dem Titel »Alltag der Macht« so weiträumig wie unbestimmt umschrieben sind und die von der Gestaltung der Fassaden und dem Fassadenschmuck über die Einrichtung und Dekoration von Arbeitszimmern und Sitzungssälen bis zu den repräsentativen Veranstaltungen, den Soireen, Bällen und Bierabenden und schließlich zu den Rekrutierungsmechanismen der höheren Beamten reichen, um nur die wichtigsten zu nennen.

Die Fülle und Heterogenität der Themen wird, so hoffe ich jedenfalls, durch die Fragestellung in einem erträglichen Maß gehalten. Ich möchte der Frage nachgehen, mit welchen symbolpolitischen Strategien Politiker und Beamte das Äußere und das Innere der Häuser und Räume, in denen sie ihren Geschäften nachgingen, zur Darstellung der Macht der Behörde, die sie leiteten oder der sie an leitender Stelle angehörten, nutzten oder genutzt wissen wollten und welche Rückschlüsse auf das Selbstverständnis dieser Politiker und Beamten daraus zu ziehen sind.

Das spektakulärste Beispiel ist sicher die neue Reichskanzlei, die Albert Speer an der Nordseite der Voßstraße errichtete und die mit ihrer mehrere hundert Meter langen Galerie und dem hallenartigen Arbeitszimmer Hitlers eine Überwältigungsästhetik entwickelt, die zu eindeutig ist, um überhaupt noch interpretiert werden zu müssen. Es wäre allerdings verfehlt, den symbolischen Gehalt von politischer Architektur auf diesen Überwältigungseffekt zu beschränken, und zwar nicht nur, weil oft fast unscheinbare Details im Fassadenschmuck eine Rolle spielten, die nicht unterschätzt werden darf, sondern weil gerade auch der Mangel an Ornamenten eine politische Botschaft enthalten kann. So wäre der Entwurf für den Erweiterungsbau der Reichskanzlei von Eduard Jobst Siedler und Robert Kisch in seiner schnörkellosen Sachlichkeit ein geeignetes symbolisches Pendant zum Politikverständnis der Republik gewesen, hätten nicht Parlamentarier und Ministerialbeamte, Politiker, Architekten und Journalisten dafür gesorgt, daß dieser Entwurf vor seiner Verwirklichung so verändert wurde, daß an seiner Fassade und in seinem Aufbau die gängige Symbolik von politischer Macht mit aller Deutlichkeit sichtbar wurde.

Man kann diese symbolpolitischen Strategien bis in die Details der Inneneinrichtung verfolgen. Als Bernhard von Bülow, um dafür ein Beispiel zu nennen, im Sommer 1900 zum Reichskanzler ernannt wurde, ließ er die Reichskanzlei mit großem Aufwand umbauen und im Stile der damals gerade noch modischen Hochrenaissance neu einrichten. Die Öffentlichkeit wurde durch Artikel in der zeitgenössischen Regenbogenpresse von dieser Tatsache in Kenntnis gesetzt und konnte so ihren Reichskanzler als Repräsentanten eben der gesellschaftlichen Elite identifizieren, der nach Tradition und allgemeiner Übereinkunft die wichtigen Positionen in Staat und Gesellschaft zustanden. Anlaß für solche Berichte waren in der Regel spektakuläre gesellschaftliche Veranstaltungen, deren Aufwand die Botschaft der Einrichtung bestätigte und noch verstärkte.

Veranstaltungen dieser Art bilden nicht nur in diesem Buch, sondern auch in der Geschichte und Typologie der Herrschaftstechniken ein eigenes Kapitel. Ihr Schauplatz waren die Festsäle der Ministerwohnungen, deren Bedeutung gar nicht überschätzt werden kann, wie allein schon an der Tatsache sichtbar wird, daß sie nicht nur im Zentrum der Neubauplanungen, sondern auch der Neubauten selbst standen. Auf den parlamentarischen Soireen und Bierabenden Bismarcks wurden nicht nur mit Worten, sondern auch mit Blicken und Gesten politische Allianzen gebildet, die gelegentlich nicht nur quer zu den Grenzlinien zwischen Parteien und Verbänden verliefen, sondern die in ihrer Entstehung auch von all denen sorgfältig registriert werden mußten, die sich nicht im politischen Abseits wiederfinden wollten. Diese Veranstaltungen, über die nicht nur die Presse für eine breite Öffentlichkeit berichtete und die bald schon ganz angemessen als Bismarcks »Hausparlament« bezeichnet wurden, bildeten für die Teilnehmer ein Forum, auf dem sie nicht nur Botschaften empfangen, sondern auch ihre Bereitschaft signalisieren konnten, ihr eigenes Verhalten in Zukunft an diesen Botschaften zu orientieren.

Solche formalisierten Veranstaltungen waren gelegentlich fast zum Ritual gesteigert, das entweder in privater und intimer Form oder in demonstrativer Öffentlichkeit vollzogen wurde. Als Reichskanzler Bülow Bismarcks Sohn zum Abendessen bat und ihm den Schreibtisch seines Vaters zeigte, der nicht länger in dessen ehemaligem Arbeitszimmer stand, sondern in einem kleinen Privatmuseum, war die Botschaft, daß das Ende der Ära Bismarck angebrochen war, in aller Deutlichkeit zum Ausdruck gebracht. Als bei der Feier zur Grundsteinlegung für den Erweiterungsbau der Reichskanzlei im Mai 1928 Bismarck immer wieder als Symbol für die zukünftige Arbeit in der Reichskanzlei hingestellt wurde, konnte keinem aufmerksamen Beobachter entgehen, daß die Repräsentanten der Republik im Namen Bismarcks diese Republik längst hinter sich gelassen hatten.

Überhaupt zieht sich die Beschwörung Bismarcks wie ein roter Faden durch die Geschichte der Wilhelmstraße und sie nahm nicht nur in dem Maße zu, in dem das Reich Bismarcks der Vergangenheit angehörte, sondern sie fand zunehmend auch Anhänger nicht nur bei den Gegnern der Republik, die dieses Reich wiederherstellen wollten und einen »neuen Bismarck« erwarteten, sondern auch bei zahlreichen Politikern und Beamten, die Parteien angehörten, die die Republik regierten und verwalteten, und die eigentlich die Republik gegen ihre Gegner hätten verteidigen sollen. Daß diese Beamten und Politiker glaubten, mit der Berufung auf den »maßvollen Realpolitiker« Bismarck der Republik einen Gefallen zu tun, ist vermutlich einer Mischung aus Zynismus und Selbsttäuschung zu verdanken. Die zentrale symbolische Rolle, die Bismarck in der Wilhelmstraße spielte, wird an Bismarck-Reliquien sichtbar, zu denen nicht nur der bereits genannte Schreibtisch gehörte, sondern auch ein Bismarck-Porträt, das schließlich im Arbeitszimmer Hitlers in der neuen Reichskanzlei, genau gegenüber dem Schreibtisch landete.

Gelegentlich nahm die Berufung auf die Vergangenheit zur Selbstdarstellung in der Gegenwart nicht die Form der Beschwörung eines vergangenen Ideals an, das es zu erneuern gelte, sondern die Form einer symbolischen Distanzierungsstrategie. Was gemeint ist, kann an einem skurrilen Detail deutlich gemacht werden. Theodor Wolff, der langjährige Chefredakteur des linksliberalen *Berliner Tageblatts* und Mitbegründer der *Deutschen Demokratischen Partei*, erinnerte sich im Exil an den Geruch in der Reichskanzlei: »Immer, wenn ich in den Laden eines Antiquitätenhändlers trat, der nicht zu den Großen dieses Geschäftszweiges gehörte, war sofort auf dem Geruchswege die Verbindung zu einem anderen Gebäude und anderen Räumlichkeiten hergestellt. ... Das Phänomen ereignete sich nur in den halbdunklen und schlechtgelüfteten Rumpelkammern, in denen bescheidene Exemplare von berlinischem Biedermeier und deutscher Renaissance, verschlissene Überreste von groben Tapisserien, Aschenbecher mit Perlenstickerei, invalide Meißner Figuren, Bilder unbekannter, begreiflicherweise unbekannter Meister, Dosen und gemalte Pfeifenköpfe aufgestapelt sind. Hier, wo es nach Staub und Motten und mürbem Holz und niemals ausgeklopften Teppichen riecht, wurde der Gedanke unfehlbar zu einem Hause von hoher historischer Bedeutung, zu dem Palais der deutschen Reichskanzler hingeleitet, und die Salons öffneten sich, in denen man zu warten pflegte, bis der Herr Reichskanzler bitten ließ.«

Die Tatsache, daß es in der Reichskanzlei gestunken hat, da über Jahrzehnte hinweg nicht renoviert wurde und die Reichskanzler in den letzten Jahren der Republik immer noch mit dem Mobiliar vorlieb nahmen, das Bülow zu Anfang des Jahrhunderts angeschafft und das inzwischen seinen Glanz erheblich verloren hatte, macht nicht nur deutlich, daß die Politiker der Republik Fragen der Ästhetik offenbar viel zu gleichgültig gegenüberstanden, sondern wurde auch von Adolf Hitler zum Anlaß genommen, seinen Angriffen gegen die Republik eine gewissermaßen olfaktorische Komponente beizufügen. Die Reichskanzlei, so Hitler in einer Rede, sei bei seinem Amtsantritt in vollem Verfall begriffen gewesen, und in genau dem gleichen Verfallsstadium, so suggeriert die Metapher, habe sich auch die Republik befunden, ein Zustand, dem er, Adolf Hitler, mit der Renovierung und Neueinrichtung der Reichskanzlei ästhetisch, mit der Übernahme der Stelle des Reichskanzlers politisch ein Ende bereitet habe.

Ich habe diese Formen symbolpolitischer Manipulationen als »Symbolische Politik« bezeichnet und sie, aus ganz pragmatischen Gründen, von der »Politischen Symbolik« unterschieden. Während ich unter diesem Begriff die Artefakte zusammenfasse, die von sich aus Symbole waren oder als Symbole eingesetzt und gedeutet werden konnten, zielt die Formel »Symbolische Politik« auf das Ensemble von Rhetorik und Gestik, Ritual und

Choreographie, in das symbolpolitische Aktivitäten eingebettet waren und sind. Daß beide Aspekte nicht immer klar voneinander zu trennen sind, wird bei der Lektüre der beiden Kapitel dieses Buches, die nach dieser Unterscheidung betitelt sind, sofort deutlich. Ein drittes Kapitel versucht unter dem Titel »Die regierende Bürokratie« der Frage nachzugehen, ob der an den symbolpolitischen Aktivitäten deutlich gewordene mentale Konservatismus von Politikern und Beamten, der unabhängig von Staatsform und Epoche zu sein scheint, sein Pendant in den Rekrutierungsmechanismen und der Beamtenpolitik einerseits, dem politischen Verhalten der Beamten andererseits findet. Als Anhang ist eine Sammlung von Monographien der wichtigsten Gebäude der Wilhelmstraße beigefügt, in denen in aller Kürze die jeweilige Bau- und Belegungsgeschichte abgehandelt wird.

Zum Abschluß möchte ich mich bei all denen bedanken, die mir bei der Suche nach Material und bei der Verwirklichung diese Buches geholfen haben. Mein besonderer Dank gilt der Historischen Kommission und ihrem Vorsitzenden, Herrn Professor Dr. Wolfgang Ribbe, der große Geduld mit mir hatte, und dem jovis-Verlag und dessen Verleger, Herrn Jochen Visscher, der nicht weniger geduldig war.

Hans Wilderotter

POLITISCHE SYMBOLIK
Fassaden und Ornamente

»Ein fürstliches Revier«
Die Wilhelmstraße bis zur Reichsgründung

Wer, sagen wir an einem Oktobertag des Jahres 1848, durch die Wilhelmstraße ging, fand kaum einen Hinweis darauf, daß sich hier, zwischen der Straße Unter den Linden und der Leipziger Straße, das nach dem Schloß wichtigste Zentrum der Macht im Königreich Preußen befand. Weder an der Nr. 76, wo der preußische Außenminister nicht nur seine Dienstwohnung, sondern er und seine führenden Beamten auch ihre Büros hatten, noch an der Nr. 65, dem preußischen Justizministerium, gab es irgendein Zeichen, an dem der fiktive Flaneur hätte ablesen können, daß er vor den Zentralen oberster Staatsbehörden stand. Das gleiche galt für das Haus Nr. 61 an der Südseite des Wilhelmplatzes, an der Ecke zur Wilhelmstraße, wo der größere Teil der Diensträume des Ministeriums der auswärtigen Angelegenheiten untergebracht war, und für das

Die Wilhelmstraße. Aquarell von Carl Graeb, um 1850
In der Bildmitte das Ministerium der auswärtigen Angelegenheiten, Wilhelmstraße 76

Haus Nr. 79, in dem seit Anfang des Jahres 1848 das Ministerium für Handel, Gewerbe und öffentliche Arbeiten seinen Sitz hatte. Auch das Haus in der Wilhelmstraße 74, in das wenige Wochen zuvor der preußische Ministerpräsident eingezogen war, nachdem hier fast ein halbes Jahrhundert preußische Justizminister gewohnt und gearbeitet hatten, gab seine Identität durch kein Zeichen zu erkennen.

Die Häuser in der Wilhelmstraße, in denen sich die Dienstwohnungen preußischer Minister und die Amtsräume ihrer Ministerien befanden, unterschieden sich nicht grundsätzlich von ihren Nachbarn, dem Palais des Grafen Schwerin (Nr. 64), des Grafen Arnim (Nr. 63), des Grafen Voß (Nr. 78), des Fürsten Radziwill (Nr. 77), des Prinzen Friedrich Karl von Preußen (Wilhelmplatz 9) und des Prinzen Friedrich Wilhelm Ludwig von Preußen (Nr. 72), um nur einige zu nennen. Diese Aufzählung reicht aus, um zu verstehen, warum Robert Springer in *Berlin's Strassen, Kneipen und Clubs im Jahre 1848* aus der Sicht des zeitgenössischen Beobachters die Straße als die »aristokratische Wilhelmstraße« beschreiben konnte, »deren Stille bisher nur von dem Geräusch der Staatskarossen, welche Mittags über die breiten Rampen rollten, unterbrochen worden war«.[1] Diese Beschreibung bezieht sich nicht nur auf die Residenzen des Adels und der Prinzen, sondern schließt die Ministerien und ihre Gebäude ebenso ein wie die Minister, die in der Regel der gleichen gesellschaftlichen Gruppe angehörten, so daß Ludwig Rellstab 1858 bei einem Spaziergang durch die Straße nicht nur die Residenzen der Prinzen der königlichen Familie und der fürstlichen und gräflichen Häuser, sondern auch die Gebäude der Ministerien als »Paläste« bezeichnen und von der Wilhelmstraße als einem »fürstlichen Revier« sprechen konnte.[2]

Diese Darstellung der Wilhelmstraße durch Springer und Rellstab gibt eine indirekte Antwort auf die Frage nach dem Mangel an äußeren Zeichen der Macht. Diesem Mangel lag nicht etwa der Mangel an Machtbewußtsein bei denjenigen zugrunde, die im Besitz dieser Macht waren, sondern vielmehr die Selbstverständlichkeit des Machtbesitzes im Bewußtsein einer Elite, deren Angehörige sich dieses Privilegs durch Zugehörigkeit zu ihrem Geburtsstand sicher waren. Es gab keinerlei Notwendigkeit, durch Symbole imponierend oder gar werbend auf die Öffentlichkeit einzuwirken; vielmehr genügte der Ausweis der Zugehörigkeit zur machtbesitzenden Elite, die diese ihre Macht durch die Residenz im fürstlichen Revier der Wilhelmstraße zur Genüge zur Schau trug. Dem entspricht der begriffsgeschichtliche Befund, daß sich die Ausweitung des Begriffs *Palast* von der Aristokratie auf die Bürokratie im Rahmen eines Kontinuums bewegte. »Gewöhnlich«, heißt es unter *Palast* in der *Allgemeinen Encyklopädie der Wissenschaften und Künste* von J. S. Ersch und J. G. Gruber aus dem Jahre 1837, »wird damit im engern Sinne das durch Größe und Pracht ausgezeichnete Wohngebäude der Fürsten und Grafen bezeichnet, im weitern Sinne oft auch der Sitz hoher Behörden«.[3]
Daß sich in der Wilhelmstraße die Zentralen staatlicher Macht befanden, war, trotz des Mangels an expliziten Symbolen, nicht nur für Springer und Rellstab, sondern auch für eine weitere Öffentlichkeit kein Geheimnis. Wäre unser fiktiver Flaneur nicht im Oktober, sondern etwa im August 1848 durch die Wilhelmstraße gekommen, hätte er

Zeuge eines Vorfalls werden können, von dem Robert Springer berichtet, wenn er zunächst den normalerweise so friedlichen Charakter der Wilhelmstraße beschwört, um ihm anschließend eine »große Menschenmenge« gegenüberzustellen, die »von den Thiergartenzelten nach dem Ministerhotel in der Wilhelmstraße« zog. Anders als diese Demonstration gegen die Regierung, die ohne weitere Vorkommnisse verlaufen zu sein scheint, »zog am 21. August Abends eine Volksmenge vor das Ministerhotel in der Wilhelmstraße und schreckte die bei einem Abendschmause versammelten Minister durch Steinwürfe. Die Constabler waren in großer Anzahl durch die nebenliegenden Gärten in den Hof des Hotels gedrungen und machten dann einen Ausfall, indem sie mit ihren kurzen Säbeln scharf auf das Volk einhieben, welches durch den Gedrang bei der Flucht das Gitter von der Rampe niederriß. Auch das gegenüberliegende Hotel des Justizministers wurde beschädigt.«[4]

Die letzte Bemerkung macht deutlich, daß es sich bei dem Ministerhotel um das Palais des Ministerpräsidenten in der Wilhelmstraße 74 handelte, wobei der Gebrauch des Wortes *Hôtel*, mit dem die Stadtpaläste des Adels bezeichnet wurden, die Wahrnehmung der Straße als eines »fürstlichen Reviers« auch im Bereich der staatlichen Behörden bestätigt. Der Begriff *Hôtel*, der in Frankreich seit dem 18. Jahrhundert die Häuser der hohen Aristokratie im Unterschied zu den Palais der königlichen Prinzen bezeichnete, scheint als Modewort neu gewesen zu sein. Er läßt sich lexikalisch zuerst in *Meyers Großem Konversations-Lexikon* von 1850 nachweisen, der die enge Beziehung von Aristokratie und hoher Bürokratie bestätigt mit der Formulierung, unter *Hôtel* verstehe man »in großen Städten Wohnung einer vornehmen Familie oder eines hohen Staatsbeamten«.[5] Diesem Sprachgebrauch folgt auch ein Neuruppiner Bilderbogen, der das Ereignis in einer dramatischen Komposition im Bild festgehalten hat, das den Titel »Berliner Straßen-Kravall. Angriff der Berliner Demokraten auf das Hotel des Minister-Präsidenten von Auerswald in der Wilhelmstraße zu Berlin am 21. August 1848« trägt und dessen Text die Darstellung Springers bestätigt.

Die bewaffneten Vertreter der Staatsmacht, die den Angriff in die Flucht schlugen, waren eigens aus dem gegebenen Anlaß herbeigeeilt und keineswegs auf Dauer an den Ministerien als Wachen postiert. Zwar gab es in der Wilhelmstraße Schilderhäuser, und sie wären unserem Flaneur wegen ihrer auffälligen schwarz-weißen Streifen auf gar keinen Fall entgangen. Die Soldaten, die vor oder neben diesen Häuschen Wache standen, hatten jedoch weniger militärische Schutz-, als vielmehr Prestigefunktion, standen sie doch als Ehrenwache vor den Eingängen der Palais königlicher Prinzen und nicht vor den Zentralen staatlicher Macht.

Wenn unser Flaneur allerdings, was zu vermuten ist, nach Süden über den Wilhelmplatz hinaus, am Ministerium für Handel, Gewerbe und öffentliche Arbeiten vorbei bis zur Leipziger Straße weitergegangen sein sollte, konnte er, schräg rechts vor sich, an der Südseite der Leipziger Straße, nur etwa fünfzig Meter von der Ecke zur Wilhelmstraße entfernt, das Gebäude des Kriegsministeriums sehen, vor dem nicht nur Schildwachen standen, sondern das auch aufwendig mit Skulpturen geschmückt war, die ein-

Das merkwürdige Jahr 1848. — Eine neue Bilderzeitung. — 34stes Bild.

Berliner Straßen-Krawall.

Angriff der Berliner Demokraten auf das Hotel des Minister-Präsidenten von Auerswald in der Wilhelmsstraße zu Berlin am 21. August 1848.

Die bedauerlichen Vorfälle in Charlottenburg am 20. August, wo man den Anführern der demokratischen oder republikanischen Partei arg mitgespielt und strafwürdige, die Gesetze der persönlichen Freiheit verhöhnende Handlungen begangen hatte, hatten die Demokraten in Berlin so aufgeregt, daß sie zuerst beschlossen, bewaffnet gegen Charlottenburg zu ziehen. Doch glücklicherweise fiel in der Nacht ein starker Regen und kühlte diese Hitze ab. Am folgenden Morgen aber wurden durch Maueranschläge die Vorfälle in Charlottenburg mit den grellsten Farben dargestellt; man behauptete Beamte hätten diese angestiftet und forderte zur bewaffneten Erhebung in Masse auf, um gegen die Frevler an der Freiheit einzuschreiten, da die zuständigen Behörden, die doch die Lage der Sache erst erkunden mußten, nicht einschritten. Am Vormittag des 21. August zogen daher große Massen Arbeiter vor das Hotel des Ministers Milde und verübten dort eine Menge aufrührerischer Handlungen, so daß die herbeigeeilten Constabler die Ruhe nicht wieder herstellen konnten und die Bürgerwehr einschreiten mußte, welche auch einige Tumultuanten verhaftete. Nachmittags nahm die Menschenmenge an der Ecke der Friedrichsstraße und den Linden so zu, daß am Abende wohl mehrere Tausende dort versammelt waren. Von hier zog man nun zuerst zu dem Minister des Innern und wählte eine Deputation, welche stürmisch Einlaß verlangte. Dieser wurde nicht verstattet, und nun wollte man mit Gewalt eindringen, bis endlich aus den oberen Fenstern des Hotels die Versicherung gegeben wurde, daß der Minister nicht anwesend, sondern in einer Gesellschaft beim Ministerpräsidenten sei. Die Menge begnügte sich nun mit dem Einwerfen der sämmtlichen Fenster und zog dann in Masse nach der Wohnung des Ministerpräsidenten von Auerswald in der Wilhelmsstraße, bei welchem eine zahlreiche Gesellschaft, in der sich die übrigen Minister, fremde Gesandte und Mitglieder der Nat.-Versammlung befanden, versammelt war. Hier angelangt, erwählte sie eine Deputation, an deren Spitze der anwesende deutschkatholische Prediger Dowiat stand, und diese verlangte von den betreffenden Ministern die sofortige Entlassung aller politischen Gefangenen und verdiente Bestrafung der charlottenburger Uebelthäter oder sofortige Abdankung des Ministeriums. Eine unterdeß angekommene größere Abtheilung Schutzmänner versuchte nun die Rampe vor dem Hotel, die von einer dichtgedrängten Aufrührermasse besetzt war, frei zu machen, doch gab dieser Versuch nun Anlaß zu einem ziemlich hitzigen Kampfe, bei welchem das Volk mit Pflastersteinen warf und zwei Schutzmänner durch Schüsse aus der Menge verwundet wurden. Nun ging es auch an einen Angriff des Hotels selbst. Man brach die Eisenstangen der Rampe aus, warf sämmtliche Scheiben ein und trieb die versammelte Gesellschaft in die Flucht, bis zahlreich herbeigeeilte Bürgerwehr dem Unfuge an dieser Stelle ein Ende machte. Auch bei dem Kriegsminister von Schreckenstein stürmte man gegen die Thüren und warf die Fenster ein. Es rückten jetzt aber von allen Seiten größere Massen Bürgerwehr an, denen es gelang nach Mitternacht die Massen, nicht ohne Verwundungen, auseinander zu treiben. Die Massen der Empörer zogen nun nach den Linden, wurden aber auch hier durch die einen Angriff drohende Bürgerwehr und durch einen tüchtigen Regen vollends zerstreut. Für den folgenden Tag besorgte man neue Unruhen, doch blieb es ruhig. Es wurden zahlreiche Verhaftungen von Unruhstiftern und ihrer Anführer vorgenommen und diese werden ihrer Strafe nicht entgehen, da sie durch ihre Handlungen bewiesen, daß es ihnen nicht um das Recht, sondern nur um Gesetzlosigkeit zu thun ist. Nur wo das Gesetz kräftig aufrecht erhalten wird, kann Ruhe und Ordnung und mit dieser der Staat bestehen und in ihm jeder des Glücks genießen, was ihm von der Vorsehung zugetheilt worden ist.

Original u. Eigenthum № 2105

Zu Ruppin zu haben bei Gustav Kühn

Angriff der Berliner Demokraten auf das Hotel des Ministerpräsidenten von Auerswald in der Wilhelmstraße am 21. August 1848. Neuruppiner Bilderbogen

deutig darauf hinwiesen, daß es sich hier um ein Gebäude mit militärischer Zweckbestimmung handelte.

Das Kriegsministerium hatte im Jahre 1819 das Fürstlich Reußsche Palais (ehemals Palais von Happe) in der Leipziger Straße 5 bezogen. Das Haus unterschied sich wohl kaum von seinen Nachbarn zur Linken und zur Rechten, zweistöckigen barocken Stadtpalästen mit Mansardendach, wie sie in der Wilhelmstraße standen und wie sie auf dem

Das Kriegsministerium zu Berlin. Gemälde von Eduard Gaertner, 1855

Gemälde von Eduard Gaertner aus dem Jahre 1855 zu sehen sind, in dessen Zentrum das Kriegsministerium in der Gestalt steht, die es durch einen Um- und Erweiterungsbau in den Jahren 1845–1846 erhalten hatte. Dieser Umbau wurde von Wilhelm Drewitz, der im Kriegsministerium als Baubeamter tätig war, durchgeführt und zwar nach Plänen von Friedrich August Stüler.

Stüler hat bei der Gestaltung der Fassade den Klassizismus der Schinkelschule mit dem Rückgriff auf Formen der Palastarchitektur der florentinischen Frührenaissance verbunden. Die beiden unteren Stockwerke erhielten gerade eingeschnittene Fenster ohne Gewände und Verdachung. Im zweiten, neu aufgesetzten Obergeschoß stellte Stüler Rundbogenfenster, die sich mit ihrem aus zwei Halbkreisen und einem Kreis bestehenden Maßwerk am Vorbild der Fenster des Palazzo Rucellai orientieren, zwischen korinthische Pilaster. Die durchgehende Quaderung aller Stockwerke unterstreicht noch die mit den Fenstern des obersten Stockwerks vorliegende Orientierung an dem, was man den »florentinischen Stil« nannte.

Es ist durchaus möglich, daß Stüler, der seit 1842 den Titel »Architekt des Königs« führte, unter dem er alle Hofbauten und alle von König Friedrich Wilhelm IV. direkt ausgehenden Bauvorhaben leitete, sich hier an dessen Vorgaben orientierte, da »nach dem allgemeinen Befehle seiner Majestät des Königs die Militärgebäude in kräftiger, in etwa der florentinischen Architektur annähernden Haltung zu entwerfen« seien.[6] Der König scheint die Paläste der Frührenaissance als Weiterentwicklung befestigter Burgen und damit als Wehrbauten gesehen zu haben. Ganz an diesen florentinischen Vorgaben

Die Erweiterungsbauten des Kriegsministeriums, Wilhelmstraße 81–85

orientierten sich dann auch die Architekten der Erweiterungsbauten des Kriegsministeriums in der Wilhelmstraße, ja, sie übertrafen sie in gewisser Weise noch. Zwischen 1865 und 1867 errichtete der dem Kriegsministerium angehörende Geheime Oberbaurat Fleischinger zusammen mit dem Bauinspektor Voigtel einen Erweiterungsbau in der Wilhelmstraße 81, dessen Fassaden »in ihren Kunstgedanken gewisse Verwandtschaft mit dem älteren Bau« zeigen; »nur sind sie derber und einfacher im Sinne florentinischer Palastbauten behandelt«.[7] Zwischen 1888 und 1890 schließlich wurde auf den Grundstücken Wilhelmstraße 82–85 nach Entwürfen des Baurats la Pierre ein umfangreicher Neubau errichtet, bei dem »sich die Vorderfassade in ihrer architektonischen Ausbildung an die übrigen Gebäude« anlehnt.[8]

Stüler versah das Haus des Kriegsministeriums, um dessen militärische Zweckbestimmung noch deutlicher, als dies mit der Wahl der »florentinischen Architektur« möglich war, sichtbar zu machen, mit aufwendigem Skulpturenschmuck. Unterhalb des Gurtgesimses, das das erste vom zweiten Stockwerk trennt, verläuft ein Fries, in dem Helme und Laubwerk einander abwechseln. Der ganze Bau ist von einer in Arkaturen aufgelösten Attika bekrönt, auf der an den Risalit- und Gebäudeecken Trophäen-Aufsätze angebracht sind. Die beiden Einfahrten werden jeweils von zwei Pfeilerfiguren flankiert, die Soldaten darstellen, Vertreter verschiedener Waffengattungen, und zwar einen Husar, einen Kanonier, einen Grenadier und einen Kürassier.[9]

Der Umbau des Kriegsministeriums war der erste von drei Bauten, die Stüler für preußische Ministerien plante und die im Turnus von jeweils etwa einem Jahrzehnt aufein-

Das Ministerium für Handel, Gewerbe und öffentliche Arbeiten, Wilhelmstraße 79 (Ausschnitt)

Das preußische Justizministerium, Wilhelmstraße 65 (Ausschnitt)

ander folgten. In den Jahren 1854 und 1855 wurde das Ministerium für Handel, Gewerbe und öffentliche Arbeiten in der Wilhelmstraße 79, dem Stüler seit 1850 als Ministerial-Baurat angehörte, erweitert, ebenfalls um ein Stockwerk erhöht und mit einer neuen Fassade versehen.[10] Der Architekt übernahm die formale Gliederung des Vorgängerbaus in einen elfachsigen Mittelrisalit und zwei jeweils fünfachsige Seitentrakte, und er beließ es im Erdgeschoß bei den Segmentbogenfenstern. Er übernahm auch die rechteckigen Fenster mit geradliniger Verdachung im ersten Stock und die Gliederung des Mittelteils dieses Stockwerks durch korinthische Pilaster, eine Pilasterstellung, die er im neu aufgesetzten zweiten Stockwerk des Mittelbaus wiederholte, so daß dieses mit dem ersten Stockwerk eine Einheit zu bilden schien. Im neuen Stockwerk des Mittelteils sind zwischen die Pilaster Rundbogenfenster gestellt, die bis ins Dachgeschoß reichen und so diesen Mittelteil gegenüber den Seitentrakten erhöht erscheinen lassen. Der Mittelteil selbst ist noch einmal vertikal gegliedert, und zwar in ein dreiachsiges Zentrum, an das sich links und rechts zwei jeweils ebenfalls dreiachsige Risalite anschließen. Diese werden von zwei jeweils einachsigen Seitenstreifen flankiert, die durch gebänderte Lisenen gerahmt sind, in denen die Quaderung des Erdgeschosses aufgenommen wird. Diese vertikalen Gliederungslinien werden durch sechs allegorische weibliche Figuren betont, die auf der den Bau bekrönenden Balustrade stehen; eine Beziehung dieser Figuren auf die Funktion des Hauses ist möglich, aber wenig wahrscheinlich, und jedenfalls nicht nachweisbar. Es entstand eine »repräsentative Palastfront, in der klassizistische und Renaissanceformen sich zu einem Ganzen verbinden«.[11]

Stüler hat sich, insbesondere bei den zwischen korinthische Pilaster gestellten Rundbogenfenstern unter Verzicht auf die für die Frührenaissance charakteristische Quaderung, ein Stück weit in Richtung Hochrenaissance bewegt, ein Stil, der in gerade den Jahren, in denen der Umbau des Handelsministeriums durchgeführt wurde, in Berliner

Das Reichskanzleramt, Wilhelmstraße 74 (Ausschnitt)

Der Neubau für das Auswärtige Amt, Wilhelmstraße 61 (Ausschnitt)

Architektenkreisen langsam Fuß faßte, bevor er seit der zweiten Hälfte des folgenden Jahrzehnts nicht nur die Architektur öffentlicher Bauten, sondern auch repräsentativer Privathäuser zu beherrschen begann.[12] Dieser Erfolg war auch der Tatsache zu verdanken, daß ein wohlhabendes Bürgertum, wie es insbesondere nach der Reichsgründung und der damit verbundenen wirtschaftlichen Prosperitätsphase erheblich an Zahl zugenommen hatte, in der Kultur italienischer Städte des 16. Jahrhunderts jene gesellschaftliche und ökonomische Blütezeit sah, in der es sich selbst jetzt zu befinden glaubte oder deren baldige Heraufkunft es zumindest erhoffen und durch eine entsprechende Architektur demonstrieren zu können glaubte. Einer der ersten Höhepunkte dieser Verbindung von unternehmerischem Selbstbewußtsein mit architektonischer Gestalt ist zweifellos das von Richard Lucae 1875 bis 1877 für August Borsig erbaute Haus in der Voßstraße Nr. 1, an der Ecke zur Wilhelmstraße, das »zu den prächtigsten Wohnbauten« gehörte, »die sich die selbstsicher gewordene Großbourgeoisie in jenen Jahren geleistet hat«[13], und das mit Arkaden, Ädikulafenstern und Skulpturennischen eine reine Verkörperung der Rezeption der Hochrenaissance des 16. Jahrhunderts ist. Von Richard Lucae stammt auch der Entwurf für den Erweiterungsbau des Ministeriums für Handel, Gewerbe und öffentliche Arbeiten, der von dem Geheimen Oberbaurat Herrmann zwischen 1876 und 1878 ausgeführt wurde und in der Voßstraße 35 dem Borsig Palais direkt gegenüber lag. Von diesem Bau im Stile der Hochrenaissance bietet sich eine zwar sehr schmale, aber wohl sichere Assoziationsbrücke zu Stülers Bau für ein Ministerium, dessen Hauptaufgabe die Förderung genau jenes gesellschaftlichen Bereiches war, in dem die Grundlagen für die wirtschaftliche Blüte gelegt wurden, der die Architektur der Hochrenaissance entsprochen haben soll.

Der dritte und letzte Bau schließlich, der Um- und Erweiterungsbau des preußischen Justizministeriums in der Wilhelmstraße 65, wurde zwar zwischen 1865 und 1872 von Ferdinand Johann Gustav Möller durchgeführt, der 1866, nach dem Tod Stülers dessen

Nachfolge im Ministerium für öffentliche Arbeiten angetreten hatte; es spricht jedoch einiges dafür, daß die Entwürfe noch von Stüler selbst stammen. Dem Bau wurde an der Stelle des Mansardgeschosses ein zweites Stockwerk aufgesetzt, dessen gerade verdachte Fenster zwischen paarweise angeordneten korinthischen Pilastern stehen. Im ersten Stock wurden die Fenster des Mitteltrakts mit Dreiecksgiebeln verdacht, in dem durchgehend gequaderten Erdgeschoß als Segmentbogenfenster ausgebildet. Der Bau in den »Formen der neueren Berliner Renaissance« fügt sich nahtlos in die Reihe der Ministerpaläste der Wilhelmstraße ein.[14]

Am Vorabend der Reichsgründung erschien die Wilhelmstraße immer noch als das, was sie bereits in der ersten Jahrhunderthälfte war, ein »fürstliches Revier« mit einer Reihe von Palästen, die entweder als private Wohnungen oder, als Sitz von Behörden, Wohn- und Verwaltungszwecken dienten. Das Gebäude des preußischen Staatsministeriums in der Wilhelmstraße 74 hatte die Grundform des barocken Stadtpalais ebenso behalten wie die beiden Häuser des Außenministeriums in der Nummer 61 und der Nummer 76, wobei dieses Gebäude zu Anfang des 19. Jahrhunderts eine Fassade im Stile des Berliner Frühklassizismus erhalten hatte, die seinen Palais-Charakter womöglich noch verstärkt hervortreten ließ. Zwar waren an drei Stellen die Vorgängerbauten des 18. Jahrhunderts durch Stülers Umbauten, die zumindest zur Straße hin Neubauten gleichkamen, erheblich verändert worden. Gerade diese Umbauten aber führten zu Gebäuden, deren »Palazzo-Charakter« nicht nur Architekturhistorikern, sondern bereits den Zeitgenossen aufgefallen war; Ludwig Rellstab, der davon spricht, daß wir es »in dieser Straße fast mit nichts als mit Palästen zu thun haben«, bezeichnet das Gebäude des Handelsministeriums als »Palast, denn diesen Namen verdient der Bau vollkommen«.[15]

Die Ministeriumsbauten in der Wilhelmstraße bedurften auch in den beiden Jahrzehnten nach der Jahrhundertmitte keiner politischen Symbolik, da allein ihr Palast-Charakter ausreichte, sie als Residenzen der Angehörigen derjenigen gesellschaftlichen Schicht auszuweisen, die als Geburtsstand über die politische Macht verfügte. Zwar hatte Stüler am Handelsministerium und am Kriegsministerium Skulpturenschmuck angebracht. Im ersten Fall ist es jedoch sehr wahrscheinlich, daß die das Dach bekrönenden Figuren bloßen Schmuckcharakter besaßen und über die Funktion des Hauses als Gebäude einer Behörde nichts aussagten. Anders im Kriegsministerium, wo die Soldatenfiguren ebenso wie die Helmzier am Fries und die Trophäenfiguren auf der Attika den militärischen Charakter des Gebäudes unterstreichen; es handelte sich hier jedoch um etwas, das man Ressortsymbolik nennen könnte, die sich, in vereinfachter Form, auch an anderen militärischen Gebäuden und, weit aufwendiger noch, am Zeughaus findet, so daß nichts an den gewählten Skulpturen auf die oberste Staatsbehörde hinweist, deren Gehäuse sie schmücken.

Die beiden Soldaten übrigens, die an der rechten der beiden Einfahrten Schildwache hielten, standen hier als Ehrenwache für den Kriegsminister, dem nicht etwa als Minister, sondern als hohem Militär eine solche Wache zustand und der hier den Eingang zu seiner Dienstwohnung hatte.

»Die Würde und das Ansehen des Deutschen Reiches« Pläne und Bauten des ersten Jahrzehnts nach der Reichsgründung

Nur wenige Jahre nach Stülers Tod und kurze Zeit nach der Reichsgründung begann in der Wilhelmstraße der Bau für die Behörden des neuen Reichs. Es handelt sich um Um-, Erweiterungs- und Neubauten, die von Georg Wilhelm Neumann geplant wurden, der nach einer Adoption seit 1878 von Mörner hieß und der die Architektur der Reichsbehörden in der Wilhelmstraße in eben dem gleichen Maße prägte wie Friedrich August Stüler die der preußischen Ministerien. Neumann hat zwei Gebäude in direkter Nachbarschaft zu Stülerschen Ministerien errichtet, und zwar in den Jahren 1869/70 einen Neubau zur Erweiterung des Ministeriums für Handel, Gewerbe und öffentliche Arbeiten in der Wilhelmstraße 80 und in den Jahren 1874/1875 den Um- und Erweiterungsbau des provisorischen Reichstagsgebäudes in der Leipziger Straße 4, der unmittelbar an das Kriegsministerium angrenzte.
In der Fassade des Erweiterungsbaus für das Handelsministerium übernahm Neumann die Gestaltungselemente des benachbarten Stammhauses. Dem Problem der überlangen Fassade, das sich nicht erst aus der Verbindung mit dem Nachbarhaus ergab, sondern das sich bereits Stüler beim Bau eben dieses Hauses gestellt und das er mit der Erhöhung des Mitteltraktes und mit dessen vertikaler Feingliederung zu lösen versuchte hatte, begegnete Neumann durch die innere Umkehrung der Stülerschen Lösung. Er erhöhte bei seinem Bau nicht den Mitteltrakt, sondern links und rechts ein je dreiachsiges Seitenrisalit um ein Stockwerk, in das er Rundbogenfenster stellte, wie sie Stüler für das oberste Stockwerk des Mitteltraktes entworfen hatte.[16]
Beim Um- und Erweiterungsbau des provisorischen Reichstagsgebäudes lehnte sich Neumann insofern an das benachbarte Kriegsministerium an, als er dessen »florentinische Architektur« ohne die klassizistischen Beigaben übernahm und ein Gebäude errichtete, das, kräftiger gequadert als sein Nachbar, im Erdgeschoß und im ersten Stock dessen glatt eingeschnittene Fenster ebenso übernahm wie die Rundbogenfenster des zweiten Stocks, die jedoch nicht zwischen Pilastern stehen.[17]
Im gleichen Zeitraum errichtete Georg Wilhelm Neumann in der Wilhelmstraße und in ihrer unmittelbaren Nähe drei Gebäude für Reichsbehörden, und zwar zwischen 1872 und 1874 einen Um- und Erweiterungsbau für das Reichskanzleramt in der Wilhelmstraße 74, zwischen 1874 und 1877 einen Neubau für das Auswärtige Amt in der Wilhelmstraße 61, an der Ecke zum Wilhelmplatz, und zwischen 1878 und 1880 einen Neubau für das Reichsjustizamt in der Voßstraße 4/5.
Der Erweiterungsbau für das Reichskanzleramt ist mit dem elfachsigen, vorspringenden und erhöhten Mitteltrakt in seiner Grundform an Stülers Handelsministerium orientiert. Die beiden unteren Stockwerke sind gequadert und haben glatt eingeschnittene Fenster, so wie das Kriegsministerium Stülers und das ihm benachbarte provisorische Reichstagsgebäude von Neumann selbst. Im oberen Stockwerk zeigen beide Seitentrakte, die in den unteren Geschossen dreiachsig sind, je fünf Rundbogenfenster. Die

Rundbogenfenster des Mitteltrakts sind zwischen korinthische Dreiviertelsäulen gestellt. Die zusätzliche rundbogige Verdachung dieser Fenster, die plastisch stark hervortretenden Säulen und das weit auskragende Hauptgesims sind Elemente der Architektur der Hochrenaissance. Der ganze Bau wirkt wie ein sehr später Vertreter des Berliner Stiles der »hellenischen Renaissance«.[18]
Beim Neubau für das Auswärtige Amt kam Neumann mit der kubischen Form, der kräftigen Quaderung, den Segmentbogenfenstern des Hauptgeschosses und den Eckrisaliten noch einmal auf die Frührenaissance zurück. Denkbar ist es, bei allen Unterschieden, daß er sich für die spezifische Ecksituation von Schinkels Palais Redern am Pariser Platz inspirieren ließ. Er kombinierte die florentinische Form mit plastischen Elementen des Klassizismus, unter denen vor allem die Hermensäulen der Fenster des obersten Stockwerks zu nennen sind, und einem weit auskragenden Gesims nach Vorbildern der Hochrenaissance.[19]
Beim Neubau für das Reichsjustizamt schließlich diente für die Gestaltung der Fassade des als Hauptgeschoß ausgebildeten zweiten Stockwerks die von Jacopo Sansovino 1553 erbaute Bibliothek San Marco in Venedig als Vorlage. Die Übernahme ging bis ins Detail, so daß man ohne weiteres von einer Kopie sprechen kann. In Neumanns Bau finden sich die von Säulen getragenen Rundbogenfenster, die auf Balustraden zwischen dorischen Pilastern stehen ebenso wie die Zwickelfiguren über den Rundbögen und die Kombination eines dorischen und eines ionischen Pilasters am linken und rechten Abschluß der Reihe.[20]
Es scheint, als habe sich Neumann sowohl an der Renaissance als auch an Stüler als Vorbildern orientiert. Diese beiden Vorbilder konnten um so weniger in Widerspruch zueinander geraten als Stüler »mit Grad und Entschiedenheit seiner Zuwendung zur Renaissance in seiner Generation allein« stand und sich so mit einem Vertreter der nächsten, nicht mehr die Schinkel-Schule fortsetzenden, sondern die Renaissance favorisierenden Generation treffen konnte, der wie Neumann zu den »gemäßigten Renaissanceisten« zählte.[21] Neumanns Weg als Architekt und damit der Weg der Architektur der Gebäude für die Reichsbehörden im ersten Jahrzehnt nach der Reichsgründung verlief lange in den von Stüler mit den Bauten für preußische Ministerien vorgezeichneten Bahnen. Wie groß Neumanns Bereitschaft war, auch stilistisch in die Fußstapfen Stülers zu treten, wird nicht nur am Erweiterungsbau des Handelsministeriums deutlich, der so auch von Stüler stammen könnte, sondern insbesondere am Umbau des provisorischen Reichstags, der ja keine Nutzungseinheit mit dem benachbarten Kriegsministerium bildete und sich dennoch dessen Orientierung an der Frührenaissance zu einem Zeitpunkt anschloß, an dem überall in Berlin nach dem Vorbild der Hochrenaissance gebaut wurde, und zwar auch von Neumann selbst.
Selbst dieser Übergang Neumanns zur Hochrenaissance seit Mitte der siebziger Jahre wirkt kaum wie ein Bruch. Diese Behauptung kann durch ein sicher kaum beweiskräftiges Detail zumindest plausibel gemacht werden. Neumann hatte die Einfahrten zum Reichsjustizamt links und rechts in einen jeweils zurückgesetzten und niedriger als das

Das Reichsjustizamt, Voßstraße 4/5

Hauptgebäude gehaltenen Seitentrakt gelegt, um Abstand zu den Nachbarn zu gewinnen, ein Verfahren, das auch Stüler beim Bau des Kriegsministeriums mit den einstökkigen, von je einer Loggia überbauten Außenachsen zu eben dem gleichen Zweck nutzte. Wie auffällig dieses Detail zu sein scheint, wird deutlich, wenn man weiß, daß selbst Bauhistoriker das Reichsjustizamt für einen Erweiterungsbau des Kriegsministeriums halten konnten.[22]

Deutlich wird die Nähe der Bauten Neumanns zu denen Stülers auch, wenn man zum Vergleich die Neorenaissancebauten heranzieht, die in eben diesen Jahren überall im Zentrum Berlins errichtet und in deren Fassaden die Systeme der venezianischen und der römischen, der deutschen und französischen Renaissance dekliniert und kombiniert wurden. Der Abstand, der diese Gebäude von denen Stülers und Neumanns trennte, schien den zeitgenössischen Beobachtern so groß, daß die unbestreitbaren Unterschiede zwischen diesen beiden Architekten in den Hintergrund traten.

Eng verknüpft mit dieser Beobachtung war ein Aufmerksamkeits- und Bewertungswandel. Ernst Friedel, »Stadtrat von Berlin und Dirigent des Märkischen Provinzialmuseums«, schwärmte in seinem Buch *Die Deutsche Kaiserstadt Berlin* im Jahre 1882 von »dem herrlichen Renaissancepalast der Lebensversicherungsgesellschaft Germania« in der Friedrichstraße, den er neben dem »Haus des Dr. Pringsheim« in der Wilhelmstraße 67 und dem »Prachtbau der Firma Spinn und Menke in der Leipzigerstraße 83« zu den drei Gebäuden zählt, die repräsentativ seien für »die große Zahl von Pracht-

bauten«, die der »Emanzipation der bürgerlichen Baukunst« zu verdanken waren, die es wagte, »Stüler und seine Schüler zu ignorieren« und die damit den »Ausschreitungen der Schinkel-Stüler'schen Periode« und dem »Geheimebaurathsstil« der Nachfolger dieser beiden Architekten, zu denen auch Georg Wilhelm Neumann gehört, ein Ende bereitete.[23]
In welchem Maße die Gebäude der preußischen Ministerien und der Reichsämter, verglichen mit den Neorenaissancebauten, in den Augen der Öffentlichkeit zur Bedeutungslosigkeit herabgesunken waren, läßt sich mit einer Reihe weiterer Zeugnisse belegen. Während der *Baedeker für Berlin nebst Potsdam und Umgebungen* aus dem Jahre 1880 dem Palais Borsig an der Ecke Wilhelm- und Voßstraße »edle italienische Renaissance-Architektur in grossartigen Verhältnissen«[24] bescheinigt, zählt er die Gebäude Stülers und Neumanns nur auf. Von Robert Springer werden sie in *Berlin. Die deutsche Kaiserstadt* aus dem Jahre 1876 noch nicht einmal erwähnt, das Pringsheim'sche Haus, dagegen, »als eine originelle und glänzende Darstellung des Renaissancestyls« gewürdigt.[25] Max Ring bezeichnet in *Berlin. Die deutsche Kaiserstadt und ihre Umgebung* aus dem Jahre 1883 die Wilhelmstraße zwar als die Straße, »welche vorzugsweise von der Diplomatie und den höchsten Staatsbeamten bewohnt wird«, zählt die in Frage kommenden Gebäude jedoch nur auf, wobei er noch nicht einmal Vollständigkeit anstrebt, sondern nur »das Hausministerium, Reichs-Amt des Innern, das Reichs-Schatzamt und das auswärtige Amt des deutschen Reiches« nennt, die preußischen Ministerien jedoch mit Schweigen übergeht. Große Aufmerksamkeit widmet auch er dagegen den »ausgezeichneten Privatbauten, unter denen die Palais des Fürsten von Pleß und der Herren Pringsheim, Borsig und Krause vor allen bemerkenswerth erscheinen«.[26]
Parallel zu diesem Bewertungswandel vollzog sich offenbar auch ein Benennungswandel. Es scheint, als habe sich das, was man das semantische Feld des Begriffs *Palais* nennen könnte, signifikant erweitert und verschoben. Ring bezeichnet nicht nur das Gebäude, das der Fürst von Pleß sich errichten ließ, sondern auch die Häuser bürgerlicher Unternehmer als *Palais*, wie vor ihm bereits der *Baedeker*, der ebenfalls vom »Borsig'schen Palais« und, wie Ring, vom »Palais des Dr. Strousberg« spricht, das zwischen 1867 und 1868 von August Orth in der Wilhelmstraße 70 ganz im Stil eines Palais in der Tradition der Schinkel-Schule errichtet wurde. Mit dem »Palais des Herrn Krause«, eines Bankiers und Weinhändlers, das Friedrich Hitzig in denselben Jahren in der Wilhelmstraße 66 unter Rückgriff auf Formen der französischen Renaissance errichtete, war man schließlich beim Mietwohnpalast angekommen, da Krause das Haus in mehrere Wohnungen hatte aufteilen lassen, von denen er nur eine selbst bewohnte. Der Begriff Palast scheint so beliebig geworden zu sein, daß Ernst Friedel in seiner Polemik gegen den »Geheimebaurathsstil« von »dem herrlichen Renaissancepalast der Lebensversicherungsgesellschaft Germania« sprechen konnte.
Ganz offenbar galt jetzt jedes Gebäude, das im Aufwand der Fassadengestaltung ein bestimmtes Maß überschritt, als *Palais*, und zwar unabhängig von der Zugehörigkeit des Eigentümers zur Aristokratie. Entscheidend waren die finanzielle Leistungsfähig-

Das Palais Pringsheim, Wilhelmstraße 67

keit des Bewohners und die wirtschaftliche Macht eines geschäftlichen Unternehmens, die in den aufwendig mit möglichst wertvollen Materialien gestalteten Häusern öffentlich sichtbar gemacht wurden. Durch diese Ausweitung war der Begriff *Palast* nicht länger geeignet, eine politische Macht zu symbolisieren, die sich weitgehend durch die Zugehörigkeit ihrer Inhaber zum aristokratischen Geburtsstand definierte. Er konnte dies um so weniger, als gerade den Gebäuden, in denen die Machtzentralen untergebracht waren, der Palastcharakter abgesprochen wurde. Aber selbst wenn die geheimen Bauräte, die Architekten der Gebäude für die obersten Behörden Preußens und des Reiches, bereit und in der Lage gewesen wären, beim »Fortissimo von Säulen, Gesimsen, Skulpturen und Ornamenten unterschiedlichster Art und Anordnung«,[27] wie es für die genannten und eine Reihe anderer Privatbauten charakteristisch war, mitzuhalten, wären nichts weiter als Ministerpaläste oder Behördenpaläste entstanden, die sich von den Bank-, Versicherungs- und Mietwohnpalästen wohl kaum unterschieden hätten.
Auf diese Unterscheidung zwischen staatlichen Gebäuden einerseits und Privat- bzw. Geschäftsgebäuden andererseits aber mußte es ihnen ankommen und es hätte nahegelegen, anstatt des seiner Eindeutigkeit beraubten Palastcharakters andere Zeichen für deren aristokratischen Exklusivität einzusetzen. Denn die Besetzung der Ministerstellen blieb weiterhin eine Domäne des Adels. Im Jahre 1890 waren neun der zehn preußischen Minister adlig und noch 1914 sieben von insgesamt elf Ministern. Von den insgesamt 32 Reichsstaatssekretären, die zwischen 1890 und 1918 ins Amt kamen, war genau

die Hälfte aristokratischer Herkunft, während wiederum die Hälfte der anderen Hälfte, also acht, noch während ihrer Amtszeit oder nach ihrem Ausscheiden aus dem Dienst in den Adelsstand erhoben wurde.[28] Auch nach der Reichsgründung standen die preußischen Minister und die Staatssekretäre des Reichs und weniger die Verwaltungsfunktion ihrer Ministerien und Ämter im Zentrum der Wahrnehmung der Öffentlichkeit und im Zentrum der Planung von Gebäuden für die obersten Staatsbehörden. Die größte Aufmerksamkeit bei der Planung der Gebäude galt weiterhin den Dienstwohnungen der Behördenchefs, die möglichst im repräsentativen Zentrum der Gebäude stehen sollten, eine Stellung, die sich auch nach außen an der Tatsache ablesen ließ, daß das Stockwerk, in dem sich diese Wohnung jeweils befand, in der Fassade als *piano nobile* ausgebildet war. Selbst dort, wo, aus welchen Gründen auch immer, die Ministerwohnung nicht an diesem Platz untergebracht werden konnte, lehnte sich die Gestaltung der Fassade an die Topographie des *Palazzo* an. Dies gilt sowohl für den Neubau des Auswärtigen Amtes am Wilhelmplatz als auch für den Neubau des Reichsjustizamtes in der Voßstraße, wo die Wohnungen für die Staatssekretäre im *piano nobile* untergebracht waren, als auch für den Umbau des Reichskanzleramts, wo zwar die Wohnung des Präsidenten im rückwärtigen Teil des Gebäudes zum Garten hin lag, die Fassade aber ein Stockwerk als *piano nobile* auswies, obwohl sich hier Büroräume befanden. Alle diese Gebäude stehen damit in der Tradition der Ministerhotels.[29]
Es sieht jedoch so aus, als sei die Bedeutung der Behörden des neuen politischen Gebildes, des Deutschen Reiches, im Nachweis der aristokratischen Herkunft ihrer Hausherren nicht mehr aufgegangen. Georg Wilhelm Neumann war sich dieser Aufgabe in ihrer Komplexität offenbar bewußt. Der Bearbeiter des Kapitels »Gebäude für Verwaltungsbehörden« in der ersten Ausgabe von *Berlin und seine Bauten* aus dem Jahre 1877 stellt jedenfalls in der Vorbemerkung fest, daß die »Reihe gediegener und monumentaler Ausführungen, welche im letzten Jahrzehnt vollendet oder begonnen worden sind«, die Gebäude also, die Neumann errichtete, deutlich dafür sprechen würden, »daß man seither angemessenen Werth darauf legt, durch die Gebäude auch die Würde und die Bedeutung der in ihnen wohnenden Behörden zu repräsentieren«.[30] Es ist sehr wahrscheinlich, daß diese Formulierungen entweder von Neumann selbst stammen oder doch von ihm inspiriert worden sind, da laut Ausweis einer Fußnote das ganze Kapitel nach Angaben verschiedener Baubeamter bearbeitet wurde, wobei »Regierungsrath W. Neumann« an erster Stelle genannt wird.
Diesen Gebäuden des letzten Jahrzehnts vor der Publikation von *Berlin und seine Bauten*, des Jahrzehnts zwischen 1867 und 1877, werden die »Privat-Gebäude, namentlich ältere Palais« gegenübergestellt, die für Zentralbehörden Preußens und des Reichs »erworben und durch grössere oder kleinere Umänderungen, bezw. Erweiterungen, entsprechend eingerichtet worden«[31] seien. Dazu zählen sowohl jene Gebäude, die wie das Haus in der Wilhelmstraße 76 seit seiner Übernahme durch das Ministerium der auswärtigen Angelegenheiten im Jahre 1819 zwar im Inneren wiederholt »kleinere Umänderungen« erfahren hatten, in ihrer äußeren Gestalt jedoch erhalten geblieben wa-

ren, als auch die Gebäude, bei denen unter der Leitung Friedrich August Stülers »größere Erweiterungen« durchgeführt worden waren und die, was hier vor allem wichtig ist, völlig neue Fassaden erhalten hatten.
Neumann sah offenbar das Besondere seiner Gebäude in dem, was in der zitierten Vorbemerkung die »monumentale Ausführung« genannt wird, und zwar sowohl in der Abgrenzung gegenüber den älteren Gebäuden als auch in Erfüllung der Aufgabe, die »Würde und die Bedeutung der in ihnen wohnenden Behörden zu repräsentieren«. Was genau damit gemeint war, wird deutlich, wenn man zunächst den Widerspruch zur Kenntnis nimmt, der zwischen der Abgrenzung gegenüber den älteren Gebäuden einerseits und der Tatsache andererseits besteht, daß bei der Darstellung der einzelnen Gebäude auch zwei älteren Bauten Stülers, und zwar dem Kriegsministerium und dem Ministerium für Handel, Gewerbe und öffentliche Arbeiten, monumentale Eigenschaften zugesprochen werden. Zwar gesteht der Autor dem Handelsministerium nur ein »leidlich monumentales Gepräge« zu; die Fassade des Kriegsministeriums jedoch kommt »zur vollen monumentalen Wirkung« durch »das Zurücktreten der oberen Stockwerke von den Nachbargrenzen«, also durch ein Verfahren, das den Eindruck eines freistehenden Gebäudes erweckt, wie es auch Neumann beim Bau des Reichsjustizamtes zum gleichen Zweck, möglicherweise von Stüler inspiriert, angewendet hatte.[32]
Dieser Widerspruch läßt sich nur mit der Annahme lösen, daß hier zwei verschiedene, ein weiterer und ein engerer Begriff von Monumentalität benutzt werden. Ein kurzer Blick auf einige Aspekte des Gebrauchs dieses Begriffs, der in der zweiten Hälfte des 19. Jahrhunderts erhebliche Konjunktur besaß, kann diese Vermutung bestätigen. In einschlägigen Definitionen wird ein eindeutiger Zusammenhang zwischen dem monumentalen Charakter eines Bauwerks und seiner öffentlichen Funktion hergestellt. »Monumental ist ein Gebäude dann«, heißt es im *Baulexikon* von Oscar Mothes aus dem Jahre 1866, »wenn in seinem Äußeren sich ausdrückt, daß es nicht für den Privatgebrauch ... errichtet ist, sondern daß es dem öffentlichen Leben dient...«.[33] Im *Conversations-Lexikon* von J. Meyer aus dem Jahre 1852 wird erklärt, daß »man unter monumentaler Baukunst denjenigen Theil der Architektur versteht, der Kirchen und öffentliche Gebäude aufführt«.[34] Als allgemeines Charakteristikum eines monumentalen Gebäudes scheint darüber hinaus seine Größe zu gelten, aber auch, daß es, wie der Abgeordnete Hans Viktor von Unruh in der ersten Debatte des Deutschen Reichstags über den Bau eines Parlamentsgebäudes am 29. März 1871 erklärt hatte, einen »monumentalen Charakter« nur an den Tag legen könne, wenn es »möglichst frei« stehe.[35]
Dem Begriff *monumental* widerfuhr allerdings das gleiche Schicksal wie dem Begriff *Palast*. So kann etwa der *Baedeker* bereits 1880 davon sprechen, daß sich an der Nordseite der Voßstraße »eine ansehnliche Zahl monumentaler Privathäuser« befinde und daß »in der Friedrichstrasse immer neue, künstlerisch durchgeführte Geschäftshäuser in monumentaler Ausführung« entstünden.[36] Diesem erweiterten Begriff, in dem der Zusammenhang mit der öffentlichen Funktion der Gebäude aufgegeben ist und der zu-

letzt fast ganz reduziert erscheint, wenn es in Wilhelm Spemanns *Kunstlexikon* aus dem Jahre 1905 heißt, daß von Kunstwerken, und »namentlich von Gebäuden« gesagt werden könne, daß sie monumental seien, wenn sie groß seien,[37] läßt sich ein engerer Begriff an die Seite stellen, der an der Verbindung zur öffentlichen Funktion der Gebäude festhält und der wohl nicht zuletzt wegen eben der Erweiterung und Entdifferenzierung des Begriffs notwendig wurde und ebenfalls im Zusammenhang der Planung für den Bau des Reichstagsgebäudes faßbar wird. In der Ausschreibung für den ersten Wettbewerb im Dezember 1871 wird an die teilnehmenden Architekten die Forderung gestellt, daß die Entwürfe »nicht nur die zweckmässigste Lösung der vorliegenden Aufgabe versuchen, sondern zugleich die Idee eines Parlaments-Gebäudes für Deutschland im monumentalen Sinne verkörpern« sollten. »Es ist daher«, heißt es zur Erläuterung dessen, was mit monumentalem Sinn gemeint ist, »in den Entwürfen auf eine reiche Ausschmückung des Aeussern und Innern durch Skulptur und Malerei Bedacht zu nehmen.«[38]

In eben diesem Sinn verwendet der Bearbeiter des Kapitels in *Berlin und seine Bauten* die auf die Gebäude Neumanns eingeschränkte Bezeichnung *monumental.* Diese Bauten unterscheiden sich von denen Stülers durch ein auffälliges, aber unbeachtet gebliebenes Detail, nämlich die jeweils das Gesims bekrönende Skulpturengruppe in der durch Portal und/oder Balkon ohnehin betonten Zentralachse.[39] Dieses formale Kriterium reicht allerdings zur Abgrenzung nicht aus. Entscheidend ist vielmehr, daß die zentralen Figurengruppen auf Neumanns Bauten sich nicht, wie die Plastiken an den Bauten Stülers, auf »Ressortsymbolik« reduzieren lassen, also auf die Darstellung des Aufgabenbereichs, der in dem jeweiligen Gebäude wahrgenommen wird, sondern daß sie darüber hinaus »die Idee« – um die Formulierung der Ausschreibung für das Reichstagsgebäude zu variieren – eines Behördengebäudes für das deutsche Reich im monumentalen Sinn verkörpern, daß sie, wie es in der zweiten Auflage von *Berlin und seine Bauten* aus dem Jahre 1896 im Kapitel über die »Gebäude für die Verwaltungsbehörden des Deutschen Reiches« heißt, »die Würde und das Ansehen des Deutschen Reiches auch in der Architektur seiner hervorragendsten Dienstgebäude zur Erscheinung« bringen,[40] daß sie also eine politische Symbolik entfalten.

»Germania mit dem Reichswappen«
Die politische Symbolik der Reichsämter

Unter diesem Gesichtspunkt bildet der Erweiterungsbau für das Ministerium für Handel, Gewerbe und öffentliche Arbeiten von 1869/70 allerdings auf den ersten Blick eine Ausnahme, da er für eine preußische Behörde errichtet wurde und seine zentrale Bauplastik noch ganz in der Tradition der Ressortsymbolik zu stehen scheint. Dies gilt insofern, als sich auf Fotografien überhaupt Details erkennen lassen, da andere Quellen und Hinweise nicht vorliegen. Im Zentrum der Gruppe scheint eine Lokomotive zu stehen, durchaus angemessen dem Zweck des Erweiterungsbaus, der für die Eisenbahnabteilung des Ministeriums bestimmt war. Diese Lokomotive ist offenbar geflügelt und wird flankiert von je einer Figur von Merkur, dem Gott des Handels. Diese Kombination bezieht sich auf ein den Zeitgenossen seit der Jahrhundertmitte geläufiges ikonographisches Programm, das sich in der Innendekoration von Bahnhöfen ebenso fand wie in der populären Bildpublizistik.[41] Die Flügel als Allegorie der unerhörten Geschwindigkeit des neuen Verkehrsmittels verweisen auf seine Leistungskraft, die es wie kein zweites zur Förderung des Handels durch Verkürzung der Handelswege befähigte. Die Plastik erweist sich so als eine allegorische Verbindung der Abteilungen des Ministeriums.

Die Schwierigkeiten, die einer genauen Beschreibung dieser Bauplastik im Wege stehen, ergeben sich in kaum geringerem Maße auch bei den anderen Gebäuden Neumanns und wohl bei der Mehrzahl der öffentlichen Gebäude, die in der zweiten Hälfte des 19. Jahrhunderts entstanden sind und mit mehr oder weniger aufwendigen Skulpturen geschmückt wurden. Die Arbeit der Berliner Bildhauerschule, aus deren Reihen sich die Künstler rekrutierten, die hier tätig waren, fand erst in den letzten beiden Jahrzehnten überhaupt Beachtung, wobei Denkmäler und Sepukralplastik im Vordergrund standen.[42] Anders als bei der Gruppe auf dem Erweiterungsbau für das Handelsministerium, auf die sich überhaupt kein Hinweis findet, wissen wir beim provisorischen Reichstagsgebäude zwar, daß »die Mittelgruppe nach einem Modell von Siemering aus Zink angefertigt wurde«[43], ohne jedoch etwas über Form und Inhalt zu erfahren, die sich auch aus der Betrachtung der vorliegenden Fotografien nicht erschließen lassen. Es sieht jedoch so aus, als befinde sich auf der Spitze der Gruppe eine Reichskrone, ein wenn auch schwacher Hinweis auf die Möglichkeit, daß im Zentrum der Gruppe eine gekrönte *Germania* stand.

Eine gewisse Berechtigung zu dieser Vermutung ergibt sich aus der Tatsache, daß auf den Gebäuden, die Neumann in der Wilhelmstraße für die beiden zur Bauzeit einzigen Reichsbehörden errichtete, nämlich auf dem Neubau für das Auswärtige Amt an der Südecke der Wilhelmstraße mit dem Wilhelmplatz und auf dem Um- und Erweiterungsbau des Hauses Wilhelmstraße 74 für das Reichskanzleramt jeweils eine gekrönte *Germania* die Hauptfigur war. Die *Germania* auf dem Neubau für das Auswärtige Amt wurde, wie der übrige plastische Schmuck des Gebäudes, von Georg Pohlmann entworfen.[44] Sie trägt die Reichskrone auf dem Kopf und hält ihre Arme weit ausgebreitet in einer Geste, mit der sie zwei Figuren zu beschützen scheint, die sich rechts und links an sie schmiegen und die durch den Merkurstab und die Leier als Genien des Handels und der Künste zu erkennen sind. Hier erscheint die zum Deutschen Reich geeinte Nation als politisches Gebilde, das mit seinen Nachbarn friedliche Beziehungen pflegen möchte, wie durch die unbewaffnete *Germania*, die noch nicht einmal einen Schild trägt, deutlich unterstrichen wird. Allerdings wird die Gruppe rechts und links von je einer Kriegerfigur begrenzt, von denen eine einen Flügelhelm, die andere ein Löwenfell trägt. Da der Träger des Flügelhelms, der wohl aus der älteren Ikonographie

Die *Germania*-Gruppe auf dem Neubau für das Auswärtige Amt, Wilhelmstraße 61

der Darstellungen von Arminius hergeleitet ist, in zahlreichen allegorischen Darstellungen der Reichsgründung als Verkörperung des norddeutschen Kriegers erscheint, der mit seinem süddeutschen Partner Waffenbrüderschaft schließt, um der von Frankreich ausgehenden Bedrohung gemeinsam entgegenzutreten, liegt die Vermutung nahe, daß hier nicht nur auf die Bereitschaft, die friedlichen auswärtigen Interessen im Ernstfall auch durch den Einsatz von Waffengewalt zu schützen, sondern auch auf den Prozeß der Reichseinigung im Krieg angespielt wird.[45]

Beim Reichskanzleramt »erhebt sich über dem Hauptgesims die Germania mit dem Reichswappen, vom Bildhauer Pohlmann modelliert« heißt es in *Berlin und seine Bauten*, wo sich auch die einzige Abbildung findet, auf der Einzelheiten zu erkennen sind.[46] Es gibt nur noch eine, nicht präzise datierbare und wohl um 1880 entstandene Fotografie, auf der diese *Germania* eindeutig, aber nicht im Detail zu erkennen ist; sie scheint kurze Zeit danach entfernt worden zu sein, denn sie fehlt auf allen späteren Abbildungen. Diese *Germania* trägt die Reichskrone auf dem Kopf, hält in der linken Hand den Schild mit dem Wappen des Reiches und in der rechten Hand das Szepter. Diese Allegorie der zum Deutschen Reich vereinten Nation war auf dem Gebäude, in dem die diese Einheit verwaltende Behörde ihren Sitz hatte, durchaus angemessen. Da dieses Reich ein föderatives Gebilde war, also auf den zur Einheit verbundenen Einzelstaaten beruhte, verband der Architekt die *Germania mit dem Reichswappen* mit den Wappen der einzelnen Bundesstaaten, die unterhalb des Gesimses, in dessen Zentrum die *Germania* stand, über den Rundbogenfenstern zwischen den Dreiviertelsäulen angebracht waren.

Ein näherer Blick auf die Behörde, die in diesem Haus ihren Sitz hatte, macht deutlich, daß die vom Bildhauer entworfene und, wie zu vermuten, vom Architekten gebilligte, wenn nicht bestimmte Symbolik nur einen unter mehreren Aspekten der politischen Bedeutung dieser Behörde hervorhob, und damit andere Aspekte ausblendete. Die genaue Bestimmung der politischen Bedeutung des Reichskanzleramtes wird erschwert durch die Tatsache, daß seit seiner Gründung als Kanzleramt des Norddeutschen Bundes im Jahre 1867 die nach der Verfassung mögliche Rolle und die faktische Tätigkeit dieser Behörde auseinandertraten. Zusätzlich erschwerend wirkt sich das Bestreben der Reichsleitung, vor allem des Reichskanzlers, aus, diese sich immer weiter ausdehnende

Blick in die Wilhelmstraße Richtung Norden, um 1880
In der rechten Bildhälfte die *Germania* auf dem Reichskanzleramt

Kluft durch Manöver zu verdecken, bei der die Verfassungswirklichkeit hinter der Fassade der Verfassungstheorie verschwinden sollte. Diese Manöver waren Teil einer Strategie, die, unter Rücksichtnahme auf das Selbstbewußtsein der Bundesstaaten, auf die Stärkung der monarchischen und die Beschränkung, wenn nicht Schwächung der parlamentarischen Komponente der Verfassung des Reichs zielte. Während die von Pohlmann und Neumann gewählte Symbolik geeignet war, die föderativen Rücksichten anschaulich zu machen und zu stützen, lief sie den von Bismarck favorisierten strategischen Zielen diametral entgegen.

Die *Germania* mit dem Reichswappen auf dem Reichskanzleramt

»Die unverantwortliche Reichsregierung«
Der Bundesrat in Verfassungstheorie und Verfassungswirklichkeit

Das Reichskanzleramt war die Behörde, die dem Reichskanzler für die Wahrnehmung seiner Aufgaben im Innern des Reiches zur Verfügung stand. Diese Aufgaben definierten sich über seine Stellung zum Bundesrat, einem Gremium aus Vertretern der Einzelregierungen, dem, zusammen mit dem Reichstag, die Gesetzgebung zukam.[47] Der Bundesrat war als Gesandtenkongreß ganz am Vorbild des Deutschen Bundes orientiert, der nach dem Krieg zwischen Preußen und Österreich aufgelöst worden war und dessen Nachfolge der Norddeutsche Bund angetreten hatte. Die Orientierung an diesem Vorbild ging bis ins Detail der Stimmverteilung und der Stimmabgabe. Die insgesamt 43 (nach der Reichsgründung 57) Stimmen waren nach dem gleichen Schlüssel unter die Einzelstaaten verteilt wie bei der Zentralbehörde des Deutschen Bundes, dem Frankfurter Bundestag; jeder Staat mußte alle ihm zustehenden Stimmen einheitlich abgeben, wobei der jeweilige stimmführende Bevollmächtigte zum Bundesrat in seinen Entscheidungen an die Weisungen seiner Regierung gebunden war.

Diese enge Anlehnung an den Deutschen Bund ist nicht nur der Tatsache zu verdanken, daß der Norddeutsche Bund in dessen Nachfolge stand, sondern auch dem Wunsch der Regierung der Führungsmacht Preußen, diese Kontinuität besonders stark herauszustreichen, um den Regierungen der Einzelstaaten den Verlust eines Teiles ihrer Souveränität erträglicher zu machen. Anders nämlich als im Deutschen Bund, in dem Österreich Präsidialmacht war, erhielt das Bundespräsidium des Norddeutschen Bundes, das dem preußischen König zustand, eine Reihe von Rechten für den ganzen Bund, wozu die völkerrechtliche Vertretung des Bundes ebenso gehörte wie die Befugnis, Bündnisse und Verträge mit fremden Staaten zu schließen, den Krieg bzw. den Frieden zu erklären, im Kriegsfall den Oberbefehl über Heer und Marine zu führen, den Bundesrat bzw. den Reichstag einzuberufen bzw. zu schließen und schließlich die Bundesgesetze nicht nur auszufertigen und zu verkünden, sondern auch deren Ausführung zu überwachen. Der preußische König, der als Inhaber des Bundespräsidiums seit 1871 den Titel *Deutscher Kaiser* führte, ernannte für den Vorsitz im Bundesrat einen Kanzler, der nicht nur der stimmführende Bevollmächtigte Preußens war, sondern, als Präsidialgesandter, auch die Geschäfte des Bundesrats führte. Der Bundesrat war allerdings nicht nur eine Gesetzgebungskörperschaft, sondern sollte auch quasi-ministerielle Aufgaben wahrnehmen. Dazu gehörten zum einen die Erarbeitung und Vorbereitung von Gesetzentwürfen, zum anderen exekutive Funktionen, vor allem der Erlaß der zur Durchführung der Bundesgesetze notwendigen Rechts- und Verwaltungsvorschriften, die Ausführung der Bundesgesetze durch Bundesorgane und die Überwachung der Ausführung der Bundesgesetze durch Behörden der Einzelstaaten. Für die Führung dieser Geschäfte des Bundesrats stand dem Kanzler das Kanzleramt zur Verfügung, weshalb es nur nahe lag, den Bundesrat im Gebäude des Kanzleramtes in der Wilhelmstraße 74 unterzubringen, wo sich im Seitenflügel der 140 qm große Sitzungssaal befand.

Als Antwort auf die Frage, wie der Bundesrat neben seinen legislativen seine quasi-ministeriellen Funktionen ausüben sollte, von denen in der Verfassung mit keinem Wort die Rede war und die vor allem Ergebnis der Verfassungsinterpretation Bismarcks waren, wurden verschiedene Modelle diskutiert, die sich auf einen einfachen Nenner bringen lassen. Die Regierungen der Einzelstaaten ergreifen die Gesetzesinitiative, indem sie über ihre Bevollmächtigten zum Bundesrat Entwürfe, die in den jeweiligen einzelstaatlichen Ministerien vorbereitet wurden, den Fachausschüssen des Bundesrats vorlegen lassen. Diese Fachausschüsse sollten dann die weitere Vorbereitung bis zur beschlußreifen Vorlage an das Bundesratsplenum übernehmen, wobei die Beamten des Kanzleramts als Sachbearbeiter zur Verfügung standen. Bismarck hat dieses Modell einmal in einer blumigen Formulierung umschrieben, als er am 19. April 1871 in einer Rede vor dem Reichstag erklärte, daß es sich um »fünfundzwanzig Ministerien oder Obrigkeiten (handelt), von denen jede unverkümmert in ihrer Sphäre die Intelligenz, die Weisheit, die dort quillt, an sich saugt und im Bundesrath selbständig von sich zu geben berechtigt ist«.[48]

Faktisch sah es jedoch ganz anders aus. Von Anfang an und in wachsender Zahl ging die Gesetzesinitiative vom Kanzleramt aus, wodurch im Laufe des zweiten Jahrzehnts der Kanzlerschaft Bismarcks wohl auch die Gesetzesinitiativen der Hegemonialmacht Preußen in den Hintergrund gedrängt wurden, was nicht sofort deutlich sichtbar wurde, da die vom Kanzleramt vorbereiteten Vorlagen, die auch bei großzügiger Verfassungsinterpretation keine legale Basis hatten, als *Präsidialvorlagen* bezeichnet wurden, also als Vorlagen, die indirekt von Preußen ausgingen, wodurch sie verfassungsrechtlich gedeckt waren.

Der Bundesrat kam jedoch nicht nur, im Widerspruch zu den immer wieder von Bismarck vorgetragenen Behauptungen, in seiner quasi-ministeriellen Funktion nicht zum Zuge, sondern war auch in seiner eigentlichen, in der Verfassung festgeschriebenen legislatorischen Funktion erheblich eingeschränkt. Die Gesetzesvorlagen wurden dem Bundesrat in der Regel so kurzfristig präsentiert, daß für eine ausführliche Debatte gar keine Zeit mehr blieb und mancher Bevollmächtigte froh war, wenn er wenigstens über eine klare Instruktion seiner Regierung verfügen konnte. Am 30. Mai 1873 erklärte der württembergische Ministerpräsident Freiherr von Mittnacht vor zwei Ausschüssen des Bundesrats, »daß den Regierungen nur zu oft die Zeit zu gründlicher Untersuchung des Gegenstandes und ausreichender Prüfung der Vorlagen mangelt«.[49] Bereits im Jahr zuvor hatte der badische Minister Jolly seine Erfahrungen mit dieser Mißachtung der Regierungen der Einzelstaaten zusammengefaßt in der Schlußfolgerung: »Im übrigen ist die Tätigkeit des Bundesrats eine Farce, an der sich zu beteiligen die Mühe nicht lohnt.«[50]

Daß sich die Regierungen der Bundesstaaten dennoch weiterhin beteiligten, hängt eng mit der Tatsache zusammen, daß sie mit der Reichsleitung die antiparlamentarische Konzeption des Bundesrats teilten. Die Einführung von Fachministern, die dem Reichstag gegenüber verantwortlich gewesen wären, wie sie von den Liberalen immer wieder gefordert wurde, hätte die Bedeutung des Reichstags erheblich gesteigert und damit gleichzeitig die des Bundesrats ebenso wie die Machtstellung des Reichskanzlers geschmälert, der als einziger Minister im Reich fungierte und nicht dem Parlament, sondern nur dem Kaiser verantwortlich war. Die demonstrative Aufwertung des Bundesrats weniger in legislativer als in quasi-ministerieller Hinsicht schien deshalb immer besonders akut, wenn die Einführung parlamentarischer Minister gefordert wurde.

Wie konstant dieses Motiv in der Politik Bismarcks war, kann durch drei zeitlich weit auseinanderliegende Zeugnisse deutlich gemacht werden. In der Sitzung des Reichstags des Norddeutschen Bundes am 16. April 1869 hatten die nationalliberalen Abgeordneten Twesten und Graf Münster den Antrag auf Errichtung verantwortlicher Bundesministerien eingebracht. In der Debatte trat Bismarck diesem Antrag unter anderem mit dem Argument entgegen, daß es dieser Minister nicht bedürfe, da »die Stelle solcher Bundesminister ... von den Ausschüssen des Bundesrats« versehen werde; er setzte als erläuterndes Beispiel hinzu: »Unser Finanzminister ist der Finanzausschuß des Bundesraths«.[51] Elf Jahre später, am 15. März 1880, trug Bismarck seinen Gästen während eines in der Reichskanzlei stattfindenden Diners Gedanken zur Rolle des Bundesrats vor, in denen er, nach einem Bericht des badischen Bevollmächtigten zum Bundesrat, Hans Freiherr von Türckheim, so weit ging, zu behaupten, es sei »der Grundgedanke der Reichsverfassung, in dem Bundesrat eine Art von Minister-Conseil des gesamten Reiches« zu besitzen.[52] Vier Jahre später schließlich, am 14. März 1884, konnte der sächsische Gesandte von Nostitz-Wallwitz seinem Außenminister in Dresden berichten, Bismarck habe in einem längeren Gespräch die Gefahr gezeichnet, die neugegründete *Freisinnige Partei* wolle »ein verantwortliches Reichsministerium an die Stelle des unverantwortlichen Bundesrats« setzen, von dem er im weiteren Verlaufe des Gesprächs sagte, er sei »von seiner verfassungsmäßigen Stellung« her die »unverantwortliche Reichsregierung«.[53]

Durch die mit der Behauptung der quasi-ministeriellen Funktion des Bundesrats zusammenhängende Weigerung, parlamentarische Minister einzuführen, wurde natürlich nicht nur die Bedeutung des Bundesrats und die Stellung des Reichskanzlers, sondern auch der monarchische Einfluß auf Regierung und Verwaltung des Reiches gestärkt, da damit nicht nur die Berufung und die Entlassung des Reichskanzlers und seiner leitenden Beamten vom Einfluß des Parlaments völlig unabhängig war, sondern die gesamte Führung der Politik allein von der Zustimmung des Kaisers abhing. Daß nicht nur Kaiser und Kanzler, sondern auch die Bevollmächtigten zum Bundesrat diese monarchische Ausrichtung der Reichspolitik bevorzugten, leuchtet unmittelbar ein, wenn man bedenkt, daß das Reich in der Verfassung als Bund der Fürsten und freien Städte definiert wird, also ein angesichts der geringen Zahl der Städte überwiegend monarchisches Gebilde. Die Bevollmächtigten zum Bundesrat waren »letzten Endes ... Bevollmächtigte ihrer Landesherren, die in der Mehrzahl auf der Grundlage von einem halben Jahrhundert alten Verfassungen trotz Kammern und Staatsministerien – von Budgetfragen abgesehen – ein niemandem als sich selbst verantwortliches halb-absolutistisches Regiment führten. Ihre Bevollmächtigten im Bundesrat hatten keine Generalvollmacht, sie waren von Fall zu Fall auf Instruktionen angewiesen. Die öffentliche Stimme hatte darauf so wenig Einfluß wie auf ihre Ernennung.«[54]

Diese antiparlamentarische und monarchische »Idee« von der Körperschaft und der eng mit ihr verbundenen Behörde, die in der Wilhelmstraße 74 ihren Sitz hatten, war in der *Germania mit dem Reichswappen* und den ihr koordinierten Wappen der Einzelstaaten nicht nur nicht sichtbar, sondern sogar dementiert, und zwar weniger durch den Nachdruck auf dem Föderalismus, der ja als Fassade für Bismarck gute Dienste leistete, sondern durch die Einführung einer Symbolik, die leicht als antimonarchisch und proparlamentarisch gedeutet werden konnte. In Zentrum dieser Symbolik steht die Figur der *Germania*; ein Blick auf die Geschichte dieses Symbols kann genaueren Aufschluß geben.

»Was aber das deutsche Volk gemeinsam errungen«
Germania als Symbol für die Einheit der Nation

Die Geschichte der modernen *Germania* beginnt, nach einer langen Vorgeschichte im Rahmen komplexer barocker Staatsallegorien, in der ersten Hälfte des 19. Jahrhunderts im politischen Kontext von Restauration und Revolution. An den beiden bedeutendsten Darstellungen aus dieser Zeit, deren Bedeutung nicht nur in der Tatsache zu suchen ist, daß sie durch Repliken und Reproduktionen weite Verbreitung fanden, sondern daß sie bis zum Ende des Jahrhunderts auch typenbildend wirkten, läßt sich mit aller Deutlichkeit ablesen, wie fungibel die Figur der *Germania* für verschiedene politische Kontexte war.

Zwischen 1834 und 1836 malte Philipp Veit im Rahmen eines großen Wandbildprogramms im Gebäude des *Städelschen Kunstinstituts* in Frankfurt am Main, dessen erster Direktor er war, als rechtes Seitenbild eines Tryptichons mit dem Titel »Die Einführung der Künste durch das Christentum in Deutschland« eine *Germania*.[55] Diese sitzende *Germania* trägt einen goldfarbenen, reich bestickten und mit Perlen eingefaßten Mantel und hält in ihrer linken Hand einen Schild mit dem Doppeladler des Reiches. Auf ihrem Schoß hält sie, über ein aufgeschlagenes Buch gelegt, das als Handschrift der *Goldenen Bulle* interpretiert werden kann, das Reichsschwert aus dem Bestand der Reichskleinodien. Deren wichtigstes Stück ist die Krone, die zur Rechten *Germanias*, auf ein Kissen gebettet, auf dem Sockel liegt, auf dem auch ihr thronartiger Sitz steht und auf dessen Vorderseite die Wappen der sieben Kurfürsten zu erkennen sind. Ihr Kopf ist nach rechts zur Seite geneigt und ihr Blick fällt auf die Krone.

Die Botschaft Veits läßt an Eindeutigkeit nichts zu wünschen übrig. Die in der *Germania* personifizierte deutsche Nation trauert über den Verlust des dreißig Jahre zuvor aufgelösten Reiches als der politischen Form, die ihre Einheit für Jahrhunderte besaß, wobei die Trauer über den Verlust durchaus Hand in Hand mit der Hoffnung auf

Wiederherstellung geht. Interessant in unserem Zusammenhang ist die Tatsache, daß die Einheit der Nation, die noch verstärkt wird durch die mächtige Eiche, unter der *Germania* sitzt, und den Kranz aus Eichenlaub, den sie auf dem Kopf trägt, unabhängig von der monarchisch-imperialen Form Bestand zu haben scheint.
Es war deshalb für den gleichen Künstler durchaus kein Problem, nur etwa ein Jahrzehnt später eine *Germania* zu malen, die nicht mehr dem untergegangenen Reich des Mittelalters nachtrauert, sondern, anders als die *Germania* im Städel, vor einer aufgehenden Sonne steht und den Blick aufwärts richtet.[56] Diese *Germania*, die 1848 als 15 qm großes Transparent hinter dem Stuhl des Präsidenten der Nationalversammlung in der Frankfurter Paulskirche hing, hält in der linken Hand die bisher verbotene schwarz-rot-goldene Trikolore, in der rechten Hand das Schwert, das nicht mehr in der Scheide steckt und dessen Klinge nach oben weist, eine Kampfbereitschaft signalisierend, die durch den Ölzweig in der gleichen Hand, der um die Klinge zu wachsen scheint, zur friedlichen Aktionsbereitschaft gemildert ist. An der Stelle, an der sich auf der *Germania* im Städel die Kaiserkrone befindet, liegt jetzt eine gesprengte Fessel. Diese *Germania* in der Paulskirche verkörpert die vorstaatliche und von der Staatsform unabhängige Einheit einer Nation, die durch revolutionäre Aktion endlich die Voraussetzung für die Wiederherstellung ihrer staatlichen Einheit geschaffen hat, von der, trotz der faktischen Vorliebe der Mehrheit der Nationalversammlung für die konstitutionelle Monarchie, noch nicht endgültig festzustehen scheint, welche Form sie haben würde.
Nach dem Scheitern der Revolution wurden die revolutionären Kämpfe und dieses Scheitern selbst gelegentlich in Karikaturen und Flugblättern als Kampf der Fürsten gegen die *Germania* dargestellt, die schließlich besiegt am Boden liegt. Die *Germania* erhielt damit eine antimonarchische Bedeutung, die sie auch unabhängig vom Scheitern der Revolution behielt. Als 1862 in Frankfurt ein gesamtdeutsches Schützenfest stattfand, stand eine überdimensionale *Germania* auf dem Festplatz, der im übrigen mit den Farben schwarz-rot-gold geschmückt war. Die *Germania* war hier ein antimonarchisches Symbol, insofern allein schon der gesamtdeutsche, die Grenzen der Einzelstaaten nicht beachtende Charakter des Festes sich gegen die am einzelstaatlichen *status quo* festhaltenden regierenden Fürsten eben dieser Einzelstaaten richtete.[57]
Die *Germania* konnte vor der Reichsgründung in einen monarchischen, aber auch in einen antimonarchischen Kontext eingebunden werden, war aber gerade dadurch, daß sie die von der staatlichen Form unabhängige nationale Einheit verkörperte, auch nach 1871, nach der nationalen Einigung in der Form eines Kaiserreichs, kein eindeutiges Symbol. Zwar ist es richtig, daß in den ersten Jahren nach der Reichsgründung *Germania* mit den monarchischen Symbolen des Reiches zu einer Einheit verbunden scheint; diese Einheit ist ein genaues Bild der Tatsache, daß die Gründung des Reichs der Erfolg einer Allianz der liberalen Nationalbewegung mit der Großmachtpolitik der preußischen Monarchie war. Beide Partner hätten wohl, jeder für sich, dieses Ziel nicht erreicht, beide hatten durchaus verschiedene Meinungen über ihren jeweiligen Anteil an diesem Erfolg, beide wollten diesen ihren Anteil in symbolische Deutung umgesetzt

wissen und beide waren in dieser Hinsicht zu Anfang außerordentlich kompromißbereit.
So wurden, um nur zwei Beispiele für diese Kompromißbereitschaft zu nennen, beim Siegeseinzug der Truppen unter der Führung Kaiser Wilhelms I. am 16. Juni 1871 die Straße Unter den Linden als *via triumphalis* geschmückt, wobei auf einem der über die Straße gespannten Velarien, das Anton von Werner gemalt hatte und das den Titel »Schaffung des Deutschen Kaiserreichs« trug, der Kronprinz Friedrich Wilhelm als siegreicher Feldherr gemeinsam mit einer *Germania* in den Kampf zieht.[58] Vor dem Schloß stand eine sechs Meter hohe *Germania* aus Gips, die der Bildhauer Albert Wolff, in dessen Atelier übrigens Georg Pohlmann einige Zeit tätig war, eigens für diesen Zweck und nur für diesen Tag entworfen hatte.[59]
Bei der am nächsten Tag stattfindenden Festvorstellung in der Staatsoper war als abschließender Höhepunkt eine »Dichtung« mit dem Titel »Barbarossa« zu sehen, in der der Stauferkaiser im Kyffhäuser sitzt und Momente aus der deutschen Geschichte in lebenden Bildern an sich vorüberziehen sieht, an deren Ende »endlich 1870 Germania auf dem Schilde getragen von preußischen, bayerischen württembergischen usw. Soldaten« stand. »Den Schluß«, so die Freifrau von Spitzemberg weiter in ihrem Tagebuch, »bildete ein mit lautem Jubel begrüßtes Bild, Kaiser Wilhelms Reiterstatue, Paris im Hintergrunde.«[60]
Die durch den Kompromiß nur verdeckte Symbolkonkurrenz mußte jedoch zutage treten, als der politische Konsens zerbrach. Im Laufe des ersten Jahrzehnts nach der Reichsgründung kamen die divergierenden Interpretationen der Rolle des jeweiligen Partners bei dieser Gründung in dem Maße zutage, in dem Differenzen in der praktischen Politik der Gegenwart und bei der Bestimmung der politischen Zukunft dieses Reiches entstanden, die im Jahre 1879 schließlich zum Bruch des Reichskanzlers mit seinen nationalliberalen Partnern führten. Der Kampf der monarchischen und der nationalliberalen Deutung der Reichsgründung wird deutlich sichtbar an der Planungs- und Baugeschichte des ersten großen Nationaldenkmals, des *Germania*-Denkmals auf dem Niederwald, die zu einem Zeitpunkt begann, an dem die Einheit der nationalliberalen Bewegung mit der preußischen Politik Bismarcks noch selbstverständlich und ungetrübt schien, an deren Ende jedoch der Bruch bereits vollzogen war. Die Entwicklung vom Konsens zum Konflikt läßt sich an den gegensätzlichen Interpretationen des Denkmals ablesen, die sich in diesem Zeitraum entwickelten.[61]
Das Niederwald-Denkmal geht auf eine Initiative lokaler Honoratioren im April 1871 zurück. Im November des gleichen Jahres wurde in Berlin ein Komitee gebildet, das noch im gleichen Monat einen Sammlungsaufruf erließ, in dem die Absicht der Denkmalbauer formuliert wurde: »Was aber das Deutsche Volk gemeinsam errungen in einmüthiger Erhebung, seine Einigung, die Wiederaufrichtung des Deutsche Reiches, das will gemeinsam gefeiert, der nationalen That will ein Nationaldenkmal geweiht werden.« Diese Formulierung, die in der Ausschreibung für den Wettbewerb im Februar des folgenden Jahres wiederholt wurde, weist unzweideutig darauf hin, daß hier ein

Denkmal geplant war, das die Reichsgründung in die Tradition der liberalen Nationalbewegung stellen sollte.

Der Dresdner Bildhauer Johannes Schilling, der nach zwei Wettbewerben mit komplizierter Geschichte schließlich mit der Errichtung des Denkmals, einer monumentalen *Germania*-Statue, beauftragt wurde, hat in verschiedenen Äußerungen zu seinen Entwürfen deutlich gemacht, daß er dieser Intention Rechnung tragen wolle. Seine *Germania,* die wie die Vorbilder von Philipp Veit einen Kranz aus Eichenlaub auf dem Kopf trägt, blickt vom Rhein aus nicht nach Frankreich, sondern südostwärts nach Deutschland; sie hält in der rechten Hand die Krone des neuen Reiches und zeigt sie der deutschen Nation, bevor sie sich diese Krone, als Verkörperung der Nation, selbst auf den Kopf setzt. In der linken Hand hält sie das gesenkte Schwert zum Zeichen, daß der Krieg beendet ist.

Das Denkmal wurde noch während der Vorbereitungsphase signifikant umgedeutet. Bei der Feier zur Grundsteinlegung am 16. September 1877 erklärte Botho Graf zu Eulenburg, der Oberpräsident der Provinz Hannover, der als Regierungspräsident von Wiesbaden 1871 wesentlichen Anteil daran hatte, daß auf die erste Idee praktische Schritte folgten, daß *Germania* die Krone Kaiser Wilhelm übergeben wolle: »Nicht suchend schweift ihr Blick, wem sie das kostbare Kleinod anvertraue, aus ihrem strahlenden Antlitze leuchtet, daß sie den Hort und den Hüter gefunden, daß sie gewählt hat, – einmal – für immer. Kaiser Wilhelm ist der Auserkorene; in dem Königlichen Stamme der Hohenzollern wird die Krone forterben und wohlbewahrt sein für alle Zeiten.« Diese monarchische Deutung des Denkmals stand nicht nur im Widerspruch zu den Absichten derjenigen, die das Denkmal planten und seine Verwirklichung betrieben, sondern auch im Widerspruch zu der Tatsache, daß zwar Kaiser Wilhelm I. als preußischer König hoch zu Roß auf einem der Reliefs am Sockel des Denkmals zu sehen ist, wo er das übrige auf diesem Sockel vertretene Personal weit überragt, im Vergleich mit der monumentalen *Germania* jedoch klein und nur aus der Nähe zu erkennen ist; sie bestimmte dennoch, durch die Veröffentlichung der Rede des Grafen weit verbreitet, das Bild des Denkmals in der Öffentlichkeit.

Daß hinter dieser monarchischen Umdeutung ein politischer Affekt gegen die *Germania* stand, wird an zwei Ereignissen deutlich. Reichskanzler Otto von Bismarck war trotz Einladung sowohl der Feier zur Grundsteinlegung als auch der feierlichen Einweihung am 27. September 1883 ferngeblieben, während Kaiser Wilhelm I., wie schon bei der Grundsteinlegung, anwesend war, diesmal umgeben von allen Bundesfürsten und hohen Militärs, womit noch einmal das monarchisch-militärische Element unterstrichen wurde. In einem Gespräch, das Eduard von Lade, der Mitglied des geschäftsführenden Ausschusses für das Denkmal gewesen war, im Jahre 1890 mit Bismarck führte, gab dieser zunächst vor, aus gesundheitlichen Gründen verhindert gewesen zu sein, um dann dem Kern der Sache näher zu kommen, als er erklärte, er finde die Figur der *Germania* nicht passend, da »ein weibliches Wesen mit dem Schwert in dieser herausfordernden Stellung ... etwas Unnatürliches« sei. Er wurde dann allerdings noch genauer und machte klar, daß »besser eine männliche Figur dorthin gepaßt« hätte, am besten »einer der alten deutschen Kaiser«; im übrigen beklagte er, »daß die Gestalt des Kaisers so wenig hervorragt«. Bismarck, so wird man sagen können, war das Denkmal trotz aller rhetorischen Umdeutungen nicht monarchisch genug, eine Qualität, die es für ihn erst erreicht haben würde, wenn ein mittelalterlicher oder der regierende Kaiser nicht neben, sondern anstelle der *Germania* gestanden hätte. Eduard von Lade faßt wohl nicht nur seine, sondern auch die Überzeugung Bismarcks zusammen, wenn er sagt: »Die ganze Conception des Denkmals trägt eben den Stempel republikanischer Erfindung!«

Dieses Gespräch liest sich wie das Fazit der Debatte, die am 26. Juni 1879 im Deutschen Reichstag um die Petition des geschäftsführenden Ausschusses des Niederwald-Denkmals geführt wurde, der das Parlament gebeten hatte, mit einer Zahlung von 400000 Mark die Fertigstellung des Denkmals zu sichern.[62] Während die Vertreter der beiden liberalen Parteien, Heinrich Rickert von der *Nationalliberalen Partei* und Eugen Richter von der *Freisinnigen Partei,* diesen Antrag unterstützten, wandte sich die *Zentrumspartei* dagegen. Der Freiherr von Schorlemer-Alst führte ein allgemeines Unbehagen der *Zentrumspartei* gegenüber den »sogenannten Nationaldenkmälern« an, von denen einige symbolische Instrumente der Gegner des *Zentrums* im Kulturkampf gewesen seien. Er führte allerdings nur die sogenannte Canossa-Säule auf dem Harzberg an und merkte wohl selbst, daß jetzt, nach der Beendigung des Kulturkampfes und angesichts der Tatsache, daß sich das Niederwald-Denkmal kaum als Parteinahme in dieser Auseinandersetzung interpretieren ließ, andere Ablehnungsgründe vorgebracht werden mußten. Er hob deshalb insbesondere die Fürsorge seiner Partei für den hoch belasteten Steuerzahler hervor, dem solche Ausgaben nicht zuzumuten seien. Der Abgeordnete Eugen Richter ließ gerade dieses Argument nicht gelten und im Rahmen der Einwände, die er dagegen erhob, brachte er, indirekt zumindest, das Motiv zur Sprache, das der Ablehnung des Antrags durch die *Zentrumspartei* tatsächlich zugrunde gelegen haben dürfte. »Es befremdet mich, daß Herr von Schorlemer-Alst hier mit einem solchen Nachdruck das Interesse der Steuerzahler ins Feld führt in einem Augenblick, wo seine Partei im Begriff steht, gerade das Interesse der Steuerzahler in Folge der Verständigungen mit dem Herrn Reichskanzler vollständig preiszugeben und die Kassen der Regierung mit mehr als 100 Millionen neuen Steuern zu füllen.«

Der freisinnige Abgeordnete bezieht sich hier auf die bevorstehende Verabschiedung der Gesetze, mit denen die Erhebung von Schutzzöllen für Produkte der Landwirtschaft und der Schwerindustrie eingeführt wurden. Der Weg, der zu diesen Gesetzen führte, war lang. Zwar waren bereits 1875 die Vertreter industrieller Interessen mit der Forderung nach Schutzzöllen an die Öffentlichkeit getreten; sie standen jedoch geraume Zeit einer Mehrheit industrieller Interessenverbände gegenüber, die ebenso wie die Vertreter der Landwirtschaft am Freihandel festhalten wollten, mit dem sie in den vergangenen Jahren so gute Geschäfte gemacht hatten. Selbst Bismarck, der die Politik des Freihandels mit seinen liberalen Partnern und unterstützt durch die liberalen Beamten des

Reichskanzleramts betrieben hatte, mußte erst zum Schutzzoll bekehrt werden, wobei Christoph von Tiedemann, der zunächst als Oberregierungsrat im preußischen Staatsministerium und nach der Gründung der Reichskanzlei im Mai 1878 als deren erster Chef der »politische Adjutant« Bismarcks war, als Missionar der Schwerindustrie eine zentrale Rolle spielte. Die liberalen Parteien konnten diese Wendung vom Freihandel zum Schutzzoll nicht mitvollziehen, da sie damit nicht nur ihre wirtschaftspolitische Überzeugung preisgegeben hätten, sondern auch die damit verbundene Hoffnung hätten fahren lassen, daß der weitere Ausbau der liberalen Wirtschaft eine Liberalisierung in Gesellschaft und Staat nach sich ziehen werde. Die Vermutung liegt nahe, daß einerseits die Weigerung der liberalen Parteien, die Schutzzollgesetze im Reichstag zu unterstützen, zum Bruch Bismarcks mit seinen langjährigen politischen Partnern führte, daß andererseits aber auch die Vorbereitung dieser Gesetze so forciert betrieben wurde, um diesen Bruch in die Wege zu leiten. Da die konservativen Parteien, deren Unterstützung der Reichskanzler gewann, allein über keine parlamentarische Mehrheit verfügten, mußte er die Kooperation mit der *Zentrumspartei* suchen, die dazu um so eher bereit war, als im Vorfeld der Kulturkampf beendet und die Partei aus der Position des »Reichsfeindes« in die der »Regierungspartei« wechseln konnte. Man geht sicher nicht zu weit, wenn man vermutet, daß die *Zentrumspartei* bereit war, als symbolisches Unterpfand der neuen Allianz mit Bismarck einem Denkmal die Unterstützung zu verweigern, das der Reichskanzler zu »republikanisch« fand und das auch nicht mehr in die neue politische Landschaft paßte. [63]
Als der Freiherr von Schorlemer-Alst in seiner Rede darauf hinwies, »daß auf allen Dächern ... ja jetzt hier in Berlin solche germanischen Damen aufgestellt« würden und diese Feststellung mit der Bewertung verband, daß diese *Germania*-Figuren, die »fast auf allen öffentlichen Gebäuden« zu finden seien, keinen »sehr angenehmen Eindruck« machten, hatte er sicher auch die Skulpturen Pohlmanns auf den Reichsämtern in der Wilhelmstraße im Blick. Daß ausgerechnet auf den beiden Behörden, die von Bismarck als Reichskanzler geleitet wurden, *Germania*-Figuren angebracht wurden, erscheint als Ironie. Da man voraussetzen darf, daß die Bedeutung *Germanias* im öffentlichen Bewußtsein durchaus geläufig war, scheint die Konsequenz, mit der das Gespann Neumann/Pohlmann vorging, auf bewußter Entscheidung zu beruhen. Daß die Alternative klar, aber vielleicht bis zum letzten Augenblick unentschieden war, läßt sich aus der Tatsache erschließen, daß in dem Abschnitt über »Das Auswärtige Amt des Deutschen Reiches« im Kapitel »Verwaltungsbehörden des Staates« in *Berlin und seine Bauten*, das im Jahr der Fertigstellung erschien, keine Details des »vom Bildhauer Pohlmann gelieferten plastischen Schmucks« genannt werden und daß auf der Fassadenzeichnung eine Gruppe zu erkennen ist, in deren Zentrum keine *Germania*, sondern das große Reichswappen steht, das sogenannte kaiserliche Wappen, ein durch und durch monarchisches Symbol.[64]
Vielleicht geht es zu weit, wenn man vermutet, daß Neumann und Pohlmann die nationale und liberale Deutung stärker betont wissen wollten, als dies dem Reichskanzler

und seinen neuen Partnern nach dem Bruch mit der nationalliberalen Reichspolitik recht sein konnte. Zwei Indizien sprechen für diese Vermutung. Zum einen ist es durchaus denkbar, daß die *Germania* auf dem Reichskanzleramt auf Betreiben Bismarcks entfernt wurde. Zum anderen finden sich bei dem letzten Gebäude, das Neumann für eine Reichsbehörde errichtete, dem Reichsjustizamt in der Voßstraße, das sich beim Bruch Bismarcks mit den liberalen Partnern noch im Bau befand, zwar eine ganze Reihe allegorischer Figuren, die vermutlich, ganz in Anknüpfung an die Ressortsymbolik auf zahlreichen Justizgebäuden, das Thema Recht und Gerechtigkeit allegorisch verkörpern; eine *Germania*, die auch hier auf ein Gebäude der Reichsverwaltung gepaßt hätte, sucht man dagegen vergeblich.
Hier läßt sich noch eine weitere Überlegung anschließen. Aus der Präferenz des Architekten für die *Germania*-Figur gewinnt die oben ausgesprochene Vermutung, es habe sich auch bei der Zentralskulptur des provisorischen Reichstagsgebäudes um eine *Germania* gehandelt, ein hohes Maß an Plausibilität, da die Verkörperung des Gedankens einer durch die Versammlung ihrer Volksvertreter geeinten Nation nirgendwo besser paßte als auf das Parlamentsgebäude. Wie selbstverständlich dieser Gedanke war, läßt sich an der Tatsache ablesen, daß auf dem Neubau für den Deutschen Reichstag, der das Neumannsche Provisorium 1894 ablöste, über dem Haupteingang eine gekrönte *Germania* zu Pferde aufgestellt wurde, die, nach Vorplanungen durch Paul Wallot zwischen 1891 und 1893 von Reinhold Begas entworfen und modelliert wurde und die man zu Recht als »eine in den Sattel gehobene Niederwaldgermania« bezeichnet hat.[65]

»Eine ganz besondere Würde«
Das Palais des Reichskanzlers

Daß Bismarck sich nicht nur bei der Suche nach einem Gebäude für die Dienstwohnung des Reichskanzlers, als der er noch Jahre nach der Reichsgründung die Wohnung nutzte, die er 1862 als preußischer Außenminister im Haus Wilhelmstraße 76 bezogen hatte, sondern auch bei deren Umgestaltung mit besonderer Aufmerksamkeit beteiligen würde, liegt angesichts seiner hohen Sensibilität für Symbolpolitik, die an den Vorbehalten gegenüber der *Germania*-Figur deutlich wurde, auf der Hand. Im Dezember 1875 wurde das Palais der Fürsten Radziwill in der Wilhelmstraße 77, dem Auswärtigen Amt direkt benachbart, als Dienstwohnung für den Reichskanzler angekauft und bis zum Frühjahr 1878 im Inneren aufwendig umgebaut.[66]
Das Haus in der Wilhelmstraße 77 scheint im öffentlichen Bewußtsein eine Sonderstellung zwischen Behörde und Palais eingenommen zu haben. Der *Baedeker* aus dem Jahre 1880 zählt einerseits die Ministerien und Reichsämter in der Wilhelmstraße ohne weiteren Kommentar auf, spricht andererseits jedoch noch immer vom ehemaligen »Palais des Fürsten Radziwill«, der jetzigen »Wohnung des Fürsten-Reichskanzlers«,[67] eine Bezeichnung, die geradezu die Vermutung nahelegt, Bismarck sei Reichskanzler, weil er

dem Fürstenstand angehört, obwohl er, genau umgekehrt, über die Zwischenstation des Grafen in diesen Stand der Hocharistokratie erhoben wurde, weil er machtpolitisch so erfolgreich die Aufgaben des Reichskanzlers erfüllte.
Diese Annäherung des Hauses an die aristokratische Tradition des fürstlichen Reviers wurde in den folgenden Jahren und Jahrzehnten noch gesteigert durch die Bezeichnung »Palais des Reichskanzlers«, die sich in *Griebens Reiseführer für Berlin und Umgebung* aus dem Jahre 1905 findet, oder »Reichskanzlerpalais« im *Pharus-Fremdenführer durch Berlin und Umgebung* aus dem Jahre 1912. Beide Reiseführer, von denen der aus dem Jahre 1905 die Straße im Unterschied zu früheren Jahrzehnten als »Straße der Ministerien und Behörden« bezeichnet, zählen eben diese Ministerien und Behörden mit der gleichen sachlichen Knappheit auf wie bereits der *Baedeker* aus dem Jahre 1880 und wie der Stadtplan von Straube aus dem Jahre 1911, der aber, wie die beiden Reiseführer, beim »Palais des Reichskanzlers« eine Ausnahme macht.[68]
Erst in der zweiten Hälfte der Weimarer Republik beginnt man, analog der schon seit Anfang des Jahrhunderts bestehenden und in der Republik ganz selbstverständlichen Versachlichung der Bezeichnung der anderen Ministeriumsgebäude, im Behördenschriftverkehr vom »Reichskanzlerhaus« zu sprechen, ein Sprachgebrauch, der sich jedoch in der Öffentlichkeit nicht durchsetzen konnte. Zwar benutzt Straubes *Führer durch Berlin, Potsdam und Umgebung* aus dem Jahre 1925 beide Bezeichnungen nebeneinander, in Griebens *Reiseführer für Berlin und Umgebung* aus dem Jahre 1927 aber ist ebenso wie im *Baedeker* aus dem gleichen Jahr und J. Kastans *Berlin wie es war* aus dem Jahre 1925 nur vom »Reichskanzlerpalais« die Rede.[69]
Gerade an diesem Buch von Kastan wird sichtbar, daß das Haus in der Wilhelmstraße Nr. 77 seine Sonderstellung sowohl der Person des ersten Reichskanzlers als auch dem Bismarck-Mythos verdankte. Bismarck, so Kastan, habe »Preußen-Deutschland auf die Sonnenhöhe der Macht und des Ruhmes gebracht«,[70] eine Formulierung, die genau zum nostalgisch verklärten Rückblick auf das Kaiserreich und insbesondere auf den Zeitraum der Reichskanzlerschaft Bismarcks paßt, der von Anfang an bei den konservativen Gegnern der Republik eine zentrale Rolle spielte, aber zunehmend auch liberale Personen und Verbände erfaßte und schließlich selbst bei leitenden Beamten der Reichskanzlei festzustellen ist. Das Haus in der Wilhelmstraße 77 war, seit es die Dienstwohnung des Reichskanzlers beherbergte, das Haus Bismarcks und es blieb das Haus Bismarcks lange nach dessen Rücktritt und über das Ende des Kaiserreichs hinaus als Symbol einer deutschen Großmachtstellung, die nach Bismarcks Rücktritt in Gefahr und nach dem Ende des Kaiserreichs endgültig verspielt schien. Die *Berliner Börsen Zeitung* zog am 28. Mai 1928 knapp das Fazit: »Wie in dem Wort Reichskanzler auch noch heute etwas Bismarckisches mitklingt, so ist auch die Reichskanzlei für das deutsche Volk in erster Linie das Haus, in welchem Otto von Bismarck die Geschäfte des Reiches führte.«[71]
Wie eng diese Verbindung zur Person Bismarcks von Anfang an war, wird sichtbar an der Tatsache, daß alle Reiseführer ausnahmslos, und zwar von 1880 bis 1930, je nach

Umfang des Abschnitts über die Wilhelmstraße, kürzer oder länger bei der Person Bismarcks und nur der Person Bismarcks verweilen. Die Wilhelmstraße scheint ohne Bismarck nicht denkbar und in eben dem Maße, in dem die Ära Bismarck der Vergangenheit angehörte, nahmen die Passagen über Bismarck an Umfang zu. Hatte der *Baedeker* noch 1880 nur von der »Wohnung des Fürsten-Reichskanzlers« gesprochen, so wird er 1927 Bismarck mehrfach erwähnen. In *Berlin, Mark Brandenburg und Altmark* von Heinrich Loewe aus dem Jahre 1906 erreicht diese enge Verbindung der Wilhelmstraße im allgemeinen und des Hauses Wilhelmstraße 77 im besonderen mit Versatzstücken der Bismarck-Hagiographie einen ersten Höhepunkt wenn Loewe sagt, daß der Wilhelmstraße »eine ganz besondere Würde« eigne, nicht nur, weil hier »die meisten hohen Reichs- und Staatsbehörden ihre Ämter« haben, sondern mehr noch, weil »hier doch das Palais des deutschen Reichskanzlers« sei. Hier, so Loewe, der wie andere die Ministerien und Reichsämter ohne weitere Kommentare aufzählt, hat Bismarck »seine großen Gedanken gedacht und seinen eisernen Willen durchgesetzt«, »hier hat er seine Pläne zur Größe des Vaterlandes erdacht«.[72]

Die architektonische Gestalt des Hauses in der Wilhelmstraße 77 entsprach dieser Deutung sehr genau. Anders als bei den Ministeriumsbauten Stülers und Neumanns blieb dieses Palais trotz des Um- und Erweiterungsbaus in der äußeren Erscheinung so erhalten, wie es in der Mitte des 18. Jahrhunderts erbaut und Anfang des 19. Jahrhunderts nach dem neuesten klassizistischen Geschmack gestaltet worden war, ein aristokratisches Stadtpalais in Form einer Dreiflügelanlage mit einem zur Straße hin offenen Ehrenhof, wie sie Mitte des 18. Jahrhunderts in Mode kamen und wie sie sich in der Wilhelmstraße auch noch im Palais des Prinzen Albrecht und im Palais des Grafen Schwerin in Nr. 73 fanden. Das Haus des Reichskanzlers blieb ein Adelspalais neben anderen.

Die einzige Veränderung, die an der Fassade vorgenommen wurde, war geeignet, diese Wahrnehmung zu bestätigen, wenn nicht sogar zu steigern. Im Feld des Giebeldreiecks über dem Mittelrisalit wurde das Wappen der Familie Radziwill selbstverständlich entfernt und durch das Reichswappen ersetzt, ein leicht nachvollziehbarer Vorgang, da dieses Wappen als staatliches Hoheitszeichen dem Wohn- und Amtssitz des obersten Beamten dieses Staates ganz angemessen war. Es war jedoch zugleich ein monarchisches und preußisches Symbol. Im Umfeld der Reichsgründung war es zu Kontroversen über das neue Reichswappen gekommen, aus der ein Kompromiß zwischen der Anknüpfung an das mittelalterliche Reich einerseits und an die preußische Tradition andererseits hervorging. Das Reichswappen zeigt einen einköpfigen Reichsadler, auf dessen Brust ein Mittelschild wiederum das preußische Staatswappen zeigt, auf dem der preußische Adler mit der Königskrone zu sehen ist, der wiederum mit einem Herzschild mit dem Stammwappen des Hauses Hohenzollern belegt ist. Diese dynastische Symbolik wird noch verstärkt durch die Kette des preußischen Ordens vom Schwarzen Adler, der den Mittelschild umgibt. Dieser Preußen-Symbolik steht andererseits die Reichskrone über dem Reichsadler gegenüber, die zwar in ihrer Form auf die Krone des alten Reiches ver-

Der Mittelrisalt der Reichskanzlei mit dem Reichswappen auf dem Giebelfeld, um 1900

weist, tatsächlich jedoch eine Nachbildung war, die vor allem statt des einen Bügels im Original zwei Bügel aufweist, und die einerseits zwar nie über das Stadium des Entwurfs hinauskam, andererseits über das Reichswappen schließlich auf Briefköpfen und Briefmarken weite Verbreitung fand. Bismarck selbst hatte in dieser Angelegenheit einen etwas weniger preußisch akzentuierten Vorschlag gemacht, war aber am Ende wohl auch mit dem dann verwirklichten Entwurf einverstanden, da es ihm vor allem auf den monarchischen Charakter ankam, der mit gleich zwei Kronen kaum zu überbieten war.[73]

Der Verzicht auf alle anderen Symbole an der Fassade dieses Hauses legt die Vermutung nahe, daß Bismarck, dem die *Germania* zu »republikanisch« war, hier ein eindeutiges monarchisches Signal gesetzt wissen wollte. Wie weit sein symbolischer Purismus ging, läßt sich an einem fast absurden Vorgang sichtbar machen, der sich im Zusammenhang mit der Anbringung des Reichswappens abspielte. Am 23. August 1877 ging ein Immediatbericht Bismarcks an den Kaiser, in dem er erklärte, daß »zur Ausfüllung des vom Reichswappen nicht bedeckten Raumes« im Giebelfeld des Palais »nunmehr von einer Seite vorgeschlagen worden« sei, »zwei weibliche Genien anbringen zu lassen, welche in der einen Hand das Reichswappen halten, in der anderen je einen Palmenzweig tragen sollen. Da diese Darstellung der heraldischen Grundlage insofern entbehren würde, als zum Reichswappen Genien als Wappenhalter nicht gehören«, glaubt der Reichskanzler, eine Allerhöchste Entscheidung erbitten zu müssen. Obwohl Bismarck der Plan außerordentlich mißfallen haben soll, da ihn die beiden weiblichen Figuren vielleicht zu sehr an die *Germania* erinnerten, gab der Kaiser umgehend seine Zustimmung zu den Genien.[74]

»Die Macht und Würde des preußischen Staates«
Neubauten für preußische Ministerien an der Jahrhundertwende

Erst wenige Jahre vor der Jahrhundertwende setzte in der Wilhelmstraße eine neue Bauphase ein. Es entstanden nacheinander ein Erweiterungsbau für das preußische Ministerium der geistlichen, Unterrichts- und Medicinalangelegenheiten, dessen Hauptgebäude sich Unter den Linden 4 befand, ein Neubau für das Geheime Zivilkabinett seiner Majestät des Kaisers und Königs in der Wilhelmstraße 64 und ein Neubau für das preußische Staatsministerium in der Wilhelmstraße 65.[75]

In der Wilhelmstraße waren nach der Reichsgründung die Behörden des Deutschen Reiches immer stärker in den Vordergrund getreten und dies um so mehr, als nicht nur die oben besprochenen Neubauten für Reichsämter errichtet wurden, sondern darüber hinaus das preußische Staatsministerium, das seit 1848 seinen Sitz in der Wilhelmstraße 74 gehabt hatte, dem Reichskanzleramt hatte Platz machen müssen und, nach einem Zwischenaufenthalt in der Behrenstraße 72, an der Ecke zur Wilhelmstraße, mit dem Umzug an den Leipziger Platz aus der Wilhelmstraße verschwand. Das preußische Ministerium der auswärtigen Angelegenheiten wurde 1870 in das Auswärtige Amt des Norddeutschen Bundes, 1871 in das des Deutschen Reiches umgewandelt, so daß die Wilhelmstraße um eine weitere preußische Adresse ärmer war.[76] Es verblieben das Kriegsminsterium, das Ministerium für öffentliche Arbeiten und das Justizministerium, während das Handelsministerium ebenso wie das Staatsministerium in die Leipziger Straße zogen, wo sie, zusammen mit dem Kriegsministerium, dem Ministerium für Landwirtschaft, Domänen und Forsten und dem Herrenhaus, ein Zentrum preußischer Macht bildeten. Zwei andere preußische Ministerien, nämlich das Innenministerium und das Kultusministerium, befanden sich Unter den Linden 72/73 bzw. Unter den Linden 4; das preußische Finanzministerium schließlich lag, weit entfernt, am Festungsgraben.

Die Neubauphase der Jahrhundertwende läßt sich deshalb durchaus als Rückkehr Preußens in die Wilhelmstraße interpretieren, die schließlich dazu führte, daß die Ostseite als die preußische Seite, die Westseite als die Reichsseite der Wilhelmstraße angesehen wurde, eine Gegenüberstellung, die spätestens ab dem Zeitpunkt, an dem mit der Verfassung der Weimarer Republik im August 1919 die zahlreichen Real- und Personalunionen zwischen Reich und Preußen aufgelöst wurden, in dem Maße zur Metapher für einen Gegensatz werden konnte, in dem die politischen Entwicklungslinien im Reich und in Preußen auseinanderliefen. Arnold Brecht, der 1927 sein Amt als Ministerialdirektor im Reichsinnenministerium hatte abgeben müssen, da der neue deutschnationale Innenminister Walter von Keudell die leitenden Stellen mit Gesinnungsgenossen besetzen wollte, zu denen Brecht nicht gehörte, beschrieb seinen Wechsel ins preußische Staatsministerium in seinen Erinnerungen unter dem Titel »Auf der anderen Seite der Wilhelmstraße«.[77]
Wie weit entfernt diese Entwicklung zum Zeitpunkt der Planungen der Jahrhundertwende noch lag, läßt sich an einem Detail des Neubaus für das preußische Staatsministerium ablesen, bei dem man auf die bei solchen Bauten übliche und von den Planern mit Vorrang behandelte Dienstwohnung für den Ministerpräsidenten verzichtete, da dieses Amt *de facto* mit dem des Reichskanzlers verbunden war, der schräg gegenüber im ehemaligen Palais Radziwill wohnte. Für die Neubauten der Jahrhundertwende gilt im übrigen, was bereits dreißig Jahre zuvor in der Erläuterung eines dann doch nicht verwirklichten Plans zum Umbau des preußischen Außenministeriums formuliert worden war, nämlich daß dieses »vorzugsweise die Macht und Würde des Preußischen Staates zu repräsentieren« habe und daß alle Pläne sich daran zu orientieren hätten.[78]

»Ein nationales Monument«
Der Plan für die Erweiterung des Ministeriums der auswärtigen Angelegenheiten

Die angeführte Formulierung findet sich in dem ersten von zwei Berichten, in denen am 18. und am 30. Oktober 1866 die Hochbauabteilung des Ministeriums für öffentliche Arbeiten verschiedene Modelle für die Erweiterung des Hauses Wilhelmstraße 76 entwickelte. Diese Modelle, die Robert von Keudell – der übrigens der Vater des späteren deutschnationalen Innenministers und nicht nur ein Freund der Familie Bismarck, sondern auch Vortragender Rat im Außenministerium war – im September im Auftrag Bismarcks angefordert hatte, reichten von einem Umbau der Ministerwohnung bis zu einem vollständigen Um- und Erweiterungsbau. In der Erläuterung zum Modell eines Erweiterungsbaus, bei dem das Haus, wohl in Anlehnung an die Umbauten preußischer Ministerien durch Friedrich August Stüler, aufgestockt werden sollte, heißt es, daß man zwar noch keine genauen Pläne für den inneren Umbau vorlegen könne, daß jedoch »die äußere Architektur bereits jetzt in Erwägung gezogen und eine Facade des Vorderhauses entworfen worden« sei.[79]

Der leitende Gedanke dieses Entwurfs sei gewesen, »den Schmuck des Gebäudes ... aus der Bestimmung des Hauses zu entwickeln. ... Das Gebäude hat unter dem Hauptgesims eine zierliche Arkadengalerie erhalten, in der mit je einem Fenster des Dachbodens eine Nische abwechselt, welche das Wappen eines der Staaten enthält, bei denen preußische Gesandtschaften bestehen. Das Mittelrisalit hingegen wird frei von dem großen preußischen Wappen bekrönt«. Daß hiermit »der Versuch einiger nicht ganz gewöhnlicher Motive gewagt worden« sei, dürfe »seine Rechtfertigung finden« in der Tatsache, daß das Gebäude »als ein nationales Monument aufgefaßt« werde. »Die Würde des preußischen Staates«, heißt es zur Erklärung dessen, was unter einem nationalen Monument verstanden werden soll, »seine Stellung zum Auslande wird in der Größe und der stattlichen Pracht des Gebäudes für das Ministerium der auswärtigen Angelegenheiten seinen Ausdruck finden müssen.«[80]

Dieser Plan ist in mehrfacher Hinsicht interessant. Bereits hier wird die Monumentalität des Gebäudes nicht nur in seiner Größe, sondern vor allem in der »stattlichen Pracht« gesehen, die, so ist den weiteren Erläuterungen zu entnehmen, einem aufwendigen Skulpturenprogramm zu verdanken ist. Zum Vergleich bietet sich die Fassade des Reichskanzleramts an, und dies um so mehr, als auch der hier vorliegende Entwurf von Georg Wilhelm Neumann stammt. Während im Reichskanzleramt die Beziehungen des Reiches zu den Einzelstaaten durch die Kombination von Wappen im Bereich des Hauptgesimses mit einer zentralen, über dem Gesims angebrachten Skulptur dargestellt wurde, wird dieses formale Muster hier genutzt, um die Beziehungen Preußens zu den europäischen Großmächten darzustellen und damit Preußen in deren Kreis einzureihen. Was zunächst in Übereinstimmung mit der Aussage, das Symbolprogramm sei »aus der Bestimmung des Hauses« entwickelt, wie eine Ressortsymbolik aussieht, erweist sich als politische Botschaft. Die Gründung des Norddeutschen Bundes wird nicht als Schritt zur Gründung eines Reichs verstanden, sondern als eine Erweiterung der Macht Preußens, ganz auf der Linie der Machtpolitik des preußischen Ministerpräsidenten.

Der enge Zusammenhang, in den diese Machtpolitik mit der architektonischen Gestalt des Hauses Wilhelmstraße 76 gebracht werden konnte, wird sichtbar in einem Kapitel der *Tagebuchblätter* von Moritz Busch: »Wilhelmstraße sechsundsiebzig«, erklärt der Autor ohne jede Spur von Bescheidenheit, war »in den anderthalb Jahrzehnten, in denen der Minister von Bismarck unter seinem Dache weilte, das vornehmste und zuletzt das einflußreichste Auswärtige Amt der Welt«. Im Gegensatz zu dieser unüberbietbaren Machtstellung jedoch war das Haus »seinem Äußern und Innern nach zugleich das unscheinbarste und unbequemste«. Dieser Widerspruch war eben das Ergebnis der Machtpolitik Bismarcks, denn das Haus, »dem Minister in einer Zeit zugewiesen, wo Preußen in der Reihe der europäischen Mächte nur gelegentlich im Ernst mitzählte, mochte ..., solange diese Zeit währte, nicht bloß genügen, sondern als Symbol der geringen Bedeutung des Staats nach außen hin bis zu einem gewissen Grade zweckentsprechend sein«. Jetzt aber bedürfe es ein der neuen Machtstellung Preußens angemes-

senen Symbols: »Seitdem Preußen einen höheren Rang gewonnen und aller Augen auf sich gelenkt hatte ... war schon aus Gründen der Ästhetik und des Dekorums ... dringend zu wünschen, daß für Besseres gesorgt würde«.[81]
Diese Argumentation Buschs ließt sich wie eine Begründung der Pläne Neumanns. Moritz Busch jedoch möchte das Haus, das in dem von Neumann inspirierten Kapitel »Gebäude für Verwaltungsbehörden« in *Berlin und seine Bauten* aus dem Jahre 1877 als »traurigste Leistung des verkommensten Zopfstiles«[82] geschmäht wird und das Neumann sicher gar zu gerne umgebaut hätte, erhalten wissen. In einer Schreckensvision sieht er »Arbeiter mit Hacke und Schaufel kommen, um die historischen Mauern und Wände niederzureißen und abzutragen«, so daß schließlich »nach Wegräumung des Schuttes ... sich an der leeren Stelle ein anspruchsvolles zwei- oder dreistöckiges Prachtgebäude erheben (wird), vor dem das alte in Vergessenheit geraten wird«.[83]

»Eindruck stattlicher Monumentalität«
Der Neubau für das preußische Staatsministerium

Im März 1896 setzte der Wunsch des preußischen Handelsministers nach einer Dienstwohnung in unmittelbarer Nähe zu seinem Ministerium in der Leipziger Straße 2, das eine solche Wohnung nicht enthielt, eine Entwicklung in Gang, an deren Ende ein Neubau für das Geheime Zivilkabinett, ein Erweiterungsbau für das preußische Justizministerium, ein Neubau für das preußische Staatsministerium und ein Neubau für die Generallotteriedirektion standen. Alle diese Gebäude wurden zwischen 1898 und 1903 auf den Grundstücken Wilhelmstraße 64 und Wilhelmstraße 63 erbaut.[84]
Der interessanteste dieser Bauten ist der Neubau für das Staatsministerium. Er unterscheidet sich erheblich von den Gebäuden, die in den ersten Jahren nach der Reichsgründung für Reichsbehörden in der Wilhelmstraße errichtet wurden. Inzwischen war die damals modische Renaissance in der Architektur der Staatsbauten längst durch den Rückgriff auf barocke Bauformen abgelöst worden, und es entsprach sicher auch der neuen Mode, wenn der Bau »maßvolle barocke Formen, wie sie den Berliner und Potsdamer Bauten des Barockstils eigen sind«, zeigt.[85] Tatsächlich weisen sowohl das durch kolossale korinthische Pilaster hervorgehobene und durch einen Dreiecksgiebel bekrönte Mittelrisalit als auch das Mansarddach mit *oeil-de-boeufs* und die Verdachung der Fenster eindeutig auf die genannten Inspirationsquellen hin.
Es sieht allerdings so aus, als habe es unabhängig von den Architekturmoden und parallel zu der Entwicklung der Reichsbauten in Richtung einer gemäßigten Renaissance beim Bau preußischer Ministerien eine Tradition gegeben, die sich, in Anknüpfung an die Schinkel-Schule, seit den siebziger Jahren auf den durch Barock und Klassizismus vorgegebenen Bahnen bewegte. So ist das Gebäude des Innenministeriums Unter den Linden 72/73, das zwischen 1873 und 1876 nach Plänen des damaligen Bauinspektors Emmerich vollständig umgebaut wurde, »beachtenswerth wegen der mit Glück ver-

Der Mittelrisalit des preußischen Staatsministeriums mit dem großen preußischen Wappen auf dem Giebelfeld, 1903

folgten Anlehnung an die klassischen Architekturformen der Schinkel'schen Zeit«, wie es 1896 in *Berlin und seine Bauten* heißt.[86] Wenige Jahre später, von 1879 bis 1883, wurde das Unter den Linden 4 gelegene Ministerium der geistlichen, Unterrichts- und Medicinalangelegenheiten neu errichtet, dessen Fassade »in den strengen Formen der älteren Berliner Schule durchgebildet« ist.[87] Auch dieses Gebäude weist, wie eine Reihe älterer Bauten für preußische Ministerien, eine Ressortsymbolik auf, da die Fassade »unterhalb des Hauptgesimses einen von Eberlein modellierten, die ganze Länge der Hauptfront einnehmenden Fries« zeigt, »die verschiedenen Zweige der Wissenschaften und Künste darstellend, deren Pflege dem Ministerium obliegt«. Diese Ressortsymbolik findet sich auch an der Fassade des Erweiterungsbaus, der zwischen 1901 und 1903 in der Wilhelmstraße 68 errichtet wurde, zwar ein wenig abweichend vom Hauptgebäude Unter den Linden, aber doch an dieses angelehnt, »in den Formen einer maßvollen italienischen Spätrenaissance«. Über dem Hauptportal finden sich freistehende Figuren, die die Religion, den Unterricht, die Kunst und die Medizin darstellen.[88]

Während das preußische Staatsministerium mit der Anlehnung an barocke Formen diese preußische Tradition fortsetzte, knüpfte es mit der Bauskulptur an den Typ politischer Symbolik an, der mit Neumanns Reichsbauten Einzug in die Wilhelmstraße gehalten hatte. Das Ziel, das der Architekt erreichen wollte, ist im *Zentralblatt der Bauverwaltung* als gelungener Kompromiß beschrieben, da es bei der Gestaltung der Fassade »durch richtige Wahl des Maßstabes, straffe Gliederung und Beschränkung des ornamentalen Schmuckes gelungen« sei, »den Eindruck stattlicher Monumentalität zu erreichen und doch den Charakter des staatlichen Dienstgebäudes zu wahren«.[89] Diese eigentümliche Alternative zwischen Monumentalität und Dienstgebäude läßt sich nur erklären, wenn man annimmt, daß ein vollgültiges Ministerium, dessen Bedeutung nicht in Widerspruch zu seiner monumentalen Fassade steht, über eine Dienstwohnung für den Minister verfügen mußte, die im Neubau des Staatsministeriums nicht vorgesehen und das deshalb ein bloßes Dienstgebäude war. Daß es dennoch durch stattliche Monumentalität ausgezeichnet ist, verdankt es, wie die Bauten Neumanns für die Reichsbehörden in der Wilhelmstraße, seinem ornamentalen Schmuck. »In die reich gegliederten Verdachungen der Fenster des Hauptgeschosses sind als besonderer Schmuck Kartuschen mit den vergoldeten Reliefporträts der neun preußischen Könige eingefügt, während das große Staatswappen das Giebelfeld über dem Mittelrisalit und ein Adler mit ausgebreiteten Schwingen den Schlußstein über dem Hauptportal ziert.«[90]

Anders als bei den anderen preußischen Ministerien mit ihrer Ressortsymbolik wurde hier eine Staats- und Herrschaftssymbolik entfaltet, die wohl kaum noch überboten werden konnte. War schon die Anlehnung an barocke Architekturvorbilder ein deutlicher Hinweis auf die Konstruktion einer kontinuierlichen monarchischen Tradition, so wurde diese monarchische Symbolik durch das Staatswappen und insbesondere durch die Porträtreliefs noch einmal erheblich verstärkt und verdeutlicht. Um die Porträtreliefs war es in einer Sitzung des Preußischen Staatsministeriums am 12. September 1900 zu einer Diskussion unter den Ministern gekommen. Es war nämlich zunächst vorgesehen, zwar im Zentrum ein Reliefporträt Wilhelms II. anzubringen, in den übrigen acht Kartuschen aber Reliefporträts von preußischen Ministerpräsidenten. Ministerpräsident Chlodwig von Hohenlohe-Schillingsfürst gab zu bedenken, daß »die Anbringung solcher Bildnisse an der Außenseite von Staatsgebäuden ... seines Wissens bisher nicht üblich und es ... ihm auch zweifelhaft« sei, »ob man sie Seiner Majestät zur Genehmigung vorschlagen solle«. Der Minister für öffentliche Arbeiten versuchte, die Bedenken des Ministerpräsidenten zu beschwichtigen, als er erklärte, daß es sich nur um »eine Andeutung« handle, »die man der Allerhöchsten Entscheidung Seiner Majestät habe unterbreiten wollen«. Überhaupt sei die Auswahl der acht abzubildenden Ministerpräsidenten nicht leicht und »eine solche Ausschmückung eines Dienstgebäudes neu und eigenartig«, »lasse sich aber immerhin aus der besonderen Bestimmung des Gebäudes rechtfertigen«. Trotz dieser umschweifigen Begründungen des Plans, die immer mit Distanzierungen Hand in Hand gingen, und trotz der Tatsache, daß der Minister für öffentliche Arbeiten zum Vortrag bei Seiner Majestät eine Fassadenzeichnung mitnahm, auf der die acht Kartuschen leer geblieben waren, war der Initiative kein Erfolg beschieden. Preußische Ministerpräsidenten, von denen keiner kein Monarchist war, waren dem Kaiser und König nicht monarchisch genug. Er war, wie der Minister in der Sitzung am 14. November seinen Kollegen berichtete, mit dem Plan, ins Zentrum der Fassade sein eigenes Porträt als Relief zu setzen, ganz einverstanden, bestimmte jedoch für die acht weiteren Medaillons statt der Porträts der Ministerpräsidenten die der acht bisherigen preußischen Könige.[91]

»Die Verbindung der republikanischen Flagge mit der Kgl. Krone« Politik und Symbolik am Übergang von der Monarchie zur Republik

Diese Reliefporträts der preußischen Könige und der übrige monarchische Schmuck am Gebäude des preußischen Staatsministeriums waren Anlaß für einen geharnischten Brief, den der Ministerpräsident des Freistaats Preußen, Otto Braun, am 12. Juli 1922 an die *Ministerial-Militär- und Baukommission* schrieb, die dreieinhalb Jahre nach dem Ende der Monarchie noch keine Zeit gefunden hatte, die Symbole des *ancien régime* zu entfernen und damit die Fassade den gar nicht mehr ganz so neuen politischen Verhältnissen anzupassen. Otto Braun beauftragte in diesem Schreiben, dem andere, ähnlich lautende vorhergegangen zu sein scheinen, die Kommission, »auf der Grundlage des vorgelegten Erläuterungsberichtes und Kostenanschlages die Veränderung des heraldischen Schmuckes an und in den Dienstgebäuden des Staatsministeriums nunmehr unverzüglich vorzunehmen und, insoweit die Außenfronten in Frage kommen, beschleunigt durchzuführen«. In einer Abschrift des Briefes an das Finanzministerium, mit der die Bereitstellung der notwendigen Mittel gefordert wird, erläuterte Braun, daß

er »aus politischen Gründen die sofortige Ausführung der Veränderungsarbeiten an dem Dienstgebäude des Staatsministeriums angeordnet habe«.[92]
Ob der Auftrag Brauns wirklich sofort durchgeführt wurde, wissen wir nicht. Auf Fotografien des Staatsministeriums aus der zweiten Hälfte der zwanziger Jahre läßt sich jedoch erkennen, daß das große Staatswappen im Giebelfeld des Mittelrisalits ebenso ersatzlos entfernt wurde wie die Kronen über den Reliefporträts der Könige, die allerdings, mit Ausnahme des großen Reliefs Wilhelms II. über dem Hauptportal, erhalten blieben. An die Stelle Wilhelms II. wurde eine Buchstabenkombination gesetzt, und zwar ein mit einem R ligiertes F, das Monogramm von *Fridericus Rex*.
Offenbar hatte sich die Baubehörde genau an dem Erlaß der preußischen Staatsregierung vom 20. Februar 1920 orientiert, den sie allerdings über zwei Jahre lang ignoriert zu haben scheint: »Die Bilder des ehemaligen Königshauses sowie alle anderen Bildwerke und Abzeichen, die als Versinnbildlichung des monarchischen Gedankens zu wirken geeignet sind, werden aus den dem Publikum zugänglichen Räumen aller staatlichen Gebäude entfernt. Ausgenommen sind solche Bilder nicht mehr lebender Mitglieder der ehemaligen Königsfamilie, die lediglich als historische Kunstwerke anzusehen sind. Jedoch ist auch bei diesen darauf Bedacht zu nehmen, daß sie nicht durch die Art ihrer Anbringung an hervorragender oder allgemein zugänglicher Stelle verwirrend oder verletzend wirken können. Von der Entfernung ausgenommen sind ferner alle festen Bestandteile der inneren oder äußeren Ornamentik der Gebäude sowie historische Zusammenstellungen ehemaliger preußischer Könige, sofern sie ihrem Charakter nach nicht eine Kundgebung für die beseitigte Staatsform als solche darstellen, sondern lediglich als geschichtliche Erinnerung an eine frühere Zeit der preußischen Geschichte zu wirken geeignet sind.«[93]
Mit dieser Anordnung war die Beseitigung des Porträts Wilhelms II., aber auch der Verbleib der Porträts der anderen Könige, unter Entfernung der Kronen, zu rechtfertigen. Wäre das Monogramm Friedrichs II. bereits Teil der Fassade gewesen, hätte es nicht entfernt werden müssen. Daß aber jetzt, mehrere Jahre nach dem Ende der preußischen Monarchie, ein solches Monogramm neu an der Fassade angebracht wurde, war durch den Erlaß nicht gedeckt und ein klarer Hinweis auf die monarchistischen Vorlieben der ausführenden Beamten.
Der preußische Erlaß vom Februar 1920 wurde ausführlich zitiert in einem Schreiben vom 12. Dezember 1921, mit dem Reichsinnenminister Köster dem Reichskabinett den Entwurf einer Antwort auf die Anfrage vorlegte, die von den sozialdemokratischen Abgeordenten Otto Wels und Hermann Müller am 10. September 1921 im Reichstag an die Regierung gerichtet worden war. Wels und Müller baten um schriftliche Antwort auf die Frage, ob »die Reichsregierung bereit« sei, »anzuordnen, daß die Hoheitszeichen des früheren Regimes innerhalb einer kurz zu bemessenden Frist aus den Dienstsiegeln, Amtsschildern, Amtsräumen und den Gebäuden der Reichsbehörden endlich restlos entfernt werden«.[94] Der Innenminister wies in seiner Antwort vom 2. März 1922 darauf hin, daß die Dienstsiegel und Amtsschilder demnächst ausgetauscht wür-

den und daß dieser Prozeß sich verzögert habe, da erst jetzt befriedigende Entwürfe für die neuen Reichssymbole vorlägen. Allerdings werde die Reichsregierung »in Ergänzung der bereits getroffenen Bestimmungen anordnen, daß die Hoheitszeichen des früheren Regimes, soweit es noch nicht geschehen ist, innerhalb bestimmter Fristen aus den Amtsräumen und von den Gebäuden der Reichsbehörden grundsätzlich entfernt werden«. Der Innenminister konnte sich bei dem Hinweis auf bereits getroffene Bestimmungen auf eine »Anordnung der Reichsregierung vom 4. Februar 1920« beziehen, nach der »die Bezeichnungen ›Kaiserlich‹, ›Königlich‹ und sonstige Hoheitszeichen der früheren Periode aus den Fassaden der Amtsgebäude grundsätzlich zu beseitigen« seien; »Ausnahmen sind nur bei untrennbar mit den Baulichkeiten verbundenen Stükken und nur dann gestattet, wenn ihre Beseitigung wegen ihres eigenen künstlerischen Wertes oder wegen des künstlerischen Gesamteindrucks der Baulichkeiten untunlich ist«.[95]

Mit diesem einschränkenden Zusatz war ein Freibrief ausgestellt für alle diejenigen, die die Symbole des *ancien régime* an den Fassaden der obersten Reichsbehörden erhalten wissen wollten. Tatsächlich blieb, um nur drei Beipiele zu nennen, trotz der Verordnung vom 4. Februar 1920 und trotz der neuen Anordnung vom März 1922 das Reichswappen mit seiner auf die Monarchie im allgemeinen und die Dynastie Hohenzollern im besonderen bezogenen Symbolik nicht nur am Reichsfinanzministerium und am Reichsjustizministerium, sondern auch im Giebelfeld des Mittelrisalits der Reichskanzlei bestehen.

Kösters Antwort auf die Anfrage von Wels und Müller war in zwei Kabinettssitzungen am 31. Januar und am 2. Februar 1922 diskutiert worden.[96] Der Innenminister sah sich mit einer ganzen Reihe von Bedenken konfrontiert, die alle darauf zielten, den Erlaß in einer Weise zu formulieren, die genügend Spielraum für eine großzügige und das hieß auf jeden Fall für eine monarchistische Interpretation ließ. So äußerte Reichswehrminister Geßler Bedenken, da er glaubte, »daß die Durchführung des Erlasses auf erhebliche Schwierigkeiten stoßen werde«. Genauer war Ministerialdirektor Ritter, der die Anordnung auf Darstellungen des letzten Kaisers beschränkt wissen wollte, während Reichsverkehrsminister Groener mit der Unterscheidung »zwischen künstlerischen und unkünstlerischen Darstellungen« bereits auf dem Wege war, den Inhalt der Anordnung in der Anordnung selbst zu widerrufen. In der Sitzung am 1. Februar, auf der der Reichswehrminister erneut allgemeine Bedenken geltend machte, schlug auch der neu als Außenminister ins Kabinett eingetretene Walther Rathenau »eine Beschränkung des Entwurfs lediglich auf künstlerisch wertlose Bilder vor«.

Gegen diese Interventionen erhob sich vor allem Widerspruch bei Reichskanzler Joseph Wirth und bei Reichsinnenminister Köster. Wirth machte »darauf aufmerksam, daß es sich bei dem vorliegenden Entwurfe um eine grundsätzliche Entscheidung von schwerwiegender politischer Bedeutung handle«; er war allerdings bereit, »durch eine möglichst allgemeine Fassung der Beantwortung der Interpellation« vom 10. September 1921 den Bedenkenträgern unter seinen Kabinettskollegen entgegenzukommen. Köster wendete sich gegen eine solche allgemeine Fassung der Antwort und bat »um Rücksichtnahme auf die Gefühle der Arbeiterschaft«. Er sah sich jedoch gezwungen, Einschränkungen zuzulassen, die mit dem Gegensatz von künstlerisch wertvollen oder künstlerisch wertlosen Darstellungen operierten oder im Einzefall den künstlerischen Gesamteindruck ins Feld führten. Darüber hinaus mußte er, auf ausdrücklichen Wunsch des Kabinetts, die Formulierung, die Hoheitszeichen des früheren Regimes seien »innerhalb einer kurz zu bemessenden Frist« zu entfernen, die in der Anfrage von Wels und Müller vorgegeben war und die Köster in die Antwort aufnehmen wollte, durch die unbestimmte Formel »innerhalb bestimmter Fristen« ersetzen.

Wie groß der Spielraum für diejenigen war, die Maßnahmen hätten ergreifen müssen oder ergreifen können, wie bunt die Palette der Vorbehalte gegen die Entfernung monarchischer Symbole war, die von ernsthaften kunsthistorischen Erwägungen bis zu kleinlichen bürokratischen Bedenken reichten, hinter denen sich wohl meist nur der Herzensmonarchismus leitender und subalterner Beamter verbarg, soll an einem Briefwechsel über die Entfernung von Kronen am Gebäudeschmuck des Ordenspalais Wilhelmplatz 9 deutlich gemacht werden.

Das Ordenspalais an der Nordecke des Wilhelmplatzes mit der Wilhelmstraße war seit Juli 1919 von Prinz Friedrich Leopold an den Reichsfiskus vermietet, der es dem Auswärtigen Amt zur Unterbringung der Pressestelle der Reichsregierung, die beim Auswärtigen Amt ressortierte, zur Verfügung stellte. Der als Kunstreferent im Auswärtigen Amt tätige Legationsrat Johannes Sievers wurde beauftragt, dafür zu sorgen, daß bei der Einrichtung und Nutzung des von Karl Friedrich Schinkel zwischen 1827 und 1828 im Inneren und Äußeren völlig neugestalteten Palais für Bürozwecke die notwendigen konservatorischen und restauratorischen Regeln beachtet und Maßnahmen ergriffen würden. Aus diesem Auftrag entwickelte sich eine umfassende Renovierung und Restaurierung, die erst Ende der zwanziger Jahre vorläufig abgeschlossen war und die nicht nur die gelungene Schonung der im Haus verstreuten Reste der Schinkelschen Einrichtung und Gestaltung zum Ergebnis hatte, sondern auch die Herrichtung der drei Festräume im Obergeschoß des Flügels an der Wilhelmstraße in annähernd der Form, in der sie von Schinkel selbst entworfen und verwirklicht worden waren.[97]

Im Dezember 1921 erklärte Sievers unter Bezugnahme auf die Anfrage von Wels und Müller in einer Aufzeichnung für den Chef der Kulturabteilung des Auswärtigen Amtes, »daß eine Anwendung der Verfügung, alle Hoheitszeichen der früheren Regierung von und aus dem jetzt zu Bürozwecken benutzten ehemaligen Palais des Prinzen Leopold (zu entfernen) nicht angängig erscheint. Es handelt sich dabei z.B. um die vergoldeten Kronen auf der Fahnenstange, sowie auf den Kandelabern der Rampe. Die Kronen sind mit der künstlerischen Erscheinung der Objekte untrennbar verbunden und können nicht beseitigt werden, ohne den Eindruck vollkommen zu zerstören. Das gleiche gilt natürlich für die preußischen Adler innerhalb des Treppengeländers im Haupttreppenhaus und den Adler am Wandspiegel auf dem Treppenabsatz ebendort.«[98] Sievers möchte für alle diese monarchischen Symbole den »Schutz der Denkmalpflege«

in Anspruch nehmen und er war erfolgreich, da fünf Jahre später dieselbe Angelegenheit erneut zur Sprache kam.
Am 16. September 1926 legte Sievers nach Rücksprache mit dem stellvertretenden Leiter der Presseabteilung, Walter Zechlin, einen Vermerk über eine Unterredung mit dem Leiter der Reichsbauverwaltung, Oberbaurat Groß, vor, in der »über die Fahnenstange auf dem Palais Prinz Leopold gesprochen« worden war, »die noch mit einer Krone als Abschluß versehen ist. Die Verbindung der republikanischen Flagge mit der Kgl. Krone ergibt ein eigenartiges Bild, auf das zweifellos früher oder später in unerfreulicher Form von der Presse aufmerksam gemacht werden wird, der die Tatsache bisher entgangen zu sein scheint. Herr Oberbaurat Groß ist der Meinung, daß sich die Anbringung einer vergoldeten Spitze in der Art der bei den übrigen Reichsdienstgebäude vorhandenen ohne Schwierigkeit ermöglichen lassen wird. Weniger leicht zu lösen wäre der Ersatz der Kgl. Krone auf den 4 Laternen der Rampe, die einen nicht unwesentlichen künstlerischen Bestandteil des Aufbaues der Laternen darstellen.«[99]
Dieser Vermerk, an dem sichtbar wird, daß Sievers jetzt durchaus bereit war, seine kunsthistorischen Bedenken in den Hintergrund treten zu lassen, ging mit der Bitte um Stellungnahme an die Reichsbauverwaltung, deren stellvertretender Leiter am 8. Oktober antwortete: »Die Anregung des Herrn Geheimrat Sievers hinsichtlich der Entfernung der Krone an der Fahnenstange und deren etwaiger Ersatz durch eine vergoldete Spitze erscheint aus den von ihm angeführten Gründen an und für sich berechtigt. Da die Fahnenstange jedoch ein äusserer Bestandteil des Palais ist und den mit Preussen geschlossenen Mietvertrag selbst zweifellos nicht berühren dürfte, so wird es für zweckmäßig erachtet, die Angelegenheit überhaupt vorläufig ruhen zu lassen. Das Gleiche dürfte für die Kronen der Laternen zutreffen, deren künstlerisch einwandfreier Ersatz zudem eine erheblich schwierigere Aufgabe sein dürfte.«[100] Der syntaktisch etwas verunglückte und mysteriöse Hinweis auf den Mietvertrag mit Preußen wird nur verständlich, wenn man weiß, daß der Prinz bereits im März 1925 auf seine Rechte an dem Palais verzichtet hatte und daß seither der preußische Fiskus zwar als Vermieter auftrat, jedoch erst mit dem im Oktober des Jahres 1926, also zeitgleich mit der Stellungnahme, abgeschlossenen »Vertrag über die Vermögensauseinandersetzung zwischen dem Preußischen Staat und den Mitgliedern des vormals regierenden Preußischen Königshauses« Eigentümer des Palais wurde. Wieso die Angelegenheit deshalb vorläufig ruhen sollte, scheint auch dem zuständigen Referenten in der Presseabteilung des Auswärtigen Amtes nicht ganz eingeleuchtet zu haben, denn er versah diese Formulierung mit einem großen Fragezeichen. Die Vermutung liegt nahe, daß hier ein ebenso abstruser wie willkommener Vorwand gesucht wurde, die Sache auf die lange Bank zu schieben. Der mit der weiteren Veranlassung beauftragte Sachbearbeiter im Auswärtigen Amt jedenfalls, Hofrat Schwebel, glaubte den »Ausführungen der Reichsbauverwaltung« beitreten zu sollen mit einem Vermerk, dessen falsches Deutsch nur noch von dem bürokratischen Formalismus übertroffen wird, hinter dem sich politische Motive nur schwer verbergen lassen. Der Hofrat ist der Meinung, »daß es Sache des

Preuss. Finanzministeriums als Eigentümer des Grundstücks wäre, erforderlichenfalls die Fahnenstange zu ändern. Da die Presseabteilung nur Mieterin ist, können Kosten für die Veränderung nicht zur Verfügung gestellt werden.«[101]

»Ein neuer Bau im neuen Reich« Der Erweiterungsbau der Reichskanzlei

Erst ein Vierteljahrhundert nach den preußischen Neubauten der Jahrhundertwende und fast zehn Jahre nach dem Ende der Monarchie wurde in der Wilhelmstraße wieder gebaut; zwischen 1928 und 1930 entstand auf dem Grundstück Wilhelmstraße 78 ein Erweiterungsbau für die Reichskanzlei. An der Planungsgeschichte dieses Baus, dem einzigen, den die Republik in der Wilhelmstraße errichtete, läßt sich exemplarisch beobachten, wie das politische Selbstverständnis führender Repräsentanten der Republik in Architektur übersetzt werden sollte.

Nach langen Vorplanungen, die bis auf das Jahr 1924 zurückgehen, konnte am 9. März 1927 ein Architektenwettbewerb ausgeschrieben werden; bis zum Einsendeschluß am 14. Mai waren 128 Beiträge eingegangen. Die Jury, die am 27. und 28. Mai zusammentrat, zog zehn Beiträge in die engere Wahl, konnte sich aber nicht entschließen, einen ersten Preis zu vergeben, da »keiner der verbliebenen Entwürfe die anderen soweit überrage, um ihm den ersten Preis zuzuteilen«. Stattdessen wurden drei zweite Preise vergeben, wobei der Beitrag, der unter dem Titel »Endlich geschlossen« eingereicht worden war und, wie sich nach Öffnung der Umschläge ergab, von Professor Dr. Eduard Jobst Siedler und seinem Mitarbeiter Dipl.-Ing. Robert Kisch stammte, die meisten Stimmen auf sich vereinigen konnte.[102]

Nach Meinung der Preisrichter war den beiden Architekten die Lösung eines städtebaulichen Problems gelungen, das in einer Notiz zum Wettbewerbsergebnis in der *Zeitschrift für Denkmalpflege* beschrieben wurde: »Die Aufgabe war eine höchst delikate, es galt, das seit langen Jahren unbebaute Grundstück zwischen dem italienischen Renaissancepalast von Borsig an der Voß-Straßenecke und dem barocken Reichskanzlerpalais derart zu bebauen, daß die Wirkung des niedrigen, breitgelagerten Palais nicht gehemmt, daß ein erträgliches Verhältnis zu dem in jedem Falle wesensfremden Palais Borsig gefunden wurde«. Dem Verfasser dieser Notiz scheint der prämiierte Entwurf »der weitaus beste zu sein«, insofern er »jede erdenkliche Rücksicht« nimmt, »aber doch für sich bleibt, ohne die Nachbarn irgendwie zu beeinträchtigen«.[103] Das Zeugnis der *Zeitschrift für Denkmalpflege* verdient hier besondere Beachtung, da die Denkmalpfleger als professionelle Bewahrer der Tradition wohl am besten die Frage beantworten konnten, die mehr als alle gelungenen städtebaulichen Lösungen die Öffentlichkeit vor allem interessierte, die Frage nämlich, wie es in dem Artikel heißt, ob »der Charakter des Neubaues in den Rahmen der Wilhelm-Straße hineinpaßt«. Der Verfasser des Artikels, vermutlich Ministerialrat Hiecke, der als Landeskonservator der preußi-

schen Kunstdenkmäler auch Mitglied der Jury war, beantwortet diese Frage als gelungenen Kompromiß zwischen Modernität und Tradition, wenn er schreibt, daß » die ganz einfach und ruhig gehaltene Fassade ... den Geist unserer Zeit (atmet), ... aber der Wilhelmstraße nicht weh tun« wird.
In einem Artikel im Aprilheft 1928 der *Mitteilungen der Reichszentrale für Heimatdienst* über die für den 18. Mai geplante Grundsteinlegung brachte Hermann Pünder, der als Staatssekretär in der Reichskanzlei die Neubauplanungen mit großem persönlichen Engagement begleitete, ebenfalls »den Geist neuer Zeit« mit den »schlichten und sachlichen Formen« des Neubaus in Verbindung; er schränkte dieses Bekenntnis jedoch sofort ein mit der Erklärung, daß zwar einerseits das »Bauwerk ... dem Geist der neuen Zeit zu genügen hatte«, daß es aber andererseits »doch ›Wilhelmstraße‹ sein sollte«.[104] Auf der einen Seite sollte der »Geist neuer Zeit« sich an den »sachlichen Formen« des Baus ablesen lassen; auf der anderen Seite aber sollte der Bau durch die Einbindung in die Wilhelmstraße und insbesondere durch die stilistische Anpassung an die Reichskanzlei ein Symbol der politischen Kontinuität sein.
Damit ist die Doppelaufgabe, deren Lösung mit dem Entwurf des Neubaus verbunden war, noch einmal, wie schon in der *Zeitschrift für Denkmalpflege*, benannt, aber fast schon als Dilemma formuliert. Zwischen der Formulierung des Staatssekretärs und der des Denkmalpflegers besteht ein entscheidender Unterschied. Während der Denkmalpfleger von der Wilhelmstraße als einem historischen städtebaulichen Ensemble spricht, meint Hermann Pünder, wie er durch die Anführungszeichen ebenso plump wie unzweideutig zu erkennen gibt, die Wilhelmstraße als politische Metapher. Was jedoch dem Baufachmann als gelungene Lösung des Problems der Einfügung eines Neubaus in ein historisches Ensemble unter besonderer Berücksichtigung des Standorts zwischen zwei sehr heterogenen Gebäuden erschien, war noch lange nicht geeignet, der interessierten Öffentlichkeit als Symbol der Fortsetzung einer politischen Tradition zu genügen. Zwar hatte Eduard Jobst Siedler mit einem Vertrag vom 17. August 1927 den Auftrag erhalten, den preisgekrönten Entwurf in Zusammenarbeit mit der Reichsbauverwaltung für die Reichsministerien zu verwirklichen; bis zu dieser Verwirklichung waren jedoch noch eine Reihe von Hindernissen zu überwinden und Kontroversen zu bestehen, die sich an der äußeren Form des Baus entzündeten, und die nicht ohne Folgen für eben diese Form blieben. Im Verlaufe der folgenden Monate wurde der »Geist neuer Zeit« immer stärker in den Hintergrund gedrängt durch das, was man für den »Geist der Wilhelmstraße« hielt.[105]
Zur Bewilligung weiterer Geldmittel für den Bau mußte der Entwurf dem Haushaltsausschuß des Reichstags vorgelegt werden. In der Ausschußsitzung vom 27. Februar 1928 gerieten die Pläne unter heftigen Beschuß von Seiten der Vertreter fast aller Parteien. Zwar versuchte Staatssekretär Pünder, die Aufmerksamkeit der Abgeordneten vor allem auf die Grundrisse zu lenken, und er bat, »die heute dem Ausschuß vorgelegte Fassadenskizze noch nicht so sehr in den Vordergrund« zu stellen. Die Ausschußmitglieder interessierten sich jedoch überhaupt nicht für die Grundrisse, sondern aus-

schließlich für die Fassade, deren Entwurf sie nicht nur von der vorgelegten Skizze, sondern auch durch Presseveröffentlichungen kannten, und der auf einhellige Ablehnung quer durch die Parteien stieß. »Die drohende Verschandelung der Reichskanzlei« war ein Artikel gegen den geplanten Neubau am 22. Juni 1927 im *8-Uhr Abendblatt* überschrieben, eine Überschrift, unter der auch die Stellungnahmen der Mitglieder des Haushaltsausschusses zusammengefaßt werde können. Der deutschnationale Abgeordnete Quaatz begründete seine Ablehnung des Entwurfs mit dem Argument, das »Gebäude müsse doch in den Rahmen der Umgebung, nämlich der Wilhelmstraße und des Wilhelmplatzes, hineinpassen«; er wußte sich darin einig mit dem Demokraten Wieland, der erklärte, daß die »in dem Entwurf vorgesehene Front ... unmöglich in die Wilhelmstraße hineingestellt werden« könne, »da diese wie ein Fabrikbau aussehe«. Der Ausschuß war nicht bereit, die geforderte Rate zu bewilligen, und vertagte die Entscheidung auf die nächste Sitzung.[106]
In Vorbereitung dieser Sitzung lud Pünder am 13. März zu einem parlamentarischen Abend in der Reichskanzlei ein, auf dem er den Mitgliedern des Haushaltsausschusses und den ebenfalls geladenen Fraktionsvorsitzenden ein Modell des Neubaus präsentieren konnte. Im Laufe des Abends nahmen mehrere Mitglieder des Preisrichterkollegiums positiv Stellung zu dem Modell, wobei das Votum des nicht anwesenden Landeskonservators verlesen wurde, der noch einmal betonte, daß sich »der Bau in natürlicher und überzeugender Weise dem Bilde der Wilhelmstrasse« eingliedere. »Ihre Ausführungen«, so Pünder am 17. März in einem Brief an den Konservator, »waren auch in der Tat von erheblichem Einfluß auf die Herren, die sich schließlich mit den Entwürfen in der gegenwärtigen Gestalt einverstanden erklärten. Auch der Haushaltsausschuss des Reichstags hat in seiner Sitzung am 14. März der Etatposition für den Neubau ohne Widerspruch zugestimmt.« Dieser Sinneswandel der Abgeordneten ist keineswegs ausschließlich auf die Stellungnahmen der Sachverständigen zurückzuführen. Ausschlaggebend dürfte die Tatsache gewesen sein, daß die äußere Gestalt des Baus inzwischen einige erhebliche Veränderungen erfahren hatte. Pünder hatte bereits während der Sitzung am 27. Februar wiederholt versichert, daß bei der Gestaltung der Fassade »noch gewisse Veränderungen wahrscheinlich seien«, denn hier »sei noch keineswegs das letzte Wort gesprochen; insbesondere der Turm werde »tatsächlich wohl noch etwas anders gestaltet werden«.
Zu diesem Zeitpunkt waren die entscheidenden Veränderungen bereits vorgenommen worden. Der Architekt hatte in den letzten Monaten des Jahres 1927 in Zusammenarbeit mit dem Leiter der Reichsbauverwaltung für die Reichsministerien, Oberbaurat Groß, die vorliegenden Entwürfe bearbeitet, wobei nicht nur die Grundrißdisposition in Anlehnung an die Grundrisse, die Groß seinem eigenen, außer Konkurrenz zum Wettbewerb eingereichten Entwurf gegeben hatte, umgearbeitet wurde, sondern auch die Fassade. Auf wen die an der Fassade vorgenommenen Veränderungen im einzelnen zurückzuführen sind, läßt sich nicht mehr feststellen; eine längere Aktennotiz von Ministerialrat Reichle von der Hochbauabteilung des Reichsfinanzministeriums, mit

Das Modell des Erweiterungsbaus der Reichskanzlei, 1928

der er dem Staatssekretär in der Reichskanzlei bereits am 28. Juni 1927 Skizzen vorlegte, die nicht erhalten sind, läßt jedoch die Vermutung zu, daß er die Hauptrolle spielte.

Für die von dem Staatssekretär auf der Ausschuß-Sitzung angekündigte Umgestaltung des Turmes liegt ein Brief von Siedler an Pünder vor, der bereits am 19. Februar, eine Woche nach der Fertigstellung des Modells und eine Woche vor der Sitzung, geschrieben worden war. Siedler beklagt sich darüber, daß der Staatssekretär, wie er durch eine Mitteilung von Groß wisse, in einer Besprechung verfügt habe, »daß gewisse Veränderungen an dem Modell der Reichskanzlei vorzunehmen seien, die sich in erster Linie auf die architektonische Gestaltung des Turmes beziehen«. Natürlich, so versichert der Architekt dem Staatssekretär, werde er veranlassen, daß diese Veränderungen durchgeführt werden. Er bitte jedoch »feststellen zu dürfen, daß ich diese Änderungen nicht mit meinem Namen decken kann, und bitte gegebenenfalls, bei etwaigen Mitteilungen an die Öffentlichkeit darauf hinzuweisen, daß diese jetzt verfügten Änderungen der architektonischen Gestaltungen des Turms auf unmittelbare Anweisung der Reichskanzlei hin erfolgt sind«. Siedler vermutet, es seien taktische Erwägungen gewesen, die den Staatssekretär zu dieser Verfügung bewogen hätten, und er verbindet diese Vermutung nicht nur mit der Erklärung, daß ihm als Baukünstler solche taktischen Erwägungen fernliegen müssten, da der Bau »im Urteil späterer Generationen als beachtliches künstlerisches Dokument unserer Zeit gewertet wird« und er als Architekt »der Geschichte gegenüber einstehen müsse«, sondern auch mit der Hoffnung, daß die verfügten Veränderungen wieder zurückgenommen werden würden, wenn erst einmal das

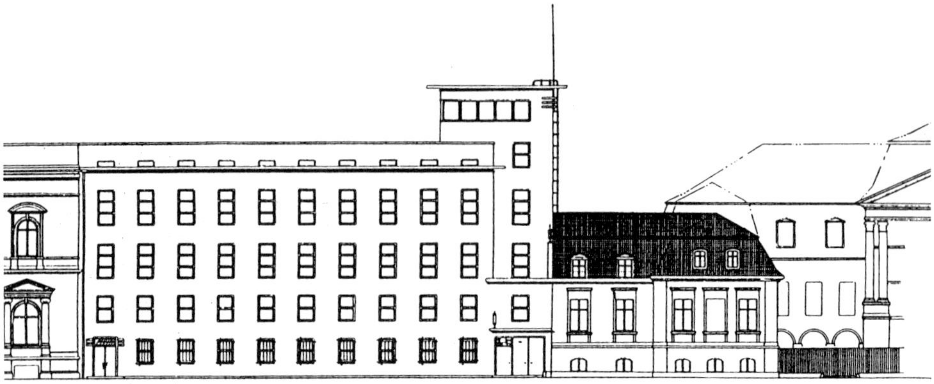

Der Erweiterungsbau der Reichskanzlei. Fassade des Wettbewerbsentwurfs

taktische Ziel erreicht sei. Aus der Antwort Pünders vom nächsten Tag wird deutlich, daß von einer solchen Rücknahme nicht die Rede sein konnte; der Bau ist dann mit diesen Veränderungen auch errichtet worden.

Der Staatssekretär erhob vor allem »Bedenken gegen die äussere Treppengestaltung« am Turm und gegen »die Anlage des langen Fensters bis in die Turmecke«. Vergleicht man den Wettbewerbsentwurf mit den zur Ausführung bestimmten Plänen, fällt sofort ins Auge, daß das gläserne Treppenhausband ebenso wie das durchgehende Fensterband des obersten Geschosses, die dem Turm eine gewisse Leichtigkeit und Dynamik verliehen, durch eine steinerne Ummantelung des Treppenhauses und eine Reihe von Fenstern ersetzt wurden, zwischen denen regelmäßige Abstände bestehen. Der Turm, der zusätzlich noch verbreitert wurde, verlor seine Leichtigkeit und gewann statische Massivität. Das Fensterband war wohl, ebenso wie das Fensterraster der Hauptfassade, zu sehr den Prinzipien der Sachlichkeit und Funktionalität verpflichtet, die den Entwurf in den Augen der Politiker zum »Fabrikbau« machten, wie er in die Wilhelmstraße nicht passe. Um auch gegen diese Bedenken Abhilfe zu schaffen, wurde der erste Stock, wo die Arbeitsräume des Reichskanzlers und des Staatssekretärs lagen, in ein *piano nobile* umgewandelt, deutlich erkennbar an den größeren und durch wuchtige Gewände gefassten Fenstern, die eine Unterscheidung zu den darüber liegenden übrigen Amtsräumen ermöglichen. Aus politischen Rücksichten und auf der Basis politischer Entscheidungen war aus einem Entwurf, der mit Recht das Beiwort »sachlich« verdient, ein Bau geworden, der noch in jüngster Zeit mit der neuen Reichskanzlei von Albert Speer verwechselt werden konnte.

Die absurden Konsequenzen, die sich aus dem unmöglichen Versuch ergeben müssen, die Tradition ungeschmälert zu wahren und doch die Neuheit sinnfällig zu machen, werden mit der Klarheit der Karikatur an einem Entwurf deutlich, den der Architekt Hans-Alfred Richter außer Wettbewerb eingereicht hatte. Richter schlug vor, den Südflügel des Reichskanzlerpalais abzutragen und an die Südgrenze des Grundstücks Wilhelmstraße 78 zu versetzen. In die Lücke, die damit neben der Baumasse des *corps de*

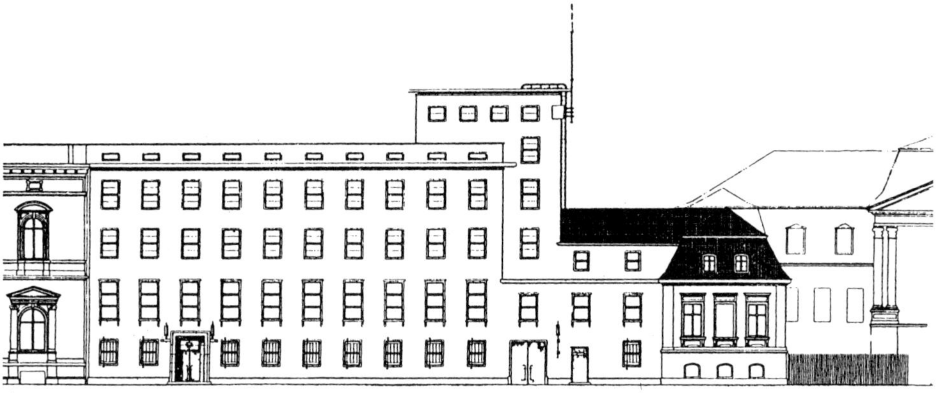

Der Erweiterungsbau der Reichskanzlei. Fassade des Ausführungsentwurfs

logis des Hauses Wilhelmstraße 77 entstehen mußte, sollte eine exakte Kopie eben jenes *corps de logis* eingefügt werden. Deutlicher konnte man den Gedanken einer Kontinuität vom Kaiserreich zur Republik kaum zum Ausdruck bringen. Mit einer Einschränkung allerdings. Richter wollte zwar im Giebelfeld des Mittelrisalits des Altbaus das Reichswappen mit den von Bismarck so gar nicht goutierten Genien belassen, in das Giebelfeld des Mittelrisalits der Kopie jedoch eine nicht näher bestimmte Skulptur setzen, die die Republik verkörpern sollte.[107]

»Im Banne der Erinnerung« Die Feier der Grundsteinlegung, die Übergabe des Neubaus und der Kult um den ersten Reichskanzler

Der Nachdruck auf den Kontinuitätslinien, von denen man glaubte, daß sie die Republik mit dem Kaiserreich verbänden, wird besonders deutlich sichtbar an der Feier zur Grundsteinlegung des Neubaus, die am 18. Mai 1928 stattfand und die, wie der *Berliner Börsen-Courier* am gleichen Tag schrieb, die erste Grundsteinlegung war, die »seit dem Bau des Reichstages in Berlin feierlich begangen worden ist«.[108] Im Zentrum der Ansprache, die Reichskanzler Wilhelm Marx auf der Grundsteinlegungsfeier hielt, stand die Wilhelmstraße, die Marx »unsere in der ganzen Welt bekannte Ministerstraße« nannte, deren »Würde und Bedeutung« der neue Bau, dessen Grundstein zu legen man im Begriff stand, gerecht werden müsse. Ein Symbol für diese Verpflichtung, aber auch für die Hoffnung auf ihre Erfüllung, sah Marx in dem »glücklichen Geschick, daß unser allverehrter Herr Reichspräsident die Grundsteinlegung vollziehen kann an dem Tage, an dem die Reichskanzlei das Fest ihres fünfzigsten Geburtstags begehen kann«. »Die Schaffung der Reichskanzlei«, so Marx in der Tischrede während des Frühstücks in der Reichskanzlei, das der Grundsteinlegungsfeier vorausgegangen war, »ist das eigenste Werk des Altreichskanzlers Fürsten Bismarck, des Schöpfers unseres Reiches«.

Die Grundsteinlegung für den Erweiterungsbau der Reichskanzlei am 18. Mai 1928.
Vlnr.: Hermann Pünder, Paul von Hindenburg, Heinrich Otto Meissner (verdeckt), Wilhelm Marx

Die Entscheidung, die Grundsteinlegung am 50. Jahrestag der Gründung der Reichskanzlei zu vollziehen und damit den Neubau in enge Beziehung zu Bismarck zu bringen, war keineswegs Folge eines »glücklichen Geschicks«, wie der Reichskanzler behauptete, sondern ein Akt expliziter Symbolpolitik, der zu den Diskussionen um die Gestalt des Neubaus und insbesondere zu den von politischer Seite verfügten Änderungen des Turmes und der Fassade paßt. Die Entscheidung geht auf Hermann Pünder zurück, der am 14. März seinem Kollegen Meissner, dem Staatssekretär des Reichspräsidenten, den Vorschlag machte, die Grundsteinlegung am 18. Mai zu vollziehen, da »es ein besonders hübscher Gedanke ist, die Grundsteinlegung auf den Tag der 50jährigen Wiederkehr jenes Tages zu legen und damit auch der Vergangenheit in Ehren zu gedenken«.[109] Der neue Bau wurde damit in eine Tradition gestellt, die in dem Palais in der Wilhelmstraße 77 verkörpert und von Bismarck bestimmt war. Die *Kölnische Zeitung* stellte am 19. Mai in ihrem Bericht über die Feier sehr präzise, und vielleicht auch ein wenig von offizieller Seite inspiriert, diesen Zusammenhang fest: »Wie der neue Bau im Stil moderner Sachlichkeit mit dem zwei Jahrhunderte alten Renaissancebau der bisherigen Reichskanzlei nach dem Willen des Architekten ein einheitliches Ganzes bilden soll, so zeichneten der Reichspräsident und der Reichskanzler die innige Verbundenheit des alten Wirkens der Reichskanzlei mit der neuen. Die Person Bismarcks trat stark in den Vordergrund und wurde geradezu als Symbol für die künftige Arbeit in der Reichskanzlei hingestellt.«[110]

Sieht man davon ab, daß die stilistische Einordnung des Palais in der Wilhelmstraße 77 als Renaissancebau schlicht falsch ist und daß die Frage nach dem Stil des Neubaus sich wohl nicht so eindeutig beantworten läßt, bleibt der Hinweis auf die symbolische Bedeutung des ersten Reichskanzlers, eine Bedeutung, für die sich ein weiterer Beleg in der Urkunde findet, die im Grundstein vermauert wurde. Im Entwurf der Reichskanzlei für den Text dieser Urkunde war »mit besonderer Befriedigung« der »Angehörigen der Reichskanzlei« gedacht worden, die »auch in den schweren Zeiten des Weltkrieges und der folgenden Jahre in treuer Pflichterfüllung und in aufopferungsvoller Hingabe« die gestellten Aufgaben gelöst haben. »Mit Stolz« wurde Bismarcks gedacht und der auf ihn »zurückgehenden bewährten Tradition hingebungsvoller Arbeit am Vaterland, die in dem alten Gebäude durch 50 Jahre vorbildlich gewahrt worden« sei und die, selbstverständlich, »auf den neuen Bau übergehen« sollte. Dieser Text wurde im Büro des Reichspräsidenten einer gründlichen Revision unterzogen. Während der Stolz, mit dem man der Person Bismarcks gedachte, noch durch »dankbare Verehrung« ergänzt und gesteigert wurde, fiel die Behauptung, die auf Bismarck zurückgehende und jetzt so beredt beschworene Tradition sei durch 50 Jahre hindurch gewahrt worden, ebenso dem Rotstift zum Opfer wie das dankbare Gedenken an die Angehörigen der Reichskanzlei in der Zeit des Krieges und der folgenden Jahre; mit Prinz Max von Baden oder gar dem Rat der Volksbeauftragten war in dieser Republik kein Staat mehr zu machen.

Die Berufung auf Bismarck wurde in den nationalkonservativen und deutschnationalen Presseberichten über die Grundsteinlegungsfeier zur Beschwörung des Bismarck-Mythos gesteigert. »Am 18. Mai 1878«, hieß es im *Berliner Lokalanzeiger* vom 17. Mai 1928, zwar sachlich falsch, aber mythologisch bedeutsam, »schritt der Halberstädter Kürassier zum ersten Male als Hausherr an dem präsentierenden Posten vorbei« in das »Haus, das Bismarcks Genius geweiht« und »in dem sich später verwahrloste ›Matrosen‹ mit ihren schlampigen Weibern räkelten«. Die *Deutsche Allgemeine Zeitung* beschwor den »alten Recken«, den »Erzkanzler«, den »Alten im Sachsenwald« herauf und erklärte noch einmal ausdrücklich, daß »die Grundsteinlegungsfeier für den Erweiterungsbau der Reichskanzlei ... ganz im Banne der Erinnerung an die geschichtliche Tradition« stand, »die sich im zu eng gewordenen Reichskanzlerpalais verkörpert«. Daß diese Tradition vollständig von der Person des ersten Reichskanzlers bestimmt war, machte zwei Wochen später die *Berliner Börsen Zeitung* deutlich mit der Erklärung, die Reichskanzlei sei das Haus, »in welchem Otto von Bismarck die Geschäfte des Reiches führte«.[111]

Daß hier nicht einfach der Geschäftsführer des Kaiserreichs, sondern der ebenso erfolgreiche wie rücksichtslose Machtpolitiker gemeint war, wird an den verwendeten Metaphern ablesbar, die aus dem Arsenal des Bismarck-Mythos stammen, der nach dem Rücktritt Bismarcks im Jahre 1890 und verstärkt noch nach dessen Tod im Jahre 1898 von der sogenannten »nationalen Opposition« entwickelt, gepflegt und popularisiert wurde. Die wichtigsten Träger dieser Opposition waren der *Alldeutsche Verband* und der *Bund der Landwirte*, die beide während der Kanzlerschaft Leo von Caprivis, des Nachfolgers Bismarcks, aus Protest gegen politische Maßnahmen der Regierung gegründet worden waren und die beide, trotz der heterogenen Interessen ihrer jeweiligen Klientel, der Schwerindustrie einerseits und der Großlandwirtschaft andererseits, sich einig waren in ihrer Kritik an der kaiserlichen Regierung und am Kaiser selbst, die außenpolitisch nicht expansiv genug und innenpolitisch nicht autoritär genug auftraten, die, mit dem damals gängigen Vokabular, nicht entschieden genug Weltpolitik betrieben und den politischen Gruppen, die von Bismarck als »Reichsfeinde« bezeichnet worden waren – Sozialdemokraten, Zentrumskatholiken und Linksliberale – nicht entschieden genug entgegentraten. Als Kronzeuge für diese Kritik wurde Bismarck aufgerufen, nicht der historische Reichskanzler, sondern der mythische »Alte im Sachsenwald«, dessen Durchsetzungsfähigkeit und Gewaltbereitschaft, die dem Kaiser und Bismarcks Nachfolgern angeblich fehlten, im Attribut der Kürassierstiefel ein populäres Bild fanden.[112]

Nach dem Ende des *ancien régime*, nach Niederlage und Revolution, wurde der »Gewaltpolitiker mit Kürassierstiefeln« zum Kampfsymbol der Gruppen, Verbände und Parteien, die die Republik bekämpften.[113] Im Zentrum dieser antirepublikanischen Bewegungen standen die *Deutschnationale Volkspartei* (DNVP), die eng mit dem *Alldeutschen Verband* liiert war, und eine Reihe von Offiziersverbänden und Kriegervereinen, deren wichtigste der *Kyffhäuserbund* und der *Stahlhelm* waren; seit Mitte der zwanziger Jahre wurde dieser Kreis noch erweitert durch Gruppen, die weiter rechts standen, keine monarchistischen Traditionen pflegten und für die gerade deshalb der Kult um Bismarck mit seinen latent antimonarchischen und zugleich autoritären und aggressiven Zügen ein hervorragendes Agitationsinstrument bot. Nicht die einzige, aber die am Ende erfolgreichste Gruppe aus diesem Kreis, die NSDAP, beteiligte sich seit 1925 an der Pflege des Bismarck-Kultes und behielt ihn auch nach dem 30. Januar 1933 so lange bei, wie er für die Werbung der Sympathien des nationalkonservativen und deutschnationalen Bürgertums nötig schien.[114]

Der Bismarck-Mythos der Gegner der Republik bot nicht nur eine Antwort auf die Frage, wie es zu Niederlage und Revolution hatte kommen können – eine Antwort, die noch im Nachhinein die Berechtigung der Kritik zu bestätigen schien, die von der »nationalen Opposition« vor 1918 im Namen Bismarcks gegen die kaiserliche Regierung erhoben worden war – sondern zugleich eine Diagnose der Gegenwart und eine Therapie für die Zukunft. Bismarck, so der deutschnationale »Grundmythos«, der beliebig erweitert und ergänzt werden konnte, hätte, anders als die kaiserliche Regierung, nicht nur eine entschlossene Politik der territorialen Expansion betrieben, sondern auch, ganz nach Kürassierart, mit den »Reichsfeinden« kurzen Prozeß gemacht, hätte er nicht, nach seiner Entlassung, als »Alter im Sachsenwald« ebenso kritisch wie ohnmächtig mitansehen müssen, wie die Politiker des »Neuen Kurses« durch ihre Unentschlossenheit und Zaghaftigkeit das Reich den »Reichsfeinden« Schritt für Schritt aus-

geliefert haben, ein Prozeß, der dahin führte, daß nicht nur die Großmachtstellung des Deutschen Reiches verloren ging, sondern daß auch eben jene »Reichsfeinde« das Reich beherrschen. Hier, so der Ausweg, könne nur ein »Neuer Bismarck« in Gestalt eines Diktators Abhilfe schaffen. Diese Hoffnung auf einen neuen Bismarck wurde im Rahmen einer messianischen Geschichtskonstruktion typologisch gedeutet. So rief der Historiker Karl Alexander von Müller in seiner Ansprache zum dritten Bismarck-Tag 1929 in München ekstatisch aus: »Sein Bild vor allem schwebt uns vor, wenn wir hoffen, daß diese politische Schöpferkraft unseres Volkes noch nicht erloschen ist und sich eines Tages wieder, wie Blitz im Gewölke, verdichtet zu einem wegweisenden Führer. Wann immer und aus welchen Schichten unseres Volkes er kommen mag, welches immer das nächste Ziel seines Handelns sein wird: Über die Geschlechter hinweg wird er als seinen Verwandten und Vorgänger den Mann grüßen, dessen wir heute gedenken.« [115]
Daß sich die deutschnationale Presse die Grundsteinlegungsfeier als Gelegenheit zur Beschwörung des Bismarck-Mythos nicht entgehen lassen würde, verwundert also ebensowenig wie die Tatsache, daß der Reichspräsident nicht nur die Gegenwart in eine auf Bismarck zurückgehende Tradition stellen, sondern daß er diese Tradition auch zur Verpflichtung für die Zukunft machen wollte, wobei diese Tradition, wie die Änderungen im Text der Urkunde für den Grundstein deutlich machen, durch die Revolution unterbrochen worden war. Zwar hatte Hindenburg die Hoffnungen der Parteien und Verbände, die 1925 seine Wahl zum Reichspräsidenten trugen und die sich eine schnelle Verfassungsrevision auf der Grundlage der dem Präsidenten in der Verfassung zur Verfügung stehenden Machtmittel erwartet hatten, enttäuscht, da er sich in den ersten Jahren seiner Präsidentschaft mehr oder weniger streng an die Grenzen hielt, die die Verfassung der Ausübung seines Amtes zog. Die politischen Ziele dieses Repräsentanten, nein, dieses Symbols des *ancien régime* an der Spitze der Republik unterschieden sich jedoch durchaus nicht von denen der Personen und Gruppen aus Reichswehr, Großindustrie und Großlandwirtschaft, von denen viele Hindenburg persönlich und gesellschaftlich nahestanden und die im Laufe der Jahre immer größeren Einfluß auf seine Entscheidungen nahmen, um ihn schließlich zum willigen Vollstrecker ihrer gegen die Republik gerichteten Pläne zu machen. Daß die DNVP, die als Integrationspartei dieser Interessengruppen auftrat, sich trotz ihres antirepublikanischen und antiparlamentarischen Grundkonsens an republikanischen Regierungen im Rahmen des parlamentarischen Systems beteiligte, geht auf den massiven Druck eben dieser Gruppen zurück, die keineswegs auf die Vertretung ihrer wirtschaftlichen Interessen im Rahmen von Regierung und Parlament verzichten wollten. Die Tatsache, daß damit zugleich, gewissermaßen als Ersatz- und Ergänzungsstrategie zu der von Hindenburg erhofften und zunächst nicht verwirklichten Verfassungsrevision, die Arbeit an einem »stillen Verfassungswandel« möglich war, trug sicher zur Bereitschaft der DNVP, in republikanische Regierungen einzutreten, bei; dem vierten und zum Zeitpunkt der Grundsteinlegungsfeier noch geschäftsführend amtierenden Kabinett Marx gehörte sie mit vier Ministern an.[116]

Daß allerdings die Regierung der Republik selbst nicht zögerte, bei der Feier zur Grundsteinlegung »die Person Bismarcks ... stark in den Vordergrund« treten zu lassen und »geradezu als Symbol für die künftige Arbeit in der Reichskanzlei« hinzustellen, wie die *Kölnische Zeitung* formuliert hatte, läßt sich mit der Regierungsbeteiligung der DNVP allein nicht erklären. Man wird hier vielmehr die Tatsache in Rechnung stellen müssen, daß auch bei den Mittelparteien, beim *Zentrum,* in der *Deutschen Volkspartei* (DVP) und der *Bayrischen Volkspartei* (BVP), den Koalitionspartnern der DNVP, Bismarck zum Leitbild erhoben wurde. Die BVP, die bayerische Schwesterpartei des *Zentrums,* hatte bereits bei der Wahl des Reichspräsidenten im Sommer 1925 durch die Parteinahme für Hindenburg und gegen den Zentrumskandidaten Marx eindeutig zu erkennen gegeben, daß sie auf der Seite derjenigen stand, die an der Revision der Verfassung interessiert waren. Die *Deutsche Volkspartei* hatte von Anfang an die Republik nur als notwendiges Übel akzeptiert, das es so bald wie möglich zu beenden gelte, an dessen Regierung man sich aber beteilige, um eben dieses Ziel zu erreichen. Bezeichnend ist eine Äußerung Gustav Stresemanns, des Vorsitzenden der DVP und langjährigen Außenministers der Republik, der in dieser Funktion auch dem vierten Kabinett Marx angehörte, in einem Telegramm an einen Parteifreund, in dem es heißt, »daß die Partei wohl an dem monarchischen Gedanken festhält, und zwar in dem Sinne, daß sie die monarchische Staatsform theoretisch als die beste Staatsform betrachtet ..., daß sie sich praktisch aber auf den Boden der gegebenen Tatsachen stellt.«[117]
Diese »gegebene Tatsache« war die Republik und Stresemann verteidigte wiederholt seine Beteiligung und die Beteiligung seiner Partei an der Regierung der Republik, vor allem aber die Verständigungspolitik mit den ehemaligen Kriegsgegnern, die er als Außenminister betrieb, gegen Kritiker von weiter rechts mit der Berufung auf Bismarck, der für Stresemann jedoch nicht »Gewaltpolitiker«, sondern »Realpolitiker« war. Dieser Bismarck, so Stresemann im März 1924 in einer Wahlrede, hätte als Realpolitiker jetzt sicher die gleiche Politik wie er, Stresemann, betrieben; er forderte deshalb, »daß auch die anderen, die sich zu Bismarck bekennen wollen, Realpolitik betreiben und nicht in eine Politik der Illusionen hineintreiben«. Im November desselben Jahres erklärte er, Bismarck würde heute nicht »auf der Seite der Schreier stehen«, sondern »vielmehr auf der Seite der Realpolitiker«. Zwei Jahre später formulierte er, direkt gegen den Bismarck-Mythos der Deutschnationalen gewendet: »Es wäre gut, einmal ein Buch über den mißverstandenen Bismarck zu schreiben, in dem dargestellt wird, wie er in der Fülle der Macht einer der vorsichtigsten im Gebrauch der Macht gewesen ist, wie er sich 1866 und 1870 denen gegenüber durchgesetzt hat, die nicht genug bekommen konnten. Er wollte Europa den Frieden erhalten. Das wäre ein besseres Bild von ihm als das, das die Legende von ihm sich macht, wenn sie ihn als den Mann mit den Kürassierstiefeln darstellt.«[118]
Diese Absage an ein zentrales Mythologem des deutschnationalen Bismarck-Mythos darf jedoch nicht über die Tatsache hinwegtäuschen, daß Stresemann das Ziel der Wiedererrichtung des deutschen Machtstaates mit den Deutschnationalen teilte, daß er

aber die Wege, zu diesem Ziel zu gelangen, als Wege der Verträge und Abkommen sah, eine Politik, die sich seiner Meinung nach eher auf Bismarck berufen durfte als die »Politik der Illusionen« der DNVP, deren Konfrontationskurs über kurz oder lang eine militärische Auseinandersetzung nach sich ziehen würde, die zu führen das Deutsche Reich gar nicht in der Lage war. Daß diese Rückkehr zum Großmachtstatus den Weg ebnen würde für eine innenpolitische Neuordnung im Geiste der »theoretisch besten Staatsform«, versteht sich von selbst.[119]
Daß schließlich auch der Reichskanzler und sein Staatssekretär, die beide dem *Zentrum* angehörten, mit der Rede zur Feier und der Wahl des Termins den Neubau in eine Traditionslinie stellten, die von Bismarck bestimmt wurde, läßt sich durchaus als Reverenz an eine bedeutende historische Figur interpretieren, die nicht notwendig gegen die Republik gerichtet sein muß. Man wird allerdings nicht übersehen dürfen, daß Hermann Pünder große Sympathien für eine weit ins 19. Jahrhundert zurückreichende Ideologie der angeblichen Überparteilichkeit der Fachbeamten hegte, in deren Zentrum das Ideal einer an den »Sachaufgaben« orientierten, über den Parteien stehenden Regierung und Verwaltung stand, wie sie im Reich Bismarcks bestanden habe und wie sie jetzt gegen die Parteien und das Parlament wieder verwirklicht werden müsse. »Wir wollen ja gar nicht mit dem arbeitsunfähigen Reichstag arbeiten, sondern verlangen nur, daß er der Regierung nicht in den Arm fällt«[120], heißt es unter dem 8. Dezember 1930 aus Anlaß der Abstimmung über eine Notverordnung in Pünders Aufzeichnungen; wenige Tage zuvor hatte er Überlegungen zur Reichstagsauflösung ohne Neuwahlen, also zu einer Art Staatsstreich von oben angestellt.[121]
Natürlich lagen diese Äußerungen zum Zeitpunkt der Grundsteinlegungsfeier noch in der Zukunft und gehören in den Zusammenhang einer erheblich veränderten politischen Situation, in der die Regierung einer negativen Blockademehrheit im Reichstag gegenüberstand. Der Weg in diese Situation war allerdings durch Reichskanzler Heinrich Brüning geebnet worden, der dem *Zentrum* angehörte, seit 30. März 1930 auf der Grundlage der Machtmittel des Reichspräsidenten und nicht mit der damals noch möglichen Unterstützung des Reichstags geradezu gegen den Reichstag regierte und in Hermann Pünder seine rechte Hand hatte. Pünder wiederum wird sich, in enger zeitlicher Nähe zum Übergang von der letzten Regierung unter Reichskanzler Hermann Müller (SPD), die noch von einer parlamentarischen Mehrheit getragen wurde, zum ersten Präsidialkabinett seines Parteifreundes Brüning, erneut und deutlich auf Bismarck berufen, als er im Rahmen der absehbaren Fertigstellung des Neubaus die Einrichtung eines Bismarck-Museums in der Reichskanzlei plante und in einem Artikel zum 40. Jahrestag der Entlassung Bismarcks diesen Plan der Öffentlichkeit mit der Berufung auf den durch Stresemanns Äußerungen bereits bekannten Realpolitiker Bismarck rechtfertigte.[122]
In engem zeitlichem Zusammenhang mit Pünders Plädoyer für einen Verfassungsbruch im Dezember 1930 steht die Übergabe des Neubaus an die Beamten der obersten Reichsbehörde, die schließlich am 30. Dezember 1930 erfolgte, und aus deren Anlaß er-

neut erwogen wurde, eine Feier zu veranstalten, die, nach dem Vorbild der Grundsteinlegung, die Beziehung der Gegenwart zur Vergangenheit des Kaiserreichs beschwören sollte in einer Weise, die erneut Bismarck ins Zentrum der Aufmerksamkeit gestellt hätte. Am 9. Dezember 1930 erklärte Reichskunstwart Edwin Redslob in einem Schreiben an Pünder, ihm sei »der Gedanke gekommen, daß doch im kommenden Jahr der 18. Januar mit Rücksicht auf die 60-Jahrfeier der Proklamation des Reichs durch eine besondere Feier gestaltet werden müsste. Meiner Ansicht nach wäre es nun geradezu erwünscht, in dieser Feier die starken Zusammenhänge der Reichsgründung mit dem Reichskanzler und der Reichskanzlei zu betonen. Würde nun am 18. Januar die Reichskanzlei feierlich übergeben, so würde das sinnfällig eine Darstellung des Reichsgedankens bedeuten.«[123]

Zwar lehnte Hermann Pünder den Vorschlag Redslobs, den er im übrigen laut einer Tagebucheintragung vom 21. Dezember 1930 selbst kurz erwog, ab; diese Ablehnung bezog sich jedoch keineswegs auf die Feier des 60. Jahrestags der Reichsgründung am 18. Januar 1931, sondern nur auf die Verbindung dieser Feier mit der Übergabe des Neubaus.[124] Der Staatssekretär in der Reichskanzlei nahm an der Feier teil, die von der Reichsregierung am 18. Januar 1931 im Reichstag veranstaltet wurde; die Sprache, in der er diese Feier beschreibt, trägt Züge religiöser Begeisterung. »Es ist gleich Mitternacht«, heißt es in Pünders Tagebuch, »Aber doch noch schnell einige wenige Worte über den heutigen denkwürdigen Tag: 60jähriger Erinnerungstag an die Reichsgründung in Versailles 1871. Gestern abend haben meine Frau und ich in Bismarcks ›Gedanken und Erinnerungen‹ und auch in Hindenburgs Buch die Daten uns noch einmal genau vorgelesen. Heute waren wir beide zusammen auf der herrlichen Feier im Reichstag ... Oben in der Hauptloge der Herr Reichspräsident, der damals als Leutnant die Feier in Versailles mitgemacht hat. Noch nie war mir so eigentümlich zu Mute, wie von dieser für uns schon lange verklungenen Epoche noch dieser Zeuge fast wie ein Mythos in unsere Tage hineinragt.«[125]

Die Frage, ob sich diese Beschwörung der Gründung des *ancien régime* mit dem Selbstverständnis führender Repräsentanten der Republik vereinbaren läßt, muß differenziert beantwortet werden. Zum einen war die Reichseinigung auch das Ziel der Liberalen,[126] »das heiße Verlangen weiter Schichten des Volkes«, wie der Reichspräsident mit zeittypischem Pathos in einer »Kundgebung« formulierte, die er am 18. Januar 1921 zum 50. Jahrestag der Gründung des Kaiserreichs veröffentlichte und in der von der »Einigung der deutschen Stämme« die Rede ist, deren man gedenke; dieses Gedenken sei mit der Freude verbunden, daß es gelungen sei, diese Einheit über den Krieg hinaus zu bewahren.[127] Die Reichsregierung hatte zwar auf eine offizielle Feier oder gar die Erhebung dieses Tags zum staatlichen Feiertag verzichtet, aber gleichwohl über die Länderregierungen die Empfehlung aussprechen lassen, solche Feiern an den Schulen zu veranstalten. Richard Lewinsohn stellte deshalb in einem Artikel mit dem Titel »Die Bismarck-Legende«, der aus Anlaß der Feiern zum 50. Jahrestag der Reichsgründung am 18. Januar 1921 in der *Weltbühne* veröffentlicht wurde, irritiert fest, daß »der fünf-

Der Erweiterungsbau der Reichskanzlei vor der Übergabe, 1930

zigste Geburtstag des Kaiserreiches ... ohne Widerspruch ... zum demokratischen Parteifeiertag erhoben worden« sei.[128]

Der Versuch, der Reichsgründung zu gedenken und dabei die Umstände und Folgen dieser Gründung, den monarchischen Obrigkeitsstaat, auszublenden, war von Anfang an zum Scheitern verurteilt. Die Irritation Lewinsohns erklärt sich aus der Tatsache, daß der »Reichsgründungstag«, der Tag, an dem im Spiegelsaal des Schlosses zu Ver-

sailles der preußische König Wilhelm zum deutschen Kaiser proklamiert wurde, im Kaiserreich selbst kein offizieller Feiertag war,[129] sondern erst nach dem Ende der Monarchie von den Gruppen, Verbände und Parteien, die der Republik ablehnend gegenüberstanden, als Feiertag begangen und eng mit dem Kult um Bismarck als dem »Reichsgründer« verbunden wurde. »Das sei«, heißt es in den *Alldeutschen Blättern* zum 18. Januar 1920, »unser Gelöbnis an diesem und an jedem neuen 18. Januar, bis die Erfüllung da ist, bis wir einen neuen Tag von Versailles erleben, das Werk Bismarcks und Wilhelms I. wiederhergestellt wird.« Einige Jahre später kommentierte ein Artikel im sozialdemokratischen *Vorwärts* kurz und bündig: »Der 18. Januar ist eine monarchistische, erst in der Republik gegen die Republik erfundene Feier.«[130]
Der politische Rahmen, in dem die Feier der Reichsgründung stand, dürfte den Mitgliedern des Reichskabinetts unter Reichskanzler Brüning, die am Vorabend des 60. Jahrestags beschloß, am 18. Januar 1931 eine offizielle Feier im Reichstag zu veranstalten, bekannt gewesen sein. Reichsinnenminister Joseph Wirth (Zentrum), dessen Ressort für staatliche Feiern zuständig war, hatte sich der Initiative des Reichswehrministers angeschlossen und die Notwendigkeit der Feier mit dem Argument begründet, daß sich »andernfalls ... viele Verbände der Angelegenheit bemächtigen und Feiern veranstalten, die vom amtlichen Standpunkt aus nicht immer begrüßt werden könnten«. Die Hoffnung des Innenministers, durch die Feier der Reichsregierung andere Feiern verhindern zu können, die sich, so muß man den bürokratischen Euphemismus wohl entschlüsseln, gegen die Republik richteten, war auf doppelte Weise naiv. Denn einerseits war natürlich keine antirepublikanische Organisation bereit, auf eine solche Feier zu verzichten; andererseits war es gerade der Innenminister, der in der gleichen Stellungnahme, in der er die Notwendigkeit der Feier »zum Schutze der Republik« begründete, seinen Kollegen mitteilte, daß die Feier der Regierung nicht um 12 Uhr stattfinden könne, sondern um 11 Uhr beginnen müsse, da der Reichspräsident, der oberste Repräsentant der Republik, bereits die Einladung zur Teilnahme an einer Reichsgründungsfeier angenommen habe, die um 12 Uhr im Sportpalast stattfinde und die vom *Kyffhäuserbund* veranstaltet wurde. Von diesem monarchistischen Veteranenverband war alles zu erwarten, nur keine Stellungnahme für die Republik.[131] Im übrigen scheint auch die Feier der Regierung, an der Hermann Pünder teilnahm und die er »herrlich« fand, hier eher zurückhaltend gewesen zu sein. In der *Weltbühne* schrieb Rudolf Schay über diese Feier, daß »Worte, nichts als Worte« geäußert worden seien, »nur das Wort ›Republik‹ hat gefehlt«.[132]
Es verwundert deshalb keineswegs, daß die Regierung und die führenden Repräsentanten der Verwaltung der Republik sowohl mit der Wahl des Tages für die Grundsteinlegung und der damit eng verbundenen Berufung auf Bismark als auch mit der Umgestaltung des Siedlerschen Entwurfs den Gegnern der Republik weit entgegenkamen. Dennoch verstummten auch nach der Fertigstellung des Baus die kritischen Stimmen nicht. Bemerkenswert ist, daß sowohl die zustimmenden als auch die ablehnenden Kommentare die vermeintliche, aber gar nicht mehr vorhandene »Sachlichkeit« des

Baus in den Vordergrund stellten. Die *Münchner Neueste Nachrichten* sprach von einem »sachlichen, nüchternen Stil, ... der in seiner Unaufdringlichkeit schön und vornehm« wirke, ein Urteil, das auch die *Frankfurter Zeitung* teilte, die den Bau »nüchtern und vornehm« fand und »unromantisch wie der Zentralsitz eines Industriekartells«. Sie zog damit einen Vergleich, wie er nicht nur von dem demokratischen Reichstagsabgeordneten Wieland in der Sitzung des Haushaltsausschusses, allerdings bezogen auf den ursprünglichen Entwurf, ablehnend angestellt worden war, sondern wie er auch von der deutschnationalen Presse gezogen wurde: »Fremd steht der Neubau in seinen nüchternen Formen moderner Sachlichkeit zu dem Stile der Wilhelmstraße«, hieß es im *Berliner Lokalanzeiger* vom 31. Dezember 1930, »es fehlt nur noch die jetzt übliche steile Lichtreklame, um einem Regierungsbau ganz den Charakter von Krankenhaus, Kino oder Hotel zu geben.« Wenn der Verfasser dieses Artikels den Neubau mit dem »Verwaltungsgebäude eines beliebigen Industrieunternehmens« vergleicht, ist der Weg nicht mehr weit bis zur Äußerung Hitlers, der nach der Machtübergabe das Haus als »Verwaltungsgebäude eines Seifenkonzerns« bezeichnet haben soll.[133]

Die «Verkörperung der Macht und Größe des neuen Reiches« Regierungsneubauten im Dritten Reich

Der neue Hausherr, der nach der Machtübergabe an die Nationalsozialisten die Reichskanzlei bezog, äußerte sich wiederholt außerordentlich abfällig über den Siedler-Neubau, und zwar in direkter Fortsetzung der Invektiven, die während der Planung und aus Anlaß der Einweihung des Neubaus vorgebracht worden waren; deren Vergleiche waren, wie die Hitlers, dem Bereich der Zweckarchitektur vornehmlich des Wirtschaftslebens entnommen worden, dem eben die »Würde und Bedeutung« staatlicher Behörden nicht eigne. Hitler soll gegenüber Albert Speer bereits 1934 den Vergleich zu dem »Verwaltungsgebäude eines Seifenkonzerns« gezogen haben;[134] in der Einleitung zu der Publikation *Die Neue Reichskanzlei* bezeichnete er den Siedler-Bau als »Fabriksbau« und attestierte ihm den Charme »eines Warenspeichers oder eines städtischen Feuerwehrgebäudes«.[135]

Natürlich hat die Reichskanzlei das Gebäude dennoch weiterhin als Bürogebäude genutzt und die Wahrscheinlichkeit ist nicht gering, daß Hitlers Urteil über die Fassade weniger ästhetisch als politisch gemeint war, handelte es sich doch um den einzigen Regierungsbau des verhaßten »Weimarer Systems«; es spricht einiges dafür, daß die Fassade nach ihrer »konservativen« Überarbeitung gar nicht so weit von Hitlers Geschmack entfernt war. Diese Vermutung wird bestätigt, wenn es in dem Artikel »Männer um den Führer. Ein Gang durch die Reichskanzlei«, der zum 31. Januar 1937 in der Zeitschrift *Arbeit und Wehr* erschien, heißt: »Eindrucksvoll und doch schlicht und einfach in der Gesamtheit ist die Reichskanzlei, die in ihrem Neubau erst 1930 vollendet wurde, und die nach der Machtergreifung durch den Führer noch einen kleinen Umbau erfahren hat«.[136] Bei diesem »kleinen Umbau« handelt es sich um den Balkon, den Albert Speer im Auftrag Hitlers 1935 im ersten Stock zur Wilhelmstraße, an dem ehemaligen Arbeitszimmer des Reichskanzlers, anbaute. Dieser Balkon sei nach Meinung Hitlers »das erste architektonisch anständige Element« des Gebäudes gewesen, ein Urteil, das wohl ebenfalls politisch verstanden werden muß, denn dieser Balkon paßt sich fast bruchlos in die Fassade ein.[137]

Adolf Hitler nach seiner Ernennung zum Reichskanzler am 30. Januar 1933 im Fenster des Erweiterungsbaus der Reichskanzlei

Albert Speer hat in seinen Erinnerungen nicht nur den Anbau des Balkons falsch auf 1933 datiert, sondern auch eine Äußerung Hitlers wiedergegeben, die die Funktion des Balkons klar und kurz beschreibt. »Das Fenster war mir zu unbequem«, soll Hitler befriedigt zu Speer gesagt haben, »ich wurde nicht von allen Seiten gesehen. Schließlich kann ich mich doch nicht herausbeugen.«[138] Daß er sich, vor dem Anbau des Balkons, dennoch herausbeugte, macht nicht nur deutlich, wie wichtig es ihm gewesen sein muß, von allen Seiten gesehen zu werden, sondern erlaubt darüber hinaus eine Interpretation der Fehldatierung Speers. Der Balkon paßte so selbstverständlich als Bühne für Auftritte des »Führers« zu der populistischen Inszenierung charismatischer Herrschaft, daß er von Anfang an zu dieser Herrschaft zu gehören schien.

In der Rede, die Hitler zum Richtfest der Neuen Reichskanzlei am 2. August 1938 im Sportpalast hielt, glaubte er, besonders betonen zu müssen, daß er zu stolz sei und deshalb nicht »in ehemalige Schlösser hineingehe, das tue ich nicht, ... ich gehe nicht in Schlösser«.[139] Er zieht den Vergleich zu anderen Staaten und Regierungen, führt den Kreml in Moskau, das Belvedere in Warschau, den Königspalast in Budapest und den Hradschin in Prag an, um ihnen seine eigenen Neubaupläne gegenüberzustellen. Daß Hitlers Behauptung, keine Schlösser nutzen zu wollen, aus Anlaß der bevorstehenden Fertigstellung eines Neubaus formuliert und mit der Ankündigung weiterer Neubauten verbunden wurde, läßt leicht übersehen, daß die neue Regierung nach dem 30. Januar 1933, der Reichskanzler ebenso wie seine Minister, ganz selbstverständlich die Gebäude

Adolf Hitler auf dem Balkon am Erweiterungsbau der Reichskanzlei, 1936

in der Wilhelmstraße bezogen, die zwar keine Schlösser waren, zu einem nicht geringen Teil aber die ehemaligen Palais königlicher Prinzen und fürstlicher und gräflicher Familien. Sie traten damit die direkte Nachfolge der Regierungen der Weimarer Republik an, eine Tatsache, die wohl dazu beitrug, daß Hitler in seiner Rede im Sportpalast auf die sonst übliche und besonders bei Äußerungen zu Regierungsbauten fast ritualisierte Polemik gegen die verhaßten Repräsentanten der Republik verzichtete.

Natürlich muß bei dieser Übernahme der Gebäude die Kontinuität der Verwaltung in Rechnung gestellt werden, die nicht von einem Tag auf den anderen ihre Arbeitsplätze hätte verlegen können. Man darf allerdings nicht übersehen, welche Möglichkeiten zu Triumphposen sich mit dieser Übernahme boten. Die NSDAP hatte bereits vor 1933, etwa mit der Verlegung der Redaktion der Berliner NS-Tageszeitung *Der Angriff* aus der Hedemannstraße in die Wilhelmstraße 106 versucht, das politische Kapital des Straßennamens zu nutzen, denn eine Adresse in der Wilhelmstraße war fast schon eine Regierungsadresse. Seit 1930 hatte Hitler das *Hotel Kaiserhof* am Wilhelmplatz zu seiner Berliner Residenz gewählt, so daß der Weg zur Macht als der Weg *Vom Kaiserhof zur Reichskanzlei* beschrieben werden konnte, unter welchem Titel Joseph Goebbels 1934 ein Buch veröffentlichte, das, sorgfältig stilisiert, die Eroberung der Macht im allgemeinen und die Eroberung der Wilhelmstraße im besonderen beschreibt. Darin heißt es unter dem 31. Januar 1933: »Es ist fast wie ein Traum. Die Wilhelmstraße gehört uns.«[140]

Es sieht jedoch so aus, als hätten die neuen Machthaber nicht nur ihren Triumph über das, was sie die Eroberung der Wilhelmstraße nannten, zum Ausdruck bringen wollen, sondern durchaus Gefallen gefunden an dem, was ihre Vorgänger ihnen hinterließen. Hermann Göring übernahm die Villa, die am Anfang des Jahrhunderts als Dienstwohnung für den preußischen Handelsminister errichtet worden war[141] und Rudolf Heß übernahm nicht nur als »Stellvertreter des Führers« mit seiner Dienststelle die Gebäu-

de des ehemaligen preußischen Staatsministeriums in der Wilhelmstraße 63 und 64, sondern bezog auch die Dienstwohnung, die kurz vor der Jahrhundertwende für den Chef des Geheimen Zivilkabinetts errichtet, in der Weimarer Republik einige Jahre vom preußischen Ministerpräsidenten genutzt und schließlich einige Monate von dem nationalsozialistischen Kultusminister Bernhard Rust bewohnt worden war, der im April 1934 dem »Stellvertreter des Führers« Platz machen mußte.[142]
Der »Führer« selbst zögerte offenbar keinen Augenblick, das alte Reichskanzlerpalais in der Wilhelmstraße 77 zu beziehen, nachdem er bis Mai 1934 mit der Dienstwohnung für den Staatssekretär in der Reichskanzlei im vierten Stock des Neubaus von Siedler hatte vorlieb nehmen müssen, da das Reichskanzlerpalais wegen der Renovierung des Reichspräsidentenpalais seit Juli 1932 vorübergehend vom Reichspräsidenten genutzt worden war und nach dessen Auszug einem Umbau nach Plänen von Paul Ludwig Troost unterzogen wurde, der im Mai 1934 abgeschlossen war. Hitler scheint die Notwendigkeit einer Rechtfertigung dieser Wahl verspürt zu haben und er versucht sie mit der Kombination zweier Argumentationsstrategien, die sich ebenfalls in der Einleitung zu dem Prachtband über *Die Neue Reichskanzlei* beobachten lassen. Zum einen wird der Umbau des Reichskanzlerpalais als Teil des nationalsozialistischen Aufbaus gezeichnet; zum anderen wird suggeriert, es handle sich bei der Dienstwohnung Hitlers um nicht mehr als eine bescheidene Unterkunft. »Wenn«, so Hitler in diesem Artikel, »die Reichskanzler vor 1918 nun das Gebäude mehr oder weniger geschmackvoll ergänzten, so begann nach der Revolution 1918 das Haus allmählich zu verkommen« und war »1934 in vollem Verfall begriffen, Decken und Wände vermodert, Tapeten und Fußböden verfault, das Ganze von einem kaum erträglichen Geruch erfüllt.«[143] Hitler malt diese Beschreibung, die selbst Albert Speer »gewiß übertrieben«[144] fand, mit zahlreichen Details aus, um einen von der Republik verschuldeten katastrophalen Zustand zu suggerieren, in dem er sich »entschloß, das Gebäude trotzdem zu beziehen«[145] mit dem Ziel, diesem Zustand abzuhelfen, kein Privileg also, sondern eine freiwillig getragene Belastung, so wie er, wird man hier ergänzen können, das Amt des Reichskanzlers übernommen hatte um den Zustand zu beseitigen, in den die Republik geraten war. Daß nach dem Umbau »die Wohn- und Empfangsräume, so gut es eben ging, in das Tiefparterre« verlegt worden seien, muß den Eindruck hervorrufen, es habe sich bei Hitlers Dienstwohnung um eine etwas größere Hauswartwohnung im Souterrain gehandelt.
Nach der Übernahme des Amtes des Reichspräsidenten im August 1934 hätte Hitler Anspruch auf dessen Palais in der Wilhelmstraße 73 erheben können. Daß er darauf verzichtete, hängt eng mit der Tatsache zusammen, daß dieses Amt, um den Bruch mit der Republik so deutlich wie möglich zu vollziehen, mit dem Gesetz über das Staatsoberhaupt des Deutschen Reiches vom 1. August 1934 abgeschafft wurde; nach diesem Gesetz führte Hitler in der Doppelfunktion als Regierungschef und Staatsoberhaupt den Titel »Führer und Reichskanzler«, womit zugleich symbolisch der Führer-Begriff aus der NSDAP auf den Staat übertragen wurde. Gleichwohl bot ihm dieser Verzicht

die Gelegenheit, in der Rede zur Übergabe der Neuen Reichskanzlei am 9. Januar 1939 im Sportpalast erneut auf seine bereits anläßlich des Richtfestes im Jahr zuvor geäußerte Abneigung gegen die Übernahme königlicher Schlösser zurückzukommen und mit einer Invektive gegen die Republik zu verbinden: »Vor allem aber, ich habe es abgelehnt, in das sogenannte Reichspräsidentenpalais zu gehen. Warum, meine Volksgenossen? – das war früher das Haus, in dem der Obersthofmarschall gewohnt hat. Und wissen Sie, der Führer der deutschen Nation wohnt nicht in dem Hause, in dem früher der Obersthofmarschall gewohnt hat! Lieber würde ich in den vierten Stock eines Privathauses gehen, als daß ich mich in jenes Schloß hineinsetze. Ich habe ja die frühere Republik nicht verstehen können. Die Herren machten eine Republik, beseitigten das alte Reich und beziehen dann die Wohnung des einstigen Hofmarschalls!«[146]
Sieht man von der Tatsache ab, daß hier nicht der Hofmarschall, sondern der Hausminister seine Residenz hatte, ein Titel, den allerdings niemand verstanden hätte; sieht man weiterhin davon ab, daß das Haus in der Wilhelmstraße 77, das Hitler bewohnte, eine weitaus fürstlichere Tradition als das Haus in der Wilhelmstraße 73 hatte, das sich in der ersten Hälfte des 19. Jahrhunderts bereits in bürgerlichem Besitz befunden hatte; und sieht man außerdem davon ab, daß die Republik im Bereich der Symbolpolitik tatsächlich außerordentlich wenig Fingerspitzengefühl besaß, dann bleibt die Tatsache bestehen, daß das Reichspräsidentenpalais auch von Hitler, der im übrigen sicher auch einfach zu bequem war, das gerade nach seinem Geschmack umgebaute Reichskanzlerpalais wieder zu verlassen, für repräsentative Veranstaltungen und diplomatische Empfänge genutzt wurde. Wie groß das Bedürfnis führender Nationalsozialisten nach aristokratischem Ambiente gewesen zu sein scheint, wird deutlich, wenn man weiß, daß im Jahre 1939 das Haus in der Wilhelmstraße 73 als Residenz des Außenministers Joachim von Ribbentrop mit großem Aufwand umgebaut und eingerichtet wurde.[147] Im gleichen Jahr war auch der aufwendige Neubau fertig, den Goebbels als Dienstwohnung im Garten des Ernährungsministeriums in der Wilhelmstraße 72 errichten ließ, und zwar als Ersatz für die Villa, die an dieser Stelle seit 1920 den Ernährungsministern als Dienstwohnung gedient und die Goebbels nach dem Rücktritt Alfred Hugenbergs im August 1933 übernommen hatte.[148]
Goebbels, der wenige Monate zuvor zum Chef des neugegründeten »Reichsministeriums für Volksaufklärung und Propaganda« ernannt worden war, hatte als Dienstgebäude für dieses Ministerium das Ordenspalais am Wilhelmplatz 9 gewählt, das aus königlichem Besitz stammte und Wohnsitz königlicher Prinzen gewesen war, bis es 1919 vom Auswärtigen Amt übernommen und der Pressestelle der Reichsregierung übergeben worden war. Auch Goebbels benutzte das Distanzierungsstratagem, dessen sich Hitler mit der Beschreibung des angeblich verkommenen Zustands der Reichskanzlei bediente. Am 6. März 1933, einen Tag nach der Gründung des Ministeriums, besichtigte er »mein Haus am Wilhelmplatz, wo wir unseren Sitz nehmen werden. Es ist ein wundervoller Schinkelbau, aber in der Ausstattung so veraltet und überlebt, daß wir zuerst einmal gründlich werden aufräumen müssen.«[149] Einige Tage später sind die

überlebten und veralteten Ausstattungen bereits zu »schweren, muffigen und mottigen Plüschvorhängen« gesteigert, die von »Maurern und Aufräumern« heruntergerissen werden müssen, »damit wieder einmal die Sonne durch die Fenster kommt«.[150] Am 13. März schließlich ist der vorläufige Höhepunkt des rhetorischen Aktivismus erreicht, wenn Goebbels behauptet, er habe sich »kurzerhand einige Bauhandwerker aus der S.A.« genommen und »während der Nacht Gips und Holzverkleidung herunterschlagen« lassen. Daß dann auch noch »uralte Zeitungen und Akten, die seit Anno Tobak in den Regalen herumvegetieren, ... mit Donnergepolter die Treppe hinunterbefördert«[151] werden, versteht sich fast von selbst.

Natürlich konnte von all dem keine Rede sein. Die Geschichte ist nicht nur zu schön, um wahr zu sein, paßt sie doch wie bestellt in das Konzept des Propagandisten, der die Machtübergabe als Revolution stilisiert, die mit dem Alten radikal aufräumt, sie ist auch nicht gut genug erfunden, um nicht widerlegt werden zu können. Johannes Sievers, der als Leiter des Kunstreferats des Auswärtigen Amtes von 1919 bis 1933 mit der Restaurierung des Hauses befaßt war und sicher als Zeuge weitaus glaubwürdiger ist als der Propagandaminister, weist in der Einleitung zu der Sammlung seiner Handakten über diese Restaurierung darauf hin, daß in den Arbeitszimmern der Beamten der Presseabteilung Gardinen aus Papierstoff hingen und im ganzen Haus keinerlei Stuck angebracht war.[152]

In den Erinnerungen von Sievers ist auch eine Episode überliefert, die zeigt, wie groß das Bedürfnis führender Nationalsozialisten nach königlichem Ambiente war, ein Bedürfnis, zu dessen Befriedigung das Palais königlicher Prinzen zum Schloß aufgewertet werden mußte, wobei es auf die Wahrheit so genau nicht ankam. Sievers hatte vom Auswärtigen Amt den Auftrag bekommen, an eben jenem 13. März 1933, an dem nach Goebbels Aufzeichnungen der Gips von den Wänden geschlagen worden sein soll, dem Propagandaminister das Haus zu übergeben. Während einer längeren Besichtigung, an der auch Albert Speer teilnahm, fiel Goebbels im Tanzsaal »die mit in Falten gelegtem, rotem Seidendamast ausgeschlagene Halbrundnische unter der Musiktribüne mit dem aus vergoldetem Schnitzwerk gebildeten Brüstungsgeländer auf« und »er fragte, ob hier der Thron des Königs gestanden habe? Ich verneinte: in prinzlichen Palais habe es nie einen Thronsaal gegeben; wenn der König einmal aus besonders festlichem Anlaß wie etwa der Taufe eines Prinzen anwesend war, habe man das mittlere Fenster der (westlichen) Wilhelmstraßen-Wand verhängt und darüber einen Baldachin angebracht, wobei ich auf zwei starke, aber nur schwer sichtbare Haken oberhalb des Mittelfensters hinwies. Ich erwähne dies nur deshalb, weil alsbald in den Presseberichten über Parteiveranstaltungen im Propagandaministerium beharrlich von einem Thronsaal die Rede war«.[153] Diese ebenso falsche wie königliche Bezeichnung wurde in den offiziellen Sprachgebrauch übernommen und findet sich auch in den Bauzeitungen, die über die Um- und Erweiterungsbauten des Ministeriums berichten.[154]

Diese Um- und Erweiterungsbauten wurden in den Jahren 1934/35 und 1938/39 durchgeführt. Vor allem an der zweiten Erweiterung läßt sich der ambivalente Umgang mit

Der Erweiterungsbau des Propagandaministeriums an der Mauerstraße, 1939

dem Erbe Schinkels, das Goebbels angeblich so hoch schätzte, gut beobachten. An der Wilhelmstraße wurden nicht nur die Balkone, Zutaten des späten 19. Jahrhunderts, entfernt, sondern auch, nach dem Abriß des Nachbarhauses Wilhelmstraße 62, der ganze Flügel um acht Achsen erweitert, und zwar in einer exakten Kopie der Architektur Schinkels. Auf der anderen Seite wurde entlang der Mauerstraße ein neuer Ostflügel errichtet, für den der Oberbaurat Reichle nicht nur die Zeichnungen, sondern im *Zentralblatt der Bauverwaltung* auch die Beschreibung lieferte. »In der äußeren Gestaltung«, so Reichle über seinen Neubau, »wurde der vornehme einfache Charakter des Schinkelschen Palaisbaues angestrebt.«[155] Von Schinkel sind jedoch nur die einfachen geraden Fensterverdachungen einer Fensterreihe im Mitteltrakt des im ganzen viergeschossigen Neubaus übrig geblieben. Der Bau nimmt in seiner Grundform, einem leicht vorgezogenen, breiten Mittelrisalit und zwei schmaleren Seitentrakten Anregungen von Stülers Ministeriumsbauten aus der Mitte des 19. Jahrhunderts auf. Die Verkleidung der Fassade mit Platten aus Muschelkalk steht jedoch in vollständigem Gegensatz zu den Putzfassaden, die sowohl den Bauten Schinkels als auch Stülers und ihrer Kollegen und Schüler den Eindruck straffer Wandflächen gab. Der Bau weist eine gewisse Ähnlichkeit mit dem Erweiterungsbau der Reichskanzlei von Siedler auf, der ebenfalls als Ziegelmauerwerk errichtet und mit Travertinplatten verkleidet wurde; dieser Vergleich liegt um so näher, als Oberbaurat Reichle bereits 1927 bei der Umarbeitung des Entwurfs von Siedler und Kisch die zentrale Rolle gepielt zu haben scheint.[156] Der Neubau des Propagandaministeriums weist anderseits Ähnlichkeit auf mit dem Neubau, der 1935/36 von Ernst Sagebiel für das Reichsluftfahrtministerium errichtet wurde.

Die »Wiedergewinnung deutscher Macht und Größe«
Der Neubau für das Reichsluftfahrtministerium

Für diesen Bau von Ernst Sagebiel, den ersten nationalsozialistischen Neubau in der Wilhelmstraße, wurde das Gebäude des ehemaligen preußischen Kriegsministeriums abgerissen, das Göring nach der Gründung seines Ministeriums im Mai 1933 bezogen hatte.[157] Das damit zur Verfügung stehende Baugrundstück wurde nach Süden bis zur Prinz-Albrecht-Straße erweitert. Der Neubau, zusammen mit den westlich angrenzenden Häusern des preußischen Abgeordnetenhauses und des Herrenhauses – die als »Haus der Flieger« und als »Preußenhaus« über die »Stiftung Preußenhaus« ebenfalls Göring zur Verfügung standen – und mit der ehemaligen Dienstvilla des preußischen Handelsministers, die Göring jetzt bewohnte und die im Garten des Hauses Leipziger Straße 11a in direktem Anschluß an das Grundstück der beiden Parlamentsgebäude lag, ergaben ein umfangreiches zusammenhängendes Areal, das als Zentrum des Machtkomplexes diente, den Hermann Göring im Laufe der ersten Jahre der nationalsozialistischen Herrschaft bilden konnte und zu dem, um nur die wichtigsten zu nennen, das

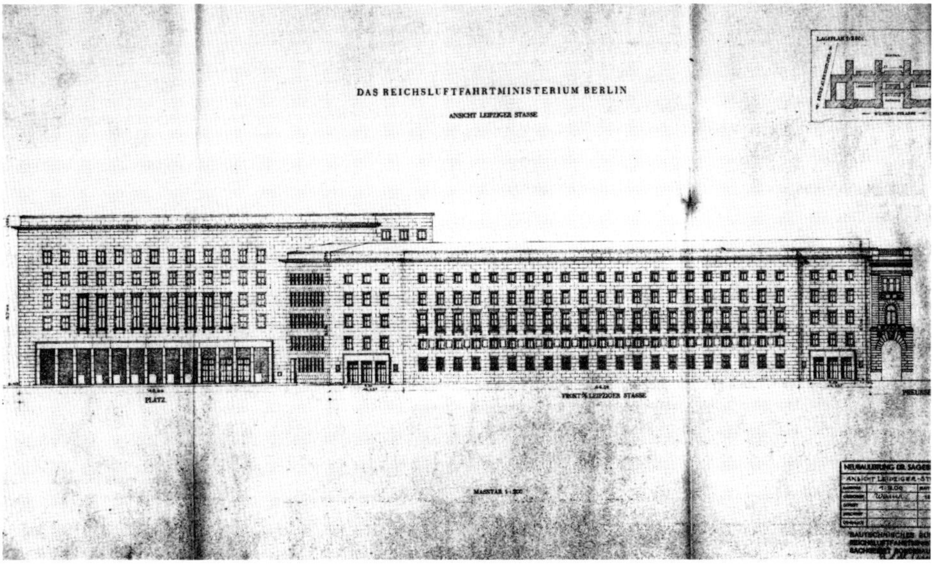

Das Reichsluftfahrtministerium. Fassade an der Leipziger Straße, 1935

Amt des preußischen Ministerpräsidenten, des Reichsministers für die Luftfahrt und des Beauftragten für den Vierjahresplan gehörten.[158]

Daß der Neubau von Ernst Sagebiel zunächst einmal ein moderner Verwaltungsbau war, konnte auch den zeitgenössischen Lobrednern nicht entgehen. Daß der Bau »in seiner inneren Einrichtung erfüllt von modernem Atem» sei, heißt es 1936 in der *Bauwelt;* ein Jahr später erklärt der Autor eines Artikels über »Das Luftfahrtministerium als Werk der Baukunst« in der gleichen Zeitschrift, die »Sachlichkeit« der Fassade entspreche »dem Gebrauchszweck eines sehr großen Verwaltungsgebäudes mit zahlreichen Arbeitsräumen«.[159] Diese Äußerungen sind um so erstaunlicher, als nur wenige Jahre zuvor Begriffe wie Sachlichkeit und Modernität als Schimpfworte in den Auseinandersetzungen über den Erweiterungsbau der Reichskanzlei benutzt worden waren und Hitler in seinen negativen Urteilen über diesen Bau immer auf Verwaltungsgebäude zu sprechen kam. Von hier aus wird nicht nur noch einmal deutlich, daß Hitlers Urteil weniger ästhetisch als politisch gemeint war, sondern daß das, was man glaubte, der Republik vorwerfen zu können, für Nationalsozialisten nicht nur erlaubt, sondern von ihnen gar gefordert war.

Natürlich war weder der Bauherr noch der Architekt an einem reinen Verwaltungsgebäude interessiert. Was in der Republik noch als Dilemma formuliert worden war, nämlich die Verbindung von Sachlichkeit und Modernität einerseits und der in den Gebäuden der Wilhelmstraße verkörperten Tradition andererseits, wird jetzt am Bau von Sagebiel nicht etwa als Kompromiß, sondern als unproblematische Einheit verstanden.

»Der Bau dient aber darüber hinaus«, heißt es in dem gleichen Artikel, der von der Sachlichkeit der Fassade schwärmte, »noch einer der wichtigsten Aufgaben des Staates, braucht also eine Erscheinung, die das ausdrückt. Rein äußerlich dient ein gewisser Schmuck, dann die Betonung der durch mehr als ein Geschoß gehenden Säle dazu, diese Bestimmung zu kennzeichnen.«[160] Die Säle verdanken diese Funktion der Tatsache, daß Sagebiel die Grundform des barocken Schloßbaus aufnahm. Zur Wilhelmstraße hin erscheint der Bau als Dreiflügelanlage, wobei der mittlere Flügel als *corps de logis* an einem zur Straße hin offenen Ehrenhof liegt. Im *piano nobile* des *corps de logis* liegt der über drei Stockwerke reichende Ehrensaal, der durch die hohen Fenster, in deren Verdachungen Hakenkreuzfriese eingearbeitet sind, der »gewisse Schmuck« also, an der Fassade deutlich sichtbar wird. Dieses Motiv wiederholt sich an dem die Anlage nach Norden hin abschließenden Kopfbau, bei dem ein durch zwei Stockwerke reichender Sitzungssaal an den hohen Fenstern erkennbar ist.

Diese Variation über die Bautradition der Wilhelmstraße kommentiert der Autor der *Bauwelt* im Jahre 1936 mit der Behauptung, daß das Bauwerk »nach der Staatsstraße Berlins zu eine Haltung zeigt, die in ihren Grundzügen preußische Repräsentationen (sic!) wahrt«.[161] Die Gelegenheit, tatsächlich an eine Tradition preußischer Repräsentation anzuknüpfen, die durch die Tatsache gegeben war, daß das eigentliche Hauptgebäude des Ministeriums mit den Räumen des Ministers gar nicht in der Wilhelmstraße, sondern in der Leipziger Straße lag, und zwar dort, wo sich seit Mitte des vorigen Jahrhunderts das Stammhaus des preußischen Kriegsministeriums von Friedrich August Stüler befand, wurde allerdings nicht genutzt. Der Stülerbau, der angeblich erhalten werden sollte, dann aber aus statischen Gründen habe abgerissen werden müssen, wurde durch einen Bau ersetzt, der sich zwar im Fassadenaufbau mit einem breiten, leicht vorgezogenen Mittelteil und zwei schmaleren Seitenteilen – wie der Erweiterungsbau des Propagandaministeriums in der Mauerstraße einige Jahre später – am Typ der Stülerschen Ministeriumsbauten orientiert, darüber hinaus aber nichts damit zu tun hat. Die Anknüpfung an die beschworene preußische Tradition wurde – wieder ein »gewisser Schmuck« – nachträglich hergestellt mit einem Skulpturenprogramm, bei dem auf der Höhe des ersten Stocks, unterhalb des als *piano nobile* ausgebildeten zweiten Stocks mit Görings Arbeitszimmer, in den Zwischenräumen der Fenster Reliefs des »Eisernen Kreuzes« und Porträtreliefs preußisch-deutscher Heerführer von Clausewitz bis Hindenburg einander ablösen, eine Tradition, die der Hausherr sicher durch seine Person fortgesetzt sah.

Zusammenfassend wünschte der Text der Urkunde, die beim Richtfest vermauert wurde, das Haus möge »zu einer Stätte fleißiger und hingebungsvoller Arbeit werden für alle die, welche berufen sind, an der Wiedergewinnung deutscher Macht und Größe beim Aufbau der Luftfahrt mitzuhelfen«.[162]

Das »Symbol des Großdeutschen Reiches«
Die neue Reichskanzlei

Die Kombination von Dienstgebäude und Residenz, von Verwaltung und Repräsentation scheint auch an der Fassade des Neubaus für die Reichskanzlei entlang der Nordseite der Voßstraße, der von Albert Speer geplant und am 9. Januar 1939 übergeben wurde, ablesbar zu sein. Der Bau übernimmt, wie das Luftfahrtministerium, die Grundform der Dreiflügelanlage. Die drei Flügel mit je etwa 100 Metern Länge sind so angeordnet, daß die Fassaden der beiden Seitenflügel an der Baufluchtlinie der Voßstraße liegen, während der mittlere Flügel um 16 Meter zurückgesetzt ist; der dadurch entstehende Ehrenhof ist durch eine Steinbalustrade zur Straße hin abgeschlossen.[163]

Die Fassadenflächen der beiden Seitenflügel sind geputzt und durch horizontale Gurtgesimse aus Werkstein gegliedert, die so entlang Fenstersturz und Sohlbank verlaufen, daß sie mit den Fensterrahmen aus Werkstein ein Raster bilden, das den Verwaltungscharakter der Gebäude demonstrativ zur Schau stellt. Das stark vorkragende Gebälk, die seitlichen Abschlüsse der Fassaden durch Werksteinquader, die massiven Sockel und die Pfeilerportale, die die Baublöcke jeweils in der Mitte noch einmal unterteilen, verhindern allerdings ebenso wie das Relief des Adlers mit dem Hakenkreuz in den Fängen, von denen sich über beiden Portalen je eines befindet, die Verwechslung mit einem Fabrikbau.

Der Mittelbau ist gegen diese beiden Seitenflügel, die er um fast drei Meter überragt, nicht nur durch die Höhe, sondern auch durch die Zurücksetzung von der Straßenfront und durch zwei Verbindungsmauern abgesetzt, die selbst wiederum einige Meter hinter der Front des Mittelbaus verlaufen. Weitaus wichtiger für die Unterscheidung dieses repräsentativen Mittelbaus von den als Verwaltungsgebäuden daherkommenden Seitenflügeln sind jedoch der Aufbau und das Material der Fassade. Anders als bei den gleichmäßig gerasterten Seitenflügeln ist hier ein Geschoß, wie an den hohen und aufwendig gerahmten Fenstern sichtbar wird, als Hauptgeschoß ausgebildet, dessen Höhe zwei Geschossen der Seitenflügel entspricht. Anders als diese Flügel ist die Fassade nicht geputzt, sondern vollständig mit Muschelkalk verkleidet und besitzt kein Portal, sondern erscheint zur Straße hin vollständig abgeschlossen.

Dieses dem Betrachter der Fassade suggerierte Verhältnis von Verwaltung und Repräsentation entspricht weder der Zweckbestimmung des Baus noch der tatsächlichen

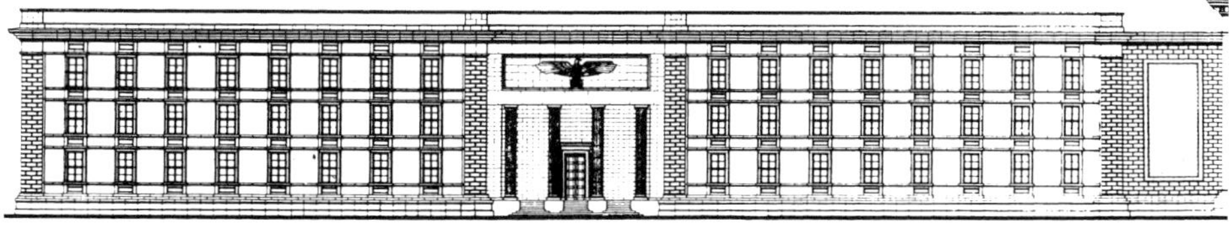

Die neue Reichskanzlei. Fassade des westlichen Seitenflügels

Raumverteilung. Zwar befinden sich hinter den Fassaden der Seitenflügel tatsächlich Büroräume; diese bilden jedoch nicht mehr als eine Art von Unterfütterung der Fassade, da die Tiefe des Gebäudes auch dort, wo es Verwaltungszwecken vorbehalten scheint, von großen Höfen, Hallen, Sälen und Wandelgängen eingenommen wird, die sich in einem 300 Meter langen Zug vom Wilhelmplatz aus, wo sich das Hauptportal befindet, bis in den westlichen der beiden Seitenflügel hinziehen. Das Verhältnis der Fläche und des Rauminhalts dieser Repräsentationsräume zu den tatsächlich für Verwaltungszwecke genutzten Räume ist völlig anders und mehr als genau umgekehrt zu dem Verhältnis, das die Fassade suggeriert.

Dem an der Fassade zur Schau getragene Behörden- und Amtscharakter der Reichskanzlei entspricht allerdings das Bild von Hitler als einem »arbeitenden Reichskanzler«, wie es in der Propaganda sorgfältig gepflegt und in Bildberichten unter dem Titel »Hier arbeitet der Führer des Reiches« oder »Wie die Befehlsstelle Adolf Hitlers arbeitet« verbreitet wurde.[164] Ein Detail gerade dieser Berichte verweist den arbeitenden Reichskanzler jedoch in den Bereich des Mythos, da zwar alle möglichen Beamten vom Staatssekretär bis zum Botenmeister und schließlich auch noch die Putzfrauen bei der Arbeit zu sehen sind, nur nicht Adolf Hitler.

Daß es bei dem Neubau nicht vorrangig um einen Bau für die Verwaltung ging, wird in den zahlreichen Publikationen rund um die neue Reichskanzlei mit aller Deutlichkeit ausgesprochen. Zwar wurde immer wieder der Doppelcharakter des Neubaus betont, und zwar am stärksten von Wilhelm Lotz, der erklärte, daß »eine zentrale Arbeitsstätte geschaffen werden« mußte, daß der Bau aber auch ein »Verkörperung der Macht und Größe des neuen Reiches werden sollte«.[165] Angesichts der Tatsache jedoch, daß im repräsentativen und symbolischen Zentrum des Hauses das Arbeitszimmer Hitlers als eben diese Verkörperung stehen konnte, macht deutlich, daß hier gar kein Gegensatz vorliegt, daß es nicht um Arbeit oder Repräsentation ging, sondern um die Repräsentation der Arbeit als Symbol der Macht. Aus dieser Perspektive löst sich auch der Widerspruch zwischen dem Mythos vom arbeitenden Reichskanzler und den Abbildungen leerer Arbeitszimmer, da es sich bei diesen Zimmern um einen anschaulichen Teil des Führer-Mythos handelte.

Der Bau, so könnte man sagen, war von Anfang an als Denkmal geplant, und er wurde zum Denkmal nicht dank jahre- oder jahrzehntelanger Nutzung durch eine Person, wie es bei der Reichskanzlei Wilhelmstraße 77 und der Person Bismarcks der Fall war, sondern durch das mythische Deutungsstratagem der Gleichzeitigkeit. Hitler hat den Bau wiederholt in enge zeitliche Beziehung zum außenpolitischen Hauptereignis des Jahres 1938 gebracht. »Ich hatte mich«, heißt es in dem Artikel zur neuen Reichskanzlei und ähnlich auch in den Reden zum Richtfest und zur Übergabe des Baus, »in den Dezember- und Januartagen 1937/38 entschlossen, die österreichische Frage zu lösen und damit ein Großdeutsches Reich aufzurichten. Sowohl für die rein dienstlichen, aber auch repräsentativen Aufgaben, die damit zwangsläufig verbunden waren, konnte die alte Reichskanzlei nun unter keinen Umständen mehr genügen. Ich beauftragte daher am

Die neue Reichskanzlei. Blick nach Osten in Richtung Wilhelmstraße.

11. Januar 1938 den Generalbauinspektor Professor Speer mit dem Neubau der Reichskanzlei in der Voßstraße und setzte als Termin der Fertigstellung den 10. Januar 1939 fest.«[166]

Alle anderen Autoren über die neue Reichskanzlei, aber auch noch Albert Speer in seinen Erinnerungen, sind Hitler in dieser Behauptung gefolgt, die im Widerspruch zu der schlichten Tatsache steht, daß mit der Planung des Baus bereits 1934 und mit seiner sukzessiven Verwirklichung 1935 begonnen worden war.[167] Man braucht jedoch hier gar keine wie auch immer motivierte und geartete Verschleierungsabsicht zu vermuten, da es wohl gar nicht um eine Darstellung der Baugeschichte geht. Die Synchronisierung der Planungsgeschichte des Neubaus mit der Geschichte der als »Anschluß« bezeichneten Angliederung Österreichs an das Deutsche Reich und ihre Verdichtung auf das Jahr 1938 war vielmehr eine symbolische Argumentationsstrategie und mythologische Deutung der neuen Reichskanzlei als Denkmal dieser »Wiedervereinigung«, als, wie Hermann Giesler es formulierte, »Symbol des Großdeutschen Reiches«.[168]

SYMBOLISCHE POLITIK
Schauplätze und Rituale

Ministerwohnungen als Orte der Repräsentation

Die Dienstwohnungen der Minister standen im Zentrum der Stammhäuser der Ministerien. Im Laufe der Jahrzehnte allerdings verschob sich mit der Zunahme der Verwaltungsaufgaben und der damit einhergehenden Steigerung der Zahl der Beamten auch das Verhältnis zwischen der Größe der Ministerwohnung einerseits und der Gesamtfläche der Arbeitsräume andererseits, die schon in der zweiten Hälfte des 19. Jahrhunderts nicht mehr als die *quantité négligeable* behandelt werden konnten, als die sie in der ersten Hälfte dieses Jahrhunderts oft noch gesehen wurden. Als der neue preußische Außenminister Bernstorff im Jahre 1819 ein Gebäude für sein Ministerium suchte, waren die Büros seiner Beamten die geringste Sorge der an der Suche beteiligten Akteure. Als einer der Nachfolger Bernstorffs, Otto von Bismarck, im Jahre 1866 glaubte, eine Möglichkeit zur Erweiterung der angeblich den Repräsentationsansprüchen nicht mehr genügenden Dienstwohnung des Außenministers – die Bernstorff 1819 bezogen hatte und die auch Bismarck bewohnte – im Nachbarhaus gefunden zu haben, mußte er beim Bezug dieser Räume den Beamten und ihren Dienstzimmern den Vortritt lassen.
Gleichwohl wurde der Frage nach Lage und Größe von Ministerwohnungen immer wieder hohe Aufmerksamkeit zuteil. So war der preußische Handelsminister kurz vor Ende des Jahrhunderts mit seinem Wunsch nach einer Dienstwohnung in der Nähe seines Ministeriums außerordentlich erfolgreich. Es gelang ihm nicht nur, nach einigen Jahren eine eigens für ihn errichtete Villa zu beziehen; seine Initiative zog darüber hinaus eine Reihe von Neubauten nach sich, die ohne diese Initiative vielleicht nie errichtet worden wären.
Diese hohe Aufmerksamkeit ist der Tatsache zu verdanken, daß Ministerwohnungen eine Doppelfunktion hatten. Sie boten einerseits Privaträume für den Minister und seine Familie, andererseits Repräsentationsräume, in denen der Minister eine Vielzahl gesellschaftlicher Veranstaltungen auszurichten hatte, die er seinem persönlichen Prestige, dem Prestige seines Amtes und damit dem Prestige des Staates schuldete, den er als Minister repräsentierte. Diese gesellschaftlichen Veranstaltungen waren gewissermaßen dienstliche Obliegenheiten, so daß, im Extremfall, die Repräsentationsräume als Diensträume deklariert werden konnten. So weit ging jedenfalls Otto von Bismarck, als er in einer Reichstagsdebatte am 4. März 1881 über die städtische Mietsteuer erklärte, er habe nicht mehr als sieben Zimmer als Wohnung zur Verfügung; die Nutzung aller anderen Räume ergebe sich aus seiner dienstlichen Tätigkeit. Wenige Tage nach dieser Sitzung ließ Bismarck eine Aufstellung über die »Wohnräume Seiner Durchlaucht des Herrn Fürsten Reichskanzler im Dienstgebäude Wilhelmstr.77« anfertigen, die auf ins-

Neujahrsempfang des Diplomatischen Corps beim Reichspräsidenten, 1929. Anfahrt der Diplomaten

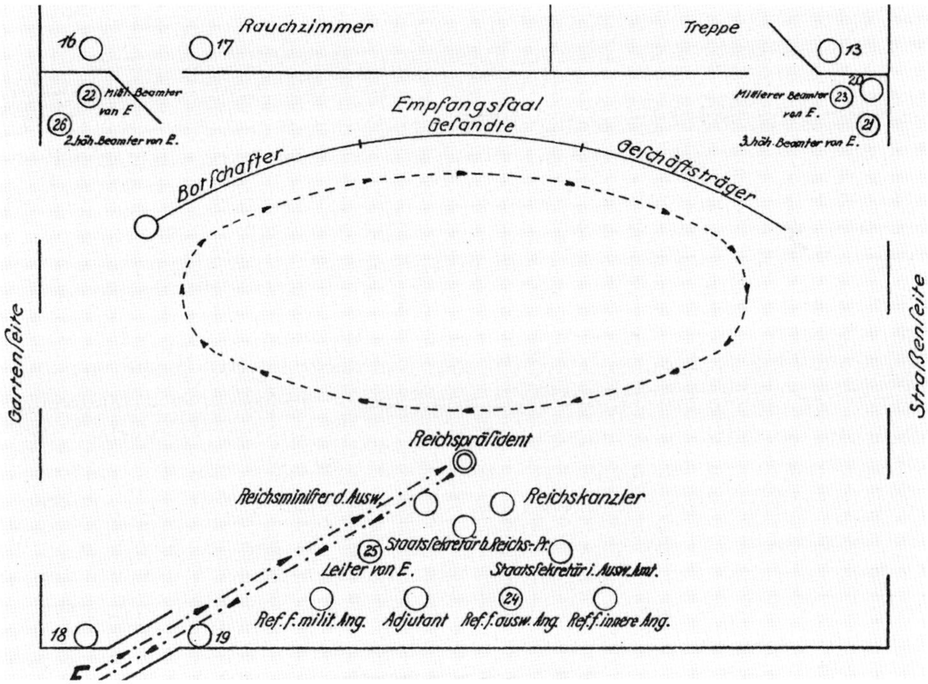

Neujahrsempfang des Diplomatischen Corps beim Reichspräsidenten, 1929.
Plan der Aufstellung im Festsaal des Reichspräsidentenpalais

gesamt 950 qm kommt, zu denen der Festsaal mit 270 qm und die Empfangsräume gehören, aber auch die Räume für die Dienerschaft, die Bismarck ausdrücklich aus der Aufstellung hatte ausgeschlossen wissen wollen.[1]
Die Repräsentationsräume der Ministerwohnungen, insbesondere die Festsäle, waren, gewissermaßen als Gegenstück und Ergänzung zu den Fassaden, die Verkörperung dessen, was man die »innere Monumentalität« der Gebäude der Ministerien nennen könnte. An ihnen konnten diejenigen, denen der Zugang zu diesen Räumen offenstand, die Bedeutung der Person des Gastgebers und damit die Bedeutung des Amtes, als dessen Inhaber er als Gastgeber auftrat, ablesen. Dabei ging es in der Regel um die Frage, ob für die repräsentativen Pflichten eines Ministers ein angemessener räumlicher Rahmen zur Verfügung stehe, wie an der langen Suche nach einer Dienstwohnung für den preußischen Außenminister und, in der Fortsetzung dieser Suche, für den Reichskanzler sichtbar wird; umgekehrt konnte es aber auch um die Frage gehen, ob nicht der durch die repräsentativen Möglichkeiten einer Dienstwohnung vorgegebene Rahmen für die Wahrnehmung repräsentativer Pflichten über den finanziellen Möglichkeiten ihres Inhabers liege, wie es die Diskussion um die Dienstwohnung für den Chef des Geheimen Zivilkabinetts zeigt.

Die Suche nach einer Dienstwohnung für den preußischen Außenminister und für den Reichskanzler

Als Christian Günther Graf von Bernstorff im Jahre 1819 aus dänischen in preußische Dienste übertrat und Außenminister wurde, hatte ihm der König »freie Wohnung« zugesagt; die Familie Bernstorff stand vor der Aufgabe, »sich eine größere Wohnung zu suchen, entweder ein zu miethendes oder ein zu kaufendes Diensthaus«, wie die Gräfin in ihren Aufzeichnungen berichtet.[2] »Endlich, gegen das Frühjahr hin, fand sich ein Haus, welches sich als ziemlich passend erwies.« Dieses Haus am Dönhoffplatz hatte allerdings nicht nur Vor-, sondern auch Nachteile. »Wenn auch für die Repräsentation ziemlich beschränkt im Raum, so ersetzte es an Menge der Zimmer die fehlende Größe der Säle und bot uns eine äußerst bequeme und auch geräumige Privatwohnung«. Als der Bezug dieses Hauses bereits beschlossene Sache schien, »trat Alopeus der Ältere mit dem mir höchst willkommenen Vorschlag auf, sein schönes Haus mit dem noch schöneren Garten, Wilhelmstraße 76, dem König zu verkaufen. Doch da der Kaufpreis den jenes Hauses weit überstieg, so wollte mein Mann keinen Wunsch äußern, keine Vorliebe zeigen, bei der Eingabe der Vorschläge, die diese beiden Wohnungen betrafen.«
Die Entscheidung soll schließlich während eines Besuchs bei Staatskanzler Hardenberg gefallen sein, dem die Gräfin, auf die Sache angesprochen, ganz bestimmt für ihren Mann geantwortet haben will, »daß ihm beide Häuser gleich gut gefielen, jedoch der minder hohe Preis« ihm für das Haus am Dönhoffplatz entscheidend schien. Näher be-

Die große Freitreppe im Seitenflügel der Reichskanzlei Wilhelmstraße 77, 1928

fragt, mußte die Gräfin allerdings gestehen, daß ihr das Haus in der Wilhelmstraße besser gefalle, und dieses Geständnis soll den Ausschlag gegeben haben für den Ankauf des Hauses Wilhelmstraße 76 »zur Amtswohnung des Staats- und Cabinets-Ministers Grafen von Bernstorff und zur Beschaffung des für sein Bureau erforderlichen Lokals«, wie es in der Zustimmung des Königs zum Kaufvertrag heißt.[3]

In diesem Brief des Königs ist zum ersten Mal, allerdings an nachgeordneter Stelle, die Rede davon, daß ein Ministerium nicht nur aus einer Dienstwohnung für den Minister besteht, sondern auch aus Arbeitsräumen für die Beamten. Die Wahl zwischen Dönhoffplatz und Wilhelmstraße war, sieht man von dem Preisunterschied ab, eine Wahl zwischen den Repräsentationsräumen einerseits, die am Dönhoffplatz nicht, in der Wilhelmstraße aber, so wird man vermuten dürfen, den Wünschen der gräflichen Familie entsprachen, und den Privaträumen andererseits, die am Dönhoffplatz ausgereicht hätten, für die in der Wilhelmstraße jedoch erst aufwendige Umbauarbeiten notwendig wurden. Ausschlaggebend für die Entscheidung, dem Außenminister das Haus in der Wilhelmstraße 76 als Dienstwohnung zur Verfügung zu stellen, war die Tatsache, daß es sich besser zur Repräsentation eignete als das Haus am Dönhoffplatz. Die Büros schließlich mußten, anders als in dem Brief des Königs angedeutet, in einem anderen Gebäude untergebracht werden, nämlich in dem schräg gegenüber liegenden sogenannten Ordens-Palais am Wilhelmplatz 9.[4]

Wie sich die Maßstäbe und Ansprüche in den nächsten Jahrzehnten änderten, wird deutlich an einem Briefwechsel, den der Königliche Hausminister von Massow im Jahre 1856 im Auftrag seines Königs mit dem Ministerpräsidenten und Außenminister von Manteuffel führte, der die Dienstwohnung in der Wilhelmstraße 76 innehatte. Im Zentrum des Briefwechsels stand eben diese Dienstwohnung und ihre Eignung für die repräsentativen Pflichten des preußischen Außenministers, wie der Hausminister den Ministerpräsidenten am 15. Mai wissen ließ: »Seine Majestät ist der Meinung, daß der Ankauf des Reimerschen Hauses sehr wünschenswert sei, und zwar für das Ministerium der auswärtigen Angelegenheiten, da dieses Haus zu der diesem Ministerio nothwendigen Repräsentation die nötigen Räumlichkeiten nicht mehr darbietet.« Friedrich Wilhelm IV. ergänzte, wie sein Vorgänger auf dem Thron, diese Argumentation mit dem Hinweis auf die Unterbringung der Amtsräume, da, wie es im Brief des Hausministers weiter heißt, »seine Majestät glaubt, daß das Reimersche Haus in seinen beiden Flügeln auch die Geschäftslokale gewähren würde, welche jetzt in dem Hause an der Ecke des Wilhelmsplatzes benutzt werden«.[5]

Der Plan des Königs scheiterte am Widerstand des preußischen Finanzministers;[6] im folgenden Jahr aber stand die Sache erneut zur Diskussion. Am 25. April 1857 erklärte Massow in einem Brief an Manteuffel, daß angesichts der Tatsache, daß Manteuffel und das Staatsministerium die »Erwerbung dieses Hauses für das Ministerium der auswärtigen Angelegenheiten ... im Allgemeinen für wünschenswert und zweckmäßig erachtet, solche jedoch für jetzt aus allgemeinen politischen und finanziellen Gründen dem Landthage gegenüber widerrathen habe«, der König zu dem Entschluß gekommen sei,

Blick in das »Rote Zimmer« und in den Wintergarten der Reichskanzlei Wilhelmstraße 77, 1928

durch den Ankauf »aus Mitteln der königlichen Schatulle zu verhindern, daß das Haus, welches mit seiner Architektur und mit seinem Garten der Stadt Berlin zur Zierde gereicht, nicht in die Hände von Spekulanten gerathe, welche das Grundstück großen Theils als Baustelle genutzt und entstellt haben würden.« In Anbetracht des zitierten Votums des Staatsministeriums halte der König »an dem Plan fest, das Haus der Staatsverwaltung und zwar für das Ministerium der auswärtigen Angelegenheiten abzutreten«.[7]

Dieser Brief blieb ohne Antwort. Am 27. November 1861 aber kam Hausminister Alexander von Schleinitz, der als Nachfolger Manteuffels von September 1858 bis Juli 1861 selbst Außenminister war, als solcher die Dienstwohnung in der Wilhelmstraße 76 bewohnt hatte und jetzt als Hausminister in der Wilhelmstraße 73 residierte, in einem Brief an seinen Nachfolger, den Grafen Albrecht von Bernstorff, unter Bezugnahme auf den älteren Briefwechsel auf diesen Plan zurück. Er schlug einen Tausch vor, in dem das Haus Wilhelmstraße 73 dem Außenminister und das Haus Wilhelmstraße 76 dem Hausminister zur Verfügung gestellt werden solle. Der Finanzminister antwortete am 19. Dezember, daß kein Geld vorhanden sei, um den vermuteten Preisunterschied zwischen dem Haus Nr. 73 und dem Haus Nr. 76 auszugleichen. Dieser Ausgleich ließe sich nur unter der Voraussetzung erreichen, die Friedrich Wilhelm IV. bereits 1856 gemacht hatte, daß nämlich die Büros des Außenministeriums ebenfalls in der Wilhelmstraße 73 untergebracht werden könnten, weil dann vermutlich durch den Verkauf des Hauses Wilhelmstraße 61 die für den Ausgleich des Preisunterschieds notwendige Summe zur Verfügung stehen würde. Nachdem eine eigens zum Vergleich der Werte der drei Gebäude eingesetzte Kommission in ihrem Bericht vom 19. Mai 1862 festgestellt hatte, daß sich ein Ausgleich leicht erzielen lasse, schrieb Schleinitz am 31. Mai 1862 erneut an Bernstorff, erhielt jedoch keine Antwort.[8]

Ein Schreiben, das am 20. November an Bernstorffs Nachfolger Otto von Bismarck ging, blieb, wie eine Reihe weiterer Briefe in den nächsten Jahren, ebenfalls unbeantwortet.[9] Warum Bismarck auf die Tauschangebote nicht einging, läßt sich aus Mangel an Zeugnissen nicht sagen. Als er 1862 das Amt des preußischen Außenministers übernahm, hatte er, da er auch zum Ministerpräsidenten ernannt wurde, die Wahl zwischen zwei Dienstwohnungen. Bereits in dem Brief vom 24. September 1862, mit dem er seine Frau von der am gleichen Tag veröffentlichten Ernennung in Kenntnis setzte, heißt es: »Ob wir 74 oder Auswärtiges 76 zukünftig wohnen, darüber muß ich Deine Ansicht erst hören, und werde Dich bitten herzukommen, sobald der erste Sturm vorbei und etwas Ruhe ist. Dann sieh Dir an und wir entschließen uns über den Zeitpunkt des wirklichen Einzugs ...«.[10] Daß die Entscheidung für die Wilhelmstraße 76 fiel, hat wohl in hohem Maße pragmatische Gründe. Man wird jedoch nicht übersehen dürfen, daß mit dieser Wahl auch eine Demonstration der Absicht verbunden war, das Schwergewicht auf die Außenpolitik zu legen.

Ob Bismarck die Meinung Moritz Buschs teilte, die dieser mehr als ein Jahrzehnt später, nach einer Reihe von entscheidenden politischen Veränderungen, formulierte, als er das Haus Wilhelmstraße 76 nicht nur im Äußeren, sondern auch im Inneren zwar bescheiden, der Stellung des preußischen Außenministers aber angemessen empfand, wissen wir nicht. Wahrscheinlich haben Bequemlichkeit und Desinteresse die Hauptrolle gespielt. Daß Bismarck jedoch durchaus sensibel war für den Zusammenhang der Größe seiner Dienstwohnung mit der Bedeutung seiner amtlichen Stellung, die ihrerseits von der machtpolitischen Stellung Preußens im Kreis der europäischen Mächte nicht zu trennen war, wird deutlich an einem Vorgang, der ablief, als habe ein Produzent von Kunstmythen Regie geführt.

Am 24. Juli 1866 fragte der »königliche Ministerpräsident« Bismarck in einem Telegramm aus Nikolsburg bei dem »königlichen Außenminister« Bismarck in Berlin an, ob »Graf Hohenthal die Wohnung bei Decker aufgegeben« habe; er verband diese Frage mit dem Ersuchen, »dieselbe sogleich für mich zu miethen«. Schon am nächsten Tag traf aus Berlin die Antwort ein, der sächsische Gesandte werde seine Wohnung in der Wilhelmstraße 75 zum 1. Oktober räumen, und der Hausbesitzer, Rudolf Ludwig von Decker, »sie für Eure Excellenz« reservieren. »Die Wohnung«, so Bismarck in einem weiteren Telegramm nach Berlin, »hat nur Werth für mich, wenn Decker einwilligt, daß eine Thür im ersten Stock nach dem Ministerium der auswärtigen Angelegenheiten durchgebrochen wird«.[11]

Dieser unscheinbare Vorgang ist ein Schulbeispiel für die unmittelbare Umsetzung machtpolitischen Erfolgs in eine zwar bescheidene, aber bezeichnende architektonische Symbolik. Die Tage des Telegrammwechsels zwischen Nikolsburg und Berlin waren zugleich die Tage, in denen in Nikolsburg der Friede zwischen Preußen und Österreich verhandelt wurde, den man als Ausgangspunkt für den machtpolitischen *take off* Preußens interpretieren kann. Glaubt man Bismarcks Memoiren, soll an eben dem 24. Juli, an dem das erste Telegramm abging, der entscheidende Vortrag beim König stattgefunden haben, in dem der preußische Ministerpräsident erneut alle Gründe darlegte, die nach seiner Auffassung für den sofortigen Friedensschluß mit Österreich sprachen und gegen ein weiteres militärisches, den Gegner unnötig demütigendes Vorgehen, ein Wunsch, den der König mit den führenden Militärs gegen den Zivilisten Bismarck bereits in den Tagen zuvor geltend gemacht habe. Bismarck will sich, nachdem der König sich im Verlaufe der Unterredung in eine Erregung hineingesteigert habe, die eine weitere Erörterung der Angelegenheit unmöglich machte, in sein Zimmer zurückgezogen haben mit dem bestimmten Eindruck, daß seine Auffassung abgelehnt sei. Die Gedanken, die ihm jetzt durch den Kopf gingen, hätten von Rücktritts- bis Selbstmordabsichten gereicht. Aber gerade als er sich überlegte, »ob es nicht besser sei, aus dem offenstehenden, vier Stock hohen Fenster zu fallen«, sei der Kronprinz eingetreten und habe seine Vermittlungsabsicht angekündigt, die er nach einer knappen halben Stunde erfolgreich abgeschlossen hatte mit der Nachricht für Bismarck, der König sehe sich widerstrebend gezwungen, der Meinung seines Ministerpräsidenten zuzustimmen.[12] Immerhin scheint dieser in der von ihm selbst dramatisch geschilderten Situation jetzt noch neben allen anderen Aufgaben Zeit gefunden zu haben, das Telegramm mit dem Wunsch der Erweiterung seiner Dienstwohnung nach Berlin zu schicken.

Das oberste Stockwerk im Hause Decker wurde tatsächlich angemietet, aber anders als geplant, nicht zur Erweiterung der Dienstwohnung Bismarcks genutzt, sondern zur Unterbringung von Büroräumen des Außenministeriums.[13] Trotz dieses Verzichts wurden die Pläne zur Erweiterung der Dienstwohnung des Außenministers keineswegs aufgegeben. Bereits im September erging die oben angeführte Anfrage an das Ministerium für öffentliche Arbeiten, das am 18. und am 30. Oktober die Pläne vorlegte, die durch eine aufwendige Umgestaltung der Fassade das Haus zu einem »nationalen Monument« machen wollten.[14] Dieser Umgestaltung der Fassade entsprachen die Pläne für die Umgestaltung des Inneren, insbesondere des für repräsentative Zwecke benutzten Festsaals. Die Planer kamen nach einer Bestandsaufnahme zu dem Ergebnis, »daß die Repräsentationsräume dem Raumbedürfnis nicht genügen« und »daß ihre Vergrößerung als das dringendste Bedürfnis empfunden wird. Ebenso wünschenswert und notwendig erscheint ferner eine würdige architektonische Ausstattung derselben«, da sie »kaum noch zu Festräumen eines Ministeriums geeignet erscheinen, das vorzugsweise die Macht und Würde des preußischen Staates zu repräsentieren hat«.[15]

Nachdem auch dieser Plan, der unter anderem den Anbau eines Festsaales im Garten vorsah, nicht verwirklicht wurde, kam Bismarck im Juni 1867 auf die alte, von ihm

lange unbeachtete Idee eines Tausches mit der Wilhelmstraße 73 zurück. In einem Bericht an den König verwies er darauf, daß die Anmietung der oberen Etage des Deckerschen Hauses im Jahre zuvor erfolgt sei, »weil sich seit längerer Zeit das dringende Bedürfnis herausgestellt hatte, die ganz unzureichenden Wohnungs- und Repräsentationsräume des Ministers der auswärtigen Angelegenheiten zu erweitern«.[16] Da die angemieteten Räume jedoch als Büros benutzt würden, sei dieser mangelhafte Zustand bis heute nicht geändert worden. Der König ließ am 4. Juli antworten, er trage »Bedenken, dem Wunsch zu willfahren«, da er das Palais in der Wilhelmstraße 73 für »eine später erforderlich werdende Wohnung eines Prinzen« reservieren wolle.[17] Bismarck hielt trotz dieser Absage mit großer Hartnäckigkeit an den Tauschplänen fest. Er brachte sie auf einer Sitzung des Staatsministeriums im Januar 1869 erneut zur Sprache; am 13. Januar 1871, fünf Tage vor der Kaiserproklamation in Versailles, erteilte er im Bundeskanzleramt die Anweisung, die Akten mit dem Briefwechsel über den Tauschplan vom Auswärtigen Amt anzufordern.[18]
Im April 1971 ergriff Bismarck erneut die Initiative mit einer Denkschrift für den Bundesrat. Ein Ergebnis der darin vorgeschlagenen komplizierten Umzugs- und Umbaumaßnahmen sollte die Verlegung der Büroräume aus dem Erdgeschoß des Hauses Wilhelmstraße 76 sein, wodurch das ganze Haus dem Kanzler als Dienstwohnung zur Verfügung gestanden hätte. Zwar waren auf Bismarcks Antrag hin im Haushaltsplan für 1873 bereits 75000 Taler bereitgestellt, aber dann doch nicht in Anspruch genommen worden. Am 10. Juni 1873 erläuterte der Kanzler vor dem Reichstag den Verzicht auf den Plan mit seiner Bequemlichkeitsliebe. Der Gedanke, möglicherweise zwei Jahre lang mehr oder weniger auf einer Baustelle leben zu müssen, sei ihm als »sehr unbequem« erschienen.[19]
Am Ende des Jahres 1875 schließlich schien die Suche nach einer Dienstwohnung für den Reichskanzler zu einem erfolgreichen Ende gekommen zu sein. Nach langen Verhandlungen, die sich fast zwei Jahre hinzogen, genehmigte der Reichstag die Mittel zum Ankauf des Palais Radziwill in der Wilhelmstraße 77, unmittelbar neben dem Stammhaus des Auswärtigen Amtes. Zwar war in der Verhandlungsphase erneut von Bismarck erwogen worden, das Haus in der Wilhelmstraße 73 zu übernehmen, und zwar jetzt im Tausch gegen das zur Erwerbung stehende Palais Radziwill; der König blieb jedoch bei seiner ablehnenden Haltung, so daß schließlich das Palais Radziwill zur Residenz des Reichskanzlers bestimmt wurde.[20]
Das Haus wurde umfangreichen Aus- und Umbauten unterzogen, die unter der Leitung Georg Wilhelm Neumanns standen und zwei Jahre in Anspruch nahmen. Im Erdgeschoß befanden sich die Dienst- und Arbeitsräume, das Obergeschoß stand dem Reichskanzler und seiner Familie zur Verfügung. Beide Geschosse waren jeweils noch einmal zweigeteilt. Im Erdgeschoß waren in den beiden Seitenflügeln die Räume für Haushaltsarbeiten untergebracht, wobei einige Hausangestellte hier auch ihre Wohnungen hatten, im *corps de logis* waren die Büros und Empfangsräume der Reichskanzlei. Im Obergeschoß lagen in der rechten Hälfte die Privaträume der Familie Bis-

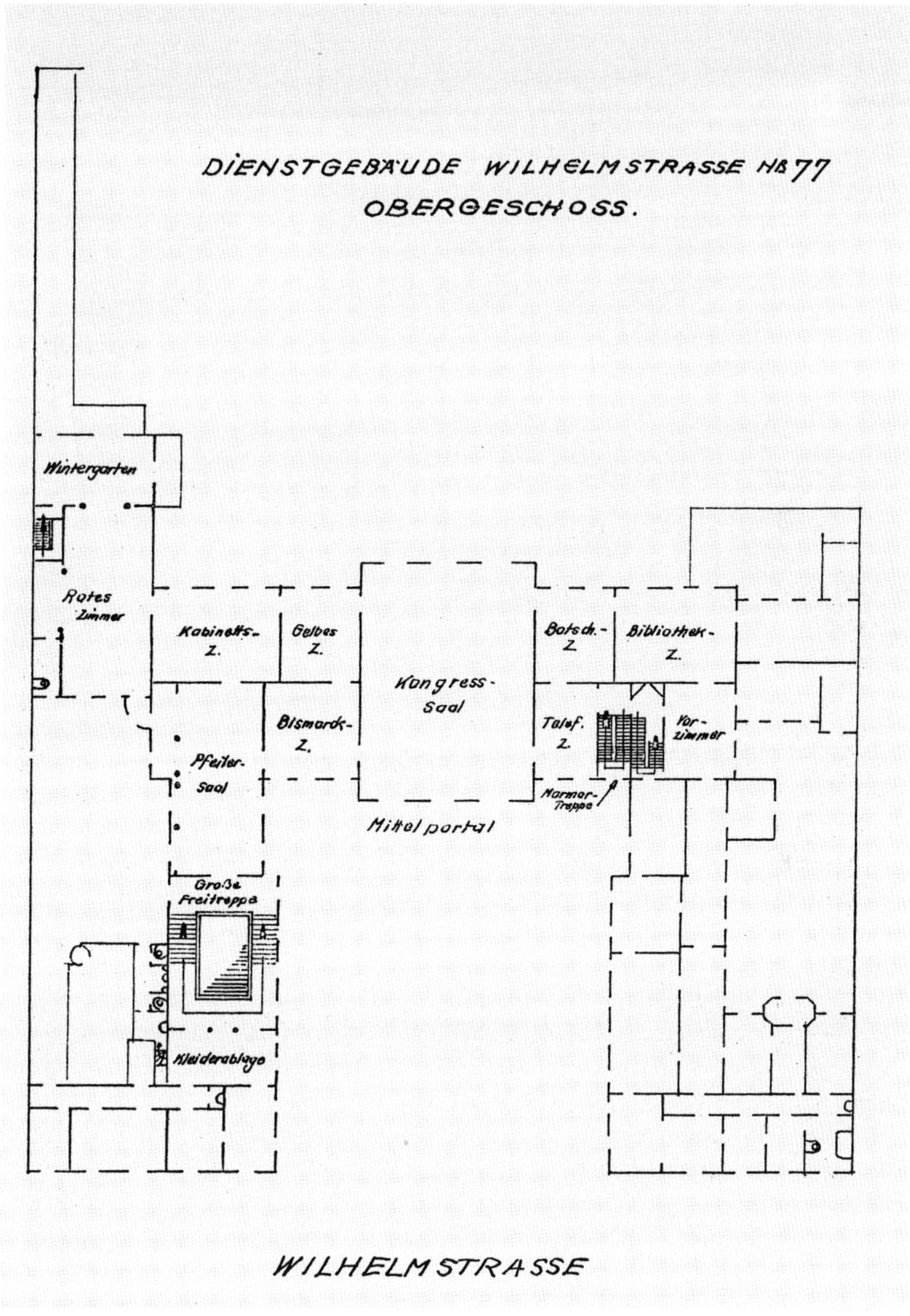

Die Reichskanzlei. Grundriß vom Obergeschoß, 1928

Das Bibliothekzimmer in der Reichskanzlei Wilhelmstraße 77, 1928

marck, in der linken Hälfte die Repräsentationsräume; getrennt wurden beide Bereiche durch den großen Festsaal im Zentrum des Hauses, der vom 13. Juni bis 13. Juli 1878, noch während die Familie sich im Einzug befand, wichtigster Tagungsort für den Berliner Kongreß war. Der Zugang zu diesem Teil des Hauses erfolgte nicht über den Haupteingang in der Mitte des *corps de logis,* sondern über eine im Südflügel eigens neu eingebaute aufwendige Marmortreppe, an die sich eine Enfilade von Räumen anschloß, die im Festsaal endete.[21]

Die Dienstwohnung in der Wilhelmstraße 77 stand nicht nur Bismarcks Nachfolgern im Kaiserreich, sondern auch den Reichskanzlern der Republik zur Verfügung. Die Zunahme der Zahl der Beamten der Reichskanzlei, die von vier im Jahre 1878 auf 25 im April 1918 und schließlich auf 34 im April 1924 angestiegen war,[22] machte jedoch die Verlegung von Büroräumen in das erste Stockwerk notwendig, so daß die Zahl der Zimmer, die der Reichskanzler privat und zur Wahrnehmung seiner repräsentativen Pflichten nutzen konnte, immer weiter verringert werden mußte. Seit 1924 bestand deshalb der Plan zur Errichtung eines Neubaus. In einem Schreiben, mit dem der Staatssekretär in der Reichskanzlei am 30. August 1924 den Reichsminister der Finanzen um die Bereitstellung von Mitteln für die Errichtung eines Neubaus auf dem freien Nachbargrundstück Wilhelmstraße 78 bat, steht keineswegs die beengte Unterbringung der Beamten der Reichskanzlei im Zentrum, sondern die Tatsache, daß »die dem

Das Bibliothekzimmer in der Reichskanzlei Wilhelmstraße 77, 1935

Reichskanzler für Repräsentationszwecke zur Verfügung gestellten Räume« für Sitzungen »in einer Weise in Anspruch genommen werden, die mit einer würdigen Unterbringung des ersten Beamten des Reiches nicht mehr vereinbar ist«.[23]
Bis zu der Verwirklichung des Neubaus sollten jedoch noch einige Jahre vergehen. Als der Bau Ende 1930 übergeben werden konnte, war kein Geld für die geplante Renovierung des Reichskanzlerpalais vorhanden. Erst im Frühjahr 1934 wurde das Haus als Dienstwohnung für den neuen Reichskanzler Adolf Hitler umgebaut.

Eine Dienstwohnung für den preußischen Handelsminister

In der Sitzung des preußischen Staatsministeriums am 25. März 1896 klagte der preußische Minister für Handel und Gewerbe, daß es »für einen Minister fast unerträglich« sei, »eine Ministerwohnung zu haben, welche weit abgelegen von den Büros liege«. Er schlug deshalb vor, das seinem Ministerium unmittelbar benachbarte Gebäude Leipziger Straße 1 zu einer Dienstwohnung auszubauen, wobei selbstverständlich zunächst für das gegenwärtig in diesem Gebäude untergebrachte Staatsministerium eine neue Unterkunft gefunden werden müsse. Dafür böte sich, so der Minister weiter, der Abriß des Hauses Wilhelmstraße 64 an, das sich seit 1894 im Besitz des preußischen Fiskus befinde und zur Zeit vom Justizministerium genutzt werde. An der Stelle dieses ehemaligen Bleichröderschen Hauses könne ein Neubau für das Staatsministerium, im Garten des Grundstücks ein Erweiterungsbau für das Justizministerium errichtet werden.[24]

Der Handelsminister konnte bei dieser Klage auf das Verständnis seiner Kollegen rechnen, die sofort bereit waren, Abhilfe zu schaffen. Trotz des schwachen Protestes des Justizministers, der darauf aufmerksam machte, daß das in Rede stehende Haus seinerzeit für 1 900 000 Mark auf den Etat seines Ministeriums für Bedürfnisse der Justizverwaltung erworben worden sei, und trotz der Bedenken des Finanzministers, der statt eines teuren Neubaus in der Wilhelmstraße 64 lieber ein Wohnhaus für den Handelsminister im Garten von dessen Ministerium errichten wollte, erteilten die versammelten Minister dem Ministerium für öffentliche Arbeiten den Auftrag, Pläne im Sinne des Vorschlags des Handelsministers anfertigen zu lassen und den beiden betroffenen Ministerien zur Prüfung vorzulegen. Diese Pläne waren am 22. August fertiggestellt. Während der Justizminister mit Schreiben vom 26. September glaubte, den Plänen für seinen Erweiterungsbau »im Allgemeinen zustimmen zu können«, erhob das Staatsministerium gravierende Einwände. Trotz gründlicher Prüfung sehe man überhaupt keine Möglichkeit, auf dem zur Verfügung stehenden Terrain ein Gebäude zu errichten, gegen das solche Einwände nicht vorgebracht werden könnten. Im übrigen bliebe man am liebsten in der Leipziger Straße.

In einem Rundschreiben an seine Kollegen machte der preußische Finanzminister am 20. Februar 1897 den Vorschlag, das Grundstück Wilhelmstraße 64, »soweit es nicht für die Bedürfnisse des Justizministeriums erforderlich ist, für die Unterbringung des Geheimen Zivilkabinetts ... in Aussicht zu nehmen«, da dieses in »seinem gegenwärtigen Dienstgebäude, wie ich mich persönlich überzeugt habe, nicht mehr den erforderlichen Raum hat«. Tatsächlich scheint das Zivilkabinett in den Räumen, die es seit 1867 am Dönhoffplatz innehatte, recht beengt untergebracht gewesen zu sein; so »hauste« der Vortragende Rat, wie Rudolf von Valentini sich erinnert, der diesen Posten seit 1899 bekleidete, »im Obergeschoß in einem kleinen Kämmerchen, das bei seiner südlichen Lage von glühender Hitze durchströmt und von dem Getöse des lebhaftesten Straßenverkehrs der Hauptstadt erfüllt war«.[25]

Trotz der Proteste des Handelsministers, dem es ja auf einen Umzug des Staatsministeriums ankommen mußte, folgte die mit der Prüfung der Angelegenheit beauftragte Kommission dem Vorschlag des Finanzministers und erklärte am 16. September desselben Jahres in einer Sitzung des Staatsministeriums, sie »habe sich einstimmig dafür ausgesprochen, daß es zweckmäßig sein werde, das gedachte Grundstück zu einem Erweiterungsbau für das Justizministerium und zu einem Neubau für das Geheime Zivilkabinett zu verwenden, während das Grundstück zu einem Neubau für das Staatsministerium in Verbindung mit einem Erweiterungsbau für das Justizministerium nicht ausreichen würde«. Die versammelten preußischen Staatsminister folgten diesem Vorschlag, worauf die bereits vorliegenden Pläne umgearbeitet wurden.

Das Wohnhaus für den Handelsminister, 1905

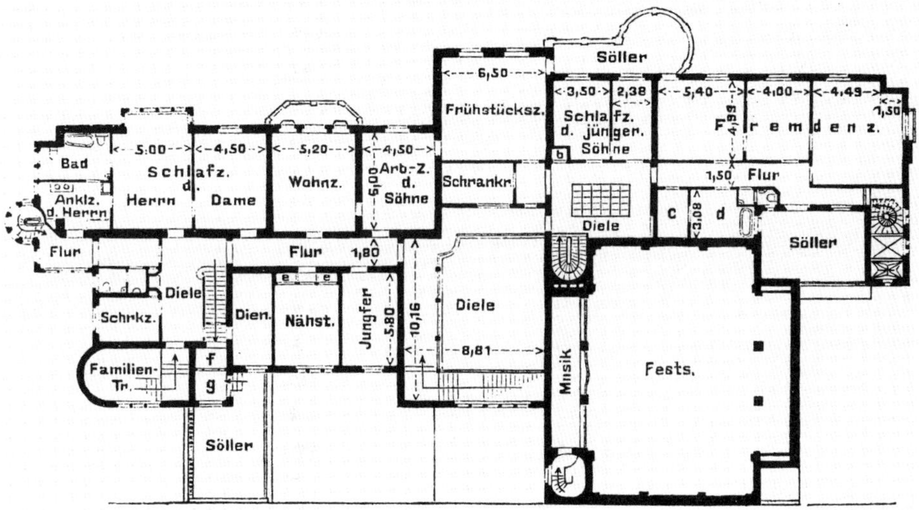

Das Wohnhaus für den Handelsminister. Grundriß vom ersten Stockwerk, 1905

Der Handelsminister unterstrich deshalb auf derselben Sitzung noch einmal seinen Anspruch auf eine Dienstwohnung in unmittelbarer Nähe zu seinem Ministerium; er betonte, daß die Dienstwohnung für den Handelsminister doch wichtiger sei als die für den Unterstaatssekretär im Staatsministerium, von der abgesehen der vorgeschlagene Neubau in der Wilhelmstraße genügend Platz für die Bedürfnisse des Staatsministeriums geboten habe. Im Anschluß daran schlug er jedoch eine neue Lösung vor, indem er darauf aufmerksam machte, »daß das ehemals Stolberg'sche Grundstück in der Wilhelmstraße (63) billig zu haben sei und daß dieses Grundstück für das Staatsministerium zweckmäßigst liege«. Er werde wegen dieses Plans an den Finanzminister schreiben. Zwar liegt dessen Antwort nicht vor, aber am 16. April 1898 beschloß das Staatsministerium, dem Vorschlag zu folgen und das Haus in der Wilhelmstraße 63 für das Staatsministerium zu kaufen. Es gebe, heißt es in der Begründung für diesen Beschluß, »kein geeigneteres Grundstück für das Staatsministerium als das Stolberg'sche Palais, unmittelbar gegenüber dem Herrn Minister-Präsidenten, in nächster Nähe der Ministerien und Reichsämter«.

In der Begründung hatte es außerdem geheißen, daß es sich »bei der geplanten Verlegung des Staatsministeriums darum (handle), die Dienstwohnung für den Herrn Handelsminister ... in das jetzige Staatsministerialgebäude zu verlegen«. Zwar entspricht diese Argumentation genau den Tatsachen; aber sie ist um so erstaunlicher, als Johannes Miquel, der Finanzminister und Vizepräsident des Staatsministeriums war, noch zwei Monate zuvor erklärt hatte, daß der Umbau des Hauses Leipziger Straße 1 »nicht zweckmäßig« und »sehr kostspielig sei und doch nichts richtiges für den Handelsminister gemacht werden könnte«. Es sei »in Folge dessen der Gedanke, das Staatsministerium nach der Wilhelmstraße zu verlegen in das hier fragliche Gebäude und den Herrn Handelsminister wohnen zu lassen in dem jetzigen Gebäude des Staatsministeriums, ziemlich aus dem Spiele heraus«.[26]

Der Finanzminister hatte diese Erklärung in der Diskussion des Abgeordnetenhauses am 12. Februar über die Frage der Bebauung des Grundstücks Wilhelmstraße 64 mit einem Gebäude für das Geheime Zivilkabinett abgegeben und zwar als Antwort auf die Frage des Abgeordneten Sattler nach den Absichten der Staatsregierung für die Wohnung des Handelsministers, die ja nach der Entscheidung gegen den Neubau des Staatsministeriums auf dem zur Diskussion stehenden Grundstück nach wie vor offen sei. Mit der Entscheidung, dem Staatsministerium eine neue Unterkunft im ehemaligen Stolbergschen Palais zu verschaffen, stand zwar das Haus in der Leipziger Straße 1 zur Disposition; da der Umbau dieses Hauses zu einer Dienstwohnung allerdings als unzweckmäßig bezeichnet worden war, entschloß man sich schließlich, für den Handelsminister ein Wohnhaus im Garten seines Ministeriums zu errichten, eine Lösung, die vor Beginn der Tauschaktion ausgerechnet vom Finanzminister vorgeschlagen und dann aus verschiedenen Gründen verworfen worden war.[27]

Eine »sehr hohe und einflußreiche Stellung«
Die Wohnung für den Chef des Geheimen Zivilkabinetts

Nach dem Beschluß des Staatsministeriums im September 1897 wurden Pläne für den Neubau für das Geheime Zivilkabinett entworfen; nach zweijähriger Bauzeit war das Haus im Sommer 1900 bezugsfertig.[28] Während der parlamentarischen Beratung über die Bereitstellung der Mittel für den Neubau kam es am 12. Februar 1898 im preußischen Abgeordnetenhaus zu einer Diskussion über die Frage, ob nicht, wie der Berichterstatter der Budgetkommission erklärte, »die Wohnräume für den Chef des Geheimen Civilkabinetts in dem Plane zu abundant bemessen seien. Es wurde geltend gemacht, daß der Chef des Geheimen Civilkabinetts die Stellung der Unterstaatssekretäre habe, und daß im Verhältnis hierzu und im Verhältnis zu seiner Einnahme die Wohnräume zu reichlich bemessen seien.«

Trotz dieser Bedenken habe sich die Kommission jedoch entschlossen, dem Abgeordnetenhaus die Genehmigung der ersten Baurate in Höhe von 350000 Mark vorzuschlagen, da »allgemein anerkannt (wurde), daß die bisherigen Räume des Geheimen Civilkabinetts ungenügend seien«.[29]

Die Bedenken der Budgetkommission wurden von einigen Abgeordneten geteilt, an erster Stelle von Graf zu Limburg-Stirum, von dem ein Antrag an das Parlament vorlag, »die Königliche Staatsregierung aufzufordern, bei Ausführung des Projekts auf eine den Gehaltsverhältnissen des Chefs des Geheimen Civilkabinetts entsprechende Gestaltung seiner Dienstwohnung Bedacht zu nehmen«. In der Begründung dieses Antrags führte der Graf aus, daß eine zu große Dienstwohnung für den Beamten, der die Wohnung beziehe, kein Vorteil, sondern eine Last sei. Eine große Wohnung nämlich zwinge zu repräsentativen Aufwendungen, die derjenige, der kein entsprechendes Gehalt beziehe, sich gar nicht leisten könne. Nun sei zwar »die Stellung des Chefs des Geheimen Civilkabinetts eine sehr hohe und einflußreiche« und könne »nur von den tüchtigsten und fähigsten Beamten wahrgenommen werden«, aber sie sei »keine repräsentative Stellung«, wie »aus dem Gehaltssatze« hervorginge. Limburg-Stirum war der Meinung, es sei nur zum Nutzen des Chefs des Zivilkabinetts, wenn die Staatsregierung aufgefordert werde, den Plan in diesem Sinne »noch einmal gründlich zu revidieren«.

In seiner Antwort stimmte der Finanzminister und Vizepräsident des Staatsministeriums, Johannes von Miquel, dem Grafen in allen grundsätzlichen Fragen zu. Im vorliegenden Fall sei jedoch zweierlei zu berücksichtigen, was die Verwirklichung des Plans durchaus als wünschenswert erscheinen lasse. Zum einen sei die Meinung des Grafen nicht richtig »in Bezug auf die Stellung und die aus der Stellung und Amtsaufgabe des Chefs des Civilkabinetts hervorgehenden Verpflichtungen, wenigstens in einem gewissen Grade zu repräsentieren. Mit einem Unterstaatssekretär kann er nicht verglichen werden, wie ja auch sein Gehalt etwas höher ist als das der jetzigen Unterstaatssekretäre. Auch ist er der Chef einer selbständigen und hochwichtigen Behörde, wie es doch

kein Unterstaatssekretär ist. Er kommt durch seine ganze Stellung zu den Hofbeamten – und nicht nur zu den hiesigen, sondern auch zu denen der fremden Höfe – bei Besuchen fremder Fürstlichkeiten u.s.w, bei den Reisen des Kaisers sehr vielfach in die Nothwendigkeit, wenigstens in einem gewissen Grade repräsentieren zu müssen.«
Zum anderen sei der Chef des Zivilkabinetts bisher schon bereit gewesen, sieben Zimmer seiner Dienstwohnung für Bürozwecke zur Verfügung zu stellen; man dürfe deshalb davon ausgehen, daß er dazu auch in Zukunft bereit sein werde und daß einzelne Räume aus der zugegeben jetzt etwas opulenten Wohnung für dienstliche Zwecke bereitgestellt werden würden, sobald die Büroräume im Erdgeschoß des Hauses für den Geschäftsbetrieb nicht mehr ausreichend sein würden. Im übrigen sehe die Wohnung auf dem Papier größer aus, als sie in Wirklichkeit sei. Im Anschluß an Miquel bestätigte der Geheime Oberbaurat Zastrau als Vertreter der Baubehörde die Absicht, einige Räume der Wohnung schon jetzt so zu disponieren, daß sie ohne große Probleme in den Geschäftsbereich einbezogen werden könnten. Außerdem sei der Festsaal, an dem sich die Diskussion vor allem entzündet hatte, mit 96 qm weitaus kleiner bemessen als zum Beispiel der Saal im Landwirtschaftsministerium mit 192 qm, der im Ministerium der öffentlichen Arbeiten mit 180 qm oder der im Innenministerium mit 147 qm.
Am Ende der Diskussion wurde zwar, wie von der Budgetkommission empfohlen, die erste Baurate bewilligt; zugleich jedoch wurde auch der Antrag des Grafen Limburg-Stirum, den auch Abgeordnete anderer Fraktionen unterschrieben hatten, angenommen. Die Regierung war also aufgefordert, in irgendeiner Weise die Wohnung des Chefs des Zivilkabinetts zu verkleinern. In einem Brief des Ministeriums der öffentlichen Arbeiten vom 23. April an den Vizepräsidenten des Staatsministeriums wurden die Ergebnisse dieser Verkleinerungsbemühungen vorgelegt. Der Festsaal hatte nach dem neuen Plan statt 96 nur noch 86 qm, der Speisesaal statt 62 nur noch 57 qm. Darüber hinaus waren drei Räume des ersten Stocks schon jetzt als Diensträume ausgewiesen, so daß die Reduzierung der Gesamtfläche des Neubaus von 1480 qm auf 1400 qm möglich wurde.[30]
Dieses Ergebnis macht nur allzu deutlich, daß es gar nicht um die Größe der Dienstwohnung ging, sondern daß diese Diskussion nur das Inkognito einer Diskussion über die wiederholt beschworene »sehr hohe und einflußreiche« Stellung des Chefs des Zivilkabinetts war. Im Zentrum der Angriffe stand die Tatsache, daß der Chef des Zivilkabinetts als Leiter des persönlichen politischen Sekretariats des Monarchen diesem alle nicht-militärischen Angelegenheiten zur Entscheidung vorlegte. Dazu gehörten alle Vorlagen an die gesetzgebenden Körperschaften in Preußen und im Reich einerseits, die Ausfertigung der verabschiedeten Gesetze andererseits, aber auch die Ernennung aller leitenden Beamten. Zwar gingen die zu unterschreibenden Texte und Urkunden bereits in unterschriftsreifer Form von den zuständigen Reichsämtern und Ministerien an das Zivilkabinett, dessen Chef *de jure* nur ein hochqualifizierter Sekretär sein sollte; *de facto* jedoch hingen die Bereitschaft des Monarchen zur Unterschrift, mögliche Wünsche oder gar Einwände seinerseits in nicht geringem Maße von der Art ab, in der der Chef

Das Arbeitszimmer des Chefs des Geheimen Zivilkabinetts, Wilhelmstraße 64

des Zivilkabinetts die Einzelheiten vortrug. Damit war ein Spielraum für Einflüsse eröffnet, der Außenstehenden um so größer schien, als das Zivilkabinett keine Staatsbehörde war, sondern eine Hofbehörde, deren Chef nur dem Monarchen gegenüber verantwortlich war und keine Rechenschaft gegenüber Parlament oder Ministerium ablegen mußte.[31]

Die Vorbehalte, mit denen die Abgeordneten deshalb dem Chef des Zivilkabinetts begegneten, wurden von den Vertretern verschiedener Parteien klar ausgesprochen, als dem Landtag am 13. März 1906 der Antrag vorlag, das Jahresgehalt des Geheimen Kabinettsrats in Höhe von 20000 Mark um eine »persönliche pensionsfähige Zulage von 10000 Mark« zu erhöhen.[32] Der Abgeordnete Graf Praschma (*Zentrum*) stellte als Berichterstatter im Namen der Budgetkommission den Antrag, die Gehaltserhöhung abzulehnen. Zwar sei man zur Anerkennung »der unzweifelhaft überragenden Bedeutung des jetzigen Stelleninhabers, seiner aufopfernden, hervorragenden Tätigkeit«, bereit; die Begründung des Antrags der Regierung jedoch, »daß die Tätigkeit des Geheimen Kabinettsrats an Bedeutung und Umfang sehr erheblich zugenommen habe«, ginge über diese Anerkennung der Person hinaus und gebe »der Stelle selbst eine andere Bedeutung«, was durchaus »bedenklich« sei und »leicht über den Rahmen der Verfassung hinausgehen« könne.

Diese konstitutionellen Bedenken wurden von der Mehrheit der Abgeordneten geteilt, und zwar auf der Grundlage der Tatsache, daß, wie der Zentrumsabgeordnete Herold während der Debatte sagte, »mit der Höhe des Gehalts und dessen Steigerung auch« – unabhängig von der Begründung mit der Steigerung des Umfangs der Geschäfte – »zugleich die Bedeutung eines Amtes wächst«. Der konservative Abgeordnete von Heydebrand und der Lasa erklärte deshalb mit aller Deutlichkeit, daß »durch solche Gehaltsstellung, welche unmittelbar nach den Ministern folgt oder ihnen ganz nahe steht, die Stellung des Chefs des Zivilkabinetts in eine Position gebracht wird, welche geeignet ist, die Unmittelbarkeit des Verkehrs der Staatsminister, welche vor dem Lande die Verantwortung tragen, mit der Krone einigermaßen zu verdunkeln und ein Zwischenglied einzuschieben, welches wir wenigstens nicht in einer Gestalt sehen wollen, die anders wäre, als sie ursprünglich gedacht worden ist«. Aus eben demselben Grunde war auch die *Freisinnige Volkspartei* nicht bereit, für die Gehaltserhöhung zu stimmen, da, wie der Abgeordnete Wiemer erklärte, »die Verantwortlichkeit der Minister ... unseres Erachtens tatsächlich nicht in dem Maße vorhanden (ist), wie es das konstitutionelle Regierungssystem erheischt. Wir müssen es nach unserer ganzen Staatsauffassung ablehnen, die Stellung einer nichtverantwortlichen Zwischeninstanz zu stärken, was durch die Gewährung dieser pensionsfähigen Zulage geschehen würde ...«.
Obwohl mit der Gehaltserhöhung der beklagte Abstand zwischen der zu großen Wohnung und dem zu geringen Gehalt hätte geschlossen werden können, wie bereits Graf von Hutten-Czapski während der Debatte im Herrenhaus um die Größe der Wohnung am 28. April 1898 erklärt hatte, als er sagte, daß er, »wenn diese Wohnung dem Gehalt wirklich nicht entspricht, ... nicht den Schluß ziehen (wolle), daß die Wohnung zu groß ist, sondern daß das Gehalt zu klein ist«, lehnte das Abgeordnetenhaus den Antrag auf Gehaltserhöhung ab.[33]

»Ein Instrument seines Metiers«
Verfassungstheorie, Verfassungswirklichkeit und gesellschaftliche Repräsentation

In fast allen Diskussionen über Lage, Größe und Ausstattung der Dienstwohnungen spielten die Repräsentationsräume die Hauptrolle. Sie waren Schauplätze der Soupers und Diners, der Frühstücke und Bierabende, der intimen Tees und der rauschenden Bälle, die ein Politiker, Diplomat oder leitender Beamter geben mußte und deren Art und Umfang ebenso wie die Formen der Unterhaltung und der Aufwand der Bewirtung mit dem Prestige des Amtes zusammenhingen, das er innehatte. Diese repräsentativen Veranstaltungen bildeten ein symbolisches System der Differenzierung von Prestigeklassen, in dem diejenigen, die solche Veranstaltungen ausrichteten und zu solchen Veranstaltungen geladen waren, eingeordnet wurden und sich selbst einordneten je nach Art, Umfang und Aufwand der Veranstaltung und nach der Nähe zum jeweiligen Gastgeber.

Wie aufwendig diese repräsentativen Verpflichtungen sein konnten, wird sichtbar an den Belastungen, die sie mit sich brachten. Im Tagebuch der Baronin Spitzemberg, deren Mann als Aristokrat, als Diplomat und – in seiner Eigenschaft als stimmführender Bevollmächtigter Württembergs zum Bundesrat – als Mitglied der Reichsleitung in mehrfacher Weise in dieses System eingebunden war, heißt es am 1. März 1873: »Der eigentliche Strudel ist zwar zu Ende, dennoch aber bleibt für weltlustige Menschen Gelegenheit genug, auszugehen; ... ich denke aber, wir werden nur das Unvermeidliche tun, denn Carl ist wieder so mit Geschäften überhäuft, daß er unmöglich noch jeden Abend ausgehen kann ...«.[34] Im Jahr zuvor führt die Baronin am 10. März als »Kuriosum« an, daß »wir in den nun verflossenen siebzig Tagen des Jahres 1872 an einundvierzig ausgebeten waren, an neun bei uns Leute sahen, also bloß zwanzigmal allein zu Hause gewesen sind. Mir kommt das förmlich erschreckend vor; man merkt aber auch den Strudel, in dem man lebte, an dem Verbrauch an Kräften, Zeit, Geld und Kleidung«.[35]

Ähnliche Klagen fanden ihr Echo auch in der Presse. Am 3. April 1904 schrieb August Stein, der langjährige Berliner Korrespondent der liberalen *Frankfurter Zeitung*, in einem Artikel mit dem Titel »Einiges über Gesellschaft, Luxus und Politik«, daß »in den letzten Monaten die Klagen über zunehmenden Luxus im hohen Beamtentum, über die Last und Lüge der gesellschaftlichen Repräsentation, die Zeit und Geist raubenden Dinerschwelgereien, denen unsere Minister ausgesetzt sind, in Wort und Schrift ertönten«.[36] Die schärfsten Angriffe seien von »dem großen konservativen, schlesischen Blatte, das mit anerkennenswerter Bravour einen Feldzug gegen den Luxus im Beamtentum und in der Armee in Verbindung mit gewissen politischen Streifzügen eröffnet hat«, geführt und mit der Forderung verknüpft worden, die preußischen Minister müßten hier mit gutem Beispiel vorangehen. Stein glaubt, die Minister vor dem implizit erhobenen Vorwurf, daß sie »an den beklagten Übelständen mit schuldig seien«, in Schutz nehmen zu müssen, denn es gehe »weder auf ihren großen Empfangsabenden noch bei kleineren Diners und Gesellschaften schwelgerisch zu. Es wird kein der Stellung und den Vermögensverhältnissen des einzelnen widersprechender Luxus getrieben. Man wird bei keinem von denen, die in den letzten Jahren Minister und Staatssekretäre waren, oder es zur Zeit sind, einen Hang zum übertriebenen Wohlleben und gesellschaftlicher Protzerei entdecken können.« Der liberale Journalist liest das Plädoyer für die Rückkehr zu Einfachheit und Bescheidenheit als Forderung der Interessenvertreter des aristokratischen und agrarischen Konservativismus an »Kaiser, Kanzler und Minister«, den gesellschaftlichen Verkehr mit den bürgerlichen Repräsentanten der modernen Industriegesellschaft und deren damit angeblich Hand in Hand gehenden politischen Einfluß einzuschränken.

Unabhängig davon, daß hier, wie bereits bei der Diskussion über die Größe des Festsaals in der Dienstwohnung des Chefs des Geheimen Zivilkabinetts, den man glaubte, vor unzumutbaren Ausgaben schützen zu müssen, eine politische Forderung im Gewande einer um die Wohlfahrt der Beamten besorgten Intervention daherkommt, bleibt die

Tatsache bestehen, daß sich auch Beamte, die nicht der obersten Leitungsebene angehörten und deren Einkommensverhältnisse es eigentlich nicht gestatteten, zu repräsentativen Aufwendungen verpflichtet fühlten. August Stein sieht selbst, daß gerade der in den letzten Jahren erheblich gestiegene Reichtum denjenigen, »die von altersher eine offiziell hochgeschätzte Stellung einnehmen«, den Offizieren und Beamten, am wenigsten zugute kam, und daß das daraus resultierende Mißverhältnis zwischen dem Prestige dieser Stellung und den realen Einkommensverhältnissen in Zeiten »einer allgemein gesteigerten Lebenshaltung ... manche traurigen Zustände« zeitige und »vielfach zu tapferem Entsagen und stillem Märtyrertum« zwinge.

Was genau damit gemeint gewesen sein kann, wird in einer Passage der Autobiographie Alexander von Hohenlohes, dem Sohn des dritten Reichskanzlers, deutlich: »Als eine üble Sitte empfand ich stets die namentlich bei den Offizieren und Beamten bestehende Tradition des sogenannten ›Repräsentierens‹. Dieser gesellschaftliche Zwang, zu dem sich auch so mancher arme Schlucker von Regierungsrat oder Major verpflichtet glaubte, hatte für mich oft etwas Tragikomisches. Mir verdarb bei so einem Diner immer der Gedanke den Appetit, daß die Hausfrau und der Hausherr und ihre beiden blassen Töchter vielleicht, oder vielmehr ganz bestimmt, zur Strafe für den bei diesem Feste entwickelten Luxus vierzehn Tage lang nur von Hering und Pellkartoffeln oder dergleichen leben mußten, nachdem die beaux restes des lukullischen Mahles von ihnen aufgegessen waren. Diese Unsitte abzustellen war aber nicht so leicht, denn man mußte dabei sehr vorsichtig und zart vorgehen, wenn man nicht Gefahr laufen wollte, die Leute zu beleidigen und ihnen wehe, statt wie man beabsichtigte, ihnen wohl zu tun. Denn so eingefleischt war diese Tradition, daß mancher lieber vorzog, eine Zeitlang zu hungern als zuzugeben, daß er zu arm sei, um Gesellschaften zu geben.«[37]

Allerdings standen auch die Gehälter der höheren und höchsten Beamten in keinem angemessenen Verhältnis zu ihren gesellschaftlichen Verpflichtungen. Die wenigen unter ihnen, die kein nennenswertes Privatvermögen besaßen, mußten sich andere Einkünfte verschaffen. So bewarb sich der aus kleinbürgerlichen Verhältnissen stammende Staatssekretär des Reichspostamtes, Heinrich von Stephan, am 5. Februar 1889 um eine Domherrenstelle, »da die gesellschaftlichen Verpflichtungen mit seinem Gehalt nicht zu bestreiten seien«, eine Bitte, die erst im September des folgenden Jahres und nachdem Stephan sie wiederholt hatte, vom Kaiser gewährt wurde. Der Staatssekretär des Reichsamts des Innern, Karl Heinrich von Boetticher, dessen Vater immerhin Oberpräsident war und der als Staatssekretär des Innern über einen Repräsentationsfond verfügte, bezog bereits seit 1884 die Einkünfte eines Domherrn zu Naumburg.[38]

Selbst Reichskanzler Bismarck, dessen Gehalt mit 54000 Mark im Jahr etwas mehr als doppelt so hoch wie das der Staatssekretäre lag, und der über einen Repräsentationsfond in Höhe von 18000 Mark verfügte, mußte, wie Maximilian Harden berichtet, 120000 Mark jährlich zu seinem eigenen und 30000 Mark zum Gehalt seines Sohnes Herbert, der von 1886 bis 1890 Staatssekretär des Auswärtigen Amtes war, zuschießen. Fürst Hohenlohe nahm das Amt des Reichskanzlers nur unter der Bedingung an, daß sein Gehalt inoffiziell verdreifacht würde, eine Forderung, die schließlich nur mit komplizierten Verfahren zu erfüllen war, da die Zahlungen nicht bekannt werden durften und aus der königlichen Privatschatulle geleistet wurden.[39] Wenn er dennoch aus seinem Privatvermögen zulegen mußte, dann dürfte ihm dies, ebenso wie seinem Vorgänger Bismarck und seinem Nachfolger Bülow, nicht allzu schwer gefallen und ein recht geringer Preis für das Maß an Einfluß und Prestige gewesen sein, das mit dem Amt des Reichskanzlers verbunden war.

Allerdings waren gerade für den Reichskanzler die repräsentativen Veranstaltungen nicht nur Teil des symbolischen Kapitals der Ehre, sondern hatten zugleich eine sehr handfeste pragmatische Funktion. Es ist wiederum August Stein, der ja mit der Entschlüsselung der eigentlichen Motive der konservativen Presse bereits einen deutlichen Hinweis auf die Tatsache gab, daß diese Veranstaltungen Gelegenheit zu politischer Einflußnahme boten, der diese Funktion beschrieben hat: »Für den Leiter der auswärtigen Beziehungen und der inneren Politik eines großen Reiches sind ausgedehnte und vielseitige persönliche Beziehungen auch ein Instrument seines Metiers. Es hieße den komplizierten Apparat der Staatsleitung sehr laienhaft und schematisch nach Verfassung und Staatsrecht beurteilen, wenn man verkennen wollte, welche wichtige Rolle zahlreiche Kanäle und Kanälchen und Verbindungen als Wege des Einflusses und der Information dabei spielen. Es ist kein Zufall, sondern entspringt politischer Notwendigkeit, daß der deutsche Reichskanzler von Anfang an Repräsentationsgelder bezogen hat.«[40]

Die gesellschaftlichen Veranstaltungen boten die Möglichkeit, unter Umgehung des Protokolls oder des Dienstwegs Informationen auszutauschen und Entscheidungen wenn nicht zu treffen, so doch vorzubereiten. Sie spielten deshalb selbstverständlich auch in der Republik eine wichtige Rolle. »Im Winter nehmen in den Abendstunden die Repräsentationspflichten den Reichskanzler besonders in Anspruch«, heißt es in dem Rundfunkvortrag »Ein Tag des Reichskanzlers«, den Victor von Hagenow, Ministerialdirektor in der Reichskanzlei, am 21. September 1929 hielt. »Er muß an einem Essen, das ein Botschafter gibt, teilnehmen. Er muß sich auf den parlamentarischen Bierabenden zeigen. Er muß bei Abendveranstaltungen der Presse anwesend sein, um die Verbindung mit den Vertretern der Presse zu pflegen. Oftmals findet auch beim Reichskanzler selbst in den Repräsentationsräumen des Reichskanzlerhauses eine gesellige Zusammenkunft oder eine größere festliche Veranstaltung statt.«[41] Otto Geßler, der von 1920 bis 1928 Reichswehrminister war, hat die Funktion dieser Veranstaltungen genauer beschrieben: »Auch die Abende waren regelmäßig, im Winter sogar täglich, im voraus mit Einladungen belegt. ... Diese Abendeinladungen waren fast das wichtigste. Hier traf man sich mit Kollegen, mit Abgeordneten, Vertretern der deutschen und der fremden Länder, mit sonstigen Prominenten des öffentlichen Lebens und insbesondere auch mit maßgebenden Männern der Presse. Hier erfuhr man mehr als auf dem Dienstweg. Da konnte man Fühlung und zwanglos Vorbesprechungen einleiten, entweder als Tischnachbar oder nachher im ›Klubsessel‹ ... Hier ließ sich durch rechtzeitige Fühlungnahme manche Panne vermeiden. Wie es immer war und immer sein wird, mancher schwere Stein (des Anstoßes), der im Amts- oder Konferenzzimmer nicht von der Stelle zu rücken war, ist bei einem Glas Wein oder einer Zigarre mehr oder minder leicht gehoben worden. ... Daß sie [diese geselligen Veranstaltungen] sich vielfach (nicht immer) in angenehmer Atmosphäre abspielten, erleichterte, aber veränderte nicht ihr Wesen: es war Dienst und gehörte zum Tagwerk. ... Als ich infolge der Trauerfälle in meiner Familie mich längere Zeit dieser dienstlichen Geselligkeit fernhielt, habe ich die Wirkung bald in meinem Geschäftsgang zu spüren bekommen.«[42]

Den Vorteilen, die diese Abendveranstaltungen boten, standen aber auch jetzt noch die Belastungen gegenüber, die sie im Alltag mit sich brachten. Als Otto Geßler nach einer Reihe solcher Abende todmüde in einen Sessel sank, sagte ein Freund, der einige Tage zu Besuch gekommen war: »Ich fahre ab, ich werde vom Zuschauen verrückt!«[43] Dieser Stoßseufzer wird von Hermann Pünder, dem Staatssekretär in der Reichskanzlei, bestätigt, als er am 14. März 1930 in seinen Aufzeichnungen festhielt: »Gesellschaftlich war in den letzten Tagen wieder sehr viel los ... Überall wichtig und interessant. Froh sind wir aber, daß wir heute und die nächsten Tage zu Hause sind«.[44] Am 16. Februar des folgenden Jahres beklagt er, daß er »abends leider immer und mittags manchmal eingeladen« war, um vier Tage später auszurufen »Jetzt ist mit den Gesellschaften gottlob aber mal Schluß... «.

Es sieht allerdings so aus, als sei in der Republik die Zahl, vor allem aber der Aufwand solcher Veranstaltungen erheblich reduziert worden, und zwar nicht zuletzt aus finanziellen, aber auch aus politischen Gründen. Otto Geßler bezog als Reichswehrminister die ehemalige Dienstwohnung des Großadmirals von Tirpitz, von deren 24 Zimmern die meisten Repräsentationsräume waren, die »lediglich bei Empfängen in Gebrauch genommen« wurden. Er vertrat die Meinung, daß »die Würde des Reiches und der Reichsregierung nicht in der Höhe [des repräsentativen Aufwands] zum Ausdruck kommen, insbesondere nicht in einer Zeit, in der die Verarmung im Innern und die Verschuldung nach außen so groß waren. Es ist mir deutlich ein Vorgang in Erinnerung geblieben, der sich in den ersten Jahren abspielte. Einer meiner Kollegen, von Hause aus sehr wohlhabend, gab ein Essen, das an Üppigkeit nichts zu wünschen übrig ließ. Als gegen Ende der Mahlzeit die Hausfrau eine Orange dem benachbarten französischen Botschafter bot, erklärte dieser, er wolle nur eine halbe nehmen, da Deutschland in seiner Notlage sparen müsse.«[45] Der französische Botschafter, dessen Geste fast die Grenze der Ironie streifte, traf sich hier mit Reichspräsident Ebert und seiner Frau Louise, von deren repräsentativen Veranstaltungen Kurd von Reibnitz berichtet: »Die Geselligkeit im Reichspräsidentenpalais hatte einfache aber würdige Formen. Bei Diners gab es niemals Champagner, sondern nur einen einfachen Tischwein und einen feinen Rot- und Weißwein«.[46] Dieser Bericht wird von einer Eintragung im Tagebuch der Journalistin Bella Fromm über die Empfänge beim Reichspräsidenten bestätigt: »Sie waren vollendete Gastgeber. Aber sie gaben ihre Gesellschaften, selbst die großen Staatsempfänge, in sehr einfacher, bescheidener Art. Niemals sah ich ein Glas Cham-

pagner auf ihrer Tafel ... Einmal hatte ein Adliger die Bemerkung gemacht, das Haus und die Gesellschaften des Präsidenten möchten doch etwas mehr Luxus entfalten. ›Nein‹, hatte die erste Dame gesagt, ›wir haben einen Krieg verloren, und man würde in der Welt nicht gut von uns denken, wenn wir dahinlebten, als ob nichts geschehen wäre‹.«[47]
Die Demonstration der Sparsamkeit ließ sich allerdings auch auf dem Weg der partiellen Nachrichtensperre über aufwendige Veranstaltungen erreichen. In einem Rundschreiben des preußischen Ministerpräsidenten vom 30. April 1930, das durch einen Bericht des Regierungspräsidenten in Münster veranlaßt war, wurde empfohlen, »photographische Aufnahmen bei Festessen« nicht zu gestatten, da deren Veröffentlichung »bei der Bevölkerung nur allzu leicht Mißstimmungen hervorrufen« könnte. Durch solche Fotografien würden in »weiten Volkskreisen ganz falsche Vorstellungen von der aufreibenden Tätigkeit der Herren Minister« entstehen. »Solche Bilder lassen eben keine Vorstellung davon aufkommen, daß die Teilnahme der Herren Minister an Festlichkeiten fast immer nur Dienst und Belastung darstellt.«[48] Einige Monate später, am 1. Dezember 1931, hielt Bella Fromm in ihrem Tagebuch fest: »Die Etikette der Wilhelmstraße hat etwas Neues erfunden. In Hinsicht auf die allgemeine Depression hält man es nicht für gut, wenn das Publikum sieht, wie hohe Beamte bei Essen und Trinken schwelgen. Deshalb dürfen von jetzt ab Presseleute nur noch ›Nach-Tisch-Aufnahmen‹ machen. ... Die ganze Sache scheint mir ziemlich albern.«[49]

Das »Hausparlament« des Fürsten Bismarck
Parlamentarische Soireen und Bierabende

Am 23. März 1878 konnte Reichskanzler Otto von Bismarck als neuer Hausherr in der Wilhelmstraße 77 die Abgeordneten des Reichstags, des preußischen Landtags und des preußischen Herrenhauses, Beamte der Reichsbehörden und der preußischen Behörden, aber auch Mitarbeiter der Gesandtschaften anderer Bundesstaaten und Mitglieder des Bundesrats zur ersten parlamentarischen Soiree in das Reichskanzlerpalais bitten. Diese Soiree, zu der immerhin 400 bis 500 Gäste erschienen waren, stand in einer Tradition, die ihren Ausgangspunkt in einer Zeitungsmeldung hatte, in der Mitte April 1869 zu lesen war, daß der Kanzler des Norddeutschen Bundes »während der Dauer der Reichstagssession an jedem Sonnabend abends 9 Uhr in seinem Ministerhotel« – damals noch das Gebäude des preußischen Ministeriums für auswärtigen Angelegenheiten in der Wilhelmstraße 76 – »offenen Empfang angesagt« habe »für die sämtlichen Mitglieder des Bundesrats, des Reichstags und des Bundeskanzler-Amts«.[50]
An dem Vorgang, der zu dieser Einladung führte und über den der nationalliberale Abgeordnete Viktor von Unruh in seinen Erinnerungen berichtet, wird bereits die Funktion dieser Soireen in aller Klarheit sichtbar: »Es war von nationalliberalen Abgeordneten ein Antrag in den Reichstag eingebracht worden, den auch Konservative unter-

schrieben hatten, mit dem Bismarck, wie sich nachher zeigte, nicht einverstanden war. Er beklagte sich nach einem Diner bei Delbrück gegen nationalliberale Abgeordnete heftig darüber, daß solche Dinge nicht vorher mit ihm besprochen wurden. Es wurde ihm geantwortet, daß es dazu an passender Gelegenheit fehle ... Darauf erklärte Bismarck, daß er unter diesen Umständen gerne solche Zusammenkünfte veranstalten werde, in denen parlamentarische Angelegenheiten besprochen werden könnten. So entstanden die bekannten Sonnabends-Soireen.«[51]

Das Problem, das von Unruh hier anspricht, ergab sich aus der dualistischen Struktur der konstitutionellen Monarchie, wie sie in der Verfassung des deutschen Reichs von 1866/71 festgeschrieben worden war.[52] Hier standen sich das Parlament und die Regierung, die einschließlich des Reichskanzlers aus kaiserlichen Beamten bestand, deren Berufung und Entlassung allein in der Macht des Kaisers lag, ohne institutionelle oder personelle Verbindung gegenüber. Was das heißt, kann man durch einen Vergleich mit dem parlamentarischen System verdeutlichen, bei dem die Regierung aus der Mehrheitsfraktion oder einiger zur Mehrheitskoalition zusammentretender Fraktionen hervorgeht. In diesem System taucht das von Unruh geschilderte Problem grundsätzlich nicht auf, da innerhalb der Mehrheitsfraktion, der die Minister einschließlich des Regierungschefs als Abgeordnete ebenfalls angehören, Probleme aus dem Weg geräumt werden können.

Nun entsteht das Systemdefizit in der Verfassung der konstitutionellen Monarchie nicht aus dem Dualismus allein, sondern aus einem mit dem Dualismus verbundenen Systemelement, der Tatsache nämlich, daß die Regierung auf die Zusammenarbeit mit dem Reichstag angewiesen war, da kein Gesetz in Kraft treten konnte, ohne im Reichstag eine Mehrheit gefunden zu haben. Von besonderer Bedeutung war das Budgetrecht des Reichstags, da alle Maßnahmen, die in die Organisationsgewalt des Kaisers fielen, nur verwirklicht werden konnten, wenn das Parlament bereit war, die dafür nötigen Geldmittel zu bewilligen. Eine Lösung des Problems war nur durch eine Änderung des Systems denkbar, wobei als Alternative zur Einführung des Parlamentarismus die Möglichkeit bestand, das Gesetzgebungsrecht des Parlaments erheblich zu beschneiden. Beides war unter den bestehenden Machtverhältnissen nicht möglich, wobei die Möglichkeit des Staatsstreichs von oben mit einer konservativen Revision der Verfassung wiederholt sehr viel näher an der Wirklichkeit war als die Einführung des parlamentarischen Regierungssystems.

Die parlamentarischen Soireen boten natürlich keine Lösung des Problems. Aber es war eine jener von Bismarck so sehr geschätzten Aushilfen, mit der die Lösung von Problemen eine Zeit lang und in begrenztem Maße vertagt werden konnte. Daß diese Empfänge einen außerkonstitutionellen Raum bildeten, in dem folgenreiche politische Verabredungen getroffen wurden, ist natürlich auch den Zeitgenossen nicht entgangen. Georg Brandes, der einige Jahre als Korrespondent dänischer Tageszeitungen in Berlin lebte, beobachtet in seinen Einnerungen am Beispiel einer Soiree im Frühjahr 1878, daß die Einladungen »ziemlich ausnahmslos ausgesprochen werden, wenn es darum geht,

Parlamentarischer Bierabend bei Bismarck. Gemälde von Eduard Henseler, 1896

mit Liebenswürdigkeit den Weg für eine weniger populäre Maßnahme zu ebnen. Die Soiree am vergangenen Sonnabend kann als Tabakbesteuerungs-Soiree bezeichnet werden.«[53] Brandes bezieht sich auf Bismarcks Plan, ein Reichstabakmonopol einzuführen, um das Reich durch direkte Einnahmen ein Stück weit unabhängiger von den Beiträgen der Einzelstaaten zu machen, aus denen die Ausgaben des Reichs weitgehend finanziert wurden. Dieser Plan traf auf erheblichen Widerstand, da er nicht nur die Interessen der Einzelstaaten berührte, sondern auch das Budgetrecht des Reichstags, der bei der Festsetzung der Beiträge der Bundesstaaten ein Mitspracherecht besaß. »Die Soiree vorigen Sonnabend hatte eindeutig zum Ziel, durch süße Worte und das Hin- und Herwandeln Arm in Arm mit den Betreffenden einflußreiche Abgeordnete, mutmaßliche oder gefürchtete Gegner des Plans, dazu zu bewegen, für diesen Plan ihren Einfluß in die Waagschale zu werfen oder sich zumindest neutral zu verhalten.« Der sozialdemokratische Reichstagsabgeordnete August Bebel hat die Funktion der Soireen genau getroffen, als er erklärte, die Vorentscheidung der Fraktionen erfolge »in der Regel auch durch Abmachungen hinter den Kulissen mit den Ministern, zu welchem Zweck die Sonnabendsoireen bei dem Fürsten Bismarck, wo der Wein gut, das bayerische Bier vortrefflich und die Zigarren ausgezeichnet sein sollen, wesentlich benutzt werden«.[54] Ein »bitterböses Mitglied der Centumsfraktion« soll die parlamentarischen Soireen »als die ›Korruptions-Abende‹ des Fürsten Bismarck« bezeichnet haben.[55]

Auch wenn die in den Erinnerungen des Abgeordneten von Unruh mitgeteilte Absichtserklärung Bismarcks, er wolle Zusammenkünfte veranstalten, »in denen parlamentarische Angelegenheiten besprochen werden könnten«, zunächst vielleicht ganz ernst gemeint war, so wurde sie schnell von der Wirklichkeit dementiert. Von Besprechungen konnte nämlich gar keine Rede sein, so daß selbst eine dem Kanzler wohlgewogene Zeitung klagte, man habe bald »nur noch von Monologen« gehört, die dem Munde des Kanzlers entströmten«.[56] Die Zusammensetzung des Kreises der zu diesen Reden zugelassenen Zuhörer, der sich in der zweiten Hälfte des Abends um Bismarck bildete und in der Regel aus zehn bis zwanzig Personen bestand, war keineswegs dem Zufall überlassen. Er bestand aus den *opinion leaders* der Parteien und Fraktionen, die in der Lage waren, die Ansichten und Absichten des Kanzlers weiterzugeben, da es bald nur noch darum ging, die Wünsche, ja, die Forderungen des Kanzlers entgegen zu nehmen. Wie weit dieser glaubte, dabei gehen zu können, wird ebenfalls in den Erinnerungen Unruhs deutlich, der meint, daß Bismarck anzunehmen schien, daß nach solchen Meinungsäußerungen »nun auch sein Wille im Reichstag durchdringen und ihm von den Nationalliberalen keine Opposition gemacht werden würde«.[57]
Natürlich sah sich der Reichskanzler in dieser Erwartung nicht selten getrogen; sie dürfte aber erheblich gestärkt worden sein durch einen Sachverhalt, den die gleiche Zeitung, die beklagt hatte, daß nur noch Monologe des Kanzlers zu hören seien, beschreibt wenn sie sagt, daß »aus den politischen Tischgesprächen von ehedem ... eigentlich politische Reden geworden (waren), die eben so gut im Parlamente gehalten sein könnten.« »Freilich«, fährt die zitierte Zeitung an dieser Stelle fort, »ein geringer Unterschied waltet hierbei ob, daß sich nämlich eine etwaige sachliche Widerlegung ganz von selbst, in Rücksicht auf die Gelegenheit und den Ort verbietet.«[58]
Die parlamentarischen Soireen besaßen also tatsächlich die Funktion der Kompensation eines Systemdefizits der Verfassung. Allerdings nicht so, daß sie eine in der Verfassung nicht vorgesehene Möglichkeit des Interessenausgleichs geschaffen hätten, sondern so, daß sie das Machtgefälle zwischen der kaiserlichen Regierung einerseits, die über alle Machtmittel einschließlich des Einberufungs- und Vertagungsrechts verfügte, gegenüber einem Parlament andererseits, das nur das Gesetzgebungsrecht besaß, nicht nur reproduzierten, sondern sogar noch verstärkten. Allein die Tatsache, daß diese Veranstaltungen im Haus des Kanzlers stattfanden, die Tatsache, daß er der Gastgeber war, verschafften Bismarck einen begrifflich kaum faßbaren, von der gesellschaftlichen Konvention diktierten Vorteil, so daß manche seiner Äußerungen für die Parlamentarier einen Grad von Verbindlichkeit erhielten, die sie in einem anderen Kontext nicht erhalten hätten, eine Verbindlichkeit, die sich aus dem gesellschaftlichen Charakter und dem Schauplatz der Soireen ergab. Heinrich Ritter von Poschinger, ein kritikloser Bewunderer Bismarcks und Kompilator zahlreicher hagiographischer Werke über *Bismarck und ...*, bestätigt diese Behauptung, ja, er steigert sie noch, wenn er die Aussage einer ungenannten Zeitung, die geschrieben hatte, daß »die parlamentarischen Soireen die parlamentarischen Interpellationen vollständig überflüssig« machten, als treffende Beschrei-

bung des Tatbestandes interpretiert, daß »sich aus den zwanglosen Vereinigungen bei Maiwein und Bier ganz allmählich und unabsichtlich eine Art ›Hausparlament‹ herausgebildet hatte«; wie unabsichtlich diese Entwicklung war, soll dahingestellt bleiben.[59]
Dieses »Hausparlament« war natürlich anders zusammengesetzt als das nach der Verfassung gewählte Parlament. Einerseits war der Kreis der Geladenen sehr weit gezogen und schloß die Mitglieder des Bundesrats ebenso ein wie die Abgeordneten der beiden preußischen Parlamente und die leitenden Ministerialbeamten; andererseits war dieser Kreis jedoch scharf begrenzt und diese Grenzlinie verlief mitten durch die gewählten Parlamente hindurch. Selbstverständlich waren sozialdemokratische Abgeordnete ausgeschlossen, eine Tatsache, auf die Bebels Formulierung, wenn es dieses noch bedurft hätte, einen unmißverständlichen Hinweis gibt. Das gilt in gleichem Maße für das *Zentrum*, das sich während des Kulturkampfes in den siebziger Jahren ebenfalls auf der Seite der »Reichsfeinde« fand und dessen ungenanntes Mitglied deshalb so »bitterböse« war.
Die parlamentarische Soiree vom 23. März 1878, die erste, die im Hause Wilhelmstraße 77 stattfand, markiert, was das Zentrum betrifft, sehr genau einen Wendepunkt. Zugleich läßt sich hier ein einfaches, aber wirkungsvolles Verfahren beobachten, bei dem durch Distanz oder Mißachtung im geselligen Verkehr ein Kurswechsel signalisiert wird, den rechtzeitig mitzuvollziehen all diejenigen gut tun, die ihr Mandat behalten wollen. »Leute, die das Gras wachsen hören«, berichtet Poschinger, »vermißten im Verkehr Bismarcks mit dem Kultusminister Falk«, der an vorderster Front im Kulturkampf stand, »den bisherigen Grad der Herzlichkeit. Der Kulturkampf hatte allerdings seinen Höhepunkt bereits überschritten, und wenige Monate später verhandelte der Kanzler bereits in Kissingen mit dem päpstlichen Nuntius über eine Beilegung desselben.«[60]

Bismarck stellt auf der parlamentarischen Soiree vom 3. Mai 1879 seiner Gattin den Abgeordneten Ludwig Windthorst vor. Holzschnitt, 1879

Es sollte allerdings mehr als ein Jahr vergehen, bis am 3. Mai 1879 zum ersten Mal seit Jahren wieder Mitglieder des *Zentrums* auf einer Soiree erschienen, wobei vor allem die Anwesenheit Ludwig Windthorsts, des Fraktionsvorsitzenden der

Partei, der sich in den vergangenen Jahren im Zeichen des Kulturkampfes erbitterte Auseinandersetzungen mit Bismarck geliefert hatte, als »Sensation« empfunden wurde. Hier läßt sich die Gestik der übertriebenen Zuwendung als deutliches Signal der Bedeutungssteigerung ablesen. »Fürst Bismarck«, berichtet Poschinger, »eilte dem bisherigen Widersacher entgegen und führte den kurzsichtigen kleinen alten Herrn sorglich in den Saal, indem er ihn mit beiden Händen beim Gehen unterstützte. ... Bald hatten der Fürst und sein diesmaliger Favorit-Gast sich in ein Gespräch vertieft ... Die Unterhaltung hatte freilich keinen hochpolitischen Charakter, sondern bewegte sich in den Grenzen einer gemütlichen Plauderei bei Bayrisch Bier und Maibowle. Als Fürst Bismarck den seltenen Gast nach etwa einer halben Stunde verließ, drängten sich die Abgeordneten um den ruhig lächelnden Windthorst, indem sie ihn im Scherz und Ernst zum Führer einer neuen Fraktion proklamierten, bei der sie demnächst würden eintreten müssen.«[61]

An den beiden Episoden um den Kultusminister und den Zentrumsabgeordneten wird in aller Klarheit deutlich, wie Bismarck differenzierte Formen der »Menschenbehandlung« als Signale einsetzte, die bei denjenigen, die diese Signale zu empfangen bestimmt waren, eine erhöhte Bereitschaft zur »Menschenbeobachtung« voraussetzte. Wie geschärft das Sensorium bei den Teilnehmern an diesen Soireen gewesen zu sein scheint, wird durch Poschingers Bild von den »Leuten, die das Gras wachsen hören«, sehr anschaulich gemacht. Daß diese Leute wiederum durchaus bereit und in der Lage waren, von der Beobachtung zur Behandlung überzugehen und ihrerseits ein Antwortsignal an den Kanzler abzusenden, wird durch die Schlußszene um den »Favorit-Gast« Windthorst eindrucksvoll demonstriert. Zwar fand eine von Poschinger zitierte Zeitung die Tatsache »bemerkenswerth«, daß in dem Gespräch zwischen Bismarck und Windthorst »nicht mit einer Silbe Politik oder Tagesfragen berührt« worden seien;[62] gerade darauf aber kam es überhaupt nicht an, da in der ganzen Szene die Form bereits der Inhalt war. Denn neben den »süßen Worten«, von denen Brandes gesprochen hatte, als er zeigen wollte, wie Bismarck sich im Vorfeld der parlamentarischen Verhandlungen über das Tabakmonopol eine Mehrheit im Reichstag zu verschaffen versuchte, war vor allem das »Hin- und Herwandeln Arm in Arm« entscheidend als symbolische Geste des sachlich oft nicht vorhandenen Einverständnisses, eine Geste, die von anderen aber als Signal dieses Einverständnisses interpretiert werden sollte. Diese Form symbolischer Politik ist kein Ersatz für eine wie auch immer geartete reale Politik, sie ist noch nicht einmal nur der Verstärker einer solchen Politik, sondern sie ist eine genuine Form politischer Technik, deren Wirkungen gelegentlich sehr viel realer sein können als die verschiedener anderer Formen. Die Zuwendung zu Windthorst und die Tatsache, daß Bismarck ein Gespräch mit ihm führte, war sicher wirkungsvoller und folgenreicher als alle Gespräche über politische Angelegenheiten, die die beiden hätten führen können. Auf den Soireen und Bierabenden waren praktische Politik und ihre symbolische Darstellung identisch.

Ich habe das Begriffspaar »Menschenbehandlung-Menschenbeobachtung« der Untersuchung von Norbert Elias über *Die höfische Gesellschaft* entnommen, wo es im Zen-

trum dessen steht, was Elias als »Königsmechanismus« bezeichnet, das rituelle Grundmuster, in dem der Herrscher durch ein fein abgestuftes System von Distanz und Nähe, Zuwendung und Abwendung nicht nur Machtpositionen zuweist, sondern sich selbst im Zentrum der Macht erhält.[63] Ich möchte in Analogie dazu vom »Kanzlermechanismus« sprechen. Wie nahe diese Analogiebildung liegt, wird deutlich an einer Passage, die das bisher über die parlamentarischen Soireen Gesagte genau zusammenfaßt, eine Passage, die allerdings nicht von Heinrich Ritter von Poschinger, sondern von dem Herzog von Saint-Simon stammt, und in der nicht von Bismarck, sondern von Ludwig XIV. die Rede ist. »Niemand wußte so gut wie er seine Worte, sein Lächeln, seine Blicke sogar zu verkaufen. Alles war wertvoll von ihm, weil er Unterschiede machte ... Wenn er sich an jemanden wandte, eine Frage an ihn richtete, ihm eine unbedeutende Bemerkung machte, so wandten sich die Augen aller Anwesenden auf denselben. Es war dies eine Auszeichnung von der man sprach und die immer das Ansehen erhöhte«.[64]
Natürlich wäre es abwegig, bei der Parallele zwischen dem absolutistischen König des 17. Jahrhunderts und dem konstitutionellen Kanzler des 19. Jahrhunderts allzu weit zu gehen.[65] Man kann gleichwohl dem höfischen Charakter der Amtsführung Bismarcks, zu der auch das Reichskanzlerpalais als Schauplatz beitrug, das durch den Umbau in den Jahren 1875 bis 1877 womöglich noch stärker an aristokratische Lebensformen angepaßt wurde, als es von seiner Entstehung her bereits war, noch ein Stück weit nachgehen. Die große Repräsentationstreppe, die als dreiläufige Prunktreppe in einem Treppenhaus, das bis zum Gebälk reichte, angelegt wurde, bildete den Auftakt zu einer Enfilade von drei bzw. vier Räumen, an deren Ende der Festsaal als Höhepunkt stand, in dem der Hausherr die Gäste empfing.
Es sieht allerdings so aus, als habe das Ambiente des Hauses Bismarck in einem krassen Gegensatz zu dem höfischen Gehäuse gestanden. Man kann Urteile der Baronin Spitzemberg und Philipp von Eulenburgs anführen, die um so wertvoller sind, als beide der Familie nahestanden. Die Freifrau, die der Familie Bismarck »brutalen Luxus« und »barbarische Verachtung äußerer Schönheit« nachsagt, fand »die innere Ausstattung trotz der kostbarsten Stoffe, Tapeten und Möbel recht schablonenhaft und oft geschmacklos«,[66] ein Urteil, das von dem Eulenburgs noch übertroffen wurde: »Die Möbel nichtssagend, grauenhaft konventionell. Ich habe wohl niemals eine Familie aus meinen Stande gesehen, bei der in den Wohnräumen eine derartige Abwesenheit von feinerem Geschmack herrschte.«[67] Dazu paßt die Beschreibung der Bierabende, die Poschinger aus der *Deutschen Revue* anführt und in der es heißt, daß Bier »aus großen silbernen Humpen an einer besonderen Tafel eingeschenkt und sehr viel gebraucht« worden sei, eine Formulierung, die bei Poschinger noch gesteigert wird zu der Behauptung, es sei »in vollen Zügen ... nach echt studentischer Weise dem ausgezeichneten Münchner Bier zugesprochen worden«.[68]
Der Widerspruch zwischen höfischem Gehäuse und dem »Stil brachialer Männlichkeit ..., der nicht selten in den Maßlosigkeiten des Essens, des Trinkens, des rohen Zeitvertreibs die Grenzen des Barbarischen streifte«[69] legt es nahe, bei der Interpretation des

Bismarckschen Hofes auf eine Typologie zurückzugreifen, die von Volker Bauer in Anlehnung, Fortführung und Differenzierung der Analysen von Norbert Elias entwickelt wurde.[70] Bauer unterscheidet, allerdings bezogen auf die Höfe in deutschen Territorien im 17. und 18. Jahrhundert, fünf verschiedene Typen, von denen er einen als »hausväterlichen Hof« bezeichnet, dessen zentrales Charakteristikum neben der Sparsamkeit und gelegentlichen Derbheit des Lebensstils die Doppelrolle des Fürsten als Landes- und Hausvater ist, oder, wie man hier ergänzen und übertragen könnte, als Reichskanzler und Gutsherr zugleich.

Zu diesem Typ des »hausväterlichen Hofes« paßt die Bezeichnung Hausparlament, bei der sich, wenn man die Betonung auf die erste Silbe legt, eine Verbindung zu anderen, mit dem Präfix »Haus« versehenen Bezeichnungen ergibt, die zu einer vormodernen Rechtsterminologie gehören, bei der unter »Haus« die aristokratische Familie als *corporate group* verstanden wird, zu der neben den im engeren Sinne Verwandten auch die Mitglieder des Haushalts als vom Hausvater Abhängige gehören. Die Grenze zwischen Beamten mit staatlichen Hoheitsaufgaben und Personen, die mit der Wahrnehmung von privaten Tätigkeiten innerhalb des Haushalts beauftragt sind, wird nicht klar gezogen; als Hugo Graf von Lerchenfeld-Koefering, der bayerische Gesandte am preußischen Hof und stimmführende Bevollmächtigte Bayerns zum Bundesrat, die Familie Bismarck beschrieb, zählte er einige der »dem Fürsten näherstehenden Beamten des Auswärtigen Amtes und der Reichskanzlei« zu »der Familie im weiteren Sinne«.[71] Eben diese »Legationsräte, die als Hausgenossen mitfungierten, sind«, wie Ludwig Bamberger auf den Soireen beobachten konnte, »leibhaftige Domestiken zu machen gezwungen. Sie reichen Bismarck die Pfeife und das Fidibus und das Selterswasser.«[72]

Gerade diese vormodernen und – gelinde gesagt – rustikalen Züge des Bismarckschen Haushalts wurden nach der Entlassung des ersten Reichskanzlers in ein zentrales Mythologem der populären Bismarck-Verehrung transformiert. Bismarck, der »Landedelmann«, war jetzt nicht nur der »beste, echteste und kraftvollste Sohn der deutschen Erde«, sondern blieb »auch im Küraß und Reitstiefeln deutscher Bauer«. Ganz auf dieser Linie konnte deshalb über die parlamentarischen Soireen gesagt werden: »Weder der erste Kanzler noch seine Gemahlin fanden Geschmack an Prachtentfaltung. Ihr Berliner Haushalt war mehr auf den eines wohlhabenden Landedelmannes zugeschnitten als auf den eines Grandseigneurs, doch die berühmten parlamentarischen Abende, auf denen der Herr des Hauses sich seinen Gästen beim Bier von der gemütlichsten Seite zeigte, werden in der Geschichte des historischen Palais ihren Platz behaupten.«[73]

Diese Beschreibung des Lebensstils der Familie Bismarck findet sich in einem Artikel der Zeitschrift *Über Land und Meer* aus dem Jahre 1909, der unter dem Titel »Im Reichskanzlerpalais« eine begeisterte, ja byzantinistische Schilderung des Lebensstils der Familie des Fürsten Bülow gibt, der als vierter Reichskanzler das Haus Wilhelmstraße 77 von 1900 bis zu seinem Rücktritt wenige Wochen nach der Veröffentlichung dieses Artikels bewohnte. Die Schwierigkeit, vor der der Autor des Artikels steht, ergibt sich aus der Tatsache, daß er einerseits die Lebensführung Bülows in allem Glanz zeigen muß, da, wie zu vermuten ist, dieser Artikel Teil der Strategie Bülows war, die kaiserliche Gunst wiederzugewinnen, daß er andererseits Bismarck, der inzwischen längst in die Sphäre des Mythos entrückt wurde, auf keinen Fall in einem negativen Licht erscheinen lassen darf.
Der Autor hilft sich mit einem Interpretament, das bereits Moritz Busch bei seinem Rundgang durch das Auswärtige Amt benutzt hatte und das aus dem Arsenal der Bismarck-Hagiographie stammt, aber auch von Adolf Hitler bei der Darstellung seiner Wohnungsverhältnisse genutzt wurde. Man könnte es das Interpretament vom »bescheidenen Staatsmann« nennen, bei der die Anspruchslosigkeit Bismarcks unausgesprochen seiner Größe als Staatsmann gegenübergestellt wird, die dadurch um so stärker hervortreten soll. Moritz Busch hatte sich mit diesem Interpretament nicht ganz erfolgreich bemüht, seinem Publikum die Tatsache zu verheimlichen, daß bei Familie Bismarck »in Lebensstil und Geschmack fast ausschließlich das angeblich Zweckmäßige und die Zufälligkeiten des Angebots und der Umstände dominierten«.[74] Der Autor des Artikels aus dem Jahre 1909 kann die Konfrontation Bismarckscher Anspruchslosigkeit und Bülowschen Glanzes um so leichter vermeiden, als zwischen beiden ein Sicherheitsabstand hergestellt werden kann durch den zweiten und den dritten Reichskanzler, Leo von Caprivi und Chlodwig von Hohenlohe-Schillingsfürst, deren Haushaltsführung und Lebensstil eher zurückhaltend kommentiert werden, bevor der Fanfarenstoß ertönt: »Eine neue gesellschaftliche Epoche brach für das Reichskanzlerpalais erst an, als Bernhard von Bülow dort als oberster Beamter des Reichs einzog.«[75]
Das Deutungsmuster, in dem die Lebensführung Caprivis und Hohenlohes in einen ebenso eindeutigen wie schroffen Gegensatz zu der Lebensführung Bülows gebracht wird, liegt auch einer Eintragung im Tagebuch der Baronin Spitzemberg unter dem 10. Mai 1901 zugrunde, wo es mit drastischen Worten heißt: »Untertags bei Gräfin Bülow, die in monatelanger begeisterter Arbeit aus dem Hause Wilhelmstr. 77 mit Hilfe von Ihne und Nobelwasser sowie 240000 M Moneten ein wirklich wunderschönes, geschmackvolles Palais gemacht hat, natürlich nicht wiederzuerkennen für die, welche die Behausung unter Bismarck als ärarischen Wartesaal 1. Klasse, dann unter Caprivi und Hohenlohe gesehen haben, die alles in unglaublicher Weise haben verkommen lassen.«[76] Die Baronin scheint die hier naheliegende Gefahr einer nur graduellen Unter-

scheidung zwischen Bismarck und seinen beiden Nachfolgern erkannt zu haben, und sie begegnet ihr wenige Monate später, am 1. Februar 1902, mit der Einführung einer Metapher aus dem Bereich unverfügbarer Naturprozesse, die Bismarck nicht nur aus der Reihe seiner Nachfolger herausnimmt, sondern auch grundsätzlich jeder Kritik entzieht. »Rout bei Bülows, die drei Sonnabende empfangen, eine Freude in diesen Räumen! ... Wie das zu denken gibt, wenn man sich vergegenwärtigt, welch verschiedenen Geistes Kinder diesem Haus ihren Stempel aufgedrückt haben. Erst vornehm ruhig, schön, aber etwas verschlafen unter den Radziwills; dann das Sturmesbrausen unter Bismarck, so gewaltig, daß der absolute Mangel an Kultur und Schönheit, ja der oft etwas brutale Luxus, die etwas barbarische Verachtung äußerer Schönheit kaum auffiel; unter Caprivi spartanisch und preußisch-militärisch geschmacklos und unter Hohenlohe die Dekadenz infolge geizigen und schlechten Haushaltes. Jetzt durch die kunstsinnige, von den besten Künstlern und Architekten unterstützte Hausfrau sind feiner Geschmack und ästhetischer Komfort eingezogen.«[77]

1900. Nr. 28 Über Land und Meer 645

Gartenfront des Reichskanzlerpalais

Im Reichskanzlerpalais

(Hierzu zwölf Abbildungen nach photographischen Aufnahmen von Filip Kester und Tannenberg & Comp., Berlin)

Die Berliner Wilhelmstraße ist in der ganzen zivilisierten Welt bekannt, seitdem dort in der Hand des Reichskanzlers die Fäden der deutschen hohen Politik zusammenlaufen. Und schon aus diesem Grunde hat ihre Geschichte, besonders natürlich die des Reichskanzlerpalais, ein gewisses vaterländisches Interesse. Derjenige Teil, in dem das an stolzen, erhebenden Erinnerungen so reiche Gebäude liegt, ist von der industriellen und geschäftlichen Hochflut der so schnell emporstrebenden Reichshauptstadt fast ganz unberührt geblieben; der alte vornehme Charakter der Straße hat sich zwischen den Linden und der Leipziger Straße ziemlich ungeschmälert erhalten. Hier ließ Friedrich Wilhelm I. den der Krone gehörenden Grund und Boden parzellieren und von seinen obersten Beamten bebauen, wobei seine selbstherrlichen Befehle in viel höherem Maße ausschlaggebend waren als ihre persönlichen Wünsche und Neigungen. So entstanden auf beiden Seiten ansehnliche Privatpaläste im Geschmacke der Zeit, die mit ihren prächtigen, dem Tiergarten entlehnten Gärten eher ein ländliches als städtisches Gepräge trugen. Das wandelbare Schicksal hienieden ist natürlich auch an ihnen nicht spurlos vorübergegangen: die meisten haben, nachdem sie die Besitzer wiederholt gewechselt, modernen Gebäuden Platz machen müssen, und nur einige wenige bieten sich dem Auge noch in ihren ursprünglichen äußeren Umrissen dar. Das gilt besonders vom Hausministerium, früher Palais Schwerin, und von der Reichskanzlei, deren geräumige Ehrenhöfe und vorspringende Seitenflügel uns an längst vergangene Zeiten mit Zopf und Perücke erinnern.

Wer vor dem welthistorischen Palais Wilhelmstraße 77 steht und seine Blicke durch das hohe schmiedeeiserne Gitter an dem ziemlich schmucklosen, aber durch Alter ehrwürdigen Gebäude entlangschweifen läßt, verspürt einen Hauch von dem unvergleichlichen Wirken des Mannes, der hinter jenen Fenstern für Deutschlands Ruhm und Wohlfahrt unermüdlich mit dem Erfolge des größten staatsmännischen Genies der neueren Zeit tätig gewesen ist und dort unvergängliche Spuren hinterlassen hat. Und zu dem historischen Interesse an den altersgrauen Mauern und an dem schattigen Parke, der sich hinter ihnen erstreckt, gesellt sich ein rein menschliches, wenn man sich an der Hand der Erinnerung in die Tage zurückversetzt, da in den Gemächern des Palais und unter den hohen verschwiegenen Bäumen des Gartens Prinz Wilhelm von Preußen, der spätere ruhmgekrönte erste Kaiser des Deutschen Reiches, sein Herz an die anmutige Tochter des Hauses, Elisa Radziwill, verlor. Es war ein kurzer und trügerischer Liebestraum, dessen Verwirklichung an der unerbittlichen Staatsräson scheiterte.

Im Jahre 1734 für den General von der Schulenburg nach Plänen, die in Italien angefertigt waren, erbaut, ging das denkwürdige Palais, nachdem es kurze Zeit von der schönen Gräfin Julie Sophie Dönhoff, der Gemahlin zur linken Hand Friedrich Wilhelms II., bewohnt worden war, in den Besitz des Fürsten Anton Radziwill über, des Gatten der Prinzessin Luise von Preußen, der Schwester des ebenso lebenslustigen wie genialen Prinzen Louis Ferdinand, der bei Saalfeld den von ihm gesuchten Heldentod fand. Das Haus wurde nun der Schauplatz des glücklichsten Familienlebens und zugleich der Sammelpunkt einer wahrhaft vornehmen Gesellschaft, zu der auch die geistige Aristokratie der preußischen Hauptstadt Zutritt fand. Treitschke rühmt in seiner deutschen Geschichte des neunzehnten Jahrhunderts dem Fürsten Anton nach, er habe mit der leichten geselligen Anmut, die den polnischen Edelmann auszeichne, die gediegene deutsche Bildung vereinigt; sein gastfreies Haus sei in Berlin fast das einzige des hohen Adels gewesen, wo sich die vornehme Welt mit den Künstlern und Gelehrten zusammengefunden; die Musiker hätten sein geistreiches Spiel und die sinnige Romantik seiner Kompositionen bewundert. In ihren Aufzeichnungen bemerkt Gräfin Elise von Bernstorff, das Radziwillsche Haus sei durch die ausübenden Talente für Dichtkunst, Musik und Zeichnen zu einem wahren Musensitz geworden wäre. Im Palais Radziwill wuchsen auch die beiden Kinder auf, die

Ecke im Arbeitszimmer des Fürsten Bülow

Fürst Bülow an seinem Arbeitstisch

Diese Beschreibungen der Baronin stehen in einem eigentümlichen Gegensatz zu den Beobachtungen von Bogdan Graf von Hutten-Czapski, der berichtet, daß der Haushalt Caprivis zwar »der eines einfachen preußischen Generals« gewesen sei, der Haushalt Hohenlohes dagegen der »eines wirklichen Fürsten«.[78] Ganz ähnlich heißt es bei Ottmar von Mohl, der durch seine langjährige Tätigkeit als Kammerherr im Hofstaat der Kaiserin Auguste Viktoria mit den Standards aristokratischer Repräsentation vertraut war, daß das Haus Hohenlohes einen »einfach aristokratischen Charakter« besessen habe und daß der Herr dieses Hauses ein Grandseigneur gewesen sei, wie ihm auch August Stein bestätigt.[79] Selbst der Autor des Artikels aus *Über Land und Meer*, der von Caprivi sagt, daß er »seine Repräsentationspflichten ... auf das unumgänglich Notwendige« beschränkt habe, sieht mit der Übernahme des Kanzleramtes durch Hohenlohe »wieder glänzendere Tage« anbrechen.[80]

Im Reichskanzlerpalais. Artikel in der Zeitschrift *Über Land und Meer*, 1909

Die Vermutung liegt nahe, daß das ästhetische Urteil der Baronin durch ein politisches Deutungsmuster bestimmt war, das im Vorfeld und in den ersten Jahren der Kanzlerschaft Bülows dessen Amtsführung in eine fast typologische Beziehung zu der seiner drei Vorgänger setzte und mit einer Reihe von Erwartungen verband. Dieses Deutungsmuster sah, vereinfacht gesprochen, Bülow als denjenigen, der nach den »Übergangskanzlerschaften« Caprivis und Hohenlohes als erster den Anforderungen an den Inhaber des Amtes des Reichskanzlers, die von Bismarck nicht nur erfüllt, sondern überhaupt erst geprägt worden waren, gewachsen sei. Prägnant formuliert wurde dieses Muster von Geheimrat Pinkow, der bis 1919 als Bürochef in der Reichskanzlei tätig war, in seinen Aufzeichnungen über die Kanzlerschaft Bülows: »Der vierte deutsche Reichskanzler wurde in der Öffentlichkeit im Grunde genommen erst als der zweite angesehen, weil man seine beiden Vorgänger nur als Platzhalter zu betrachten sich gewöhnt hatte. Graf v. Bülow suchte dagegen die Überlieferungen aus der Bismarck'schen Stellung zu erneuern.«[81]

Diese direkte Verbindung Bismarcks mit Bülow fand durchaus verschiedene Interpretationen. Eine extreme Variante findet sich bereits am 25. Dezember 1895, also noch zwei

Jahre vor der Ernennung Bülows zum Staatssekretär im Auswärtigen Amt und fünf Jahre vor seiner Ernennung zum Reichskanzler, in einem Brief Kaiser Wilhelms II. an Philipp von Eulenburg, in dem es heißt: »Bülow soll mein Bismarck werden, und wie der mit Großpapa nach außen Deutschland zusammenschmetterte, so wollen wir beide im Innern den Wust von Parlamentarismus und Parteischablone reinigen!«[82]

Dieser Äußerung des Kaisers liegen zwei fragwürdige Prämissen zugrunde. Er scheint zum einen anzunehmen, daß Bernhard von Bülow seinen Affekt gegen das Parlament teile, eine Vermutung, die mit Sicherheit falsch war. Nicht daß Bülow ein Anhänger des parlamentarischen Systems gewesen wäre, das es im Kaiserreich, anders als die kaiserliche Formulierung suggeriert, gar nicht gab; aber er hat in zahlreichen Stellungnahmen der neunziger Jahre deutlich gemacht, daß gerade er derjenige sei, der zur Lösung des innenpolitischen Dilemmas zwischen voller Parlamentarisierung einerseits und dem das Wahlrecht einschränkenden und die Rechte des Parlaments schmälernden, wenn nicht gar sie ganz abschaffenden Staatsstreich von oben andererseits einen dritten Weg finden würde. Und in der Tat hat Bülow in seiner Amtszeit dem Parlament und den damit verbundenen Aufgaben große Aufmerksamkeit und Sorgfalt geschenkt, so daß der badische Gesandte in Berlin, Eugen von Jagemann, am 3. Februar 1903 nach Karlsruhe berichten konnte, Bülow sei ohne Zweifel in höherem Maße ein parlamentarischer Minister als seine Vorgänger.[83]

Zum anderen steckt hinter Wilhelms Formulierung eine Interpretation der Aufgaben des Reichskanzlers, die sich mit seiner Rede vom 26. Februar 1897 deckt, in der er, unausgesprochen aber eindeutig, Bismarck als »Handlanger« des »erhabenen Wollens« seines Großvaters bezeichnete.[84] Zwar ist diese Beschreibung der Beziehung des ersten Kaisers zu seinem Reichskanzler weit von der Wirklichkeit entfernt und sie wird auch nicht auf Bülow und dessen Verhältnis zu Wilhelm II. zutreffen. Bülow hat es jedoch verstanden, zumindest den Kaiser in dem Glauben zu lassen, nicht er, der Reichskanzler, sondern der Kaiser bestimme die Richtlinien der Politik, die der Kanzler nur noch ausführe. Daß er dabei öfter und stärker als andere den Wünschen seines kaiserlichen Herrn zu willfahren bereit war, war nicht nur der Preis, den er für seine Taktik zu zahlen hatte, sondern entsprach sicher auch seiner eigenen Interpretation des Verhältnisses von Kaiser und Kanzler. In einem Brief vom 23. Juli 1896 an Philipp von Eulenburg, in dem er sich seinem Freund gegenüber, der sich mit allen ihm zur Verfügung stehenden Mitteln und mit großem Einfluß beim Kaiser für die Ernennung Bülows zum Reichskanzler einsetzte, für diese Stelle empfahl, heißt es mit einer Formulierung, in der Taktik und Überzeugung kaum voneinander zu trennen sind: »Ich wäre ein anderer Reichskanzler als die bisherigen. Bismarck war eine Macht für sich, Pipin, Richelieu. Caprivi und Hohenlohe fühlten und fühlen sich doch als Vertreter des ›Gouvernements‹ und bis zu einem gewissen Grade des Parlaments Sr. Majestät gegenüber. Ich würde mich als ausführendes Werkzeug Sr. Majestät betrachten, gewissermaßen als sein politischer Chef des Stabes. Mit mir würde im guten Sinne, aber tatsächlich ein persönliches Regiment beginnen.«[85]

Bülow hat durch die Assoziation des ersten Reichskanzlers mit dem Hausmeier des letzten Königs der Merowinger, der *de facto* das fränkische Reich beherrschte und schließlich *de jure* auch die Krone übernahm, und mit dem französischen Kardinal, der als leitender Minister der tatsächliche Herrscher hinter Ludwig XIII. war, deutlich gemacht, daß die Interpretation, die Wilhelm II. für die Beziehung seines Großvaters zu Bismarck gab, auf keinen Fall zutrifft. Er kann mit dieser Assoziationskette und mit der Beschreibung als »Macht für sich« Bismarck nicht nur aus der Vergleichsreihe mit seinen Nachfolgern, einschließlich Bülows selbst, herausnehmen, sondern auch als denjenigen deuten, der in dem komplizierten Gefüge der Verfassung des deutschen Kaiserreichs keine Anlehnung an eine der Verfassungsinstanzen bedurfte, sondern selbst, wie in gewisser Weise auch Pipin und Richelieu, eine Verfassungsinstanz *sui generis* war. Pointiert durch Ausblendung einiger wichtiger Aspekte und stark übertrieben gibt Bülow in der Charakterisierung der Amtsführung seiner beiden Vorgänger und in der Ankündigung der Pläne zu seiner eigenen Amtsführung einen Einblick in dieses Gefüge und in die Schwierigkeiten, mit denen ein Reichskanzler im Kaiserreich zu tun hatte. Natürlich waren weder Caprivi noch Hohenlohe Vertreter des Parlaments Seiner Majestät gegenüber, und zwar auch nicht »bis zu einem gewissen Grade«. Vielmehr waren sie, wie Bismarck vor ihnen und Bülow und alle weiteren Nachfolger nach ihnen, gezwungen, sich sowohl das Vertrauen des Kaisers zu erhalten, von dem sie eingesetzt waren und ohne dessen Zustimmung sie keine Politik betreiben konnten, als auch Mehrheiten für diese Politik im Parlament zu beschaffen. Daß diese Politik nicht einfach nur darin bestehen konnte, kaiserliche Wünsche oder gar Befehle dem Parlament zu unterbreiten, sondern daß die Initiative nach beiden Seiten von der Reichsleitung ausgehen mußte, dem »Gouvernement«, hat auch Bülow gewußt und praktiziert, auch wenn es ihm darauf ankam, den Kaiser in dem Glauben zu lassen, alles ginge auf seine, des Kaisers Wünsche und Ideen zurück und damit sei verwirklicht, was man das »persönliche Regiment« nannte.

An den Kaiser wird sich Bülow, wie er es in dem Brief an Eulenburg angekündigt hatte, dann auch in seiner Zeit als Reichskanzler anlehnen. »Vergessen Sie nicht, daß Sie nicht Hof-, sondern Reichskanzler sind«, soll der damalige Staatssekretär des Innern, Theobald von Bethmann Hollweg, Bülow im November 1908 vor einem wichtigen Gespräch des Kanzlers mit dem Kaiser geschrieben haben,[86] eine Warnung, die nur dann verständlich ist, wenn die hier genannte Rollenverwechslung nahe lag; Bülow hat viel getan, um diesem Verdacht Vorschub zu leisten. Bereits wenige Monate nach seiner Ernennung zum Staatssekretär des Auswärtigen Amtes schrieb er an einen Freund im diplomatischen Dienst, daß im Zentrum seiner Tätigkeit der ständige Kontakt mit Seiner Majestät stehen werde; zu Beginn von Bülows Tätigkeit als Reichskanzler berichtete Hugo Graf Lerchenfeld-Koefering, der bayerische Gesandte in Berlin, nach München, Bülow werde sich nicht nur wegen der Konzentration auf die Außenpolitik mit den Einzelheiten der Innenpolitik kaum befassen können, sondern auch wegen der zeitraubenden Pflege der Beziehungen zu Seiner Majestät.[87]

Tatsächlich hielt Bülow bereits als Staatssekretär die Vormittage für den Kaiser frei, eine Maßnahme, die schon wegen der vielen anderen Verpflichtungen Wilhelms und auch wegen seiner Sprunghaftigkeit und häufigen Abwesenheit von Berlin keinesfalls notwendig war. Es sieht allerdings so aus, als habe der Kaiser es sich spätestens seit Anfang des folgenden Jahres zur Gewohnheit gemacht, Bülow häufig, fast täglich aufzusuchen, eine Frequenz, die aus den genannten Gründen kaum aufrechterhalten werden konnte. Man hat ausgerechnet, daß Bülow den Kaiser an durchschnittlich siebzig Tagen im Jahr traf; zum Vergleich mag die Tatsache herangezogen werden, daß der Kaiser mit dem Staatssekretär des Auswärtigen Amtes im Februar 1898 etwa doppelt so oft zusammenkam wie mit dem Reichskanzler Chlodwig von Hohenlohe-Schillingsfürst, seinem eigentlichen Ansprechpartner für alle Fragen der Politik, im ganzen Jahr.[88]

Bei Unterredungen mit dem Kaiser, die ja nicht immer unter vier Augen stattfanden, scheint Bülow sich auf eine Weise verhalten zu haben, die Bethmann Hollwegs Warnung aus dem Jahre 1908 durchaus plausibel macht. Bülow hielt, zurückhaltend formuliert, im Umgang mit seinem Monarchen die Grenze zwischen dem Verhalten, das füglich vom obersten politischen Beamten des Reiches und wichtigsten politischen Berater des Kaisers zu verlangen war, und dem Verhalten eines Höflings nicht immer klar ein. Bülows Biographin Katharine A. Lerman hat folgerichtig dieses Rollenverständnis Bülows auf die Formel »Der Kanzler als Höfling« gebracht und Bülows Verhalten in Zusammenhang mit der Darstellung beschrieben, die Norbert Elias vom Verhalten des Höflings an absolutistischen Höfen gab.[89] Im Zentrum steht die Fähigkeit, »den höher rangierenden Gesprächspartner fast unmerklich und mit leichter Hand dorthin zu lenken, wohin man ihn führen will«.[90] Bülow konnte, nach den Worten des österreichischen Botschafters in Berlin, Graf Szögyényi, »wenn immer möglich ›Ja‹ zu einem Vorschlag seiner Majestät sagen und dann dennoch in den meisten Fällen durch schrittweise und vorsichtige Einwände genau das erreichen, was er selbst wollte, wobei er Seine Majestät mit der Überzeugung zurückläßt, nicht nur das erste, sondern auch das letzte Wort in der Sache gehabt zu haben.«[91] Bülow hatte allerdings auch von der Fähigkeit des Höflings, sich beim Fürsten einzuschmeicheln, im Übermaß Gebrauch gemacht; so heißt es, um nur ein Beispiel zu geben, in einem Brief aus dem Jahre 1901, daß die europäischen Nachbarn »nur Schachfiguren in Eurer Majestät politischem Spiel« seien.[92] Bülow war, wie August Stein von der *Frankfurter Zeitung* beobachtete, »ein feiner Menschenkenner und kluger Menschenfänger«, der »das Talent, Menschen zu gewinnen zu bewußter Technik und hoher Kunst ausgebildet und in den Dienst der Politik gestellt habe«, ein »Spezialist für Wilhelm II.«[93]

Diese »höfische« Deutung der Rolle des Reichskanzlers, in der der Reichskanzler als Höfling sich zum Kaiser verhält, wird umgekehrt und ergänzt durch den Reichskanzler als Zentrum einer eigenen, in ihren Ausdrucksformen am königlichen Hof orientierten Hofhaltung. Dem entspricht der Stil, der im Hause Wilhelmstraße 77 gepflegt wurde und der sich vom Stil der Bismarckschen Bierabende erheblich unterschied. »An solchen Abenden«, heißt es in dem bereits angeführten Artikel in *Über Land und Meer* bei der Beschreibung der Abendgesellschaften im Reichskanzlerpalais, »bietet die Wilhelmstraße in ihrem exklusiven Teil ein lebhaft bewegtes Bild dar. Wagen auf Wagen rollt am Palaste vor, wo ein sich seiner Würde bewußter Portier in reicher Livree, den Stab in der Hand, den Dreimaster auf dem Kopfe, den Ankommenden beim Aussteigen behilflich ist, von Lakaien unterstützt. Auf einer breiten, mit roten Smyrnaläufern belegten Treppe geht es in langem Zuge zum ersten Stockwerk hinauf, dann einen hallenartigen Wandelgang entlang zum Salon der Fürstin. An beiden Seiten, rechts und links, steht die Dienerschaft des Fürsten in heller, über und über bestickter Kleidung, mit weißen Perücken auf den Häuptern, unter dem Kommando eines Haushofmeisters, den Dreispitz und Degen kenntlich machen.«[94]

Die offenbar mit der Zeit und der Erhöhung in den Fürstenstand zunehmende Orientierung am höfischen Lebensstil stieß nicht nur bei Gegnern Bülows wie Anton Graf Monts, der vom Haushalt der Familie Bülow als dem »Hoflager« und von der Familie selbst als der »hohen Familie« spricht, auf Ablehnung, sondern erregte schließlich auch das Mißfallen der Baronin Spitzemberg, die sich über das Ambiente im Hause Bülow so begeistert gezeigt hatte. »Über die fürstliche Art des Empfangs bei Bülow – Versammlung der Gäste, Eintritt der Fürstin und ihrer Mutter, Cercle, Erscheinen seiner Durchlaucht, Below als Hofmarschall – schreibt Hans ziemlich ärgerlich und sarkastisch.«[95]

Zu diesem Stil paßte das Gehäuse. »Dem neuen Geist der Bülowschen Ära«, so Bogdan Graf von Hutten-Czapski, »entsprach eine Umwandlung des Reichskanzlerpalais. Das früher so einfache Haus, das Bismarck mehr als Dienstwohnung wie als Heim betrachtet und in dem Hohenlohe keine wesentlichen Veränderungen vorgenommen hatte, ließ Bülow vollständig umgestalten ... Das monumentale Treppenhaus wurde erneuert und stark erweitert ... Auch in den Sälen wurde das Gewicht auf Repräsentation und Dekoration gelegt ... In diesen von Kunstschätzen erfüllten Räumen empfing das Kanzlerpaar am 27. November 1900 zu erstenmal Hunderte von Gästen. Graf Bülow ... bewillkommnete uns im Vorsaal, der an den hinteren Kongreßsaal stößt; in diesem wurde gegessen ... (Die Fürstin) empfing mit ihrer Mutter im roten Saal, dem prunkvollen Raum, den Ihne mit der Imitation einer schweren italienischen Kassettendecke geschmückt hatte«, wobei es »sowohl den Wünschen der Gräfin als dem Geschmack des Hofbaurats Ihne« entsprochen haben dürfte, »das meiste in italienischer Renaissance zu halten«.[96]

Eine weitere Beschreibung, die nicht nur durch ihr hohes Maß an Naivität, sondern auch durch den nostalgisch verklärenden Blick, mit dem die Monarchisten in der Weimarer Republik die »gute alte Zeit« des untergegangenen Kaiserreichs zu betrachten pflegten, verräterisch ist, findet sich unter dem Titel »Berliner Stätten der Politik«, am 3. Februar 1924 im deutschnationalen *Tag*: »Die neue Ära, die wilhelminische Glanzzeit, der Pomp des reichtumgesättigten Deutschlands begann sich erst unter dem damaligen Grafen, späteren Fürsten Bülow zu entfalten. ... Ehe er einzog, baute der berühmte Hofbaumeister von Ihne das alte Palais im Innern völlig um. Mit Marmor, Brokaten und vergoldetem Stuck wurde nicht gespart. Die Treppengebäude wurden hochfürstlich hergerichtet, die Salons erhielten leuchtende Farbigkeit. ... Über die dabei entfaltete Pracht wußte man in den Zeitungen Märchendinge zu erzählen. In den Empfangszimmern der Fürstin, die als geborene italienische Prinzessin den großzügigsten Mäzenatensinn für bildende Kunst mitbrachte, sah man die Wunder des Südens, die leuchtenden Gemälde alter Meister, die altflorentinischen Truhen und die venezianischen Gläser. In dem Wintergarten, in den ihre Salons mündeten, erhob sich mit melodischem Plätschern ein antiker Springbrunnen. Aus den mattblinkenden venezianischen Renaissance-Kronleuchtern strömte warmes, gedämpftes Licht. Das Zusammenstimmen der Kunstwirkungen begeisterte die Betrachter derart, daß man das Reichskanzlerpalais damals auch im Auslande den ›Dogenpalast an der Spree‹ nannte.«[97] August Stein faßte, am Ende der Amtszeit Bülows, dessen Amtsverständnis und politischen Stil zusammen: »Er hat sein Amt geführt wie ein Grandseigneur, auch mit dem heiteren Glanz und dem nicht geringen Ruhmbedürfnis eines solchen; vielleicht manchmal zuviel Grandseigneur. Er hat regiert wie ein Fürst ...«.[98]

Das »Restaurant zum fröhlichen Reichskanzler«
Am Mittagstisch bei Adolf Hitler

Nach dem 30. Januar 1933 war das Reichskanzlerpalais nur noch selten Schauplatz großer gesellschaftlicher Veranstaltungen. Viermal im Jahr, so Fritz Wiedemann, der im 1. Weltkrieg als Hauptmann Vorgesetzter des Gefreiten Adolf Hitler war und von 1934 bis 1937 als dessen Persönlicher Adjutant fungierte, wurden während der Wintersaison Diners in der Reichskanzlei gegeben, die wohl vor allem Pflichtveranstaltungen für Diplomaten und hohe Militärs waren.[99]

Die Veranstaltungen, die als informelle Foren für machtpolitische Entscheidungen an die Stelle der Soireen und Bierabende, der Diners und Empfänge traten, deren sich die Kanzler im Kaiserreich und wohl auch in der Republik bedient hatten, entsprachen dem kleinbürgerlichen Lebenszuschnitt Hitlers, der zur täglichen Mittagstafel einen begrenzten, aber nicht zu kleinen Kreis empfing. »Etwa vierzig bis fünfzig Personen«, erinnert sich Albert Speer, der zum inneren Kreis gehörte, »hatten jederzeit Zutritt zu Hitlers Mittagstafel in der Reichskanzlei. Sie brauchten lediglich den Adjutanten anzurufen und ihn von ihrem Kommen zu unterrichten. Meist waren es Gau- und Reichsleiter der Partei, einige Minister, dazu die Personen des engeren Kreises, jedoch außer Hitlers Wehrmachtsadjutanten keine Offiziere.«[100] Nach der Durchquerung des Ehrenhofs, der Vorhalle und eines Empfangssalons »gelangte man in den eigentlichen Wohnraum, in dem die Gäste, meist stehend, miteinander plauderten.« »Hitler war mit dem Zeitpunkt seines Erscheinens souverän unzuverlässig. Auf zwei Uhr etwa war das Essen festgelegt, aber meist wurde es drei Uhr und noch später, bis Hitler kam ... Sein Ein-

treten war formlos wie das eines Privatmannes. Er begrüßte seine Gäste mit Händedruck; man stand im Kreis um ihn herum.« Hitler plauderte mit einigen der Gäste über Belanglosigkeiten oder las in Presseauszügen. »So standen die Gäste etwa fünfzehn bis zwanzig Minuten herum, bis der Vorhang vor einer Glastür aufgezogen wurde, die zum Speiseraum führte. Der ›Hausintendant‹, eine durch ihre Leibesfülle Vertrauen erwekkende Wirtsfigur, meldete Hitler in dem privaten Ton, wie es der ganzen Atmosphäre angemessen war, daß das Essen bereit sei. Der ›Führer‹ ging voran, die anderen schlossen sich ohne jede Rangordnung an, um in das Speisezimmer hinüberzugehen.« Dieses Speisezimmer »war das ›Restaurant zum fröhlichen Reichskanzler‹, wie Hitler es seinen Gästen gegenüber oft nannte. Er hatte seinen Platz an der Fensterseite, und er bestimmte bereits vor dem Einzug in den Speiseraum zwei Gäste, die an seiner Seite Platz nehmen sollten. Alle übrigen setzten sich, wie es sich gerade ergab, um den Tisch.«
Diese Beschreibung Speers wird bestätigt und ergänzt durch eine Beschreibung aus den Erinnerungen Reinhard Spitzys, der seit 1936 Privatsekretär des damaligen deutschen Botschafters in London, Joachim von Ribbentrop war und der sich häufig mit seinem Chef »in den Vorzimmern der Reichskanzlei auf die Lauer« legte, »um von Hitler zum Mittagessen gebeten zu werden. Dies war allerdings kein großes Problem. Man mußte nur so gegen halb zwei erscheinen, denn an der großen Mittagstafel war für Parteigrößen immer Platz. Pünktlich erschien dann gegen zwei Uhr der Führer im großen Vorzimmer, blätterte in den letzten DNB-Nachrichten oder Pressestimmen ... Sobald es zu Tisch gehen sollte, pflegte Hitler zu sagen: ›Meine Herren, ich glaube wir gehen jetzt essen.‹ Dies war der Moment, der alle elektrisierte! Jedermann wußte, daß Hitler nun die Tischordnung bekannt geben würde. Alle Paladine stellten sich flugs auf die Zehenspitzen und machten sich so groß und dick wie möglich, damit das Auge des Fürsten nach Möglichkeit auf sie falle. Hitler genoß diese Situation sichtlich und ließ sich Zeit. ›Ja‹, sagte er, ›dann möchte ich zu meiner Rechten‹ – Pause – ›bitte Dr. Goebbels, zu meiner Linken Herrn von Ribbentrop, anschließend rechts noch bitte General X und links Gauleiter Y. Die anderen Herren setzen sich, bitte, wie sie wollen.‹«[101]
Die Beschreibungen Speers und Spitzys unterscheiden sich in dem wichtigen Detail der Frage nach Hitlers Pünktlichkeit oder Unpünktlichkeit. Speers Erinnerungsvermögen scheint hier zuverlässiger, da auch andere Teilnehmer der Tafelrunde, aber auch außenstehende Beobachter die langen Wartezeiten bestätigen, die diejenigen auf sich nehmen mußten, die in Hitlers Nähe gelangen wollten. Daß »der Beginn des Mittagessens lange Jahre zwischen 14 und 16 Uhr schwankte« und »daß Gäste nach mehrstündigem Warten auf Hitler das Haus vorzeitig wieder verließen, weil ihnen der Magen knurrte«, erinnert sich Otto Dietrich, seit 1937 als Nachfolger des zum Reichswirtschaftsminister avancierten Walter Funk Pressechef und Staatssekretär im Propagandaministerium.[102]
Erich Kordt, seit der Ernennung von Ribbentrops zum Außenminister im Jahre 1938 der Leiter von dessen Ministerbüro, selbst aber kein Nationalsozialist, hatte bei seinen Aufenthalten in der Reichskanzlei wiederholt – und nicht nur vor den Mittagstafeln – Gelegenheit, zu beobachten, daß Hitler »das Mittel, seine Gesprächspartner durch

langes Wartenlassen zu demütigen und zu zermürben, mit Vorliebe anzuwenden« schien.[103]

Der verzögerte Auftritt war offensichtlich Teil des täglichen Rituals und trug nicht nur zur Steigerung der Spannung bei den Wartenden, sondern auch, wenn das überhaupt noch möglich war, zur Steigerung des Prestiges des Erwarteten bei. In dieser Situation traf die abermals verzögerte Auswahl der Tischnachbarn Hitlers auf einen Kreis hochsensibilisierter Interpreten der jeweils aktuellen Prestigeskala innerhalb des engeren Zirkels, da die räumliche Nähe zum »Führer« an der Tafel zugleich natürlich eine hohe Position auf dieser Skala signalisierte. Die Benennung der nächsten Tischnachbarn Hitlers, so Spitzy, »war stets eine hochpolitische Handlung. An der Reihenfolge der Sitzordnung, an der Entfernung zum Führer, konnte selbst der Uneingeweihte merken, wie hoch die jeweiligen Persönlichkeiten, wie hoch ihre Ämter beim obersten Chef im Kurs standen, und Hitler wußte das.«[104]

Natürlich blieb Hitler auch während des Essens der symbolische Bezugspunkt, über den alle Plätze auf der Rang- und Prestigeskala bestimmt wurden. Zu dieser Bestimmung trugen aber, vermittelt über Hitlers Zustimmung, andere bei, die auf diese Weise Konkurrenzkämpfe austrugen. Besonders Goebbels scheint es dabei zu einer gewissen

Der Speisesaal in der Reichskanzlei, 1935

Meisterschaft gebracht zu haben, da es ihm offenbar häufig gelang, Hitler zum Lachen zu bringen, wenn er »mit hocherhobener sarkastischer Stimme irgendeinen Anwesenden oder Abwesenden bespöttelte oder durch süßliches Fragen häßliche Fallen stellte«,[105] ein Lachen, das wenigstens so kostbar war wie die Blicke Ludwigs XIV., zumindest für den, der dieses Lachen auf seiner Seite hatte. »Goebbels wußte am besten«, so Albert Speer, »wie man mit Hilfe von Witzen Hitler zugleich unterhalten und persönliche Gegner im Machtkampf abwerten konnte: ›Da hat doch‹, so erzählte er einmal, ›die Hitlerjugend von uns verlangt, daß wir zum 25. Geburtstag ihres Stabsleiters Lauterbacher eine Pressenotiz verbreiten. Ich habe ihm einen Textentwurf schicken lassen, demzufolge er diesen Geburtstag ›in voller körperlicher und geistiger Frische‹ begangen habe. Wir haben nichts mehr von ihm gehört.‹ Hitler bog sich vor Lachen und Goebbels hatte seine Absicht, die eingebildete Jugendführung zu diskreditieren, besser erreicht als durch einen langen Vortrag.«[106]
Goebbels war allerdings auch einer derjenigen, die es verstanden, das Mittagsritual nicht nur als Forum zur Steigerung des eigenen Prestiges und zur Schmälerung des Prestiges seiner Gegner zu nutzen, sondern auch zu einem Gremium zu machen, in dem er Entscheidungen, die er getroffen sehen wollte, in der Form von Führerentschei-

Mittagessen in der Reichskanzlei, 1941

dungen herbeiführte. »Als Gauleiter der Reichshauptstadt«, so Otto Dietrich, »als Propaganda- und Kulturminister warf er Hitler Stichworte der Unterhaltung zu, nahm seine Tendenzen auf, trieb sie weiter und nutzte Gelegenheiten aus, mündliche Entscheidungen auf den verschiedensten Gebieten in seinem Sinne herbeizuführen.«[107] Die bürokratisierte Variante dieses rhetorischen Verfahrens der Durchsetzung des eigenen Willens als Führerwillen, zu dem der »Führer« erst gebracht werden mußte, benutzte Martin Bormann, der bis 1941 Stabsleiter im Stab des »Stellvertreters des Führers« war, nach dem Englandflug von Rudolf Heß dessen Nachfolger als Leiter der »Partei-Kanzlei« wurde, wie die Dienststelle des »Stellvertreters des Führers« jetzt hieß, und in dieser Eigenschaft seit April 1943 den Titel »Sekretär des Führers« trug. »Er benutzte jede Gelegenheit, um seine Absichten voranzutreiben; selbst beim Mittagessen brach er die unausgesprochene Verabredung, keine Themen zur Sprache zu bringen, die geeignet seien, Hitler die Laune zu verderben«, berichtet Albert Speer und gibt ein Beispiel aus dem Bereich der Verfolgung der Kirchen, die Bormann gegen die eher zögernde Haltung Hitlers in dieser Frage vorangetrieben wissen wollte. »Für solche Vorstöße hatte Bormann eine eigene Technik entwickelt: er ließ sich von einem Teilnehmer der Runde den Ball zuspielen, indem er ihn zunächst laut erzählen ließ, welche aufrührerischen Reden ein Pfarrer oder Bischof gehalten habe, bis Hitler schließlich aufmerksam wurde und Einzelheiten verlangte. Bormann entgegnete, etwas Unangenehmes sei passiert, immerhin, er wolle Hitler damit nicht beim Essen behelligen. Nun forschte Hitler weiter, und Bormann tat, als ließe er sich einen Bericht abringen ... Irgendwann zog er dann ein Aktenstück aus der Tasche und begann, Passagen aus einer aufsässigen Predigt oder Kirchenbotschaft zu verlesen. Hitler wurde daraufhin oft so erregt, daß er ... sein Essen abbrach und Vergeltung für später ankündigte.«[108]

Bormann wird sicher im Anschluß an solche Szenen oft konkrete Handlungsanweisungen erreicht haben. Um weniger dem Zufall von Hitlers Stimmung zu überlassen, ließ er von Sommer 1941 bis Sommer 1942 von seinem Mitarbeiter Heinrich Heim und anschließend von Henry Picker stenographische Notizen über Hitlers Tischgespräche im Führerhauptquartier machen, die ihm die Grundlage für Weisungen boten.[109] Als Hitler sich am 1. Juli 1942 besonders brutal über die sogenannten jüdischen Mischlinge ausließ, Personen, bei denen ein Eltern- oder ein Großelternteil aus einer jüdischen Familie stammte, »brachte mir«, so Picker in der Veröffentlichung seiner Aufzeichnungen, »eine Ordonnanz folgende Karte Reichsleiter Bormanns: ›Dr. Picker, besonders genau u. ausführlich aufschreiben, was der Führer über Behandlung und Gefährlichkeit unserer jüdischen Mischlinge sagte, warum diese Mischlinge nicht in die Wehrmacht und nicht gleichgestellt werden sollen. Bormann‹.«[110] Zwei Tage später formulierte Bormann in einem Rundschreiben an die Gauleiter die Mahnung, gegenüber den nicht unter die Nürnberger Gesetze fallenden jüdischen Mischlingen keinen »so gänzlich unverständlich milden Standpunkt« einzunehmen.[111]

Damit soll auf keinen Fall gesagt werden, Goebbels sei der eigentliche Drahtzieher gewesen oder Bormann gar »der Mann, der Hitler beherrschte«. Eine große Zahl nationalsozialistischer Machthaber verstand es, auf diese oder ähnliche Weise ihre jeweiligen Ziele zu erreichen, wobei auch das weitere Umfeld der Mittagstafel eine wichtige Rolle spielte. Die Parteiführer »konnten, soweit sie den obersten Rängen angehörten, jederzeit beim Mittagessen erscheinen. Während des Kaffees im Wintergarten trugen sie dann rasch ihre Probleme vor und holten sich meist eine Entscheidung in dem von ihnen gewünschten Sinne.«[112] Was den »alten Kämpfern« recht war, war den Vertretern der staatlichen Bürokratie billig. »Die Kunst der Ministerien bestand nun darin«, so Ernst von Weizsäcker, der von 1938 bis 1943 Staatssekretär des Auswärtigen Amtes war, »die gute Stunde oder Minute zu benutzen, wo Hitler, manchmal durch ein hingeworfenes Wort, eine Entscheidung traf, die dann als ›Führerbefehl‹ ihren Weg nahm.«[113]

Ein gutes Beispiel, wie dieser Prozeß der Entscheidungsfindung ablaufen konnte, bietet Joachim von Ribbentrop, der bereits nach seiner Ernennung zum »Beauftragten für Abrüstungsfragen« »einen großen Teil seiner Zeit täglich in der Reichskanzlei verbrachte«, wie Erich Kordt feststellte, der ihm ständig wichtige Meldungen, die Ribbentrop Hitler selbst überbringen wollte, dorthin nachschicken lassen oder selbst hinbringen mußte. »Ribbentrop zeigte besondere Übung und Ausdauer im Warten«, wie Kordt festhielt und wie nicht nur die Schilderung Reinhard Spitzys nahelegt, der wie Kordt Mitarbeiter bei Ribbentrop war, sondern auch die Beobachtung Wiedemanns, der Ribbentrop bestätigt, er habe »hervorragende Geduld« bewiesen »im Wartenkönnen«.[114] Diese Wartezeit »war für ihn auch nicht restlos verschwendet, denn in den Vorzimmergesprächen, bei kurzen Privatissimi in den Zimmerecken mit ›Kandidaten‹ vor und nach Audienzen fielen manche Aussprüche ab, die der ›Führer‹ zu einem früheren Zeitpunkt oder gerade getan hatte.«[115] Wer diese Informationen sammelte, »konnte sich schon ein ungefähres Bild davon machen, wie Hitler gerade dachte. Offensichtlich schien es diesem zu gefallen, wenn seine – wie er wohl annahm – noch nicht geäußerten Gedanken von seinen Besuchern spontan vorgetragen wurden.«

»Ribbentrop, der die Behandlung Hitlers zum Spezialstudium gemacht hatte«, versuchte, auch auf anderen Wegen zu Informationen über die aktuellen Meinungen Hitlers zu kommen und »entsandte einen Vertrauensmann, den späteren Botschafter Hewel, in Hitlers engsten Kreis«;[116] im übrigen schien es auch anderen Machthabern opportun, »einen permanenten ›Gesandten‹ dort zu haben«.[117] Ribbentrop begnügte sich jedoch nicht damit, auf der Grundlage dieser Informationen Hitler nur die Gedanken vorzutragen, von denen er wußte, daß dieser sie zur Zeit gerade vertrat. »Er hatte nämlich eine besondere Gabe dafür, sich an die politische Meinung Hitlers heranzutasten, dann, wenn ihre Tendenz feststand, mit ihr zu harmonieren und sie in gleicher Richtung noch zu überbieten.«[118] Er übernahm »Hitlers Gedankengänge, erweiterte sie, schmückte sie aus und legte sie ihm wieder vor«.[119] Ribbentrop erzählte also einerseits »seinem Führer nur, was er hören wollte«, ging aber dann zur Steigerung über »und übertrumpfte noch Hitlers Ansichten, indem er weiter in dieser Richtung phantasierte.«[120]

Diese Steigerung und Radikalisierung der Meinungen Hitlers, die Otto Dietrich auch an den Tischgesprächen zwischen Goebbels und Hitler beobachtete, werden nicht ohne Auswirkung auf Hitlers Ansichten geblieben sein, der sich insbesondere kaum von seinen Paladinen überholen lassen konnte. Rudolf Diels, der erste Chef der Gestapo, hat diesen Tatbestand auf die Formel gebracht, daß »in der Wechselwirkung zwischen Hitler und den einzelnen Mitgliedern« des ihn umgebenden Kreises von Machthabern »der Schlüssel zu der Willensbildung Hitlers« liege.[121] Er hat die Wechselseitigkeit dieser Beziehung mit zwei Begriffspaaren zu erfassen gesucht, indem er die Akteure um Hitler nicht nur als Exekutoren von Hitlers Willen, sondern auch als dessen Initiatoren bezeichnet und Hitler selbst als Sender und als Empfänger zugleich. »Es drängte sich mir«, so Diels auf der Suche nach einer Metapher für die Funktionsweise der nationalsozialistischen Führungsgruppe einschließlich Hitlers, »immer wieder das Bild eines Transformators auf, durch den ein schwacher Strom in Starkstrom ... verwandelt wurde.«

Exkurs: Der »abhängige Diktator«
Hitlers Stellung im nationalsozialistischen Herrschaftssystem

Diese Metaphern aus Kommunikations- und Elektrotechnik bieten einen anschaulichen Zugang zu der Tatsache, daß Entscheidungsprozesse im »Dritten Reich« ein System wechselseitiger Abhängigkeit und wechselseitiger Steigerung bildeten, in das Hitler auf einem allerdings privilegierten Platz eingebunden war.[122] Der Raum, in dem dieses System sich entfalten konnte, war durch die ideologischen Fixierungen Hitlers, die auch den Kern der Parteiideologie bildeten, weiträumig begrenzt. Antisemitismus, Antibolschewismus und die imperialistische Eroberung von »Lebensraum im Osten« umschrieben Ziele, die so weit entfernt waren, daß viel Spielraum für Handlungsinitiativen blieb, und die so allgemein waren, daß eine Fülle verschiedener, auch einander widersprechender Handlungsziele durch Bezugnahme auf das Fernziel gerechtfertigt werden konnten.

Die Fülle und Heterogenität der Handlungsinitiativen war um so größer, als Hitler selbst weder bereit noch in der Lage war, Pläne zu entwickeln oder entwickeln zu lassen, die rationale Planungsinstrumente zur Verwirklichung dieser Ziele bereitgestellt hätten, ein Verzicht, der nicht nur der Tatsache zu verdanken war, daß wohl niemand in der Lage gewesen wäre, zu sagen, welche Wege genau eingeschlagen werden müßten, um Ziele zu erreichen, die mehr oder weniger utopischen Charakter besaßen, sondern auch dem Wunsch Hitlers, sich durch die mit jeder Planung verbundene Einschränkung der Handlungsfreiheit nicht behindern zu lassen.

Er zog sich deshalb auch bald nach seinem Amtsantritt aus dem Betrieb der alltäglichen Regierung und Verwaltung zurück. Durch diesen Rückzug wurden die Ministerien einerseits aus dem Prozeß der Bestimmung politischer Ziele ausgeschlossen, konnten aber innerhalb ihres Zuständigkeitsbereichs um so ungehemmtere Aktivitäten entwickeln, als Hitler die ihm als Reichskanzler zustehende Kontroll- und Koordinierungsfunktion nicht wahrnahm; regelmäßige Kabinettssitzungen, wo ein solches Koordinierungsforum gegeben war, hätten die Handlungsfreiheit Hitler natürlich ebenfalls eingeschränkt und fanden deshalb bald immer seltener und schließlich gar nicht mehr statt.

Der große ideologische Freiraum einerseits und die Fragmentierung der staatlichen Verwaltung andererseits wirkten zusammen in einem Prozeß, in dem es zu ständigen Zielkonflikten kam. Dieses Konfliktpotential wurde noch erheblich verstärkt durch die Tatsache, daß für die Lösung begrenzter Aufgaben Sonderbehörden gebildet wurden, die nicht in die Struktur der staatlichen Verwaltung eingegliedert, sondern Hitler direkt unterstellt waren und denen für die Erfüllung ihrer Aufgaben alle notwendigen Mittel zur Verfügung gestellt wurden, und zwar ohne Rücksicht darauf, daß damit die Erfüllung von Aufgaben in anderen Bereichen behindert wurde und ohne Rücksicht darauf, daß bei der Verwirklichung der zwar meist eng begrenzten, aber weitgesteckten Ziele die Kompetenzen anderer Behörden nicht nur berührt, sondern die in diesen Bereichen der Kompetenzüberschneidung getroffenen Maßnahmen der anderen Behörden konterkariert wurden. Solche Sondermaßnahmen führten deshalb mit ihren spektakulären Erfolgen nicht nur zu einem erheblichen Prestigegewinn des Regimes, sondern auch zu neuen Ausnahme- und Notsituationen, die ihrerseits mit neuen Sondermaßnahmen gelöst werden mußten und vor allem um des Prestigegewinns willen gelöst wurden.

Die damit ständig Hand in Hand gehenden Kompetenz- und Zielkonflikte konnten häufig nicht im Vorfeld vermieden, sondern mußten ausgetragen werden, da Hitler sich weigerte, bei Handlungsalternativen Entscheidungen zu treffen, die ja möglicherweise auf Kritik stoßen oder zu Mißerfolgen führen würden, mit denen er aus Gründen der Wahrung seines eigenen Prestiges nichts zu tun haben wollte. Hitler konnte die Entscheidung dem Ergebnis des Kampfes zweier Konkurrenten um so eher überlassen, als im Rahmen seiner sozialdarwinistischen Grundüberzeugung der stärkere der beiden schließlich nicht nur der Sieger sein würde, sondern als Sieger auch derjenige, der von Anfang an im Recht war. In diesem System mußten sachliche Konflikte die Form persönlicher Rivalitäten annehmen. Entscheidungen wurden deshalb – und da rationale Kriterien gar nicht zur Verfügung standen – nicht durch das Abwägen von Vor- und Nachteilen getroffen, sondern im Rahmen eines Appells an den »Führer«, dem jeder der Konkurrenten seine eigenen Vorschläge als die präsentierte, die dem nationalsozialistischen Geist am stärksten verpflichtet seien, der in Hitler seine Verkörperung gefunden hatte. Der einzige Maßstab, an dem diese Vorschläge deshalb gemessen werden konnten, war der ihrer Radikalität und Hitler war besonders bereit, die radikalsten Vorschläge in den Bereichen zu bevorzugen, in denen mit Prestigeverlust in den wenigsten Fällen gerechnet werden mußte, den Bereichen, die Martin Broszat als die der »negativen Weltanschauungselemente« bezeichnet hat, die Bereiche der Diskriminierung und Verfolgung zahlreicher Minderheiten. Die Entscheidung für die jeweils radikalste Maßnahme setzte und hielt einen Prozeß im Gang, in dem jede radikale Maßnahme durch eine weitere radikale Maßnahme fortgesetzt und überboten werden mußte. Hans Mommsen hat diese Dynamik als die der »kumulativen Radikalisierung« bezeichnet, die schließlich zur Verwirklichung der utopischen Ziele geführt habe, die durch keine zielgerichtete Planung in Gang gesetzt und in Gang gehalten wurde, aber in sich folgerichtig war.

Diese Folgerichtigkeit war der Dynamik eines Systems zu verdanken, und nicht dem Willen eines einzelnen, ohne den dieses System allerdings weder existiert noch funktioniert hätte. Offenbar geht es nicht um die Frage, ob Hitler der allmächtige »Herr und Meister im Dritten Reich« oder ob er ein »schwacher Diktator« war. Es sieht eher so aus, als ob er ein »abhängiger« Diktator gewesen wäre, und zwar, um es paradox zu formulieren, abhängig von der Abhängigkeit der Mitglieder des engeren Führungskreises von ihm. Man wird Hitler nicht verharmlosen, wenn man sagt, daß vielleicht der geringere Teil der Entscheidungen im Dritten Reich von ihm getroffen wurden, daß aber keine einzige Entscheidung getroffen wurde, die nicht auf ihn bezogen werden konnte und damit sanktioniert war. Er bildete das symbolische Zentrum eines Systems, indem er seinen eigenen Mythos verkörperte, in dessen Bann alle standen, die Entscheidungen trafen.

»Mit eingewebter Kaiserkrone«
Interieurs als Symbole der Politik

An der Darstellung der Repräsentationsräume der Reichskanzlei wurde deutlich, daß die Ausstattung dieser Räume mit Möbeln und Kunstgegenständen ein gewisses Maß an Beliebigkeit besaß. Der Erfolg von Bismarcks Soireen und Bierabenden war von dem »ungeschminkten Mangel an Kunstsinn« in der Einrichtung des Hauses unabhängig, ja, die Geschmacklosigkeit konnte im Lichte kritikloser Bismarck-Verehrung sogar als Ausweis besonderer Bescheidenheit gedeutet werden.

Andererseits hätte der »Dogenpalast« der Bülows mit seiner modischen Orientierung an der italienischen Renaissance auch der Wohnsitz eines erfolgreichen Unternehmers sein können und sicher besser in einen der Hochrenaissance-Paläste der Borsigs oder Pringsheims gepaßt. Diese Beliebigkeit wird an einem Detail der Einrichtung des Gartensaals der Reichskanzlei deutlich, wo nach dem Bericht von Johannes Sievers – der im übrigen meint, nach dem Umbau habe in dem Haus »ein völlig deplazierter italienischer Palazzostil« geherrscht – »zehn Gipsabgüsse nach Donatellos Sängerknabenreliefs für die Florentiner Domorgel in die Wände« eingelassen worden waren. »So unbestreitbaren Wert diese Werke im Original besitzen mögen – für einen nachdenklichen Betrachter dürfte es nicht leicht gewesen sein, eine innere Beziehung zwischen ihnen und dem Inhaber der Wohnung, dem deutschen Reichskanzler, herzustellen.«[123] Es kam auf eine solche Beziehung allerdings wohl überhaupt nicht an. Es scheint, als sei bei der

Neuausstattung des Palais alles zusammengetragen worden, was als gut und teuer galt und als Zeichen dessen, was man für Kultur hielt. So entspricht Bülows Vorliebe für Zitate aus klassischen Autoren, von denen seine Briefe übersät sind, nicht nur die Tatsache, daß der ehemalige Salon der Fürstin Bismarck in eine Bibliothek verwandelt wurde, sondern daß in dieser Bibliothek auch gleich Büsten von Homer, Plato und Dante aufgestellt wurden.[124]

Diese Beliebigkeit mußte durch eine eindeutige politische Symbolik in den Räumen ersetzt werden, zu denen engere, aber verschiedene und nur teilweise einander überschneidende Kreise der Öffentlichkeit Zutritt hatten. Zwar waren auch die Ausstattungen der Arbeitszimmer der leitenden Politiker und der Sitzungssäle der führenden Entscheidungsgremien in hohem Maße vom persönlichen, zumeist außerordentlich konventionellen Geschmack des jeweiligen Amtsinhabers oder der ästhetischen Gleichgültigkeit der beauftragten Beamten bestimmt; es fanden sich jedoch immer wieder Signale, die eine klare politische Botschaft vermittelten, und die die Botschaft der Symbole an der Fassade oft noch verstärkten und differenzierten.

Welche hohe Aufmerksamkeit gerade bei Fragen der Innenausstattung an den Tag gelegt werden mußte, wird an einem besonders sensiblen Beispiel in einer fast grotesken Einzelheit sichtbar. Im September 1919 hatte die Reichsregierung aus dem beschlagnahmten Vermögen des inzwischen im holländischen Exil lebenden ehemaligen Kaisers Wilhelm II. für insgesamt 38 Millionen Mark zwei Palais in der Wilhelmstraße gekauft, und zwar das ehemalige Palais der Prinzen Alexander und Georg in der Wilhelmstraße 72, das ab 1920 das Reichsministerium für Ernährung und Landwirtschaft beherbergen wird, und das Palais in der Wilhelmstraße 73, das nach den fast zwanzig Jahre lang diskutierten, aber nicht verwirklichten Tauschplänen der Sitz des Königlichen Hausministeriums geblieben und jetzt als Dienstsitz für den Reichspräsidenten vorgesehen war. Die Mitarbeiter dieses Ministeriums, das kein Ministerium im modernen staatsrechtlichen Sinn, sondern die Verwaltung des Königlichen Hauses und seiner Mitglieder war, hatten bereits zum 1. Oktober 1919 das Palais geräumt.[125]

In den ersten Oktoberwochen wurde das Problem der Möblierung des Hauses unter den beteiligten Behörden erörtert.[126] Zwar konnten von der Einrichtung des Hausministeriums einige Stücke übernommen werden, die allerdings bei weitem nicht ausreichten, so daß auch auf Mobiliar aus den beschlagnahmten preußischen Schlössern zurückgegriffen werden mußte. Aber auch damit war nur »ein Teil des Bedarfs zu decken«, wie es in einem Brief des mit der Beschaffung der Einrichtung beauftragten Reichsschatzministeriums am 13.10.1919 an den Reichswehrminister hieß; diese Feststellung wurde mit dem Vorschlag verbunden, Einrichtungsgegenstände aus der »sehr reichhaltig ausgestatteten« ehemaligen kaiserlichen Yacht *Hohenzollern* für die Ausstattung der Wohnung des Reichspräsidenten zur Verfügung zu stellen. Am 17. Oktober erklärte sich der Reichswehrminister in seiner Antwort »damit einverstanden, dass die Einrichtung und Ausstattung der Yacht *Hohenzollern* in weitestgehendem Masse für die Ausrüstung der Dienstwohnung des Herrn Reichspräsidenten herangezogen wird«.

Drei Tage später ging ein Telegramm des Schatzministeriums an das Landesfinanzamt Kiel mit dem Ersuchen, »Bett- und Tischwäsche, Silberzeug, auch Alfenide und Alpacca, Tafelservice, Glassachen und Küchenutensilien der Yacht *Hohenzollern* unter Begleitung eines Beamten nach Berlin Wilhelmstr. 73 auf schnellstem Wege senden und bewegliche Einrichtungsgegenstände der Haupträume, auch Teppiche, Tischdecken sofort folgen lassen.« Bei der Verpackung stellte es sich heraus, daß ein großer Teil der ebenfalls angeforderten Tisch- und Bettwäsche nicht mehr vorhanden war; allerdings war der Rest mit mehreren hundert Servietten, achtzig Tischtüchern, mehreren hundert Bettlaken und einem Dutzend Frisiermänteln doch noch ganz erheblich. Am 23. November wandte sich allerdings der Chef der Admiralität an das Schatzministerium mit der Information, daß »die Wäsche von ›Hohenzollern‹ mit eingewebter Kaiserkrone gezeichnet« sei, und daß deshalb »zunächst Entscheidung darüber herbeigeführt werden« müsse, »ob sie für die Ausstattung der Wohnung des Reichspräsidenten in Frage kommt«. Es ist bemerkenswert, daß es der Chef der Admiralität und keiner der beteiligten Beamten der republikanischen Regierung war, der genügend Sensibilität für das Problem besaß, daß der Präsident der Republik wohl kaum seine Gäste an Tischen bewirten konnte, die mit Tischwäsche mit dem Symbol des *ancien régime* gedeckt waren. Die Überlegungen, die auf die Anfrage des Chefs der Admiralität hin angestellt worden sind, lassen sich nicht rekonstruieren. Es müssen sehr langwierige Erörterungen stattgefunden haben, da erst am 29. Dezember das Landesfinanzamt Berlin ohne weitere Erklärungen dem Schatzministerium mitteilte, daß »nach diesseitigen Feststellungen ... ein Teil der Tischwäsche und zwar 24 Tischtücher und 150 Servietten zur Ausrüstung der Dienstwohnung des Herrn Reichspräsidenten übernommen« werden. Ob Friedrich Ebert diese Wäsche »mit eingewebter Kaiserkrone« benutzt hat, wissen wir nicht.
Es ist nicht weiter verwunderlich, daß Probleme des politischen Gehalts von Innenraumdekorationen besonders prägnant bei politischen Systemwechseln zutage traten. Die entschiedene symbolische Abgrenzung gegenüber dem *ancien régime* war um so notwendiger, als die politischen und mentalen Bindungen zahlreicher Beamter an dieses *ancien régime* erheblich waren. Umgekehrt ist die Entschiedenheit, oder, genauer gesagt, der Mangel an Entschiedenheit, mit dem diese symbolische Abgrenzung vollzogen wurde, ein Gradmesser gerade für diese Bindungen. Als der Reichsinnenminister wenige Tage vor der Sitzung des Reichskabinetts, in der die Antwort auf die Anfrage der Abgeordneten Wels und Müller über die Entfernung von Monarchenporträts aus den Büroräumen formuliert wurde, am 25. Januar 1922 mehrere Kollegen zu einer Besprechung für den 6. Februar einlud, auf der die Frage erörtert werden sollte, welcher Bildschmuck an die Stelle der Monarchenporträts treten könnte, erhielt er eine scharfe Absage aus dem Reichsfinanzministerium. Das Brieftelegramm mit dieser Absage wurde von Ministerialdirektor Otto von Schlieben unterzeichnet, der im November 1918 in der Reichskanzlei tätig war und seinem damaligen Kollegen Arnold Brecht gegenüber erklärt hatte, »daß er von Grund aus Anhänger der Monarchie sei und sich von dieser Denkungsweise auch jetzt nicht trennen könne und es niemals tun werde«.[127] Schlieben

verließ die Reichskanzlei wohl schon im November 1918 und ging ins Finanzministerium. Er war Mitglied der *Deutschnationalen Volkspartei* und gehörte 1925 als Finanzminister dem Kabinett Luther an.

Die preußische Staatsregierung hatte in ihrem Erlaß vom 20. Februar 1920, der im Zusammenhang der Darstellung des Umgangs mit politischen Symbolen an den Fassaden der Ministerien bereits ausführlich zitiert wurde, angeordnet, die »Bilder des ehemaligen Königshauses sowie alle anderen Bildwerke und Abzeichen, die als Versinnbildlichung des monarchischen Gedankens zu wirken geeignet sind, ... aus den dem Publikum zugänglichen Räumen aller staatlichen Gebäude« zu entfernen. Von dieser Anordnung sollten »solche Bilder nicht mehr lebender Mitglieder der ehemaligen Königsfamilie, die lediglich als historische Kunstwerke anzusehen sind«, ausgenommen sein.[128] Während die offenbar in erheblichem Maß von monarchistischen Beamten bestimmte Baubehörde den damit gegebenen Freiraum, der auch für die Symbole und Bildwerke an Fassaden galt, ausnutzte und so viele Monarchenporträts wie möglich an der Fassade des Staatsministeriums unangetastet ließ, konnte die republikanische Regierung bei der Neudekoration des Sitzungssaals in diesem Gebäude wesentlich gründlicher vorgehen.

Die Einrichtung des Saals mit monarchischen Symbolen war an der Fassade orientiert, wo nach der Entscheidung Wilhelms II. die Reliefporträts der preußischen Könige angebracht worden waren. Im Sitzungssaal wiederholte sich die Beschwörung der monarchischen Tradition, wobei allerdings auf den ersten, den zweiten und den vierten König, auf Friedrich I., Friedrich Wilhelm I. und Friedrich Wilhelm II., aus welchen Gründen auch immer, verzichtet wurde. In einem Schreiben der *Ministerial- Militär und Bau-Kommission* an das Ministerium für öffentliche Arbeiten vom 21. Januar 1902, also während der Arbeit am Bau, der ein Jahr später bezugsfertig übergeben wurde, heißt es zu dieser Einrichtung: »Nachdem der für die Architektur des Sitzungssaales im Neubau des Staatsministeriums aufgestellte Entwurf das Einverständnis der Beteiligten gefunden hat und damit die Aufstellung der z.Z. vorhandenen Büsten preußischer Könige in den 4 architektonisch ausgestatteten Ecknischen des Saales genehmigt worden ist, dürfte es sich als notwendig herausstellen, die bisher nur in Gips vorhandene Büste Friedrich Wilhelms III. in Marmor anfertigen zu lassen und zu dieser sowohl die vorhandenen beiden Marmorbüsten Wilhelms I. und Friedrichs III. als auch die Büste Friedrich Wilhelms IV. ganz neu zu beschaffen, da von Friedrich dem Großen und dem regierenden Könige Gemälde in Lebensgröße vorhanden sind.«[129]

Diese Büsten und Gemälde, von denen das des regierenden Königs sogar auf der Aufrißzeichnung zu erkennen ist, die für die Publikation des Neubaus im *Zentralblatt der Bauverwaltung* angefertigt wurde, waren natürlich noch vorhanden, als Harry Graf Kessler am 21. Dezember 1918 in dem »geschmacklosen, in W. II.-Barock dekorierten Sitzungssaal mit vier schlechten Hohenzollern-Prunkbüsten in den Ecken« anläßlich einer Sitzung des preußischen Kabinetts einen Bericht über seine diplomatische Mission in Polen gab.[130] Diese Büsten – und vor ihnen wohl noch das ganzfigurige Porträt

Der Sitzungssaal im preußischen Staatsministerium, 1903

Wilhelms II. – wurden, anders als die Porträtreliefs an der Fassade, entfernt und durch »die Bilder sämtlicher preußischer Ministerpräsidenten von Stein und Hardenberg bis Otto Braun« ersetzt, wie sich auf späteren Fotografien feststellen läßt.[131]

Eine solche Ahnengalerie von Behördenchefs wies auch der Sitzungssaal des Reichskabinetts in der Wilhelmstraße 77 auf, wo, neben Lenbachs ganzfigurigem Bismarck in Kürassieruniform, nicht nur Bilder der beiden Reichspräsidenten – das von Hindenburg schon zu Lebzeiten – sondern auch Porträts der Nachfolger Bismarcks im Kaiserreich und in der Republik hingen, jene in Ölgemälden und diese in der Regel in Fotografien. Bis 1927 war der Lenbach-Bismarck das einzige Gemälde in diesem Raum; die meisten anderen Bilder waren erst im Zusammenhang der Vorbereitung der Festschrift für die Grundsteinlegung des Erweiterungsbaus im Laufe des Jahres 1927 und 1928 in die Reichskanzlei gelangt, zum Teil als private Leihgaben ehemaliger Amtsinhaber, zum Teil als Kopien bereits existierender Porträts.[132]

Der preußische Erlaß vom Februar 1920 hatte dem Reichsinnenminister als Grundlage für den Entwurf einer Antwort auf die parlamentarische Anfrage gedient, die die sozialdemokratischen Abgeordneten Otto Wels und Hermann Müller am 10. September 1921 im Reichstag eingebracht hatten. In dieser Anfrage war die Regierung nicht nur aufgefordert worden, Hoheitszeichen und Symbole des Kaiserreichs von den Fassaden

Sitzung der preußischen Regierung im Sitzungssaal des Staatsministeriums, 1931
Rechte Bildmitte: Ministerpräsident Otto Braun

der Amtsgebäude der Reichsbehörden entfernen zu lassen, sondern auch »anzuordnen, daß sämtliche Bilder und Büsten von Mitgliedern ehemals regierender Häuser aus allen Amtsräumen der Reichsbehörden sofort zu beseitigen sind, wobei künstlerisch wertvolle Stücke einem Museum überwiesen werden könnten«.[133] Nach zwei Beratungen im Kabinett, während derer mehrere Minister wiederholt für eine Abschwächung des Entwurfs des Reichsinnenministers plädierten und an deren Ende sich schließlich sogar Innenminister Köster selbst kompromißbereit zeigte, als er seine Bereitschaft erklärte, »den Entwurf nur für Bilder letzter Monarchen anzuwenden«,[134] wurde in der endgültigen Formulierung der Antwort die Forderung der beiden Abgeordneten mit der Berufung auf Kunst und Geschichte so erheblich wie unbestimmt eingeschränkt. »Die Reichsregierung beabsichtigt ferner anzuordnen, daß aus den Amtsräumen der Reichsbehörden alle Bilder, Büsten und Statuen grundsätzlich zu entfernen sind, deren Verbleib in amtlichen Räumen als Widerspruch gegen die verfassungsmäßige Staatsform angesehen werden und daher zu Mißdeutungen führen könnte, wie insbesondere alle Darstellungen des letzten deutschen Kaisers. Ausgenommen können mit Zustimmung der zuständigen obersten Reichsbehörden Darstellungen bleiben, die einem Raum als Teil des Ganzen derart eingefügt oder angepaßt sind, daß ihre Herausnahme eine künstlerische oder historische Einheit zerstören würde.«[135]

Als eine solche künstlerische oder historische Einheit scheint der Sitzungssaal des Bundesrats in der Wilhelmstraße 74 interpretiert worden zu sein. Dieser Saal war 1891 neu eingerichtet worden, wobei man auf die Symbolik der Fassade zurückgriff, an der die Wappen der Bundesstaaten angebracht waren, über denen auf dem Gesims des Hauses zumindest einige Jahre lang die *Germania mit dem Reichswappen* gethront hatte; auf die *Germania* wurde bei der Einrichtung des Saals allerdings verzichtet: »In den Feldern der Eichenholzdecke sowie an den Hauptpfeilern sind die in Leder geschnittenen Wappen der deutschen Bundesstaaten angebracht, während der Reichsadler das Muster der gleichfalls geschnittenen echten Ledertapeten bildet, welche die Wände der Schmalseiten bekleiden.«[136] Diese Ausstattung blieb nach dem Ende der Monarchie und dem damit verbundenen Ende des Bundesrats unverändert. Der Saal wurde für verschiedene Zwecke genutzt, zu denen auch die Auslandspressekonferenzen zählen, da das Gebäude seit 1920 zum Auswärtigen Amt gehörte; es ist leider nicht überliefert, welchen Eindruck die Korrespondenten von der symbolischen Fortsetzung der monarchischen Tradition in der Republik hatten.

Bei der Innenausstattung des Erweiterungsbaus der Reichskanzlei von Eduard Jobst Siedler und Robert Kisch kam es bei der Einrichtung eines Sitzungssaals zu einer Auseinandersetzung, die nach außen hin nicht sichtbar wurde und auch nur auf den zweiten Blick als Kontroverse zwischen Parteigängern und Gegnern der Republik erkennbar wird. Dieser Saal solle »in erster Linie zur Abhaltung der Konferenzen und Besprechungen der Reichsregierung mit den Landesregierungen dienen und die Bezeichnung ›Ländersitzungssaal‹ erhalten«, wie Hermann Pünder am 1. November 1929 an die Landesregierungen schrieb. »Aus dem Kreise der Landesregierungen ist angeregt worden«, heißt es in diesem Schreiben weiter, »daß die Länder die Ausstattung des Ländersitzungssaals ... übernehmen«.[137] In einem weiteren Schreiben erläuterte der Staatssekretär am 26. November, daß dieser »Anregung der zweifellos schöne Gedanke zugrunde (liegt), in dem Gebäude, in dem die obersten Stellen des Reiches – Reichskanzler, Reichsregierung und Reichskanzlei – ihren Sitz haben, einen sichtbaren Ausdruck des reichen und verzweigten Kulturlebens des Reiches zu geben«.[138]

Zum Zeitpunkt dieses zweiten Briefes lagen bereits einige zustimmende Stellungnahmen vor. Ablehnend verhielt sich nur die preußische Staatsregierung, die auf ihrer Sitzung am 21. November 1929 beschloß, »die Anregung hinsichtlich der künstlerischen Ausstattung des Ländersitzungssaales im Neubau der Reichskanzlei durch die Länder« abzulehnen, wie Pünder in einer Aktennotiz über ein Telefongespräch mit dem Staatssekretär des preußischen Staatsministeriums, Robert Weismann, am 26. November festhielt. »Der Grund für die Ablehnung«, so Pünder weiter, »sei gewesen, daß es sich mit Rücksicht auf die schwebende Reichsreform, bei der der Einheitsstaat eine Rolle spiele, nicht empfehle, der Anregung Folge zu geben.«[139]

Diese Ablehnung wird nur verständlich vor dem Hintergrund der sowohl staatsrechtlichen als auch politischen Sonderstellung Preußens in der föderalistischen Struktur der Weimarer Republik.[140] Die Republik hatte in ihrer Verfassung am bundesstaatlichen

Aufbau des Kaiserreichs grundsätzlich, wenn auch mit einigen wichtigen Modifikationen, festgehalten. Die Länder besaßen nach wie vor ihre Eigenstaatlichkeit und das heißt, daß es neben der Reichsregierung 17 Landesregierungen und neben der Reichsverwaltung entsprechend viele Länderverwaltungen gab. Allein die damit verbundenen immensen Verwaltungskosten und vor allem die Reibungsverluste durch Mehrfacharbeit und Kompetenzstreitigkeiten hätten ausgereicht, ernsthaft den Gedanken eines zentral regierten Einheitsstaates zu verfolgen.

Die Probleme waren besonders gravierend im Verhältnis Preußens zum Reich. Einerseits umfaßte Preußen zwei Drittel des gesamten Reichsgebiets, andererseits blieb die Reichsregierung, wie schon im Kaiserreich, für die Ausführung ihrer Gesetze auf die Behörden der Länder angewiesen. Dadurch wurden in zwei Dritteln des Reichsgebietes die Reichsgesetze von Behörden ausgeführt, die nicht der Reichsregierung, sondern der preußischen Regierung unterstanden, die ihrerseits nur geringen politischen Einfluß auf die Gesetze besaß, die von den ihr unterstellten Behörden ausgeführt werden mußten. Die damit verbundenen Probleme waren um so größer, als in der Republik das Amt des Regierungschefs im Reich, des Reichskanzlers, von dem Amt des Regierungschefs in Preußen, dem Ministerpräsidenten, streng getrennt war. Diese zwar nicht *de jure*, aber *de facto* im Kaiserreich bestehende Personalunion hatte, zusammen mit der Ernennung von Reichsstaatssekretären zu preußischen Ministern, eine enge Zusammenarbeit zwischen den beiden Regierungen in der Wilhelmstraße ermöglicht.

Hinter den verwaltungsrechtlichen und verwaltungspraktischen Problemen verbargen sich also politische Probleme, die in dem Maße wuchsen, in dem die politischen Entwicklungslinien im Reich und in Preußen auseinanderliefen. Während in Preußen der Sozialdemokrat Otto Braun von 1920 bis 1932 – mit einer kurzen Unterbrechung 1924/25 – auf der Basis stabiler Mehrheiten im Landtag an der Spitze demokratischer Regierungen stand, die weitgehend von den Parteien der »Weimarer Koalition« getragen wurden, bestanden die Reichsregierungen seit 1923 aus bürgerlichen Mitte-Rechts-Koalitionen, denen im ersten Kabinett Luther im Jahre 1925 und dann im vierten Kabinett Marx ab 29. Januar 1927 auch Minister der republikfeindlichen *Deutschnationalen Volkspartei* angehörten. Diese tiefe politische Kluft zwischen den beiden Seiten der Wilhelmstraße bot dem preußischen Ministerpräsidenten im Februar 1927 einen Ansatzpunkt für ein neue Initiative zur Reichsreform durch Bildung eines Einheitsstaates.[141]

Braun verfolgte mit dieser Initiative zwei Ziele. Zum einen kam es ihm darauf an, die Kompetenzkonflikte und vor allem die mit dem Finanzausgleich zwischen den Ländern verbundenen Probleme zu lösen, der wohlhabende Länder wie Preußen benachteiligte und Kleinstaaten, die aus eigener Kraft nicht mehr lebensfähig waren, künstlich am Leben hielt. Zum anderen zielte er durch die Bildung von Personalunionen zwischen Preußen und Reich als erstem Schritt auf dem Weg zum Einheitsstaat auf eine Redemokratisierung des Reiches von Preußen aus. Gerade weil eine Reihe anderer konservativ regierter Länder, vor allem aber auch die konservative Reichsregierung, dieses

zweite Ziel sah und den von Preußen notwendigerweise ausgehenden sozialdemokratischen Einfluß fürchtete, sprachen sie sich gegen eine Reichsreform durch Bildung eines Einheitstaats aus oder plädierten für diesen Einheitsstaat nur unter der Voraussetzung, daß zunächst Preußen zerschlagen, seine Provinzen als selbständige Einzelstaaten konstituiert und damit die sozialdemokratische Gefahr beseitigt würde.
Daß in den letzten Jahren der Weimarer Republik der Gegensatz von Einheitsstaat und Bundesstaat zum Inkognito des Gegensatzes von Demokratie und autoritärem Staat wurde, wird deutlich sichtbar an der sogenannten Länderkonferenz, die im Januar 1928 in der Reichskanzlei stattfand und die zwar auf die Initiative Otto Brauns im Februar des Vorjahres zurückging, bei deren Vorbereitung die Reichsregierung jedoch mit besonderem Bedacht die ihrer Meinung nach vom demokratischen Preußen ausgehende Gefahr abzuwehren suchte. Das wichtigste Grundsatzreferat wurde deshalb dem deutschnationalen württembergischen Staatspräsidenten Bazille übertragen, »der alle Bestrebungen zum Einheitsstaat für sozialistische Machenschaften erklärte«.[142] Da der preußischen Initiative über die Länderkonferenz kein Erfolg beschieden war – die Idee, Preußen vor der Bildung des Einheitsstaates zunächst zu zerschlagen, war für die preußische Regierung aus naheliegenden Gründen nicht annehmbar – startete Otto Braun im Jahre 1929 den Versuch, durch die Revision der Gesetze über den Finanzausgleich der Länder die nicht mehr lebensfähigen Kleinstaaten zum Anschluß an Preußen und den großen, aber vom Finanzausgleich abhängigen Rivalen Bayern zum Einlenken zu bewegen.
In dieser Situation mußte der Wunsch des Staatssekretärs in der Reichskanzlei nach symbolischer Präsentation des Föderalismus im Zentrum der Macht der Reichsregierung als symbolpolitische Stellungnahme gegen die Reichsreform gedeutet werden. Die preußische Weigerung verwundert deshalb keineswegs und tatsächlich wurde der Ländersitzungssaal zwar nach dem Vorschlag Pünders von den Ländern, aber ohne preußische Beteiligung eingerichtet.
Als Beitrag der sächsischen Regierung erhielt der Saal, gewissermaßen zur Verstärkung seines Charakters als Symbol des Föderalismus, Fenster, in die die Wappen der Einzelstaaten aus buntem Glas eingefügt waren. Über diese Wappenfenster entwickelte sich von Oktober 1933 bis Februar 1934 ein Briefwechsel zwischen verschiedenen Behörden des Landes Thüringen und dem Staatssekretär in der Reichkanzlei. Am 2. Oktober übermittelte der Vertreter des Landes Thüringen beim Reich den Wunsch der Regierung des Landes, das bisherige thüringische Wappen durch das neue Wappen zu ersetzen, das einen »goldenen, weiß und rot gestreiften Löwen (zeigt), der in der rechten Pranke ein goldenes Hakenkreuz trägt.«[143] In seiner Antwort hielt es der Staatssekretär in der Reichskanzlei »für angezeigt, ... vorläufig von einer Auswechslung des thüringischen Landeswappens abzusehen«, da im Dienstgebäude der Reichskanzlei »eine andere Raumeinteilung beabsichtigt« sei. »Dadurch wird auch der Raum, in dem sich die seinerzeit von der sächsischen Landesregierung gestifteten Wappenfenster befinden, seine Eigenschaft als Ländersitzungssaal verlieren.«

Die thüringische Regierung gab sich mit dieser Antwort keineswegs zufrieden. Ministerpräsident Marschler wandte sich am 17. Januar 1934 persönlich an den Gauleiter der NSDAP-Thüringen und Reichsstatthalter Fritz Sauckel und bat ihn um Intervention in der Reichskanzlei. Daß diese Intervention, die am 12. Februar erfolgte, ohne Wirkung blieb, hängt mit der Tatsache zusammen, daß zu diesem Zeitpunkt der Saal bereits durch Zwischenwände in vier etwa gleich große Arbeitszimmer unterteilt war.[144] Dieser Umbau unter der Bauleitung des Architekten Albert Speer war im Dezember 1933 begonnen und Anfang Januar 1934 abgeschlossen worden, rechtzeitig vor der Verabschiedung des »Gesetzes über den Neuaufbau des Reiches« am 30. Januar 1934, mit dem der Rest der Eigenstaatlichkeit der Länder, der nach der »Gleichschaltung« und der Einsetzung von Reichsstatthaltern noch verblieben war, endgültig beseitigt wurde. Der Umbau, obwohl öffentlich nicht sichtbar und optisch unspektakulär, läßt sich als symbolischer Vorgriff auf eine politisch gravierende Maßnahme interpretieren.

»Der beamtete Mäzen«
Kunst in der Reichskanzlei

Die Frage, ob aus der Art der Kunstwerke, mit denen ein Politiker sich umgibt, Rückschlüsse auf die Politik, die er betreibt, gezogen werden können, läßt sich wohl kaum beantworten; ein Versuch würde überraschende und irritierende Ergebnisse zeitigen. Wahrscheinlich spielt ein hohes Maß an Konventionalität eine Rolle, die nur zum Teil durch gesellschaftliche Anforderungen bedingt ist. Ein Blick auf die Kunstwerke, die im Laufe mehrerer Jahrzehnte zur Ausschmückung der Dienstwohnung des Reichskanzlers und der Diensträume der Reichskanzlei von verschiedenen Museen und Sammlungen angefordert wurden, ist aufschlußreich.
In der ersten Anfrage dieser Art, die aus dem Jahre 1893 stammt, erbat Reichskanzler Leo von Caprivi von der »General-Verwaltung der Koeniglichen Museen« ein gutes Dutzend Gemälde, vor allem niederländischer Meister des 17. Jahrhunderts. Am 16. April 1901 forderte die Gräfin Bülow eine Reihe von Gemälden aus der venezianischen Schule an, auch jetzt wiederum ein Dutzend; am 10. Juni folgten noch einmal vier Bilder, im Ganzen vor allem Madonnen und biblische Szenen. Während Bethmann Hollweg diese »Italienische Tradition« mit einigen weiteren Leihgaben fortsetzte, erbat Graf Hertling schon kurz nach seinem Amtsantritt im Oktober 1917 eine Reihe von Bildern von Malern des 19. Jahrhunderts, unter denen Adolf von Menzel und Karl Graeb hervorragen. Nicht sehr weit davon entfernt waren die Wünsche Philipp Scheidemanns, dem mit einem Schreiben vom 10. Mai 1919 Bilder wie »Niederung mit Brücke und Vieh« aber auch »Dekolletierte Dame mit Schleier und Rose« zur Verfügung gestellt wurden. Reichskanzler Luther schließlich kehrte im März 1925 mit Bildern wie »Heilige Familie« von Annibale Carracci wieder zur italienischen und biblischen Tradition des Reichkanzlerpalais zurück.[145]

Erstaunlich ist gar nicht, daß dieses oder jenes Bild, dieser oder jener Maler, diese oder jene Schule bevorzugt wurde, erstaunlich ist vielmehr die Gleichförmigkeit der Wünsche und die Kontinuität des Geschmacks; fast überflüssig zu sagen, daß nach einer Aufstellung aus dem Jahre 1925 fast alle der im Laufe von dreißig Jahren angeforderten Bilder ungeachtet der Tatsache, daß die jeweiligen Bewohner der Dienstwohnung doch sehr verschiedenen gesellschaftlichen und politischen Milieus angehörten, sich weiterhin als Schmuck im Palais in der Wilhelmstraße 77 befanden und daß die meisten von ihnen schließlich in Hitlers Arbeitszimmer hingen.

Auf die »Kunstpolitik« der Reichskanzlei fällt ein eigenartiges Licht durch einen Vorgang im Jahre 1930, der in engem zeitlichen und sachlichen Zusammenhang mit der Fertigstellung des Erweiterungsbaus steht und erneut den »Bann der Erinnerung« an Bismarck beschwört, in dem auch die Planungsgeschichte des Baus und die Feier der Grundsteinlegung standen. In einem Schreiben an den Magistrat der Stadt Berlin vom 7. März 1930 trug der Staatssekretär in der Reichskanzlei den Wunsch vor, »zur Ausschmückung des Reichskanzlerhauses ein Gemälde anzuschaffen, das mit dem Fürsten von Bismarck und dem von ihm bewohnten historischen Gebäude Wilhelmstraße 77 selber in engem Zusammenhang steht. Ich habe hierfür die Anfertigung einer Kopie des für das Berliner Rathaus von Anton von Werner gemalten berühmten Bildes des Berliner Kongresses im Auge«.[146] Der Magistrat war bereit, die Genehmigung zur Anfertigung einer Kopie unter der Bedingung zu erteilen, daß die Kopie kleiner würde als das mit 6,10 x 3,48 m reichlich große Original. Nachdem auch Lilly von Werner als Erbin ihre Zustimmung erteilt hatte, wurde mit dem Maler Hermann Kröger ein vielfach empfohlener Kopist gefunden, der für ein Honorar von 5500.- M die Arbeit übernahm; die Kopie – ohne Rahmen 4,36 m breit und 2,60 m hoch – wurde im Juli 1931 an die Reichskanzlei geliefert.[147]

Diese Aktion war in der Öffentlichkeit nicht unbeachtet geblieben. Am 13. September 1930 erschien im *Tagebuch* ein Artikel aus der Feder Benedict F. Dolbins, in dem von einem »Schildbürgerstreich« die Rede ist. Für den »beamteten Mäzen« ist »ein Repräsentationsraum ... erst vollendet, wenn ein tüchtiger Pilotyschinken, besser noch, wenn ein richtiger Anton von Werner die Blößen der Wände deckt. Was plant der republikanische Reichsbeamte, da Anton von Werner (gegen dessen Könnerschaft nichts gesagt sei) nicht mehr lebt? Einen heutigen A. v. Werner mit einem Auftrag zu beglücken? Ein Preisausschreiben für eine Historienwand aus der Geschichte der jungen Republik? Gefehlt! Das wäre ja bloß konservativ gedacht. Er plant etwas, wofür die Bezeichnung reaktionär ein unberechtigtes Lob darstellt. Ein Schildbürgerhirn will den ›Berliner Kongreß‹ Anton v. Werners, der die Hauptwand des Berliner Rathauses schmückt, von ›namhaften Künstlern‹ für die Reichskanzlei kopieren lassen!«[148] In der Reichskanzlei reagierte man auf diesen Artikel, dem ein kurze Notiz in der *Berliner Montagspost* vom 1. September vorausgegangen war, mit dem, was man für eine Richtigstellung hielt. Die Kopie sei keineswegs, wie die beiden Artikel unterstellten, für den zum Anfang des Jahres bezogenen Neubau des Bürogebäudes der Reichskanzlei bestimmt – ein Ver-

dacht, der im übrigen nicht ganz abwegig war – sondern für den Kongreßsaal, also den Raum, in dem die Szene spielt, die auf dem Gemälde dargestellt ist.[149]
Um journalistische Hilfe suchend, wandte sich der Staatssekretär an Max Osborn, den ihm persönlich bekannten Kunstredakteur der *Vossischen Zeitung* mit der Bitte, tätig zu werden; er mußte jedoch zu seiner Überraschung aus einem langen Brief Osborns erfahren, daß dieser zwar beruhigt sei zu hören, daß die Kopie nicht für den Neubau bestimmt sei, und daß er sich mit dem Gedanken, eine solche Kopie anzufertigen, »unter Umständen befreunden» könne, daß er diese aber für eine unproduktive Sache halte und daß der Staat gegenüber der zeitgenössischen Kunst »wesentlich andere Verpflichtungen« zu erfüllen habe.[150] Osborn gab diesen Bedenken auch in zwei kurzen Artikeln in der *Montagspost* und in der *Vossischen Zeitung* Ausdruck, schwächte sie aber ab durch eine Information, die er ebenso wie die Redaktion der *Montagspost* von der Reichskanzlei erhalten hatte. Der Staatssekretär hatte die Presse informiert, daß bei der Ausschmückung des Neubaus zeitgenössische Künstler herangezogen würden und er nannte als Beispiel den Ankauf eines »wertvollen Gemäldes eines bedeutenden modernen Malers über die Beisetzungsfeierlichkeiten des Reichsministers Stresemann«.[151]

»Der Ort ist geweihter Boden«
Arbeitszimmer der Reichskanzler

Die Wanderung, die Moritz Busch durch den ersten Stock des »in eminentem Sinne weltgeschichtlichen« Hauses Wilhelmstraße 76 unternommen hatte und in deren Verlauf er unter anderem zu dem Ergebnis gekommen war, daß dieses Haus in den fünfzehn Jahren, in denen Bismarck es bewohnte, das »vornehmste« und »einflußreichste«, aber auch das »unscheinbarste« und »unbequemste« Auswärtige Amt der Welt gewesen sei, fand ihren Höhepunkt im Arbeitszimmer Bismarcks. Dem Besucher des Hauses, der diesen Raum betritt, flüstere, meint Busch, die innere Stimme zu: »Leise, der Ort ist geweihter Boden !«[152]
Die Möblierung des Raumes ist so konventionell und nichtssagend wie nur denkbar.[153] Daß an den Wänden Bilder des Kaisers und anderer Fürsten, der Frau und der Tochter hängen, daß ein Windhund aus Bronze auf der als Aktenablage dienenden Etagere, ein Hirsch und ein Wildschwein aus Gußeisen auf dem Cylinderbüreau stehen, daß auf dem Fußboden ein Löwenfell und auf einem Gestell Pfeifen liegen, hat nicht nur Moritz Busch, sondern auch, ihn abschreibend, all diejenigen Autoren, die im Rahmen des Bismarck-Kultes diesen weihevollen Ort beschrieben sehen wollten, besonders interessiert. Neben all diesen und einer Unzahl weiterer nichtssagender Details sind es jedoch zwei Einzelheiten, die besondere Aufmerksamkeit verdienen.
Da ist die »große Photographie des Präsidenten Grant«, die »auf einem Stuhle neben dem Ofen ... lehnte«, und »die ein hübsch geschnitzter Eichenholzrahmen umgab«. Was immer die Gründe für die Wahl dieses ungewöhnlichen Schmucks gewesen sein

Otto von Bismarck in seinem Arbeitszimmer im Ministerium der auswärtigen Angelegenheiten, Wilhelmstraße 76, um 1867

mögen, am wahrscheinlichsten ist, daß Bismarck für seine Person eine Machtstellung vorschwebte, die der des amerikanischen Präsidenten vergleichbar war. Eindeutig dagegen sind drei den Schreibtisch zierende »Gegenstände: ein Briefbeschwerer mit einem Stück von dem famosen riesigen Zinklöwen, der bis 1864 als Denkmal des Sieges der Dänen bei Idstedt auf dem Flensburger Friedhofe stand und jetzt zu den Trophäen des Berliner Zeughauses gehört, und zwei andere Briefbeschwerer in Form runder dicker Metallscheiben, unter denen der eine von einer 1866 eroberten österreichischen Kanone, der zweite aber von einem 1870 den Franzosen abgenommenen Geschütze stammte«. Patriotische Souvenirs dieser Art konnten über Anzeigen etwa in der *Leipziger Illustrirten Zeitung* bezogen werden und dürften auf Tausenden von Schreibtischen gestanden haben. Sie bilden, in dieser Kombination, ein »Museum der Reichsgründung« *en miniature* auf dem Schreibtisch Bismarcks, einer Reichsgründung, die das Ergebnis von drei Kriegen war.

Dieser Schreibtisch, von dem Busch vermutet, daß er viel erzählen könnte, »wenn er Verstand, Gedächtnis und Sprache hätte« und von dem er hofft, daß ihn »unsere Nachkommen wohl in einem historischen Museum antreffen werden«, hat tatsächlich, auch ohne die drei genannten Eigenschaften zu besitzen, in den folgenden Jahrzehnten im Rahmen symbolpolitischer Manipulationen einen hohen Aussagewert erhalten, um schließlich in einem Museum zu landen. Als Bernhard von Bülow im Jahre 1900 die Reichskanzlei bezog, ließ er, oder vielmehr seine Frau, das Haus nicht nur im venezianischen Stil dekorieren, sondern auch das Arbeitszimmer des Reichskanzlers, das sich seit Bismarcks Einzug im Erdgeschoß befunden hatte, in den ersten Stock in den Raum verlegen, der bei Bismarck als privates Speisezimmer diente und wohl unter seinen beiden Nachfolgern diese Funktion behalten hatte. Das bisherige Arbeitszimmer des Reichskanzlers wurde von Familie Bülow als Speisezimmer benutzt. In einem der kleinen Empfangssalons neben dem Festsaal wurde ein »Bismarck-Zimmer« eingerichtet, eine Art Miniaturmuseum für den Reichsgründer, in dessen Zentrum der Schreibtisch stand. Diese, um in Moritz Buschs Bild vom »geweihten Boden« zu bleiben, Desakralisierung des Bismarckschen Arbeitsraumes durch Musealisierung, verfehlte, gezielt eingesetzt, ihre symbolpolitische Wirkung nicht. »Als Herbert«, Bismarcks ältester Sohn, der gewissermaßen der geborene Nachfolger einer »Dynastie Bismarck« gewesen wäre, »einmal im zweiten oder dritten Jahr meiner [Bülows] Kanzlerschaft bei uns aß, zeigte ihm meine Frau die verschiedenen Räume des ihm so wohlbekannten Reichskanzlerpalais und führte ihn schließlich auch in das sogenannte ›Bismarck-Zimmer‹, wo wir alle Erinnerungen an den Fürsten gesammelt hatten und das nur seinem Andenken geweiht war.«[154] Herbert Bismarck soll »sehr bewegt« gewesen sein; aus der weiteren Schilderung Bülows wird jedoch deutlich, daß er auch verärgert war und zumindest die Doppelbotschaft verstanden hatte, daß das Arbeitszimmer seines Vaters, in das einzuziehen er so lange gehofft hatte, jetzt ein Speisezimmer war und daß der Schreibtisch, an dem er hatte sitzen wollen, jetzt in einem Museum stand, wo man sich gar nicht an Schreibtische setzen darf.

Das »Bismarck-Zimmer« blieb auch bei den Nachfolgern Bülows bestehen, und es überstand Krieg und Revolution, mußte dann jedoch aus Platzgründen geräumt werden. Es paßt gut zu der bei der Darstellung der Planungsgeschichte des Erweiterungsbaus der Reichskanzlei bereits sichtbar gewordenen Faszination, die in der zweiten Hälfte der Weimarer Republik auch für die Mitglieder republikanischer Parteien und für hohe Reichsbeamte von der Person Bismarcks ausging, daß im Zusammenhang mit der Übergabe des Erweiterungsbaus Ende Dezember 1930 und der damit einhergehenden räumlichen Entlastung in der Wilhelmstraße 77 erneut die Einrichtung eines Bismarck-Museums in der Reichskanzlei geplant wurde.

»Die Reichskanzlei hat in Aussicht genommen«, beginnt ein Brief, den Hermann Pünder im März und April 1930 verschiedenen Adressaten mit der Bitte um Unterstützung bei der Verwirklichung des Plans zukommen ließ, »nach Fertigstellung ihres Erweiterungsbaus die noch vorhandenen zahlreichen Erinnerungsstücke an den Altreichskanzler Fürsten von Bismarck in einem Museum zu sammeln und dieses in einigen nach Bezug des Erweiterungsbaus freiwerdenden Räumen des Reichskanzlerhauses unterzubringen.«[155] Mit diesem Museum könne, wie Pünder bereits im Jahr zuvor in einem Schreiben an den Enkel des ersten Reichskanzlers, den Gesandtschaftsrat von Bismarck an der deutschen Botschaft in London formuliert hatte, der »Genius Ihres Herrn Großvaters mehr noch als bisher dem deutschen Volke nahegebracht werden«.[156]

Der Staatssekretär nahm den vierzigsten Jahrestag der Entlassung Bismarcks am 20. März 1930 zum Anlaß für einen Artikel in der *Vossischen Zeitung*, in dem er das Museums-Projekt der Öffentlichkeit vorstellte. »Dieses Bismarck-Museum wird in den eigentlichen Diensträumen des Fürsten Bismarck im Erdgeschoß des alten Reichskanzlerhauses eingerichtet werden. Es kommen drei Räume in Betracht: ein Vorsalon, in dem Bismarck als preußischer Ministerpräsident seine Staatsministerialsitzungen abzuhalten pflegte, das anschließende Arbeitszimmer des Altreichskanzlers und der rückwärtige Gartensaal, der dem Fürsten zur Ruhe und Entspannung sowie zu Einzelgesprächen diente. Diese drei Räume werden wieder in ihren alten Zustand versetzt

Der Kabinettsitzungssaal in der Reichskanzlei Wilhelmstraße 77, 1928

werden.« Pünder begründete diesen Plan mit der Berufung auf den »mißverstandenen Bismarck«, der wiederholt von Gustav Stresemann, auf den Pünder sich ausdrücklich bezieht, als Bürge für die Richtigkeit der Verständigungspolitik der republikanischen Regierungen beschworen wurde, und zwar gegen diejenigen, die, wie es in Pünders Artikel aus dem Jahre 1930 in Anknüpfung an Stresemanns Reden heißt, »heute in ihrer scharfen Kritik der Regierungsarbeit der ersten zehn Nachkriegsjahre der deutschen Republik so oft glaubten, sich auf Bismarck beziehen zu können«.[157]
Der Plan ist nicht verwirklicht worden. Vermutlich wäre weniger ein Museum als eine Gedenkstätte entstanden, eine Rückkehr auf den »geweihten Boden« und damit sicher auch ein Stück Resakralisierung im Banne des Bismarck-Mythos. Diese Gedenkstätte hätte Besuchern der Reichskanzlei den Wunsch der Politiker und Beamten, an die in Bismarck verkörperte Tradition anzuknüpfen, deutlicher vor Augen geführt, als dies mit dem einmaligen Ereignis der Grundsteinlegung möglich war. Der Schreibtisch landete 1935, nach einem komplizierten Briefwechsel, im Bismarck-Museum in Friedrichsruh.[158]
Die Tatsache, daß Bernhard von Bülow das Arbeitszimmer des Reichskanzlers aus dem Erdgeschoß in den ersten Stock, aus der Etage, die den Geschäften der Reichskanzlei vorbehalten war, in die Privaträume der Wohnung des Reichskanzlers verlegte, macht noch einmal mit aller Deutlichkeit sein Amtsverständnis klar, das wenig mit den laufenden Geschäften des »Gouvernement« zu tun haben wollte, um Bülows eigene For-

Der Kabinettsitzungssaal im Erweiterungsbau der Reichskanzlei Wilhelmstraße 78, 1930.
Im Hintergrund das Bismarck-Porträt von Franz Lenbach

mulierung zu benutzen. Er verstärkte diese Isolierung durch die Einrichtung eines Vorzimmerdienstes, über den der Hofrat Pinkow noch ein Vierteljahrhundert später klagte: »Graf von Bülow ignorierte das Büro vollkommen, als wenn es nicht vorhanden wäre, schloß sich im Hause dem Büro gegenüber ab und setzte zwei Bürobeamte des Auswärtigen Amtes in seine direkte Nähe zu einem sogenannten ›Vorzimmerdienst‹«.[159] Dieser Vorzimmerdienst wurde nun keineswegs, wie Pinkow sich zu erinnern meint, sofort nach dem Amtsantritt von Unterstaatssekretär Friedrich Wilhelm von Loebell als Chef der Reichskanzlei im Jahre 1904 auf dessen Betreiben hin aufgelöst. Er bestand vielmehr bis Oktober 1908, also fast die gesamte Amtszeit Bülows, der wenige Monate später, im Juli 1909 zurücktrat.[160] Die Auflösung dieses Vorzimmerdienstes erfolgte keineswegs aus freien Stücken, sondern in der Folge eines Gerichtsverfahrens im Herbst 1907, das Bülow gegen den Schriftsteller Adolf Brand angestrengt hatte, der die Behauptung aufgestellt hatte, der Reichskanzler unterhalte homosexuelle Beziehungen zu einem der beiden Mitarbeiter des Vorzimmerdienstes, dem Kanzlisten Scheefer, der kurz zuvor auf Betreiben Bülows zum Geheimen Regierungsrat ernannt worden war. Dieser in der Tat ungewöhnliche Karrieresprung war von Bülow, der im übrigen das Gericht von der Haltlosigkeit der Behauptungen Brands zu überzeugen vermochte, mit der besonderen Qualität der Arbeit in der Reichskanzlei so ungeschickt begründet worden, daß die *Volkswirtschaftliche Korrespondenz* diese Äußerungen zum Anlaß für die

Das Arbeitszimmer des Reichskanzlers in der Reichskanzlei Wilhelmstraße 77, 1928

Vermutung nahm, die Dienstgeschäfte der Reichskanzlei ließen sich durch ein »Bürofräulein« erledigen.[161] Die daraufhin notwendigen Richtigstellungen brachten die Existenz eines persönlichen Regierungsbüros des Reichskanzlers neben der Reichskanzlei zutage. Diese Tatsache, zusammen mit dem immer noch nicht hinreichend begründeten Karrieresprung Scheefers und dem gleichzeitigen Eulenburg-Skandal – ohne den es zu den Behauptungen Brands und zu dem Prozeß gegen ihn wohl nie gekommen wäre – führten in der Öffentlichkeit zu einer Diskussion über den Zusammenhang von Homosexualität und der Tätigkeit von einflußreichen, aber inoffiziellen und unverantwortlichen Ratgebern, die zu der Auflösung des »Spezial Kanzlei-Büro« genannten Vorzimmerdienstes und der Übergabe der Aufgaben dieses Dienstes an die zuständigen Mitarbeiter der Reichskanzlei zwang.

Die Umkehrung und Ergänzung dieser bürokratischen Isolierung war Bülows überdeutliche Anlehnung an den Kaiser, die auch in der Ausstattung seines Arbeitszimmers sichtbar wurde. In dem bereits angeführten Artikel in der Zeitschrift *Über Land und Meer* aus dem Jahre 1909 findet sich eine ausführliche Beschreibung des Interieurs dieses Arbeitszimmers. Daß sich hier Bilder des Kaisers und der Kaiserin ebenso finden wie Büsten Friedrichs II. und Wilhelms I. ist nicht weiter verwunderlich; daß dieser Raum aber neben den obligatorischen Porträts gleich mehrere große Büsten Wilhelms II. aufzuweisen hat, ist fast so verräterisch wie ein ansonsten abseitiges Detail. Bülow hat

Das Arbeitszimmer des Reichskanzlers im Erweiterungsbau der Reichskanzlei Wilhelmstraße 78, 1931

hinter seinem Schreibtisch ein Stehpult mit einer Sitzgelegenheit kombiniert, die aus einem auf ein drehbares Gestell montierten Sattel besteht. Solche Sattelstühle pflegte Wilhelm II. zu benutzen und die Imitation dieser kaiserlichen Schrulle ist ein ebenso plumpes wie deutliches Signal für den kaiserlichen Besucher, aber auch für alle anderen, die das Arbeitszimmer des Reichskanzlers betreten durften und die Angewohnheit Wilhelms II. kannten.[162]

Die Nachfolger Bülows im Kaiserreich und in der Republik behielten nicht nur dieses Arbeitszimmer, sondern auch das Mobiliar bei, das im Laufe der Jahre wohl gelegentlich noch ergänzt wurde. Mit der Fertigstellung des Erweiterungsbaus Ende Dezember 1930 konnte der Reichskanzler ein neues Arbeitszimmer beziehen, das mit ca. 60 qm etwa genau so groß war wie das alte Arbeitszimmer, das jetzt wieder als privates Speisezimmer benutzt werden sollte und nach der Umgestaltung durch Paul Ludwig Troost im Jahre 1934 Hitlers Schlafzimmer wurde. Für das neue Arbeitszimmer des Reichskanzlers und für das des Staatssekretärs konnten eigens von Robert Kisch entworfene Möbel neu angefertigt werden;[163] der Plan, den Neubau vollständig neu einzurichten, konnte aus finanziellen Gründen nicht verwirklicht werden. Während für die Diensträume der mittleren und unteren Beamten weitgehend auf Möbel aus den bisherigen Büroräumen zurückgegriffen werden mußte, die sich »in einem geradezu miserablen Zustand« befänden, wie Pünder am 15. November 1929 in einem Brief an Johannes Po-

Der »Rote Saal« im Erweiterungsbau der Reichskanzlei Wilhelmstraße 78, 1930

pitz schrieb, den Staatssekretär des Reichsfinanzministeriums, das bei den beantragten Mitteln erhebliche Abstriche durchgesetzt hatte, wurden die Repräsentationsräume schließlich mit Mobiliar aus dem Schloß Koblenz bestückt, das 1922 vom Reichsministerium für die besetzten Gebiete dem Staat Preußen abgekauft worden war, um es für die Einrichtung der Diensträume der französischen Besatzungsbehörden zur Verfügung zu stellen. Nach dem Ende der Rheinlandbesetzung im Juni 1930 waren diese Möbel frei geworden für die Nutzung in anderen Reichsbehörden.[164]

Daß Hitler am Arbeitszimmer des Reichskanzlers im Siedler-Bau keinen Gefallen finden würde, verwundert keineswegs; er brachte dieses Mißfallen wiederholt durch den Vergleich mit einer »Zigarrenkiste« oder mit dem »geschmacklosen Zimmer eines Generalvertreters für Zigaretten und Tabakwaren in einem mittleren Unternehmen« zum Ausdruck und wiederholte damit nur den Vergleich des ganzen Gebäudes mit dem »Verwaltungsgebäude eines Seifenkonzerns«.[165] Es spricht einiges dafür, daß Hitler tatsächlich diesen Raum nicht mochte, dessen Innenausstattung, anders als die Fassade, keiner konservativen Überarbeitung unterzogen worden war.

Im Dezember 1933 wurden deshalb die Arbeitszimmer des Reichskanzlers und des Staatssekretärs und die dazugehörigen Warteräume, Empfangsräume und Vorzimmer neu unterteilt. Dieser Umbau war Hand in Hand gegangen mit der Verlegung der bei-

Blick in das Arbeitszimmer Adolf Hitlers im ehemaligen »Roten Saal« im Erweiterungsbau der Reichskanzlei Wilhelmstraße 78, 1935

den Arbeitszimmer in den etwa 110 qm großen »Roten Saal« für Hitler und in den Kabinettssitzungssaal für Hans Heinrich Lammers, der von Hitler bereits am 1. Februar 1933 zum neuen Staatssekretär in der Reichskanzlei ernannt worden war und der in einem Schreiben an den Reichsfinanzminister den Umbau mit dem Argument begründete, das Gebäude enthalte »übergroße Räume und selten benötigte Säle, (die) zu geeigneten Arbeitsräumen umgestaltet werden sollen«. Der Staatssekretär ließ im Brief an denjenigen, der vor allem auch das Verhältnis von Aufwand und Ergebnis im Auge haben mußte, kunstvoll ungesagt, daß, abgesehen von der Unterteilung des Ländersitzungssaals, von einem eigentlichen Raumgewinn gar nicht gesprochen werden konnte. Dieser hätte nur erreicht werden können, wenn auch in die beiden anderen Säle Zwischenwände eingezogen worden wären, da die Unterteilung der bisherigen Räume des Kanzlers und des Staatssekretärs einschließlich der dazu gehörigen Nebenräume ein einziges zusätzliches Arbeitszimmer erbrachte. Da zwei der Räume nach dem Anbau des Balkons im Mai 1935 als Zugang zu diesem Balkon dienten, fiel trotz der Unterteilung die Bilanz sogar negativ aus. Der Staatssekretär, der in seinem Brief mehrere Möglichkeiten offen gelassen hatte, und durch die Formulierung, es käme darauf an, »das Gebäude zweckvoll zu nutzen«, suggerierte, es würde allein das sachlich Angemessene getan, beherrschte offenbar die hohe Kunst bürokratischer Vieldeutigkeit. Man wird den

Rückzug Hitlers aus der Nähe der Diensträume der Reichskanzlei in einen bisher der Repräsentation vorbehaltenen Festsaal wohl als Rückzug aus dem Bereich der einschränkenden bürokratischen Regelhaftigkeit in eine Sphäre der Außeralltäglichkeit interpretieren können, dem als Gegenstück der 1935 angebaute Balkon als Bühne für den Auftritt vor jubelnden Massen diente. Die Möbel aus der Produktion der *Vereinigten Werkstätten für Kunst im Handwerk* nach Entwürfen von Troost stehen mit ihrer fast tektonische Schwere in einem noch größeren Gegensatz zu dem einigermaßen schlichten Gehäuse als das Rokokomobiliar aus dem Koblenzer Schloß. Es drängt sich der Eindruck auf, als habe sich der Innenarchitekt an den Interieurs mittelalterlicher Burgen und Barockschlösser orientiert, wie man sie aus UFA-Filmen kannte.
Bei der Kommentierung eines Details der Inneneinrichtung dieses Arbeitszimmers nutzte Hitler eine Argumentationsstrategie, mit deren Hilfe er sich von seinen Vorgängern im Amt des Reichskanzlers distanzieren konnte, eine Distanzierung, die um so notwendiger war, als er ja gerade eben das Haus bezogen hatte, das auch seine Vorgänger benutzt hatten. Im Zentrum steht auch jetzt eine Bismarck-Reliquie, nicht der Schreibtisch, sondern der Schreibtischstuhl. Friedrich Christian Prinz zu Schaumburg-Lippe, der von 1933 bis 1935 Chefadjutant bei Goebbels war, berichtet von einer Besichtigung des gerade fertiggestellten Arbeitszimmers. »Ein großer Raum. Einige wenige, alte italienische Bilder. An einem Ende ein wunderbarer, riesiger Schreibtisch – von Professor Troost entworfen. Dahinter ein ganz einfacher, fast etwas spießig wirkender Stuhl. Bei diesem Stuhl bleibt der Führer stehen. ›Auf diesem Stuhl hier hat Bismarck immer gesessen‹, sagt er. ›Ich werde ihn aber nicht behalten‹, – ›ich mag das nicht – alle meine Vorgänger haben sich natürlich sofort in Bismarcks Stuhl gesetzt. – Ich muß sagen, so ehrwürdig so ein Möbel vielleicht ist, man achtet doch solch ein Ding – aber sich nun selbst auch wieder dahinein zu setzen – nein, das tue ich nicht.‹[166] Damit ist nicht nur der notwendige Distanzgewinn gegenüber denen, die sich angeblich in Bismarcks Stuhl setzten, erreicht, sondern auch der Verehrung für Bismarck Ausdruck gegeben, der im Vergleich mit seinen Nachfolgern und Hitlers Vorgängern natürlich herausragt. Zugleich wird deutlich gemacht, daß diese Verehrung für Bismarck darin besteht, sich eben nicht in dessen Stuhl zu setzen, und das heißt zugleich, derjenige zu sein, der das damit verbundene Erbe wirklich antreten wird, indem er es noch übertreffen wird. Ob Bismarcks Stuhl, der sich damals noch in der Reichskanzlei befand, wo er in dem nicht verwirklichten Bismarck-Museum hatte Platz finden sollen, und der schließlich 1935, zusammen mit dem Schreibtisch, nach Friedrichsruh gebracht wurde, tatsächlich in den ersten Wochen zu Demonstrationen dieser Art im neuen Arbeitszimmer Hitlers stand, läßt sich leider nicht überprüfen. Entscheidend ist, daß er zumindest für die Öffentlichkeit hier stand, wie ein Bericht mit dem Titel »Hier arbeitet der Führer des Reiches« im *Völkischen Beobachter* vom 21. August 1934 glauben macht, wo es heißt, daß »der schlichte Stuhl, der hinter dem gewaltigen Schreibtisch steht, im Stil einer vergangenen Epoche geschnitzt, mit mausgrauem Samt bezogen, der Arbeitsstuhl Bismarcks« gewesen sei.[167]

Das Arbeitszimmer Adolf Hitlers im Neubau der Reichskanzlei, 1939
Im Hintergrund das Bismarck-Porträt von Franz Lenbach

Bismarck blieb im Arbeitszimmer Hitlers präsent durch das ganzfigurige Bild von Lenbach. Dieses Bild hatte »Seine Majestät der Kaiser und König aus Anlaß der 25jährigen Wiederkehr des Tages der Kaiserproklamation in Versailles dem Reichskanzlerpalais zu verleihen geruht« wie Oberhofmarschall von Eulenburg am 7. November 1896 an Reichskanzler Hohenlohe-Schillingsfürst bei der Übersendung schrieb, und es hatte seither als Bismarck-Ikone alle politischen Systemveränderungen überdauert.[168] Es hatte den Sitzungssaal des Kabinetts in der Wilhelmstraße 77 geschmückt und war in den neuen Sitzungssaal im Siedler-Bau übernommen worden. Es war wiederum das einzige neue Bild, das bei der Umwandlung des »Roten Saals« in Hitlers Arbeitszimmer gebracht wurde; alle anderen Bilder, eben jene von dem Prinzen zu Schaumburg-Lippe genannten alten italienischen Bilder, hatten hier bereits zuvor ihren Platz genau an den Stellen, an denen sie auch nach der Umwandlung des Raumes hingen, unter ihnen ein »Doge« von Tintoretto und eine »Thronende Madonna mit Kind und Heiligen« von Francesco Vecellio, die beide, wie die anderen italienischen Bilder auch, zu den »Wundern des Südens« gehörten, von denen der *Tag* 1924 in nostalgisch verklärtem Rückblick auf die Amtszeit Bernhard von Bülows geschwärmt hatte, der diese Bilder im Rahmen der Neueinrichtung des Reichskanzlerpalais im Jahre 1901 als Leihgaben aus dem Kaiser-Friedrich Museum erbeten hatte. Daß Hitler diese Bilder in der Einleitung

zum Prachtband über *Die Neue Reichskanzlei* als »schlechte Leihgaben aus preußischen Sammlungen« bezeichnete«, gibt nur einen weiteren Hinweis auf die Tatsache. daß solche ästhetischen Urteile rein polemische und propagandistische Funktion besaßen.[169]
Die Bismarck-Ikone landete schließlich im Arbeitszimmer Hitlers in der neuen Reichskanzlei, wo sie zusammen mit der Porzellan-Replik eines Reiterstandbilds von Friedrich dem Großen auf dem Kartentisch ein geläufiges ikonographisches Programm bildete, das sich so auch in den anderen Arbeitszimmern Hitlers im »Berghof« auf dem Obersalzberg und im »Führerbau« in München, aber auch im sogenannten privaten Arbeitszimmer Hitlers in der Wilhelmstraße 77 fand.[170] Im Arbeitszimmer in der neuen Reichskanzlei stand zudem eine Bronzebüste Hindenburgs, die zuvor im Arbeitszimmer des Reichskanzlers im Erweiterungsbau von Siedler gestanden hatte. In Hindenburgs Arbeitszimmer übrigens, das im Zuge einer Bildreportage fotografiert und von der Journalistin Bella Fromm beschrieben wurde, fanden sich nicht nur »Kriegsgemälde an den Wänden: ›Schwerins Tod bei Prag‹«, sondern auch »ein Porträt des Eisernen Kanzlers, ein Bild von Friedrich II.«.[171] Im übrigen gehörten der »Große König« und der »Eiserne Kanzler« auch zur ikonographischen Grundausstattung des Arbeitszimmers von Josef Goebbels im Propagandaministerium.
Spätestens im Zweiten Weltkrieg trat Bismarck gegenüber Friedrich dem Großen in den Hintergrund. Bereits im April 1935 ließ sich Hitler aus der Nationalgalerie im Tausch gegen einen Lenbach-Bismarck, der, so der Vermerk in dem Briefwechsel, aus seinem Privatbesitz stammte, ein Porträt Friedrichs des Großen von Antoine Pesne schicken.[172] Ein weiteres Friedrich-Porträt von Anton Graff soll das einzige Bild gewesen sein, das Hitler in das Führerhauptquartier mitnahm und das schließlich im sogenannten »Wohnzimmer« im Führerbunker unter der Reichskanzlei hing.[173] Dieses Bild war der stumme Zeuge einer Szene, die sich Anfang April 1945 abgespielt haben soll. Goebbels will dem »vollständig niedergeschlagenen Führer« aus Carlyles *Geschichte Friedrichs des Großen* das Kapitel vorgelesen haben, in dem die aussichtslose Lage im Winter 1761/62 geschildert wird. Die Wende, das »Mirakel des Hauses Brandenburg«, die damals mit dem Tod der Zarin Katharina eingetreten sei, war geeignet, bei denen, die im Bunker fernab aller Realität auf Wunder warteten, Hoffnungen zu nähren, die mit dem Tod des amerikanischen Präsidenten Roosevelt am 13. April 1945 einen letzten Höhepunkt erreichten.[174]

DIE REGIERENDE BÜROKRATIE

Beamtenpolitik, Politische Beamte und die Herrschaft der Kanzleien

Der Alltag in den Reichsämtern und Ministerien der Wilhelmstraße war geprägt von der Routinetätigkeit der Verwaltung oberster Behörden. In deren Zentrum stand die Ausarbeitung von Gesetzen und Ausführungsverordnungen einerseits, die Aufsicht über die mit der Ausführung beauftragten Mittel- und Unterbehörden andererseits. Diese zweite Aufgabe oblag allerdings bis 1918 nur den preußischen Ministerien, da die Reichsverwaltung bis zum Ende der Monarchie – mit Ausnahme der Post- und Telegrafenverwaltung – über keine ausführenden Behörden verfügte und deshalb für die Ausführung der Reichsgesetze auf die entsprechenden Behörden der Bundesstaaten angewiesen war. Dabei blieb es auch in der Republik, wobei zwar eine Reihe von Aufgaben vor allem in der Finanzverwaltung von Mittelbehörden des Reiches übernommen wurde, die meisten Aufgaben jedoch und zwar insbesondere die der allgemeinen und inneren Verwaltung, der Justizverwaltung und der Kulturverwaltung bei den Mittel- und Unterinstanzen der Länder verblieben, zu denen in Preußen die Regierungspräsidien für die Bezirke und die Landratsämter für die Kreise gehörten. Erst mit der sogenannten Gleichschaltung der Länder und der Aufhebung ihrer Eigenstaatlichkeit in den Jahren 1934 und 1935 wurden die preußischen Mittel- und Unterbehörden direkt den jetzt mit den entsprechenden preußischen Ministerien verbundenen Reichsministerien unterstellt.

Die Hauptlast der Arbeit in den Zentralbehörden trugen die höheren Beamten, deren Zahl erstaunlich niedrig war. In den neunziger Jahren des 19. Jahrhunderts sollen in den Reichsämtern etwa 120 und in den preußischen Ministerien etwa 200 Beamte vom Vortragenden Rat aufwärts tätig gewesen sein.[1] Nicht mitgezählt sind hier allerdings die als Referenten oder Hilfsreferenten fungierenden Oberregierungsräte und Regierungsräte, deren Zahl noch einmal genau so groß gewesen sein dürfte. Man hat festgestellt, daß – sieht man vom Anstieg während des Ersten Weltkriegs ab, der durch den Personalabbau in der Republik offenbar wieder ausgeglichen wurde – zwischen 1913 und 1926 in Preußen keine nennenswerte Personalvermehrung stattgefunden hat und daß 1926 in den preußischen Ministerien sieben Staatssekretäre, 37 Ministerialdirektoren und Ministerialdirigenten und 415 Referenten bzw. Hilfsreferenten, also insgesamt ca. 500 höhere Beamte tätig waren.[2]

Neben den höheren Beamten, zu denen vor 1918 auch die preußischen Minister zählten, die ja keineswegs aus dem Parlament hervorgingen, sondern den üblichen Karriereweg genommen hatten, waren eine große Zahl von Unterbeamten und Beamten der mittleren Laufbahn in den Ministerien tätig, über deren Zahl allerdings keine Angaben vorliegen. Die Unterbeamten übten einfache, mechanische Tätigkeiten oder Hilfsfunktionen aus. Die mittleren Beamten, die bis 1912 Subalternbeamte genannt wurden, stellten mit zwei Dritteln den weitaus größten Teil des Verwaltungspersonals. Der Größe dieser Gruppe entsprach die Vielfalt und die Abstufung der Anforderungs- und Leistungsunterschiede. Auf den unteren Stufen waren die Grenzen zu den einfachen Tätigkeiten der Unterbeamten nicht immer ganz klar gezogen, während an der Spitze Beamte wie die sogenannten Expedierenden Sekretäre standen, die selbständig Briefkonzepte entwarfen und deren Vorbildung und Qualifikation sich oft kaum von denen der Angehörigen des höheren Dienstes unterschieden.[3]

Im höheren Dienst bildeten die Inhaber der Leitungsstellen die besondere Gruppe der sogenannten »politischen Beamten«, die bei Regierungswechseln jederzeit ohne Angabe von Gründen in den einstweiligen Ruhestand versetzt werden konnten. In diese Kategorie gehörten Spitzenbeamte wie Oberpräsidenten, Regierungspräsidenten, Polizeipräsidenten und Landräte in der Provinz, Staatssekretäre, Unterstaatssekretäre, Ministerialdirektoren und die Inhaber der höheren diplomatischen Ränge in den Zentralbehörden und auf Auslandsmissionen, Beamte also, die in ihrer jeweiligen Stellung einen gewissen Einfluß auf die Regierungspolitik auszuüben in der Lage waren.[4]

Die Institution der politischen Beamten macht zur Genüge deutlich, daß kein klarer Trennungsstrich zwischen Politik einerseits und Verwaltung andererseits gezogen werden kann. Es ist ja keineswegs so, daß Monarchen und Präsidenten, Kanzler und Minister, Parlamente und Kabinette den politischen Rahmen vorgeben, innerhalb dessen die Ministerialbeamten nur noch ausführen, was materiell zu bestimmen sich ihrer Einflußnahme entzieht. Hier besteht vielmehr ein Spielraum, in dem auf der Ebene der Formulierung von Gesetzestexten und Ausführungsbestimmungen, aber auch der Wortwahl und des Tonfalls der Beratung die politische Richtung wesentlich bestimmt werden kann. Daß über diesen Einfluß nicht nur die politischen Beamten verfügten, sondern auch Inhaber von Stellen unterhalb dieser Ebene, kann durch das Zeugnis von zwei Personen plausibel gemacht werden, einem Repräsentanten des Kaiserreichs und einem Repräsentanten der Weimarer Republik, die nach Herkunft, Lebenslauf und politischer Mentalität durch Welten voneinander getrennt waren, und zwar Reichskanzler Otto von Bismarck einerseits, und Robert M. W. Kempner andererseits, der von 1928 bis 1933 Chefjustitiar der Polizeiabteilung des Preußischen Innenministeriums war und nach zwölfjähriger Tätigkeit als Rechtsanwalt im amerikanischen Exil ab Oktober 1945 als stellvertretender Chefankläger bei den *Nürnberger Prozessen* amtierte.

Bismarck berichtet in seinen Memoiren, daß zwei Minister seines ersten Kabinetts, der Finanzminister Ernst von Bodelschwingh und der Handelsminister Graf Itzenplitz, nicht imstande gewesen seien, »ihre Ministerien zu leiten. Beide beschränkten sich darauf, die Beschlüsse ihrer sachkundigen Räte mit ihrer Unterschrift zu versehen... Die sehr sachkundigen Mitglieder des Finanzministeriums gehörten innerlich der Mehrzahl nach der Opposition gegen das Konfliktsministerium an« – des Ministeriums also, das Bismarck im September 1862 bildete, um im Konflikt über die Heeresreform die Position seines Königs gegen die liberale Mehrheit des preußischen Abgeordnetenhauses durchzufechten – »betrachteten dasselbe als eine kurze Episode in der liberalen Fort-

Reichskanzler Otto von Bismarck beim Vortrag bei Kaiser Wilhelm I. Holzstich nach einem Gemälde von Franz Siemenroth

bildung der bürokratischen Regierungsmaschine; und wenn die Tüchtigsten unter ihnen zu gewissenhaft waren, um die Tätigkeit der Regierung zu hemmen, so leisteten sie doch einen passiven Widerstand, wo ihr amtliches Pflichtgefühl ihnen einen solchen erlaubte und der immerhin nicht unerheblich war.« So sei Graf Itzenplitz in der Strömung getrieben, »welche seine Untergebenen ihm herstellten«, und »Herr von Bodelschwingh, der nach seiner persönlichen Stellung die äußerste Rechte unter uns Ministern bildete«, habe »in der Regel mit seinem Votum die äußerste Linke« eingenommen. Sieht man davon ab, daß Bismarck hier seine Abneigung gegen liberale Geheimräte zum wiederholten Male zum Ausdruck bringt, bleibt der Hinweis auf den Einfluß, den auch Beamte hatten, die nicht zur Kategorie der »politischen Beamten« gehörten.[5]

Robert M. W. Kempner, der aus seiner eigenen Tätigkeit als Ministerialbeamter mit den internen Prozessen der Entscheidungsvorbereitung und Entscheidungsfindung wohl vertraut war, hat in seinen Erinnerungen die Möglichkeit bürokratischer Einflußnahme sehr anschaulich beschrieben: »Die Vortragenden Räte halten dem Minister Vortrag. Zur Kaiserzeit gab es Vortragende Geheime Räte verschiedener Klassen, oft Träger des Roten Adlerordens, unter Umständen mit dem Titel ›Exzellenz‹. Das waren keine Müßiggänger, das waren die Herren, die tatsächlich etwas mit der linken und mit der rechten Hand zugleich tun konnten. Die Sachen, die von ihnen vorgetragen wurden, hatten oft große politische Bedeutung, dazu mußten die Zeitungsartikel beurteilt, mit Abgeordneten verhandelt werden. Wenn jemand Vortragender Rat war, war er eben jemand, auch wenn er gar nicht so oft vorgetragen hat. Auf den konnte sich der Minister unerhört verlassen und stützen, das waren keine Leute, die hinten herum zur Presse gingen. Der Vortragende döste nicht auf dem Büroschimmel, das einzig Bürokratische, das er an sich hatte, war seine schwarze seidene Jacke. Denn wenn er zum Dienst kam, zog er seine gewöhnliche Jacke aus und holte aus seinem Schrank die schwarze seidene Jacke, die er nur dann auszog, wenn er beim Minister Vortrag hielt. Der Vortragende Rat wußte ganz genau – ich kannte viele dieser Herren aus der Königlichen Zeit, und sie haben mir viel beigebracht – daß die Entscheidung des Ministers zu neunzig Prozent davon abhängt, wie der Vortragende Rat vorträgt (das hat man mir auch beigebracht). Dadurch wird der Chef in die gewisse Richtung dirigiert, wenn man richtig vortrug, sagte der Betreffende: ›Ich bin damit einverstanden, Herr Sowieso‹.«[6] August Stein hat, diesen ganzen Komplex zusammenfassend, in einem Artikel in der *Frankfurter Zeitung* im September 1907 behauptet, »daß nicht immer und nicht in jedem Falle der Kaiser und König und – secundum ordinem – der Herr Reichskanzler und die hochgebietenden Herren Minister der Ursprung und die Träger der Regierungsaktionen gewesen sind, sondern oft Männer, die in der staatlichen Hierarchie einen geringeren Posten einnehmen.« Er bezieht sich auf einen Artikel, den er im Vorjahr an gleicher Stelle veröffentlicht hatte. »Die scheinbar einfache Frage«, hatte es dort geheißen, »wer regiert, wird der Kandidat im Examen auf Grund der Verfassung und des Staatsrechts beantworten, der Berufspolitiker nach den tatsächlichen Verhältnissen.« Wenn, so Stein weiter, diese tatsächlichen Verhältnisse zur Sprache kommen, »nennt man ... den einen oder anderen Ministerialdirektor aus dem Kultusministerum oder aus einem anderen Ressort und versteht unter ihnen ganz mit Recht diejenigen, die meist ... weitgehenden Einfluß auf die Leitung der Staatsgeschäfte im großen und im kleinen und, was so wichtig ist, auch auf Personalfragen beim Wechsel von Kanzlern, Ministern und hohen Beamten ausgeübt haben.« Der Journalist bemühte zur Veranschaulichung einen Vergleich aus dem Alltagsleben: »Wer nur nach dem bürgerlichen Gesetze und Eherechte über die Stellung des Ehemannes und Familienvaters urteilt, der wird in manchen Fällen tief erstaunt sein über die Macht, die in diesem oder jenem Hause statt des Herrn die Frau oder ihre Mutter, ein kluger Freund oder ein kräftiger Hauslehrer, zuweilen auch ein Kammerdiener oder eine alte Köchen ausüben.«[7]

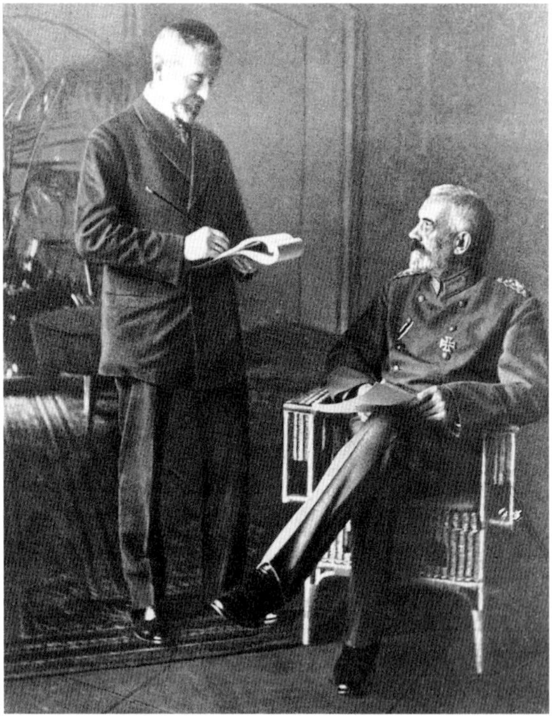

Reichskanzler Theobald von Bethmann Hollweg mit dem Unterstaatssekretär in der Reichskanzlei Arnold Wahnschaffe

Der Zugang zur höheren Laufbahn, die vom Assessor über den Regierungsrat entweder zum Regierungspräsidenten und Oberpräsidenten in der Provinz, oder über den Vortragenden Rat bis zum Unterstaatssekretär oder Staatssekretär in der Zentralverwaltung führen konnte – und schließlich, auf beiden Wegen, eventuell sogar zum Minister – um nur die markanten Stationen herauszuheben, war formal und informell genau geregelt.[8] Voraussetzung war ein dreijähriges Studium der Rechte und, ab 1906, der Rechte und der Staatswissenschaften. Daran schloß sich ein vierjähriger Vorbereitungsdienst als Referendar, und zwar an einem Gericht, bis 1879 der Vorbereitungsdienst in ein zweijähriges Gerichtsreferendariat und eine zweijährige Tätigkeit an einer nachgeordneten Verwaltungsbehörde auf Kreis– oder Bezirksebene geteilt wurde. Im Jahre 1906 schließlich wurde die Tätigkeit bei Gericht auf ein Jahr begrenzt und die in der praktischen Verwaltung um ein Jahr verlängert. Auf diese Vorbereitungszeit folgte das zweite Staatsexamen und im Anschluß daran die Einweisung in eine Stelle als »Hilfsarbeiter«, die in der Regel, aber durchaus nicht immer, besoldet war.[9]
Diese Regelungen gingen auf preußisches Beamtenrecht zurück, das vom Reich zunächst übernommen, dann aber modifiziert und in dieser modifizierten Form nicht nur von Preußen, sondern auch von den anderen Bundesstaaten übernommen wurde. Die Notwendigkeit zu dieser Vereinheitlichung ergab sich nicht zuletzt aus der Tatsache, daß die Beamten der Reichsverwaltung aus der Verwaltung der Bundesstaaten entnommen wurden. Es scheint, als sei großer Wert auf die paritätische Besetzung der Leitungsstellen der Reichsämter mit Beamten der Bundesstaaten gelegt worden, wobei der nichtpreußische Anteil zur Spitze hin allerdings abnahm. Während nur ca. 60 % aller im Jahre 1890 tätigen höheren Reichsbeamten aus der preußischen Verwaltung hervorgegangen waren, blieb die Besetzung der Stellen der Reichsstaatssekretäre fast ein preußisches Monopol, da unter den insgesamt 23 Staatssekretären, die bis 1890 amtierten, nur der Mecklenburger Ernst von Bülow und der Hesse Karl Hoffmann als Nichtpreußen zu finden sind.[10] Offenbar waren die Vorbehalte groß: »Ein katholischer Bayer Kanzler und preußischer Ministerpräsident«, schrieb die Freifrau von Spitzemberg nach der Berufung des Fürsten von Hohenlohe-Schillingsfürst am 29. Oktober 1894 in ihr Tagebuch, »ein evangelischer (Rotenhan) im Auswärtigen, ein Badener Staatssekretär in demselben, ein Württemberger Statthalter – das wird ein schönes Geschrei unter den Stockpreußen geben!«[11]
In jedem Fall fehlte es im Kaiserreich, trotz des katholischen Reichskanzlers – und trotz der Tatsache, daß mit dem Grafen Hertling von 1917 bis 1918 sogar ein katholischer Theologieprofessor Reichskanzler war – an dem, was man konfessionelle Parität nannte. Die Zahl katholischer Beamter auf Stellen des höheren Dienstes war, bezogen auf den Anteil der katholischen Bevölkerung an der Gesamtbevölkerung Preußens und des Reichs, gering. Während beide Bevölkerungsanteile bei jeweils etwas über 30 % lagen,

waren von den insgesamt 90 Kanzlern, Staatssekretären und Ministern im Reich und in Preußen nur acht Katholiken; zwischen 1898 und 1918 waren nur etwa 10 % der Stellen der höheren Verwaltung in Preußen mit Katholiken besetzt.[12] Noch schlechter sah es für deutsche Staatsbürger jüdischen Glaubens aus, die nur in wenigen Ausnahmefällen die höhere Beamtenlaufbahn einschlagen konnten.[13] Was für die Konfessionen galt, traf auch auf politische Parteien zu. Es gab selbstverständlich keine Sozialdemokraten im höheren Dienst und selbst Liberale links von der Mitte mußten sich häufig mit Stellen in der Kommunalverwaltung und allenfalls im höheren Justizdienst zufrieden geben.[14]
Neben diesen negativen Auslesekriterien, die nirgendwo schriftlich fixiert waren und offiziell natürlich überhaupt keine Rolle spielten, mit denen aber die Angehörigen großer Bevölkerungsgruppen von vornherein aus den einflußreichen Positionen in Staat und Verwaltung ausgeschlossen wurden, gab es eine ganze Reihe positiver Auswahlkriterien, die als Kehrseite und Ergänzung der negativen Kriterien wirkten, nicht weniger informell als diese und ebenso wirksam waren. Es handelte sich um eine Reihe sozialer Kriterien, in deren Zentrum die finanzielle Leistungsfähigkeit des Bewerbers bzw. seiner Familie stand. Nur wer in der Lage war, nicht nur ein Studium, sondern auch die vierjährige unbesoldete Vorbereitungszeit und danach eventuell noch eine mehrjährige unbezahlte Tätigkeit zu finanzieren, konnte überhaupt an eine Laufbahn im höheren Dienst denken. Ein entsprechender Vermögensnachweis mußte bei der Bewerbung zum Verwaltungsreferendariat vorgelegt werden und er war um so notwendiger, als auch nach der Übernahme einer bezahlten Stelle das Gehalt keineswegs den gesellschaftlichen Verpflichtungen entsprach, die zur Wahrung des mit einer höheren Beamtenstel-lung verbundenen Prestiges gehörten.[15]
Dieser Widerspruch zwischen dem Prestige der Stellung eines höheren Beamten einerseits und seinem Einkommen andererseits war Anlaß für Alexander von Hohenlohe, den liberalen Sohn des katholischen Kanzlers, den Zwang zur Repräsentation zu beklagen, dem sich auch Beamte ausgesetzt glaubten, die sich eine solche Repräsentation aufgrund ihrer Einkommensverhältnisse nicht leisten konnten.[16] Aber gerade das hohe Prestige, das Beamte besonders in den Augen der Angehörigen ihrer Kaste, aber auch in denen der übrigen Bevölkerung genossen, war für diejenigen, die für sich, oder doch zumindest für ihre Kinder einen gesellschaftlichen Aufstieg erhofften, Grund genug, auch mit bescheidenen Einkommensverhältnissen die Beamtenlaufbahn einzuschlagen. Ernst Heilborn hat die Situation geschildert: »Der Mann hat inzwischen Karriere gemacht. Er ist Vortragender Rat in einem Ministerium ... Die Kleiderfrage der Tochter macht der Mutter Sorge, denn dazu langt es nicht recht. Selbstverständlich hat das Mädchen gegen den Sohn zurückzustehen, und der – verbraucht etwas viel. Nicht Schuld des Jungen, der immer brav und fleißig war! Aber er mußte doch in ein Korps eintreten und darf und kann da nicht gegen die anderen jungen Leute zurückstehen ... Eigentlich war es ein Scheindasein, das man führte: die gesellschaftlichen Verpflichtungen verschlangen eben doch über Gebühr. Man mußte standesgemäß leben und das Standesgemäße war das Übergehaltsgemäße ...«[17]

Neben der Vermögenslage spielten eine Reihe weiterer sozialer Kriterien bei der Bewerbung für die Laufbahn als höherer Beamter eine wichtige Rolle. Es war durchaus von Vorteil, wenn der Bewerber aus aristokratischer Familie stammte. So waren, um nur eine Zahl zu nennen, 55,6 % aller preußischen Regierungsreferendare im Jahre 1913 adliger Herkunft.[18] Neben aristokratischer Herkunft war auch die Mitgliedschaft in einem studentischen Corps und das Patent des Reserveoffiziers von Vorteil. Das alles reichte jedoch nicht aus, wenn irgendwelche Zweifel am politischen Konservativismus des Kandidaten bestanden. Dessen politische Einstellung wurde, zusammen mit einer Wertung der bereits genannten informellen Kriterien, aus Anlaß der Bewerbung zur Aufnahme in den Vorbereitungsdienst der Verwaltung einer genauen Prüfung unterzogen und, wenn die Einstellung erfolgte, in der Personalakte festgehalten. Diese Bewerbung zum Regierungsreferendariat mußte bei einem Regierungspräsidenten eingereicht werden, der, nach der Prüfung des Bewerbers, dessen Bewerbung ohne Angabe von Gründen einfach mit der Behauptung ablehnen konnte, die ihm zur Verfügung stehenden Referendariate seien bereits besetzt.[19]

Hellmut von Gerlach, der immerhin aus einer alten Familie des preußischen Adels stammte und dessen Großvater Polizeipräsident von Berlin gewesen war, hatte bei seiner Bewerbung ganz offenbar Schwierigkeiten, die weniger mit seiner politischen Zuverlässigkeit und mehr mit der Tatsache zu tun hatten, daß er weder Mitglied einer schlagenden Verbindung noch tauglich für den Militärdienst war. Daß er schließlich

Der persönliche Referent des Reichskanzlers im Vorzimmer in der Reichskanzlei Wilhelmstraße 77, 1927

dennoch die begehrte Aufnahme in das Referendariat erhielt, verdankte er einem weiteren informellen Zugangsweg, nämlich familiären Verbindungen zu hohen Verwaltungsbeamten, die entsprechenden Druck ausüben konnten. »Als sich die Zeit meines Gerichtsreferendariats ihrem Ende näherte, reichte ich bei dem Präsidenten der mir erwünschtesten Regierung mein Bewerbungsschreiben ein. Ich bekam einen Korb: Keine Stelle frei! Ich schrieb an eine zweite Regierung: Dasselbe Ergebnis. Da ließ ich der Sicherheit halber gleich an drei Regierungen zugleich meine Meldung los. Alle drei bedauerten: Alles besetzt! Was war los? Regierungsreferendar zu werden hatte man begründete Aussicht, wenn man dreierlei zugleich war: Adelig, alter Herr eines Korps, Reserveoffizier. Von diesen drei Bedingungen fehlten bei mir zwei. Ergebnis siehe oben. Als ich merkte, woran die Sache haperte, sagte ich mir: geht es nicht auf dem geraden Geschäftswege, dann muß es eben auf dem krummen Konnektionswege gehen. Wozu hat man denn Vettern und Freunde in den Ministerien sitzen? Die wurden mobil gemacht. Georg Kreuzwendedich Freiherr von Rheinbaben zumal, der spätere Finanzminister, bemühte sich energisch und meldete mir in Kürze: Schleswig ist sturmreif!«[20] Der dortige Regierungspräsident, der Bewerber ohne Reserveoffizierspatent nicht annehmen wollte, hatte seine Zustimmung nur »unter höherem Druck« gegeben.

Diese Fülle informeller Ausgrenzungverfahren ermöglichte die Bildung einer sozial außerordentlich homogenen und politisch eindeutig konservativen Beamtengruppe im höheren Verwaltungsdienst. Ob diese beiden Merkmale auch für die große Gruppe der Beamten des mittleren Dienstes und für die Unterbeamten gelten, läßt sich schwer sagen; mit Sicherheit war der Zugang zu diesen Gruppen nicht auf ähnlich exklusive Weise eingeschränkt. Zwei Tatsachen jedoch lassen die Vermutung, daß die Angehörigen dieser beiden Beamtengruppen mit ihren Vorgesetzten eine grundsätzlich konservative, an den Regeln des autoritären Obrigkeitsstaates orientierte Mentalität teilten, als äußerst plausibel erscheinen.

Da ist die Einrichtung der sogenannten »Militäranwärter«, Soldaten im Unteroffiziersrang, die nach zwölfjähriger Dienstzeit Anspruch auf die Einstellung als Beamte erwarben und für die alle Unterbeamtenstellen und die untere Hälfte aller Stellen des mittleren Dienstes vorbehalten blieben. Mehr als die Hälfte aller Beamten also entstammte einem Personenkreis, der nach langjähriger militärischer Tätigkeit wohl kaum anders als in Kategorien von Befehl und Gehorsam zu denken in der Lage war.[21] Wie tief der militärische Habitus in der öffentlichen Verwaltung saß, wird sichtbar an der Tatsache, daß selbst die Beamten an der Spitze, die ja in aller Regel Reserveoffiziere waren, Aufzeichnungen an Vorgesetzte weiterleiteten mit Vermerken wie »Herrn Staatssekretär gehorsamst vorgelegt«. Weiter unten in der Hierachie wurde dieser sachlich unmögliche Superlativ noch weiter gesteigert in die Devotionalienformel »Ganz gehorsamst«. Die oberen Ränge der mittleren Laufbahn wurden mit sogenannten »Zivilanwärtern« besetzt, die das Gymnasium bis zur Obersekunda besucht hatten, also eine Art »mittlere Reife« besaßen, und die ebenfalls auf ihren politischen Konformismus überprüft wurden. Die Mitglieder dieser Gruppe, von denen nicht wenige das Abitur abgelegt und einige sogar ein Studium abgeschlossen hatten, dann aber nicht über die finanziellen Mittel für die Fortsetzung des Vorbereitungsdienstes verfügten, »kämpften seit langem erbittert und ergebnislos um die Beseitigung der schroffen Scheidung vom höheren Dienst und um den sozialen Aufstieg und richteten sich in ihren Verhaltensweisen und Auffassungen deshalb sehr stark am höheren Dienst aus«.[22]

Zusammenfassend hat Fritz Hartung von »der immer stärkeren Ausprägung des parteikonservativen Charakters der preußischen Verwaltungsbeamten« seit den achtziger Jahren des 19. Jahrhunderts gesprochen und diese Tatsache der Behauptung der politischen Neutralität der Beamten gegenübergestellt.[23] »Es kann somit«, so Hans Fenske, »überhaupt keine Rede davon sein, daß die deutsche Beamtenschaft bis zum Ende des Krieges politisch neutral gewesen sei und über den Parteien gestanden hätte. Im Gegenteil, es läßt sich ein wohlausgeklügeltes, einwandfrei funktionierendes und umfassendes System der Ämterpatronage beobachten, das stellenweise fast das Gepräge der Korruption trug.«[24]

Die Republikanisierung der Verwaltung
Beamtenpolitik und politische Mentalität der Beamten in der Weimarer Republik

Es waren diese in allen Rängen und in jeder Hinsicht konservativ und monarchistisch eingestellten Beamten, die am 9. November 1918 in den Amtsräumen und Büros, in den Portierslogen und den Hausmeisterwohnungen der Ministerien in der Wilhelmstraße saßen, dem Tag, an dem Friedrich Ebert von Prinz Max von Baden das Amt des Reichskanzlers übernahm und sofort einen Aufruf an die »Behörden in Stadt und Land« erließ, in dem er die Beamten zur Weiterarbeit aufforderte, weil nur die Kontinuität der Verwaltung, so die allgemeine Überzeugung, die angesichts von Krieg, Niederlage und Revolution drohende Versorgungskatastrophe verhindern könne. Dafür mußten die Protagonisten der Republik die Gefahr in Kauf nehmen, daß die bürokratische Kontinuität für die monarchistischen Beamten »eine vielleicht unwiederbringliche Gelegenheit darstellte, Sand ins Getriebe der Revolution zu streuen, sie dadurch weitgehend zu entschärfen und die Weichen so zu stellen, daß sich nur ein Minimum sozialistischen Geistes bei der Neugestaltung Deutschlands geltend machen konnte.«[25]

Welcher bürokratischen Mittel die Beamten sich bei diese Politik bedienten, wird aus einer Passage in den Erinnerungen Otto Brauns sichtbar, der vor seiner Amtszeit als preußischer Ministerpräsident von 1919 bis 1920 preußischer Landwirtschaftsminister war. »Die Widerstände«, so Braun über die erste Zeit im Ministerium, »äußerten sich auch oft darin, daß mir Verfügungsentwürfe zur Zeichnung vorgelegt wurden, die sich noch stark in alten Gedankengängen bewegten. Gingen sie ungezeichnet oder stark abgeändert zurück, verschwanden sie oft, wurden auf ein totes Geleise geschoben, bis sie vielleicht in meiner Abwesenheit als ›eilige‹ Sachen hinausschlüpfen konnten.«[26]

Otto Braun konnte gleich bei seinem Amtsantritt feststellen, daß die Ablehnung der neuen Regierung durch alle Ränge der Beamtenhierarchie ging. »Der Staatssekretär meldete uns, daß die Beamtenschaft des Ministeriums zur Begrüßung versammelt wäre. Im Konferenzsaal standen sie Kopf an Kopf, die Ministerialdirektoren, die geheimen vortragenden Räte, die geheimen expedierenden Sekretäre, die geheimen Boten und die Stenotypistinnen, welche erwartungsvoll der Dinge harrten, die da kommen sollten. Haß, Ablehnung und mißtrauische Neugier lag auf den Gesichtern ... Mit dieser agrarkonservativ ausgerichteten Beamtenschaft, die wohl zur reaktionärsten der preußischen Verwaltung gehörte, sollte ich nun arbeiten ...«[27]
Brauns Eindruck, daß nicht nur die Beamten an der Spitze des Ministeriums, sondern auch die mittleren Beamten und die Unterbeamten der neuen Regierung mit Ablehnung gegenüberstanden, wird bestätigt durch eine Erinnerung Hermann Pünders. Als sich Pünder Anfang 1919 zum Dienstantritt im preußischen Justizministerium beim Pförtner nach dem Weg zum Büro des Ministers erkundigte, fragte jener erstaunt: »Aber Herr Assessor, wat wollen Se denn bei dem Minister? ... gehn Se man gleich zu Exzellenz!« »Ja gerne, aber wer ist denn diese Exzellenz?« »Aber Herr Assessor, det wissen Se nich? Det is doch unser Herr Unterstaatssekretär. Der hat hier zu sagen ... Natürlich ham wer och 'nen neuen Minister. Hat sich mir aber noch nich vorjestellt.«[28]
Daß die Exzellenz, Unterstaatssekretär Dr. Mügel, »Monarchist bis auf die Knochen«

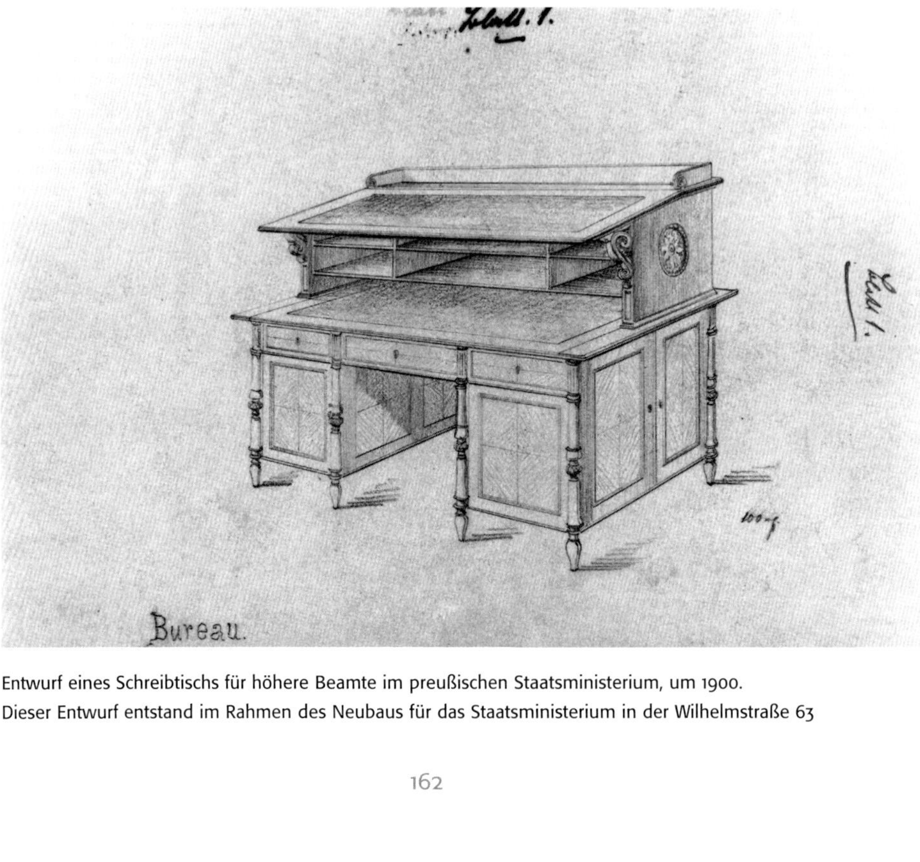

Entwurf eines Schreibtischs für höhere Beamte im preußischen Staatsministerium, um 1900.
Dieser Entwurf entstand im Rahmen des Neubaus für das Staatsministerium in der Wilhelmstraße 63

war, wie Pünder erklärt, verwundert keineswegs; um so überraschender ist jedoch nicht nur die Tatsache, daß dieser Vertreter des *ancien régime* immer noch auf seinem Posten war, sondern daß er offenbar auch immer noch der starke Mann im Hintergrund war und daß derjenige, der in der Beamtenhierarchie an der dem Unterstaatssekretär genau entgegengesetzten Stelle stand, daß der Portier dieses nicht nur wußte, sondern auch guthieß und mit der Ablehnung der Vertreter der neuen Regierung verband.

Nun ist der Einfluß eines Pförtners sicher gering. Sehr viel mehr Möglichkeiten der Störung und Sabotage ergaben sich für die Beamten des mittleren Dienstes aus ihrer Verfügung über den Bürobetrieb. Es soll hier das Zeugnis von Walter Oehme angeführt werden, der von Dezember 1918 bis März 1919 als Sekretär des Unterstaatssekretärs Baacke in der Reichskanzlei tätig war. Als Oehme seinen Dienst in der Reichskanzlei aufnahm, fand er den Unterstaatssekretär hinter Akten verschanzt mit der Klage, es würden trotz stundenlanger Arbeit an den Akten die Stöße immer höher. Der neue Sekretär, der mit der Bürokratie etwas vertrauter gewesen zu sein scheint als sein Vorgesetzter, stellte fest, daß Baacke vergaß, nach der Bearbeitung der Akten den Stempel »z.d.A.« (zu den Akten) zu setzen und abzuzeichnen. »Natürlich«, so Oehme zu Baacke, haben »die Herren Hofräte völlig korrekt gehandelt, indem sie Ihnen jede bearbeitete Akte wieder zuleiteten, anstatt sie in ihren Aktenregalen zu versenken. Natürlich haben die alten monarchistischen Füchse sehr gut gewußt, daß Sie aus Unkenntnis die-

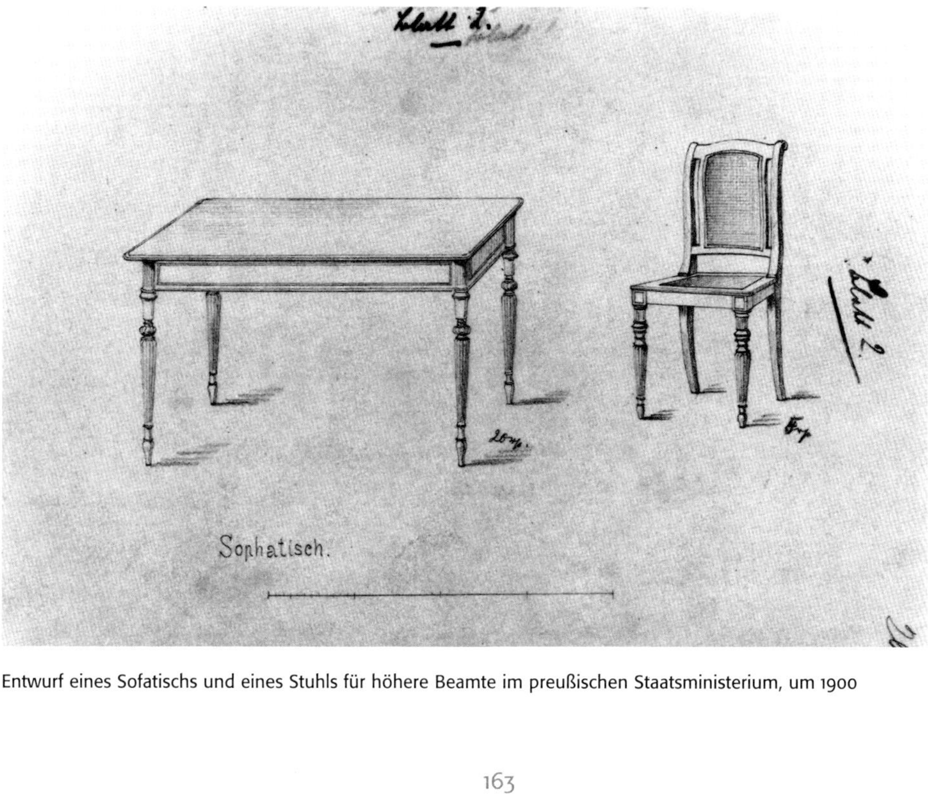

Entwurf eines Sofatischs und eines Stuhls für höhere Beamte im preußischen Staatsministerium, um 1900

sen Aktenablagevermerk unterlassen haben, und es wäre richtig von ihnen gewesen, Sie darauf hinzuweisen. Aber sie haben natürlich nur zu gerne sich diese kleine Sabotage an den verhaßten neuen Gewaltinhabern geleistet.«[29]

Die gleiche Erfahrung mußte Otto Braun im Landwirtschaftsministerium machen, dessen Beamte ihre Ablehnung, die er bei der Begrüßung glaubte fast mit Händen greifen zu können, in Aktionen bürokratischer Sabotage umzusetzen versuchten. »Sollte das Schiff«, so Braun über die Arbeit seines Ministeriums unter einer klassischen Metapher, »dem Steuer gehorchen, mußte auch die Mannschaft auf den neuen Kurs umgestellt werden. Da gab es anfangs Widerstreben und ängstliche Unsicherheit, die überwunden werden mußten. Die Akten häuften sich zu Bergen an meinem Schreibtisch. Ein alter Bürokratentrick. Man wollte mich in Akten ersäufen, um mir die Lust, in alles meine Nase hineinzustecken, von vorneherein gründlich zu verleiden.«[30] Wie lange und in welch abseitigen Details der zwar nicht effektive, aber symbolische Protest gegen die republikanische Regierung gehen konnte, mußte Braun erfahren, als er längst preußischer Ministerpräsident war. »Mir werden noch fortgesetzt Akten vorgelegt«, heißt es in einer internen Anweisung Brauns vom 25. März 1922, »die im Aufdrucke das Wort ›kgl‹ führen. Ich ordne nunmehr an, daß sofort in allen Akten und Vordrucken irgend welcher Art, die noch aus früherer Zeit vorrätig sind, das Wort ›kgl‹ derart beseitigt wird, daß es unkenntlich ist. Sollten mir in der Zukunft Vordrucke aus dem Geschäftsbereich des Staatsministeriums zu Gesicht kommen, in denen das Wort ›kgl‹ nicht beseitigt ist, werde ich die dafür verantwortlichen Beamten bestrafen.«[31]

Obwohl alle für die Aktenvorlage zuständigen Beamten diese Anweisung durch Unterschrift bestätigen mußten, fand der Ministerpräsident immer wieder, und zwar offenbar bis 1926, Akten und Schriftstücke auf dem Schreibtisch, die das Staatsministerium als »königlich« bezeichneten. Versuche, die Beamten, durch deren Hände die Akten gegangen waren, zur Verantwortung zu ziehen, scheiterten an deren Ausreden. In einer Sitzung des Staatsministeriums am 14. Oktober 1925 schließlich »ersuchte der Herr Ministerpräsident die Herren Staatsminister aus Anlaß eines Einzelfalles für die Beseitigung des Wortes ›königlich‹ auf den Akten, Verwaltungsgebäuden usw. innerhalb ihres Geschäftsbereichs – nötigenfalls durch Disziplinarmaßnahmen – Sorge zu tragen.«[32]

Diese Episoden aus den Niederungen des bürokratischen Alltags zeigen, wie schwierig, langwierig und aufs Ganze gesehen auch erfolglos die Versuche waren, die Verwaltung zu republikanisieren. Schon die Anfänge waren eher zögerlich und zwar nicht nur wegen der Befürchtung, ohne die Weiterarbeit der Beamten würde das Chaos ausbrechen, sondern auch wegen einer Reihe psychologischer, personeller und juristischer Probleme. Zu den psychologischen Problemen muß die auch bei den Sozialdemokraten verbreitete Hochachtung vor den Fachleuten gelten, ohne die der Fortbestand der Verwaltung offenbar nicht denkbar war.[33] Eng damit zusammen hängt die Tatsache, daß die SPD wegen der im Kaiserreich üblichen konservativen Patronagepolitik über keine Mitglieder verfügte, die im höheren Dienst standen und als Kandidaten für leitende Stellen in Frage gekommen wären. Während sie deshalb auf das Personalreservoir der

Gewerkschaftssekretäre und der Leiter von Konsumgenossenschaften zurückgreifen mußte, die administrative Erfahrungen besaßen, konnten die beiden anderen Parteien der »Weimarer Koalition«, die linksliberale *Deutsche Demokratische Partei* und das *Zentrum*, zumindest eine Reihe von Stellen mit Personen besetzen, denen im Kaiserreich zwar der Zugang zum höheren Staatsdienst verschlossen geblieben war, die aber in der Kommunalverwaltung und in der Justizverwaltung tätig gewesen waren.[34] Allerdings war der sofortigen Neubesetzung der meisten Stellen eine juristische Grenze ausgerechnet in der Verfassung der jungen Republik gezogen worden, die in ihren §§ 128 bis 131 den Beamten unter anderem ihre »wohlerworbenen Rechte« garantierte, eine Form der Absicherung, wie sie das Kaiserreich nicht gekannt hatte.[35]

Für eine zügige Neubesetzung standen deshalb nur die Stellen der »politischen Beamten« zu Verfügung; aber selbst in diesem Bereich blieb die Beamtenpolitik der republikanischen Regierungen außerordentlich zurückhaltend. Nur für Preußen, wo im Februar 1919 eine Verordnung erlassen wurde, die es den höheren Beamten ermöglichte, wegen der »Umgestaltung des Staatswesens« vorzeitig und ohne Angabe weiterer Gründe in den Ruhestand zu gehen – eine Möglichkeit, von der bis zum Ende der Geltungsdauer dieser Verordnung im Herbst 1921 etwa 10 % der Beamten Gebrauch gemacht hatte[36] – liegen einigermaßen zuverlässige Zahlen vor. Diese Zahlen sind um so aussagekräftiger, als in Preußen die konsequenteste Politik der Demokratisierung der Verwaltung betrieben wurde. Nach Statistiken aus dem Jahren 1928 bis 1930 waren von 540 politischen Beamten in der preußischen Provinzialverwaltung 290 bis 300 Mitglieder einer der drei Parteien der in Preußen mit kurzer Unterbrechung von 1919 bis 1932 regierenden »Weimarer Koalition«, wobei ca 110 Beamte der SPD, ca. 120 Beamte dem *Zentrum* und ca. 70 Beamte der DDP angehörten. Dieser Anteil von ca. 55 % entsprach sehr genau den parlamentarischen Mehrheitsverhältnissen und man wird nicht umhin können, der preußischen Regierung eine außerordentlich maßvolle und demokratische Personalpolitik zuzubilligen. Wie zurückhaltend diese Politik war, wird besonders deutlich an der Tatsache, daß ca. 95 Beamte der oppositionellen *Deutschen Volkspartei* angehörten, der Partei, deren Mitglieder als »Vernunftrepublikaner« zwar auf dem »Boden der gegebenen Tatsachen« standen, als »Herzensmonarchisten« jedoch an der Änderung dieser Tatsachen durchaus auch Gefallen gefunden hätten. Der republikfeindlichen *Deutschnationalen Volkspartei* schließlich gehörten immerhin noch 7 Beamte an, wobei die Vermutung nahe liegt, daß etwa 50 Beamte zu den Anhängern dieser Partei gerechnet werden müssen, ohne daß sie das Mitgliedsbuch in der Tasche trugen.[37] Erklärt sich die hohe Zahl der Mitglieder der DVP zum einen aus der Tatsache, daß diese Partei von 1921 bis 1925 im Rahmen einer »Großen Koalition« an der preußischen Regierung beteiligt war, so muß wohl zum anderen berücksichtigt werden, daß nicht wenige Beamte, die der Republik ablehnend gegenüberstanden und eigentlich eher mit den Zielen der DNVP sympathisierten, aus Karrieregründen der DVP beitraten, weshalb Otto Braun in seinen Memoiren von der »volksparteilichen Schutzfärbung reaktionärer Beamter« sprach.[38]

Eine Statistik des Deutschen Beamtenbundes aus dem Jahre 1928, die die höheren Beamten in den Ministerien einschließt und von einer Gesamtzahl von 1084 Beamten ausgeht, kommt zu einem ähnlichen Ergebnis. Hier liegt der Anteil der drei »Weimarer Parteien« mit ca. 50% noch etwas niedriger, wobei auch hier das *Zentrum* mit 216 Beamten die größte Zahl aufzuweisen hat, während SPD und DDP mit 174 und 160 etwa gleich liegen. Die Zahlen dieser beiden Parteien werden von der DVP mit 196 sogar noch überboten, während Parteimitglieder der DNVP mit 14 Beamten einen niedrigen Anteil stellen; man wird vermuten dürfen, daß die Zahl der Sympathisanten der DNVP wesentlich höher lag und teils bei den parteilosen Beamten, teils bei den DVP-Mitgliedern gesucht werden muß.[39] An den Spitzen der Ministerien überwogen allerdings die Mitglieder der drei demokratischen Parteien. So waren sieben von acht Staatssekretären und 30 von 40 Ministerialdirektoren Mitglieder einer dieser Parteien; allerdings gehörten nur sechs der SPD an, die als stärkste Partei den Ministerpräsidenten stellte.[40] Trotz dieses eindeutigen Übergewichts der »Weimarer Koalition« sollte man nicht übersehen, daß auch in den Spitzenpositionen Mitglieder verfassungsfeindlicher Parteien saßen; so war im Jahre 1929 ausgerechnet einer der fünf Ministerialdirektoren im preußischen Innenministerium Mitglied der DNVP.[41]
Für die Verhältnisse im Reich, für die, soweit ich sehe, keine verläßlichen Zahlen vorliegen, ist ein Vorgang bezeichnend, der sich 1927 abspielte. In diesem Jahr wurde mit Arnold Brecht, dem Leiter der Verfassungsabteilung des Reichsinnenministeriums, der erste Ministerialdirektor aus politischen Gründen in den einstweiligen Ruhestand versetzt. Während Brecht einer der wenigen hochrangigen Beamten war, die unzweideutig republikanische Grundsätze vertraten, gehörte der Innenminister Walther von Keudell, der die Ablösung Brechts verfügte, der DNVP an; er war als Landrat bereits 1920 im Zusammenhang des Kapp-Putsches als aktiver Sympathisant der Putschisten aufgefallen.[42] Brecht hat die Situation im Reichsinnenministerium bei seinem Amtsantritt als Abteilungsleiter im Dezember 1921 in seinen Erinnerungen beschrieben.[43] Er folgte einem Ruf des Sozialdemokraten Adolf Köster, der im zweiten Kabinett Wirth, das vom 26.10.1921 bis zum 22.11.1922 amtierte und mit dem zum letzten Mal eine »Weimarer Koalition« die Regierung bildete, Innenminister war. Köster, Brecht und Hans Simons, der Sohn von Walter Simons, einem ehemaligen Kollegen Brechts aus der Reichskanzlei und jetzigen Präsidenten des Reichsgerichts, waren »drei strategisch im Ministerium placierte Exponenten der Demokratie«, wie Brecht sich erinnert, um sogleich hinzuzufügen, daß es »zuviel behauptet (wäre), daß wir die einzigen waren«.[44] Brecht zählt noch einige weitere höhere Beamte auf, die jedoch als Ausnahme zu gelten hatten. »Was wir sonst im Innenministerium vorfanden, waren zwar fast alles gut qualifizierte Fachbeamte, aber sie standen der Demokratie innerlich fern. Sie waren aus langjährigen treuen Diensten für die Monarchie hervorgegangen, ausgesucht im Hinblick auf ihre königstreue Gesinnung, meist konservativ in ihren Grundanschauungen, wenn nicht Wilhelminisch, so doch Bismarckisch bis in die Knochen, gewöhnt, in der Sozialdemokratie den Staatsfeind zu sehen, sie und die Gewerkschaften zu bekämpfen

Blick in das Arbeitszimmer von Reichspräsident Paul von Hindenburg, 1928

und die Demokratie im besten Falle als ein notwendiges Übel zu betrachten, zwar ein geringeres als den Bolschewismus, aber nicht eine der hierarchisch geordneten Monarchie vorzuziehende Verwirklichung höherer Ideale. Wie konnte man mit einem solchen Beamtenstab den Geist der Verwaltung und durch ihn den Geist des deutschen Bürgertums aus alten Geleisen herausführen?«

Die Bewertung der Ergebnisse der Republikanisierung der Verwaltung in Preußen hängt von dem Maßstab ab, den man zugrundelegt. Für sich allein betrachtet kommt man zu dem Ergebnis, daß trotz unbestreitbarer Erfolge das Ziel nicht erreicht wurde. Im Vergleich mit der Beamtenpolitik des Reiches und auch anderer Einzelstaaten jedoch können sich die Ergebnisse in Preußen durchaus sehen lassen. Was immer in Preußen erreicht worden war, wurde bereits nach dem Papen-Putsch vom 20. Juli 1932 rückgängig gemacht, als die Reichsregierung des Kanzlers Franz von Papen mit seinem Kabinett weitgehend parteiloser, politsch eindeutig rechts stehender Minister, von denen immerhin vier noch 1937 unter dem Reichskanzler Adolf Hitler an der Spitze ihrer Ministerien standen, unter einem fadenscheinigen Vorwand und gestützt auf eine Notverordnung des Reichspräsidenten die geschäftsführende preußische Regierung absetzte. Der von der Reichsregierung als kommissarischer Verwalter des preußischen Innenministeriums eingesetzte Essener Oberbürgermeister Franz Bracht ergriff innerhalb weniger Wochen Maßnahmen, »durch die der weitaus größte Teil der politischen Beamten, die links vom *Zentrum* standen, entfernt« wurde.[45]

Die »Wiederherstellung des Berufsbeamtentums« Beamtenpolitik der Nationalsozialisten

Der Weg der Revision der Republikanisierung der preußischen Verwaltung, der unter der Diktatur Papens eingeschlagen worden war, wurde nach dem 30. Januar 1933 verstärkt fortgesetzt und zu Ende geführt. Bereits in den ersten Wochen nach der Machtübergabe wurden in den Ministerien Preußens und des Reichs zahlreiche politische Beamte ausgewechselt, eine Maßnahme, die um so leichter fiel, als die NSDAP zwar neben dem Reichskanzler nur mit zwei Ministern in der Regierung vertreten war, aber mit Wilhelm Frick als Reichsinnenminister und Hermann Göring, der als Minister ohne Geschäftsbereich mit der kommissarischen Leitung des preußischen Innenministeriums beauftragt war, die personalpolitisch entscheidenden Stellen besetzte.[46] Allerdings kamen nicht alle der neuen Stelleninhaber aus der NSDAP; so war sowohl im Reich als auch in Preußen die Mehrheit der neuen Staatssekretäre aus der DNVP hervorgegangen oder stand ihr nahe. Stärker als die Ministerialverwaltung waren in Preußen die politischen Beamten der Provinzverwaltung betroffen, deren obere Ränge bis auf wenige Ausnahmen vollständig neu besetzt wurden. Zwar waren im Jahre 1936 von 361 preußischen Landräten noch 97 (19 %) aus der Zeit vor dem 30. Januar 1933 im Amt; 80 dieser 97 Landräte allerdings waren inzwischen der NSDAP beigetreten.[47]

Das private Arbeitszimmer Hitlers in seiner Wohnung in der Reichskanzlei Wilhelmstraße 77, 1934

Während die beamtenpolitischen Maßnahmen der ersten Monate weitgehend mit den juristischen Mitteln arbeitete, die noch von der Republik bereitgestellt worden waren, wurden mit dem »Gesetz zur Wiederherstellung des Berufsbeamtentums« vom 7. März 1933 die Rechte der Beamten, wie sie in der Verfassung der Republik garantiert worden waren, in wichtigen Teilen suspendiert. Dieses Gesetz ermöglichte die Überprüfung und gegebenenfalls die Pensionierung oder Entlassung aller unmittelbaren Staatsbeamten des höheren, mittleren und einfachen Dienstes. Betroffen waren Beamte, die nach dem 9. November 1918 ohne die formal vorgeschriebene Vorbildung in den öffentlichen Dienst gelangt waren, alle »nichtarischen«, also jüdischen Beamten mit Ausnahme derjenigen, die bereits am 1. August 1914 Beamte waren oder im Ersten Weltkrieg an der Front gekämpft hatten und schließlich Beamte, »die nach ihrer bisherigen politischen Betätigung nicht die Gewähr dafür bieten, daß sie jederzeit rückhaltlos für den nationalen Staat eintreten«.[48]

Die Ergebnisse der Durchführung des Gesetzes, die sich wegen großer Unklarheiten, zahlreicher persönlicher Rivalitäten und des großen Personenkreises, der überprüft werden mußte, über Jahre hinzog, sind erstaunlich. Am weitesten gingen die Eingriffe in Preußen, wo, nach einer abschließenden Statistik aus dem Jahre 1936, von den 1663 höheren Beamten 469, das sind 28 %, aus dem Dienst entfernt wurden; von den insgesamt 2339 höheren Beamten in den Innenverwaltung der anderen Ländern wurden dagegen nur 249 (9,5 %) entlassen. Noch größer war der Abstand zu den mittleren und den unteren Beamten, von denen in Preußen etwa 2,5 %, in den übrigen Ländern etwa 5,6 % betroffen waren.[49]

Die vergleichsweise große Zahl der im höheren preußischen Staatsdienst entlassenen Beamten, die ohne den vorhergegangenen Papen-Putsch noch größer gewesen wäre, gibt noch einmal einen indirekten Hinweis auf die in Preußen konsequenter als in den anderen Ländern betriebene Politik der Republikanisierung der Verwaltung. Daß allerdings fast dreiviertel aller höheren Beamten – und fast alle mittleren und unteren Beamten – den Anforderungen des nationalsozialistischen Ausnahmegesetzes entsprochen zu haben scheinen, weist auf die Tatsache hin, daß die Republikanisierung an der überwiegenden Mehrzahl der Beamten vorbeigegangen war. Erwin Schütze, der als Ministerialdirektor im Reichs- und Preußischen Ministerium des Innern die genannten Zahlen 1937 veröffentlichte, kommt zu dem Ergebnis, daß »der bei weitem überwiegende Teil der Beamtenschaft auch in der Systemzeit der hohen Idee selbstloser Hingabe zum Dienst am Vaterland und am Volksganzen treu geblieben« sei.[50]

Die pathetische Formel von der selbstlosen Hingabe zum Dienst am Vaterland entstammt der klassischen Ideologie von der Überparteilichkeit des Berufsbeamten, die im Kaiserreich in schroffem Gegensatz zu der durch formelle und informelle Rekrutierungsmechanismen garantierten konservativen politischen Haltung der Beamten stand. Im Namen dieser angeblichen Neutralität wurden in den Jahren der Republik von konservativer Seite alle zaghaften Versuche zur Demokratisierung der Verwaltung scharf angegriffen, obwohl die republikanischen Regierungen, anders als die des Kaiserreichs, die selbst Liberale links von der Mitte faktisch vom höheren Staatsdienst fernhielt, nicht nur Mitgliedern von Oppositionsparteien, sondern sogar veritablen Verfassungsfeinden den Weg bis in die Spitzen der Verwaltung nicht verschloß. Was es mit dem Einsatz der Ideologie der Überparteilichkeit als Waffe im Kampf um die politische Haltung der Beamten in der Republik auf sich hatte, hat Arnold Brecht sehr anschaulich geschildert: »Während der Weimarer Jahre haben die politisch rechts stehenden Beamten (und das war zahlenmäßig die große Mehrheit) das Recht in Anspruch genommen, öffentlich die Demokratie anzugreifen und für andere Verfassungsideale, sei es die Monarchie, sei es eine autoritäre Präsidentenschaft, sei es eine militärische Diktatur oder eine Abart des Faschismus, zu werben. Oder sie haben verlangt, daß demokratische Beamte ihre parteipolitische Neutralität auch auf Verfassungsgegner ausdehnten; ein Beamter sollte also nicht einmal für die Verfassung öffentlich Partei nehmen. Die das sagten, waren dieselben, die nicht wollten, daß bei Neubesetzung wichtiger Stellen Gegnerschaft gegen die Verfassung negativ bewertet wurde.«[51]

An diese Beamtenideologie knüpfte die NSDAP nicht nur mit dem Titel des »Gesetzes zur Wiederherstellung des Berufsbeamtentums«, also zur Rückkehr zur Verwaltung durch angeblich politisch neutrale Fachleute an, sondern sie bediente sich dieser Ideologie bereits vor 1933 bei der Propagandatätigkeit in Beamtenkreisen. In einer Broschüre, die im Herbst 1932 unter dem Titel »Quo vadis Deutsches Berufsbeamtentum« veröffentlicht wurde – im Vorfeld der Reichstagswahlen im November – heißt es, daß »die NSDAP nicht eher ruhen (wird), bis dieses Berufsbeamtentum wieder in seiner alten Reinheit und Unabhängigkeit hergestellt ist«.[52] Daß sich viele Beamte bei ihrer Stimmabgabe durch diese Propaganda beeinflussen ließen, hängt eng mit den Tatsache zusammen, daß die Regierung Brüning seit Juli 1930 wiederholt die Beamtengehälter gekürzt und damit ein Klima der Unsicherheit heraufbeschworen hatte, in dem sich materielle Sorgen – immerhin beliefen sich die Kürzungen auf über zwanzig Prozent – fast ununterscheidbar mit Befürchtungen um den Verlust von Status und Prestige verbanden.[53] Die Beamten waren nicht nur bereit, die NSDAP bei den Wahlen zu unterstützen, sondern waren seit 1930 in der Partei überproportional vertreten; während der Anteil der Beamten an der Gesamtbevölkerung bei ungefähr fünf Prozent lag, überstieg er bei der Zahl der Mitglieder der NSDAP acht Prozent.[54] Daß diese Zahl nicht noch höher lag, ist vermutlich auch der Tatsache zu verdanken, daß Preußen im Juni 1930 die Mitgliedschaft in der NSDAP, aber auch in der KPD, verbot; obwohl dieses Verbot kaum formale Wirkungen zeitigte, scheint es zumindest diejenigen, die mit der Partei sympathisierten, vom letzten Schritt des Eintritts abgehalten zu haben. Diese Vermutung wird zumindest nahegelegt durch die Tatsache, daß in der Personengruppe, die zwischen dem 30. Januar 1933 und dem Tag des Aufnahmestopps, dem 1. Mai 1933, der NSDAP beitrat, die Beamten den weitaus größten Anteil hatten.[55] Sicher spielten Angst und Opportunismus eine große Rolle. Man wird jedoch nicht übersehen dürfen, daß für viele Beamte jetzt das Ideal einer angeblich sachlichen und neutralen, das heißt vor allem einer nicht von den Repräsentanten der oft gegensätzlichen gesellschaftlichen Interessen im Parlament mehr gestörten Regierung, wie sie schon die Kabinette Brünings, von Papens und Schleichers in der Endphase der Republik mit nicht geringem Erfolg zu praktizieren suchten, verwirklicht schien und tatsächlich, wenn auch keineswegs neutral und sachlich, verwirklicht war. Mit Recht ist deshalb gesagt worden, daß es Loyalitätsprobleme »1933 in viel geringerem Umfang als bei der Wende 1918« gegeben habe.[56]

»Der Nimbus des Geheimnisvollen«
Das Auswärtige Amt

Das Auswärtige Amt nahm in Bezug auf Personalrekrutierung, soziale Zusammensetzung und Selbstverständnis seiner Angehörigen eine Sonderstellung ein. Für diese Sonderstellung fand Moritz Busch am Beginn seines Rundganges durch das Haus in der Wilhelmstraße 76, auf dessen Höhepunkt er den »geweihten Boden« von Bismarcks Arbeitszimmer betrat, ein prägnantes Bild, als er in der Durchfahrt vor der Treppe stehen blieb, die mit wenigen Stufen zum Haupteingang des Hauses führte. »Auf den beiden Wangen der Treppe lagert rechts und links eine stumme, tiefsinnig blickende, vermutlich vielwissende Sphinx, mit der der Fremde angedeutet finden kann, daß er vor dem Eingange zu rätselhaften und den meisten Sterblichen unnahbaren Regionen steht«.[57] Natürlich haben auch andere, besonders ehemalige Diplomaten, sich das metaphorische Potential der beiden Symbole der Rätselhaftigkeit – die wohl der Ägyptenmode zu verdanken waren, die zur Zeit des Umbaus des Hauses durch den russischen Gesandten Alopeus Anfang des 19. Jahrhunderts herrschte – nicht entgehen lassen. Wolfgang Gans Edler Herr zu Putlitz erinnerte sich an die »zwei lebensgroßen granitenen Sphinxen, die dem Aufgang etwas eindrucksvoll Mystisches gaben«, wodurch sie, wie Herbert von Hindenburg meinte, »so gut dem Charakter des Hauses« entsprachen.[58]

Welche Sonderstellung das Auswärtige Amt des Kaiserreichs selbst innerhalb der Regierung einnahm und wie verschlossen es auch Mitgliedern der Regierung blieb, wird deutlich in einer Passage aus den Erinnerungen von Friedrich von Payer, der vom 12. November 1917 bis zum 9. November 1918 so etwas wie ein parlamentarischer Vizekanzler ohne Geschäftsbereich war: »Es schwebte über dem Auswärtigen Amt ein Geist der Exklusivität, für den Außenstehenden lag über ihm der Nimbus des Geheimnisvollen, für den Laien Undurchdringlichen. Es war ein geschlossener Organismus innerhalb der Regierung, in den nur Auserwählten ein Einblick gewährt wurde, und diesen nicht gerne und nicht weiter als unbedingt notwendig war. In ihm walteten erkorene Priester ihres weihevollen Dienstes unter mysteriösen Gebräuchen«.[59]

Der »Nimbus des Geheimnisvollen« fand seinen subjektiven Reflex im elitären Bewußtsein derjenigen, die sich in die Geheimnisse eingeweiht glaubten. »Wie jeder junge Mann«, erinnerte sich Ludwig Raschdau, »der damals die auswärtige Laufbahn einschlug, trat ich in das Amt mit dem Vorgefühl ein, an der geheimnisvollen Tätigkeit teilnehmen zu sollen, die seit einem Jahrzehnt die Bewunderung Deutschlands und die Aufmerksamkeit der Welt erregte. ... Stolz und voll hochfliegender Pläne setzte [der Anwärter zum Auswärtigen Dienst] auf seine Visitenkarte die vielsagende Bezeichnung ›Beschäftigt im auswärtigen Amt‹, und damit erhielt er in den Augen aller derer, die nicht zu den Auguren gehörten, eine schimmernde Aureole ... «[60]

Wichtigstes Mittel zur Bewahrung der Geheimnisse war das Verfahren zur Auswahl der Bewerber, das sich in seinen Grundzügen nicht von dem Verfahren unterschied, das für den allgemeinen höheren Staatsdienst üblich war; insbesondere bei den informellen Kriterien sozialer Auslese jedoch lassen sich neben den Übereinstimmungen eine Reihe spezifischer Abweichungen feststellen. Normale Voraussetzung für eine Karriere im diplomatischen Dienst war der Abschluß eines juristischen Studiums mit dem Referendarexamen und die Absolvierung einer Vorprüfung. Nach Ableistung eines zweijährigen, später vierjährigen Vorbereitungsdienstes als Attachée mußte die diplomatische Prüfung abgelegt werden, die aus einem schriftlichen und einem mündlichen Teil bestand, und bei der es neben Allgemeinkenntnissen vor allem auch auf die Beherrschung der in der Diplomatie üblichen französischen Sprache ankam. Kandidaten, die bereits außerhalb des Amtes einen mehrjährigen Vorbereitungsdienst absolviert hatten und als

Der Eingangsbereich des Auswärtigen Amtes, Wilhelmstraße 76, mit den beiden Sphingen

Assessoren ins Amt traten, konnten sich nach einem Jahr zur diplomatischen Prüfung melden. Aber es gab Ausnahmen, da auch Kandidaten ohne Referendar- oder Assessorexamen in den Vorbereitungsdienst aufgenommen wurden, der für diese Anwärter jedoch fünf Jahre dauerte.[61]

Unabdingbar war allerdings ein Vermögensnachweis, da die Attachées ebensowenig besoldet wurden wie die Referendare. Der Anwärter für den diplomatischen Vorbereitungsdienst mußte zwischen 1880 und 1890 über ein Privateinkommen von mindestens 6000 Mark im Jahr verfügen, eine Summe, die im folgenden Jahrzehnt auf 10 000 Mark angehoben wurde und kurz vor Beginn des Ersten Weltkriegs bei 12000 bis 15000 Mark lag.[62] Dieser Nachweis war um so notwendiger, als im diplomatischen Dienst die Anforderungen an den repräsentativen Aufwand höher waren als in anderen Bereichen der öffentlichen Verwaltung. Ein Attachée war zumindest in den Phasen seines Vorbereitungsdienstes, in denen er an einer Gesandtschaft oder Botschaft tätig war, zu repräsentativen Aufwendungen verpflichtet, deren Umfang wiederum vom Prestige der jeweiligen Mission abhing; manchem Attachée, der nur über das Minimum verfügte, blieb so der Zugang zur »großen Karriere« verschlossen.[63] Diese Anforderungen überstiegen bei weitem das Gehalt eines Legationssekretärs, zu dem der Kandidat nach erfolgreichem Abschluß des diplomatischen Examens ernannt wurde, und sie wuchsen mit der Stellung, an deren Spitze die »großen« Botschaften in London, Paris und Petersburg standen. Zwar bezogen die Inhaber dieser Stellen in den zwei Jahrzehnten vor dem ersten Weltkrieg mehr als 100 000 Mark im Jahr. Fürst Chlodwig Hohenlohe-Schillingsfürst, der spätere Reichskanzler, der von 1873 bis 1885 Botschafter in Paris war, mußte jedoch am Ende des ersten Jahres in Paris feststellen, daß er zu seinem Gehalt von 120 000 Mark, von denen immerhin 102 000 Mark als Repräsentationsfonds galten, noch 56 000 Mark aus seinem Privatvermögen hatte zulegen müssen.[64]

Es war, wie bei der Bewerbung zum inneren höheren Verwaltungsdienst, von Vorteil, wenn der Kandidat das Patent als Reserveoffizier in der Tasche trug. Im Auswärtigen Dienst legte man jedoch besonderen Wert auf die Zugehörigkeit zu den Garde-Regimentern, deren Offizierskorps bürgerlichen Kandidaten weitgehend verschlossen blieb. Unabhängig davon bestand die Praxis, junge Offiziere vorübergehend zur Dienstleistung ins Auswärtige Amt zu kommandieren, und zwar entweder an Vertretungen im Ausland, wo sie in ihren spektakulären Gala-Uniformen zum äußeren Glanz des gesellschaftlichen Lebens beitrugen, oder in die Zentrale in der Wilhelmstraße, wo Arthur von Brauer gelegentlich so viele Leutnants in den Korridoren sah, daß sich ihm der Eindruck aufdrängte, es sei die Mobilmachung angeordnet worden. Zwischen 1871 und 1914 waren etwa 10 % der Positionen, die der diplomatische Dienst des Deutschen Reiches bereithielt, von solchen »kommandierten Offizieren« besetzt, wobei die militärischen Attachées nicht mitgerechnet sind. Der größere Teil dieser Offiziere ging nach ein oder zwei Jahren in den militärischen Dienst zurück; mehr als 10 % dieser Gruppe aber blieb im diplomatischen Dienst, und zwar vor allem die, die ausdrücklich angefordert worden waren und von denen einige einen Teil des Vorbereitungsdienstes, andere die Eignungsprüfung nicht zu absolvieren brauchten.[65] H. Schlieben, der dem Auswärtigen Amt bis 1914 als Konsul angehörte, hat die enge Bindung des diplomatischen Dienstes an das Militär zum Anlaß genommen, in einer 1917 erschienen Broschüre »den Geist, der bei der Auswahl unserer Diplomaten vorherrscht«, einer scharfen Kritik zu unterziehen: »Keiner, der gedient hat, kann zugelassen werden, wenn er nicht in der Reserve mindestens die Leutnantsstaffel erklommen hat. Der Fall, daß ein untauglicher Militär ein vortrefflicher Diplomat sein könnte, scheint undenkbar. Kein Wunder, daß derartig gewählte Elemente mit Vorliebe auf die militärische Macht des Deutschen Reiches pochen, statt ihren Geist anzustrengen, um mit friedlicheren Argumenten zu überzeugen«.[66]

Als Gustav Stresemann, der von 1923 bis zu seinem Tod im Jahre 1929 selbst als Außenminister an der Spitze des Amtes stehen wird, in der Debatte des Reichstags über den Haushalt des Auswärtigen Amtes am 15. März 1910 die Forderung nach Abschaffung des »Gardeprinzips« in der Personalpolitik des Amtes stellte, zielte er nicht nur auf die Vorliebe für Reserveoffiziere aus den Garderegimentern, sondern metaphorisch auch auf die damit eng verbundene Bevorzugung von Kandidaten aristokratischer Herkunft bei der Zulassung zum diplomatischen Vorbereitungsdienst.[67] Diese Bevorzugung fiel um so leichter, als nach den Vorschriften über die »Zulassung zur diplomatischen Laufbahn und Ablegung des diplomatischen Examens« vom Mai 1878 die Zulassung »von dem freien Ermessen des Reichskanzlers ... abhängig ist, dergestalt, daß, wenn der Bewerber alle ... reglementarischen Vorbedingungen erfüllt, seine Bewerbung gleichwohl ohne Angabe von Gründen abgelehnt werden kann«.[68] Bevor eine solche Ablehnung ausgesprochen wurde, hatten bürgerliche Bewerber oft schon nach einem Bewerbungsgespräch, in dessen Verlauf ihnen zu verstehen gegeben wurde, daß ihre Bemühungen um die Aufnahme in den diplomatischen Dienst ohne große Aussicht auf Erfolg seien, von ihrer Absicht Abstand genommen.

Hans E. Riesser war bei seiner ersten Bewerbung im Jahre 1910 abgeschreckt worden durch die Behauptung des Unterstaatssekretärs Stemrich, er brauche mindestens 30000 Mark im Jahr, um erfolgreich mit seinen aristokratischen Kollegen konkurrieren zu können. Da Riesser aus vermögender Familie stammt wäre es ihm wohl sogar möglich gewesen, diese Summe aufzubringen, die sicher sehr hoch gegriffen war, da die übliche Summe damals bei 15000 Mark lag. Es könnte allerdings sein, daß der Diplomat bürgerlicher Herkunft gezwungen war, sich durch besondere Großzügigkeit auszuzeichnen, die natürlich besonders hohe Ausgaben nach sich zog. Wahrscheinlicher ist jedoch, daß der Bewerber in den Augen des im übrigen selbst bürgerlichen Unterstaatssekretärs keine Gnade fand, da er nicht nur bürgerlicher Herkunft, sondern überdies Jude war. Riesser bewies im übrigen diplomatisches Talent, da ihm offenbar nicht entgangen war, daß der Unterstaatssekretär mit der Nennung einer exorbitanten Summe nur eine Metapher benutzte, um eine ebenso klare wie undiplomatische Ablehnung vermeiden zu können; er verzichtete auf eine Bewerbung und trat erst am 22. November 1918 in die Dienste des Auswärtigen Amtes.[69]

Zwischen 1871 und 1914 stammten 70 % der Anwärter des diplomatischen Dienstes aus der Aristokratie. Das gleiche gilt von den insgesamt 548 Diplomaten, die zwischen 1871 und 1914 ihren Dienst versahen und von denen 377, das heißt 69 % adliger Herkunft waren.[70] Eine ganze Reihe adliger Bewerber und Anwärter konnte sogar damit rechnen, daß bei der Beurteilung der Erfüllung der »reglementarischen Vorbedingungen« außerordentlich großzügig verfahren würde. Um zu garantieren, daß ein dem Reichskanzler für die diplomatische Karriere erwünschter Kandidat in den diplomatischen Examina nicht ohne Erfolg blieb, wurden die Fragen auf seinen Kenntnisstand zugeschnitten.[71] Graf Johann Heinrich Bernstorff, der von 1908 bis 1917 Botschafter in Washington war, erinnert sich an seine eigene Prüfung im Jahr 1892: »Die einzige Rettung des Attachées war die Tatsache, daß im Auswärtigen Amt noch der Geist Bismarcks wehte, und es daher schon vor dem mündlichen Examen feststand, ob der Kandidat bestehen sollte oder nicht. Bismarck hatte unter die allgemeinen Vorschriften für das diplomatische Examen eigenhändig geschrieben: ›Ich behalte mir aber vor, den Kandidaten in den diplomatischen Dienst zu nehmen, falls ich ihn für brauchbar halte, auch wenn er das Examen nicht besteht.‹ Es ist mir unvergeßlich, wie der gütige, alte, berühmte Rudolf von Gneist in meiner Prüfung mit ganz leichten Fragen anfing und zu immer schwereren überging, als er merkte, daß ich etwas wußte.«[72] Alfred von Bülow, der Sohn Bernhard Ernst von Bülows, der von 1873 bis 1879 Staatssekretär des Auswärtigen Amtes war, gelang 1881 erst im dritten Versuch der Sprung über die Prüfungshürde, die jetzt sicher niedrig genug gelegt worden war.[73] Alfreds Bruder Bernhard von Bülow, der spätere Staatssekretär und Reichskanzler, wurde sogar bei der Vorbereitung zur Prüfung im Jahre 1875 von seinem Freund Herbert von Bismarck gewarnt, er möge nicht zu gut abschneiden, da ein überdurchschnittliches Ergebnis eher als Nachteil gewertet werden könnte.[74]

Herberts Vater und sicher auch dessen verschiedene Nachfolger als Reichskanzler waren überzeugt, daß es bei einem Diplomaten weniger auf wissenschaftliche und juristische Kenntnisse und vielmehr auf ein hohes Maß an gesellschaftlicher Gewandheit ankäme, Fähigkeiten, deren Übung durch ein Übermaß von Kenntnissen wohl eher behindert würden. Otto von Bismarck hat sich wiederholt in diesem Sinn geäußert und diese Äußerungen lassen sich in seiner Formulierung zusammenfassen, es käme bei Diplomaten auf die »Kavaliersperspektive« an.[75] Ohne Zweifel war diese Meinung Teil eines elitären Standesbewußtseins; man wird allerdings nicht übersehen dürfen, daß die Diplomaten bis 1918 Vertreter ihrer regierenden Fürsten waren, die sich auf dem höfischen Parkett nicht nur auskennen, sondern die an den Höfen ihrer Gastländer, bei deren Monarchen sie akkreditiert waren, als standesgemäße Vertreter akzeptiert werden mußten.

Die Sonderstellung, die das Auswärtige Amt wegen der überwiegend adligen Herkunft seiner Mitglieder den übrigen oberen Reichsbehörden gegenüber einnahm, wiederholte sich innerhalb des Amtes in der Stellung der politischen Abteilung den anderen Abteilungen gegenüber. »Die eigentliche politische Leitung des Amtes«, so Ludwig Raschdau, »spielte sich damals ausschließlich innerhalb der ersten, der politischen, vom Staatssekretär persönlich geleiteten Abteilung ab, die den übrigen Abteilungen gegenüber, auch gesellschaftlich, wie eine fremde Behörde erschien. Der Abstand zwischen den Offizieren eines Garde-Kavallerie-Regiments und denen eines Trainbataillons konnte kaum größer gewesen sein, als zwischen den Räten der sogenannten Abteilung A und den übrigen Teilen des Amtes. Jene rechneten auf die Verwendung in der Diplomatie, diesen war sie so gut wie verschlossen.«[76]

Diese Trennungslinie zwischen der politischen Abteilung einerseits, der Handelspolitischen Abteilung II., der Rechtsabteilung III. und der Kolonialabteilung IV., die 1907 in ein eigenes Kolonialamt umgewandelt wurde, andererseits, ist auch an den Zahlen ablesbar. Während in der politischen Abteilung 61 % der Beamten adliger Herkunft war, sank deren Anteil in Abteilung II. auf 55 %, in Abteilung III. und in Abteilung IV.

Das Arbeitszimmer Bismarcks im Auswärtigen Amt, Wilhelmstraße 76

auf jeweils 28 %.[77] Die Tatsache, daß im Gesamtverhältnis der Adel mit 69 % sogar noch stärker vertreten war, verweist auf den Tatbestand, daß selbst innerhalb der politischen Abteilung eine Trennungslinie zwischen dem Dienst in der Zentrale und dem in den Auslandsvertretungen verlief, wo der Adel deutlich in der Überzahl war. An der Spitze der europäischen Botschaften standen von 1871 bis 1914 ausschließlich Aristokraten und das gleiche gilt von den neun Staatssekretären; der Posten des Staatssekretärs galt im übrigen als Durchgangsstation auf eine der großen Botschaften, ein Unterschied im Prestige, der durch die wesentlich bessere Bezahlung der Botschafter deutlich und amtlich unterstrichen wurde.[78] Als Gustav Stresemann am 15. März 1910 vor dem Reichstag erläuterte, was er meinte, als er vom »Gardeprinzip« in der Diplomatie sprach, verwies er auf das »Staatshandbuch, das zeigt, daß alle Botschaften nur mit Adligen besetzt sind, und zwar nicht nur in bezug auf die Persönlichkeiten der Botschafter, sondern auch in bezug auf das Botschaftspersonal, in Bezug auf die Herren von der Legation, die dort vertreten sind; das geht bis in die Konsulate herunter.«[79] Am 14. Mai 1914 erklärte der Abgeordnete Gothein im Reichstag, auf den höheren Posten des auswärtigen Dienstes befänden sich »8 Fürsten und Prinzen, 29 Grafen, 20 Barone, 54 gewöhnliche Adlige und im ganzen 11 Bürgerliche«.[80]

Der »Geist der Exklusivität«und ein Netzwerk dichter Beziehungen im diplomatischen Dienst

Die Exklusivität der Gruppe, die Zugang zur diplomatischen Laufbahn erhielt, wurde nicht nur durch Ausgrenzungskriterien aufrechterhalten, sondern umgekehrt durch ein System des Nepotismus, das Albert Ballin, der Direktor der HAPAG einmal mit der Bemerkung beschrieb, die Wilhelmstraße 76 sei »ein Klub, in welchen man bei und durch Geburt aufgenommen sein muß«. Was genau gemeint war, ist bereits an der Aufnahme von Alfred von Bülow deutlich geworden, die der Tatsache zu verdanken war, daß mehrere Mitglieder der Familie von Bülow hochrangige Posten im Auswärtigen Amt innehatten und darauf bedacht waren, weitere Familienangehörige im diplomatischen Dienst unterzubringen. Neben Alfred von Bülows Vater Bernhard Ernst und seinem Bruder Bernhard, die beide Staatssekretäre des Amtes waren, gehörte eine ganze Reihe von Mitgliedern des diplomatischen Dienstes dem weiteren Kreis der Famile an; von 1930 bis zu seinem Tod im Jahre 1936 war Bernhard Wilhelm von Bülow, ein Neffe von Bernhard und Alfred von Bülow, Staatssekretär des Amtes. Auch Graf Bernstorff, bei dessen Examen der Prüfer mit ganz leichten Fragen begonnen hatte, da offensichtlich beschlossene Sache war, daß er die Prüfung besteht, gehörte einer Familie an, deren Mitglieder über Generationen hinweg im diplomatischen Dienst Preußens und des Reiches standen. Der Großonkel des Grafen Bernstorff war von 1818 bis 1832 preußischer Außenminister, eine Stellung, die auch der Vater des Grafen 1861/62 innehatte, bevor er die preußische Botschaft in London übernahm; dem diplomatischen Dienst gehörte schließlich neben dem Grafen eine Zeitlang sein älterer Bruder und später sein Neffe Albrecht von Bernstorff an. Im übrigen waren beide Familien miteinander verwandt. Christian Günther Graf von Bernstorff, der erste preußische Außenminister der Familie, war mit der Gräfin Elise von Dernath verheiratet, die wiederum eine Tante Bernhard Ernst von Bülows war.[81]

Das Auswärtige Amt des Kaiserreichs war ein Familienunternehmen zumindest in dem Sinne, daß die Wahrscheinlichkeit sehr groß war, daß zwei oder mehr Angehörige einer Familie gleichzeitig oder nacheinander im diplomatischen Dienst standen. Diejenigen, die dem Dienst bereits angehörten, sorgten dafür, daß anderen Familienmitgliedern der Eintritt ebenfalls ermöglicht wurde. Insbesondere Väter als Chefs von Gesandtschaften oder Botschaften ließen sich ihre Söhne, natürlich ohne Besoldung, attachieren. Von dieser Position aus war der Schritt in den diplomatischen Dienst ebenso naheliegend wie einfach. Man hat ausgerechnet, daß zwischen 1871 und 1914 24 Väter im Dienst des Auswärtigen Amtes 29 Söhne in dieses Amt brachten, daß dem Amt zehn Brüderpaare, sieben Paare aus Onkel und Neffe und 89 Cousins angehörten.[82] Stellt man in Rechnung, daß diese Personen durch Heirat und Freundschaft miteinander verbunden waren, ergibt sich ein dichtes Netzwerk von Beziehungen.

Wie wichtig allein schon Freundschaftsbeziehungen in der Elterngeneration waren, um selbst die ablehnende Entscheidung des Personalreferenten des Auswärtigen Amtes zu revidieren, wird am Beispiel des Eintritts von Richard von Kühlmann in den diplomatischen Dienst deutlich. Nachdem ein erstes Gespräch mit dem Personalreferenten, dem Grafen Pourtalès – dem wohl der Adel Kühlmanns, Sohn eines erfolgreichen Eisenbahnunternehmers, nicht alt genug war – erfolglos verlaufen war, ließ Kühlmann sich bei Reichskanzler von Hohenlohe-Schillingsfürst melden, der aus seiner Zeit als bayerischer Ministerpräsident mit dem Vater des Kandidaten gut bekannt war. Richard von Kühlmann erhielt eine Einladung zum Diner in der Reichskanzlei mit dem Vermerk, sich doch eine Viertelstunde früher einzufinden. Nach einer kurzen Begrüßung erklärte der Kanzler dem Sohn seines alten Bekannten: »Ich werde die Gäste oben an der Treppe stehend empfangen und bitte Sie, sich hinter mich zu stellen«. »Die Gäste waren«, so Kühlmann in seinen Erinnerungen weiter, »wie ich alsbald feststellen konnte, fast ausschließlich höhere Beamte des Auswärtigen Amtes. Nachdem er jeden einzelnen begrüßt hatte, stellte er mich den Herren vor, indem er sagte: ›Darf ich Ihnen Herrn von Kühlmann vorstellen, der auf meinen Wunsch ins Auswärtige Amt eingetreten ist‹. Die Herren waren alle sehr liebenswürdig, und schon am Tage darauf erhielt ich aus dem Amt die Aufforderung, mich zum Dienstantritt einzufinden«.[83]

Richard von Kühlmanns Erinnerungen können als Ausgangspunkt für den Versuch dienen, dem dichten Netzwerk von Beziehungen ein Stück weit nachzugehen.[84] Kühlmann heiratete Marguerite von Stumm, die der Industriellenfamilie aus dem Saarland angehörte; als er kurz vor dem Ersten Weltkrieg Erster Legationssekretär der Botschaft in London war, amtierte dort als Zweiter Sekretär Karl von Schubert, dessen Mutter ebenfalls der Familie Stumm angehörte, die im übrigen mit Wilhelm von Stumm, der es zum Unterstaatssekretär brachte, und Ferdinand von Stumm-Halberg, Botschafter in Madrid, zwei weitere Familienmitglieder auf hochrangigen Posten im Auswärtigen Amt hatte.[85] Karl von Schubert war mit Renata von Harrach verheiratet, deren Mutter eine geborene Gräfin Pourtalès war. Kühlmann kannte die zukünftige Gattin seines Kollegen an der Londoner Botschaft bereits aus seiner Zeit als Attachée in Berlin, wo er im Hause Harrach verkehrte. Zum engeren Kreis dieses Hauses gehörte Hanna von Spitzemberg, die Tochter des württembergischen Gesandten in Berlin, ein Posten, den nach dem Tode des Freiherrn von Spitzemberg im Jahre 1906 sein Schwager Axel von Varnbüler übernahm. Hanna von Spitzemberg war mit dem Freiherrn von Wangenheim verheiratet, dem späteren Botschafter in Konstantinopel. Ebenfalls zu diesem Kreise gehörte Helene von Hindenburg, die den sächsischen Diplomaten von Nostiz-Wallwitz heiratete. Helenes Bruder Herbert von Hindenburg war Diplomat und gehörte zuletzt als Gesandter dem Auswärtigen Amt an; beider Großvater war Graf Münster, von 1873 bis 1885 Botschafter Preußens und später des Deutschen Reiches in London.

Richard von Kühlmann hatte während seiner Tätigkeit als Gesandter in Den Haag im Jahre 1915 den ihm befreundeten Baron von der Heydt mit dem Aufbau einer Informationsstelle an der Gesandtschaft beauftragt, die die politische Entwicklung in England beobachten sollte. Von der Heydt berief seinerseits im Jahre 1917 Herbert von Dirksen, mit dem er seit der gemeinsamen Dienstzeit bei den 3. Garde-Ulanen in Potsdam befreundet und der in die innere Verwaltung eingetreten war, zur Unterstützung an die Gesandtschaft. Als Herbert von Dirksen im Mai des nächsten Jahres in Berlin im Auswärtigen Amt dem Staatssekretär Vortrag hielt – einen Posten, den zu diesem Zeitpunkt Richard von Kühlmann innehatte – wurde er gefragt, ob er nicht endgültig in den Auswärtigen Dienst übertreten wolle, ein Vorschlag, der um so näher lag, als bereits Willibald von Dirksen, der Vater Herberts, lange Jahre das Völkerrechts-Referat des Amtes geleitet hatte. Auf die Frage, wohin er versetzt werden wolle, schlug Dirksen die diplomatische Vertretung in Kiew vor, da dort als Botschafter Baron Mumm residiere, ein alter Freund der Eltern von Dirksen. Im übrigen war Herbert von Dirksens Schwester Ellen-Vera mit Diego von Bergen verheiratet, von 1920 bis 1942 Botschafter im Vatikan; seine zweite Schwester Alix hatte den Freiherrn Oswald von Richthofen geheiratet, der von 1900 bis 1906 als Nachfolger Bernhard von Bülows Staatssekretär des Auswärtigen Amtes war.

Nach Kriegsende wurde Herbert von Dirksen in der Rußland-Abteilung eingesetzt, mit deren Leiter Ago von Maltzan, der von 1922 bis 1924 Staatssekretär wurde, ihn »freundschaftliche Beziehungen von gemeinschaftlich in Berlin als Kartellbrüder verlebten Jahren« verbanden.[86] Kartellbruder von Dirksens war auch Karl von Schubert, der Nachfolger Maltzans als Staatssekretär: »Die Schlüsselstellung im Auswärtigen Amt«, so Dirksen über die Zeit zwischen 1925 und 1928, »hatte natürlich der Staatssekretär von Schubert inne. Da wir zusammen erzogen worden waren, dieselbe Schule besucht hatten und in Kartellkorps, in Heidelberg und Bonn, aktiv gewesen waren, so verband uns eine Freundschaft, die wir von unseren Eltern geerbt hatten.«[87]

Das Geflecht der Beziehungen von Abstammung, Heirat, Freundschaft der Eltern, Freundschaft aus gemeinsamer Schul- und Militärzeit, Verkehr in den gleichen gesellschaftlichen Kreisen und adligen Häusern wurde noch verstärkt durch die gemeinsame Zugehörigkeit zu studentischen Verbindungen, einer der »drei Schulungskurse für das öffentliche Leben im damaligen Preußen – studentische Verbindung, Militärdienst, juristische Vorbereitungszeit«, wie Herbert von Dirksen erklärte.[88] Dirksen erzählt, sein Vater habe ihn »beim Korps Saxoborussia als Fuchs angemeldet«, welches »Korps, das mit seinem Kartellkorps Borussia in Bonn und Saxonia in Göttingen den sog. ›Weißen Kreis‹ bildete«, »viele Anfeindungen« habe »über sich ergehen lassen müssen«.[89] Dirksen unterstellt, diese Angriffe, die sich, ohne daß er es sagt, auf die Tatsache bezogen, daß die Verbindungen des »Weißen Kreises« Seilschaften in die höhere Verwaltung bildeten, seien völlig ungerechtfertigt, eine Unterstellung, die im Widerspruch zu seiner eigenen Darstellung und zu den Zahlen steht. So gehörten neben von Dirksen, von Maltzan und von Schubert zahlreiche hochrangige Mitglieder des Auswärtigen Amtes einem der Corps des »Weißen Kreises« an, unter ihnen, um nur einige zu nennen, Bernhard von Bülow, Karl Georg von Treutler, Botho Graf von Wedel, Gottlieb von Jagow, Friedrich Wilhelm von Prittwitz und Gaffron, Hartmann von Richthofen, Fréderic Hans von Rosenberg und Leopold von Hoesch. Fünf der elf Staatssekretäre, die zwischen 1871 und 1914 amtierten, waren Mitglieder studentischer Verbindungen.[90]

Joseph Maria von Radowitz, der in den achtziger Jahren des 19. Jahrhunderts Botschafter in Konstantinopel und dessen gleichnamiger Vater im Jahre 1850 kurze Zeit preußischer Außenminister war, gehörte ebenfalls der *Borussia* an, die »mehr wie irgendein anderes deutsches Studentencorps die Eigenheit hat, daß der Ersatz stets aus Söhnen solcher Kreise besteht, die sich später in allen Lebenslagen wieder unter gleichen Bedingungen zusammen finden. Seit 1857 bin ich überall, wohin mich mein Beruf oder wohin mich die sozialen Verhältnisse führten, mit früheren Mitgliedern meines Korps in Gemeinschaft getreten, ganz besonders in unserer Diplomatie. Das hat, bis in späteres Alter hinaus, den Vorzug, eine schnellere und sicherere Grundlagen für das Zusammenleben und Zusammenwirken zu geben als sonst möglich wäre. Man sieht es von vorneherein als eine besondere Empfehlung und wie eine Garantie an, wenn der andere aus dem gleichen Korps hervorgegangen ist.«[91]

Prinz Alexander von Hohenlohe, der Sohn des langjährigen Botschafters in Paris und späteren Reichskanzlers, hat den Mechanismus knapp und klar beschrieben: »In der Tat war es allmählich so geworden, daß insbesondere das Korps der Borussen in Bonn, vielleicht noch die ihnen affiliierten Saxo-Borussen in Heidelberg und in einem geringeren Grade die Sachsen in Göttingen als eine Pflanzstätte künftiger Botschafter und Gesandten angesehen wurden. Wer es dann noch fertig brachte, sein Einjähriges bei einem Garde-Kavallerieregiment abzudienen und dort Reserveoffizier zu werden, der konnte seine Karriere als gesichert ansehen. ... Hatte ein junger Mann diese beiden Stadien, Korps und Garde, durchgemacht, dann konnte er auf einige Protektion rechnen, die er leicht bei seinen ehemaligen Korpsbrüdern, die schon in dem warmen Nest einer diplomatischen Stellung oder in der Verwaltung saßen, fand.«[92]

Das Netzwerk der Verwandtschaft und die dieses Netzwerk noch ergänzenden und verstärkenden Beziehungen der Korpsbrüderschaft trugen die personelle Kontinuität des deutschen diplomatischen Dienstes vom Kaiserreich in die Republik. Die Verbindung hochrangiger Diplomaten aus aristokratischer Familie nicht nur untereinander, sondern auch mit Familien aus der Großindustrie, die bereits an den Heiratsbeziehungen der Familie Stumm sichtbar wurde, war auch in der Weimarer Republik ganz selbstverständlich. Wolfgang Gans Edler Herr zu Putlitz erinnerte sich an seine erste Zeit im Auswärtigen Dienst, in den er 1925 eingetreten war: »Die für mich interessantesten Leute waren natürlich die fremden Diplomaten und die Koryphäen des Auswärtigen Amtes. Der Staatssekretär von Schubert, Teilhaber des Stumm- und Hanielkonzerns, lebte in der Margarethenstrasse, fast gegenüber der schwerreichen Frau von Dirksen, Mutter des späteren Hitlerbotschafters in Moskau und London. Frau von Schubert, eine geborene Gräfin Harrach, war eine Cousine von Frau von Raumer. Frau von Maltzan, die Frau des Botschafters in Washington, war die Tochter des Großindustriellen Gruson, dem die großen Krupp-Gruson-Werke in Magdeburg gehörten. Am meisten interessierte mich die Frau des Reichsaussenminister Gustav Stresemann. Sie entstammte dem oberschlesischen Industriekonzern von Giesches Erben.«[93] Die von Putlitz erwähnte Frau von Raumer war übrigens als Stephanie Gans zu Putlitz geboren und mit

Hans von Raumer verheiratet, der Geschäftsführer des *Zentralverbands der Deutschen Elektrotechnischen Industrie*, Mitglied der *Deutschen Volkspartei* (DVP) und 1920/21 Reichsschatzminister bzw. 1923 Reichswirtschaftsminister war.
Während der Amtszeit des Außenministers von Rosenberg von November 1922 bis August 1923 gehörte nicht nur der Minister selbst, sondern der Staatssekretär von Maltzan und Ministerialdirektor von Schubert, also die drei wichtigsten Beamten, den *Borussen* an; mit von Schubert, der Maltzan 1924 ablöste, blieb das Staatssekretariat bis 1930 *borussisch* besetzt.[94] Von 161 leitenden Beamten des Auswärtigen Dienstes der Weimarer Republik zwischen 1921 und 1933 gehörten 49 einer studentischen Verbindung an; zwölf von ihnen waren *Borussen* oder *Saxo-Borussen*. Von den 27 Spitzenbeamten waren mehr als die Hälfte, nämlich 15 Mitglieder eines Corps, eine Zahl, die die Vermutung nahe legt, daß die Zugehörigkeit zu einer studentischen Verbindung auch jetzt noch durchaus hilfreich war auf dem Weg nach oben.[95]

»So strömten die neuen Talente ein«
Die Reform des Auswärtigen Dienstes in der Weimarer Republik

Die Exklusivität und die personelle Kontinuität des diplomatischen Dienstes wurden in der Nationalversammlung wiederholt scharfer Kritik unterzogen; diese Kritik wurde mit der Forderung nach Erweiterung des sozialen Rekrutierungsfeldes der Nachwuchsdiplomaten verknüpft. »Wir sind der Überzeugung«, erklärte der SPD-Abgeordnete Otto Wels am 26. Juli 1919 in der verfassunggebenden Nationalversammlung, »daß in allen, aber auch in allen Schichten der Republik Männer vorhanden sind, die das Reich nach außen zu vertreten vermögen. Der Zustand, daß diese nur einer Schicht entstammen, muß fallen; denn wir haben keine Gesandten mehr nur für eine bestimmte Schicht, sondern brauchen sie für alle Klassen in jedem Lande.«[96] Wenige Monate später erklärte Hermann Müller, Sozialdemokrat und von Juni 1919 bis März 1920 Außenminister im Kabinett Bauer, bei der Debatte über den Etat des Auswärtigen Amtes »daß die Beamten bisher geringen Schichten der Geld- und Geburtsaristokratie entnommen worden sind. Das muß natürlich aufhören. Die Deutsche Republik muß auf ihre ersten Posten eine Reihe neuer Männer bringen. Aber das allein genügt nicht. Vor allen Dingen muß auch dafür gesorgt werden – das ist fast noch wichtiger – daß die Basis der Auslese verbreitert wird für die Zukunft, damit der Nachwuchs aus allen Kreisen herangezogen werden kann.«[97]
Diese Wünsche und Forderungen trafen im Auswärtigen Amt auf eine grundsätzliche Bereitschaft zu Veränderungen, die der Tatsache zu verdanken war, daß bereits in den letzten Jahren vor dem Krieg und während des Krieges wiederholt ähnliche Forderungen nach einer Öffnung des diplomatischen Dienstes erhoben worden waren. Der Abgeordnete Gustav Stresemann hatte in seiner Rede im März 1910 nicht nur vom »Gardeprinzip« gesprochen, sondern zugleich »die Zurücksetzung tüchtiger bürgerlicher Elemente«

bei der Auswahl der Bewerber für den diplomatischen Dienst beklagt. Vier Jahre später forderte der Parteifreund Stresemanns, der Vorsitzende der nationalliberalen Partei Eugen Bassermann, in der Debatte über den Etat des Auswärtigen Amtes als Berichterstatter der Budgetkommission die Einleitung von »Maßnahmen, ... durch die der Zugang zum diplomatischen Dienst den Befähigsten, ohne Rücksicht auf ihre Vermögensverhältnisse, ermöglicht werde«.[98]

Im Januar des Jahres 1919 begann eine Reform des Auswärtigen Dienstes, deren treibende Kraft der Ministerialdirektor Edmund Schüler war, der sich mit den Vorarbeiten bereits seit Oktober 1918 befaßt hatte und der seit August 1919 als Leiter der Personalabteilung amtierte. Bereits im Dezember 1918 waren die konsularische und die diplomatische Laufbahn, deren jeweilige Angehörige sich bisher noch nicht einmal gekannt haben sollen und zwischen denen ein erhebliches Gefälle an Einfluß und Prestige bestanden hatte, zusammengelegt worden. Dieser Reform der Personalstruktur mußte Hand in Hand mit einer Organisationsreform gehen, in der die Politische Abteilung und die Handelspolitische Abteilung aufgelöst und durch sechs Regionalabteilungen ersetzt wurden, in denen politische und ökonomische Fragen der jeweiligen Region in enger Verbindung miteinander behandelt wurden. Diese Neuorganisation, zu der auch die Gründung einer Außenhandelsstelle als Abteilung x gehörte, war im Januar 1920 abgeschlossen.[99]

Die Zusammenlegung der beiden Laufbahnen schloß auch die Neuregelung der Ausbildung ein. Von den Anwärtern für den Auswärtigen Dienst wurde keine abgeschlossene Hochschulausbildung mehr verlangt; großer Wert hingegen wurde auf eine praktische Tätigkeit bei Institutionen, Verbänden oder Unternehmen gelegt. Besondere Bedeutung kam der Tatsache zu, daß die Anwärter jetzt nicht nur keinen Einkommensnachweis mehr vorlegen mußten, sondern daß sogar eine Unterhaltsbeihilfe in Höhe von RM 250 bis 350 pro Monat gezahlt wurde.[100] An die Stelle der Eignungsprüfung trat die Auswahl während der Ausbildung, da man die Eignung des Kandidaten erst in der Ausbildungszeit glaubte beurteilen zu können. Tatsächlich wurden von den insgesamt 270 Anwärtern, die zwischen 1919 und 1931 die Ausbildung begannen, nur etwa 130 in den Dienst des Auswärtigen Amtes übernommen.[101]

Im Rahmen der Reformen wurde eine Reihe sogenannter »Außenseiter« berufen, Seiteneinsteiger, die nicht durch das »Gardeprinzip« ins Amt gekommen waren und die nach Maßstäben des »Gardeprinzips« nie ins Amt gekommen wären. Der Zwang zur Berufung dieser »Außenseiter« ergab sich aus mehreren Gründen. Zum einen war die Besetzung der diplomatischen Spitzenpositionen mit neuen Männern, die Hermann Müller gefordert hatte, anders gar nicht zu verwirklichen; zum anderen, und wichtiger noch, kam bei der Wiederaufnahme der diplomatischen Beziehungen zu den ehemaligen Feindstaaten nach der Ratifizierung des Vertrags von Versailles im Januar 1920 die Besetzung der Botschafter- und Gesandtenposten mit Diplomaten aus dem Auswärtigen Amt des *ancien régime* nicht in Frage. Vielmehr mußten Persönlichkeiten gefunden werden, die mit der Außenpolitik des Kaiserreichs nicht in Verbindung gebracht werden konnten und die eben deshalb aus der Perspektive des Auswärtigen Amtes Außenseiter waren.[102]

Die Berufung von Außenseitern war um so notwendiger, als nach dem Krieg und angesichts der im Vertrag von Versailles festgelegten Friedensbedingungen die Reparationszahlungen Deutschlands an die Siegermächte im Zentrum der deutschen Außenpolitik standen. Zur Führung dieser Politik waren ökonomische und wirtschaftspolitische Kenntnisse und Fähigkeiten erforderlich, deren Erwerb nicht zur traditionellen Ausbildung der Diplomaten gehört hatte und über die die deutschen Diplomaten um so weniger verfügten, als alle wirtschaftlichen Angelegenheiten in der von der politischen Abteilung streng getrennten Handelspolitischen Abteilung bearbeitet worden waren. Eine Szene, die Walter Zechlin schildert, der von 1925 bis 1932 Leiter der Presseabteilung des Auswärtigen Amtes und Mitglied der SPD war, macht diesen Zusammenhang eindrucksvoll deutlich. Zechlin war im Frühjahr 1922 während der Amtszeit des Außenministers Walther Rathenau als Vertreter der höheren Beamten Mitglied im Betriebsrat des Auswärtigen Amtes. Er gehörte in dieser Eigenschaft einer Delegation an, die im Namen des Betriebsrats den Minister um eine Aussprache über die Bedenken und Befürchtungen bat, die bei den Beamten gegenüber den Mitarbeitern bestanden, die der neue Außenminister sich aus Ministerien mitgebracht hatte, die mit Wirtschaftsfragen befaßt waren. Rathenau antwortete auf die Darlegung dieser Probleme durch den Personalchef des Auswärtigen Amtes, der die Delegation anführte: »Meine Herren, Ihnen als Angehörige des Auswärtigen Amtes ist die überragende Bedeutung des Reparationsproblems für unsere und die internationale Politik klar. Das Auswärtige Amt besitzt keine Sachverständigen und Spezialisten auf diesem Gebiet. Ob es zu dumm oder zu faul war, solche heranzubilden, ist eine Frage, die ich Ihrem Urteil überlasse. Ich habe keine Zeit, die nötigen Kräfte auszubilden. Ich hole sie mir, wo ich sie finde, und ich muß mir vorbehalten, noch weitere heranzuziehen.«[103]

Die Hälfte der zwanzig Außenseiter unter den 161 leitenden Beamten des Auswärtigen Amtes der Weimarer Republik waren deshalb Personen, die wegen der ökonomischen Fachkenntnisse, die sie in ihrer bisherigen beruflichen Tätigkeit hatten erwerben können, zumeist mit Auslandsposten betraut wurden, bei deren Wahrnehmung es sowohl auf die Wünsche der ehemaligen Feindstaaten, als auch auf wirtschaftlichen Sachverstand ankam. Zu dieser Gruppe gehörten, um nur einige Beispiele zu nennen, der Hamburger Wirtschaftswissenschaftler Professor Kurt Wiedenfeld als Leiter der Außenhandelsstelle, der ehemalige Syndikus der Handelskammer Lübeck, Dr. Erich Wallroth, der zunächst Gesandter in Riga war, 1924 Leiter der Ostabteilung und 1928 Gesandter in Oslo wurde, der langjährige Krupp-Direktor Otto Wiedfeldt, der von 1922 bis 1925 als Botschafter in Washington amtierte, und der ehemalige Hamburger Senator und Bürgermeister Friedrich Sthamer, der während seines Berufslebens mit Zoll- und Schiffahrtsangelegenheiten befaßt war und der im Jahre 1920 den Posten des Botschafters in London übernahm, den er bis 1930 erfolgreich ausfüllte. Zu dieser Gruppe gehörte auch John von Berenberg-Goßler, wie Sthamer lange Jahre Hamburger Senator, seit 1893

Teilhaber der väterlichen Bank und von 1920 bis 1921 Botschafter in Rom, ein Posten, auf dem er die Hoffnungen, mit denen er auf Betreiben Edmund Schülers berufen wurde und die durch seine bisherige Tätigkeit in Wirtschaft und Selbstverwaltung genährt worden waren, offenbar in jeder Hinsicht enttäuschte.
Zum Kreis derjenigen, die in den diplomatischen Dienst berufen wurden, da sie einer Partei angehörten, die in den Augen der Siegermächte nicht als Stütze des *ancien régime* galt, gehörten der Sozialdemokrat Adolf Köster, der im Jahre 1920 selbst Außenminister, im ersten Kabinett Wirth 1921/1922 Innenminister war und bis 1930 als Gesandter in Belgrad amtierte, und der Sozialdemokrat Otto Landsberg, der dem Rat der Volksbeauftragten angehört hatte, im Jahre 1919 Justizminister im Kabinett Scheidemann war und das Reich als Geschäftsträger in Brüssel vertrat. Neben den beiden Sozialdemokraten Adolf Müller und Ulrich Rauscher, jener von 1919 bis 1933 Gesandter in Bern, dieser zunächst Pressechef und, nach einem kurzen Gastspiel als Geschäftsträger in Tiflis, von 1921 bis 1930 Gesandter in Warschau, sollen noch Wilhelm Mayer-Kaufbeuren (BVP/*Zentrum*), der Botschafter in Paris wurde, Maximilian Pfeiffer (*Zentrum*), Gesandter in Wien und Walter Koch (DVP), Gesandter in Prag, genannt werden.[104]
Die Reformphase des Auswärtigen Dienstes währte nur kurze Zeit. Während Edmund Schüler von Ulrich Graf von Brockdorff-Rantzau, Hermann Müller und Adolf Köster, die von Februar 1919 bis Juni 1920 nacheinander als Außenminister amtierten, freie Hand bekommen hatte, begann mit der Übernahme des Außenministeriums durch Walter Simons im Juni 1920 das Ende und die teilweise Revision der Reformen, die unter Simons Nachfolgern Rosen und von Rosenberg, die wie Simons Berufsdiplomaten des *ancien régime* waren, fortgesetzt wurde. Zwar blieb es bei den Strukturreformen, der Verbindung der konsularischen und der diplomatischen Laufbahn – obwohl diese Verbindung zumindest in einigen Gedankenexperimenten in Frage gestellt wurde – und es blieb bei den Regionalabteilungen, deren Zahl allerdings von sechs auf drei reduziert wurde; Außenseiter wurden jedoch – mit Ausnahme von Wiedfeldt, dessen Entsendung nach Washington in die kurze Amtszeit Walther Rathenaus in der ersten Hälfte des Jahres 1922 fällt – nicht mehr berufen. Schüler ließ sich nach einer Auseinandersetzung mit Simons im Dezember 1920 beurlauben und im Juni 1921 in den einstweiligen Ruhestand versetzen.[105]
Zwar waren nach einer Statistik aus dem Jahre 1923 von 24 diplomatischen Posten in Europa sechzehn mit Karrierebeamten und acht mit »Herren, die dem Auswärtigen Amt bisher nicht angehört haben«, besetzt;[106] der Anteil der hier so vornehm umschriebenen Außenseiter ging wegen des Berufungsstopps in den folgenden Jahren jedoch stetig zurück, so daß im Jahre 1930 nur noch zwei Außenseiter auf ihrem Posten waren. Die freiwerdenden Stellen wurden von Berufsdiplomaten übernommen und im Jahre 1932 standen an der Spitze der zehn wichtigsten Botschaften Diplomaten des *ancien régime*.[107]
Dieser Entwicklung, die man als Weg zurück ins *ancien régime* bezeichnen kann, entsprechen die Angaben über die soziale Herkunft der Angehörigen des Auswärtigen Dienstes. Im Jahre 1926 waren von den insgesamt 484 deutschen Diplomaten 126 Aristo-

kraten, ein Anteil von ca. 26 %, wie er vor 1918 in der Rechtsabteilung und in der Kolonialabteilung üblich war, den beiden Abteilungen, die am weitesten entfernt waren von den prestigeträchtigen diplomatischen Tätigkeiten. Ungefähr der gleiche Prozentsatz findet sich auch bei den etwa 130 Diplomaten, die in der Weimarer Republik als Attachées ins Auswärtigen Amt eintraten, nach der Ausbildung im Dienst blieben und von denen ca. 28 % der Aristokratie entstammten. Durch eine am 1. Januar 1924 erlassene neue Ausbildungsordnung, in der der Abschluß eines Hochschulstudiums wieder obligatorisch wurde, hatte im übrigen auch die Öffnung für Anwärter aus praktischen Berufen ihr Ende gefunden.[108]

Wie im Kaiserreich nahm der Anteil des Adels an der Spitze der Stellenpyramide erheblich zu. Von den 161 leitenden Beamten des diplomatischen Dienstes der Weimarer Republik waren 62 Beamte, also 39 %, adliger Herkunft, während der Anteil des Adels bei den Spitzenbeamten sogar einen Prozentsatz von 45 erreichte.[109] Noch höher lag der Anteil adliger Diplomaten an den Spitzenstellen der Auslandsmissionen, die im Jahre 1929 zur Hälfte mit Aristokraten besetzt waren, ein Anteil, der bis 1938 konstant blieb.[110] An der Spitze der zehn wichtigsten Botschaften standen 1932 sieben, ab 1935 sogar acht Aristokraten.[111] Der Adel hatte im diplomatischen Dienst der Weimarer Republik zwar sein Monopol, keineswegs jedoch seine dominierende Stellung verloren.

Daß die Berufung von Persönlichkeiten aus Wirtschaft, Politik und freien Berufen in den diplomatischen Dienst Episode blieb, ist dem zähen Widerstand der Berufsdiplomaten zu verdanken, dem eine Reihe eng miteinander verbundene Motive zugrunde lag. In dem Maße, in dem Außenseiter höhere Stellen des diplomatischen Dienstes einnahmen, wurden die Karrierechancen der Inhaber von unteren und mittleren Rängen beeinträchtigt. Die Befürchtungen der Beschränkungen der Aufstiegsmöglichkeiten der Berufsdiplomaten waren im Frühjahr 1922 Anlaß für den Betriebsrat des Auswärtigen Amtes, die dreiköpfige Delegation, der Walter Zechlin angehörte, zu Außenminister Rathenau zu schicken.[112]

Wichtiger noch als diese Frage nach den Aufstiegsmöglichkeiten dürften Ängste um die Minderung des Prestiges gewesen sein, das mit der Zugehörigkeit zum diplomatischen Dienst verbunden und von der Exklusivität des Zugangs zu diesem Dienst abhängig war. Bezeichnend für die Einstellung der meisten Karrierediplomaten gegenüber den Außenseitern dürfte eine Mischung aus Ironie, Überheblichkeit und Abwehr gewesen sein, die an einer Formulierung Herbert von Dirksens erkennbar ist. »Auch in die personelle Zusammensetzung des Auswärtigen Dienstes fegte der Reformeifer Schülers« – der, so Dirksen bereits zuvor, »in seinem reformistischen Eifer weit über das Ziel hinausgeschossen« sei – »wie ein Frühlingssturm hinein ... So strömten die neuen Talente ein: ehrbare Getreidemakler, solide Handelskammersyndici, organisationslüsterne Generalstabsoffiziere und, vor allem, tatendurstige Parlamentarier. Aber das Auswärtige Amt hat sich schon immer durch ein bedeutendes Beharrungsvermögen ausgezeichnet.«[113] Was unter diesem Beharrungsvermögen genau zu verstehen war, wird ein wenig deutlicher in den Memoiren Georg Schreibers, der für das *Zentrum* im Reichstag saß und als Hochschullehrer an der Ausbildung der Attachées beteiligt war. Laut Schreiber fand Stüler »starken Widerstand bei den höheren Beamten des Außenamtes. Mitglieder der Korps, die dort einen weißen Ring bildeten, dachten nicht daran, ihre bevorzugte Stellung aufzugeben. Sie wurden von manchen Mitgliedern des altpreußischen Adels unterstützt.«[114]

Daß hier Fragen der Aufstiegschancen, des Prestiges und der Exklusivität eng mit politischen Vorbehalten gegenüber den Angehörigen von Parteien verbunden waren, die die Republik trugen, geht aus einer anonymen Aktennotiz hervor, die Außenminister Simons am 19. September 1920, drei Monate vor der Beurlaubung Schülers, vorgelegt wurde. Der Autor dieser Notiz kündigte an, »daß gegen Schüler in nächster Zeit erheblich Sturm gelaufen werden wird«. Die Gründe für diesen, keiner bestimmten Person oder Gruppe zugeschriebenen Plan zur Revolte seien nicht nur in der Tatsache zu suchen, daß Schüler »alle möglichen alten ausgedienten Pferde aus dem Konsularstall« geholt habe, um sie in die »diplomatische Rennbahn« zu schicken, sondern vor allem in der Ernennung von Außenseitern, die »von parlamentarischer Seite aufgezwungen sind«. Als Beispiele für diese unerwünschten Außenseiter nennt der anonyme Autor die Namen Landsberg, Müller und Samuel Sänger, der längst nicht mehr dem Auswärtigen Dienst angehörte, zwischen Juni und Oktober 1919 Geschäftsträger in Prag, aber auch, wie Landsberg und Müller, Sozialdemokrat war. Wäre es wirklich um unerwünschte Außenseiter gegangen, hätte nicht Sänger, sondern Walter Koch genannt werden müssen, der als Nachfolger Sängers die Gesandtschaft in Prag inzwischen leitete, als ehemaliger sächsischer Innenminister ebenfalls Außenseiter, aber Mitglied der DVP war, deren Herzensmonarchismus dem Verfasser der Aktennotiz wesentlich näher gestanden haben dürfte. Daß soziale und politische Vorbehalte untrennbar miteinander verbunden waren, wird am Schluß der Notiz deutlich, wo es heißt, »daß die allgemeine Empörung gegen Schüler noch größer werden würde, wenn z.B. dem Prinzen zu Wied oder einer anderen Persönlichkeit der ›Sozialdemokrat Rauscher‹« – der kein Prinz und offenbar auch keine Persönlichkeit war – »für Bukarest vorgezogen werden sollte«.[115]

»Vorangehen, und retten, was zu retten ist«
Der *Novemberklub* und die Taktik der »defensiven Republikanisierung«

Die Tatsache, daß der Versuch zur Republikanisierung des diplomatischen Dienstes durch die Berufung von Außenseitern schon früh beendet wurde und schließlich vollständig scheiterte, darf keineswegs zu der Vermutung Anlaß geben, die leitenden Beamten des Auswärtigen Dienstes seien durchweg einfach Gegner der Republik gewesen. Einige von denen, die nach dem »Gardeprinzip« ins Auswärtige Amt gekommen waren, gehörten, wie zum Beispiel Graf Bernstorff und Haniel von Haimhausen, der linksliberalen *Deutschen Demokratischen Partei* an; Graf Brockdorff-Rantzau stand dieser Partei nahe, ohne Mitglied zu sein. »Nach 1918«, so Erich Kordt in seinen Erinnerungen, »waren ... viele der maßgeblichen Posten ... mit Personen besetzt, die aus der ›exklusiven Gesellschaft‹, aus dem sogenannten ›Weißen Kreis‹ stammten, die also in den feudalsten Corps ›aktiv‹ gewesen waren. Es mag überraschen, aber unter ihnen befanden sich schon vor und während des ersten Weltkrieges eine ganze Anzahl, die man populär eher als ›freisinnig‹, denn als reaktionär bezeichnen konnte. Dazu gehörten der wilde Graf Brockdorff-Rantzau, der ›rote‹ Ago von Maltzan, Freiherr von Eckardstein, Graf Bernstorff und andere.«[116]

In dieser Aufzählung fehlt Friedrich Wilhelm von Prittwitz und Gaffron, ein Diplomat des *ancien régime*, der zwar Bonner *Borusse*, aber gleichwohl Mitglied der *Deutschen Demokratischen Partei* war. Prittwitz war Mitbegründer einer Gruppe, die als »Gesellschaft vom 16. November« oder kurz als *Novemberklub* bezeichnet wurde und die am 17. November mit einem Aufruf an die Öffentlichkeit trat, der von 24 Personen unterzeichnet war, die »bisher sämtlich dem Reichsdienst, besonders dem Auswärtigen Amte« angehörten, und zu denen, um nur die wichtigsten zu nennen, Kurt Riezler und Harry Graf Kessler, Bernhard Wilhelm von Bülow und auch Albrecht Graf Bernstorff gehörten. Der *Novemberklub* gab ab Januar 1919 die Monatszeitschrift *Die deutsche Nation* heraus, die 1925 ihr Erscheinen einstellen mußte und deren letzter Herausgeber Theodor Heuss war. Der Klub war als Körperschaft der *Deutschen Demokratischen Partei* beigetreten und in deren Vorstand durch Hans Jürgen von Bornstedt vertreten, der nicht im Auswärtigen Amt, sondern als Regierungsrat in der Reichskanzlei tätig war.[117]

Der Aufruf vom 17. November 1918, der im *Berliner Tageblatt* und in der *Frankfurter Zeitung* abgedruckt wurde, beschwor den »Geist, der 1848 die deutschen Lande durchwehte« und forderte, außenpolitisch »die Gesinnung der Gewalt für ewig zu bannen«. Innenpolitisch sollten »alle Einrichtungen, die einzelnen Klassen eine wirtschaftliche, soziale und politische Vorherrschaft sichern«, beseitigt und »die vielfach mißbrauchte Machtstellung der Besitzer der großen, in privater Hand monopolisierten Produktionsmittel ... durch Vergesellschaftung gebrochen werden«.[118]

Diese Sozialisierungforderung ist nicht ganz so außergewöhnlich, wie es auf den ersten Blick erscheinen mag, da sich in den ersten Wochen nach dem 9. November Forderungen dieser Art in fast allen Aufrufen und Programmen der bürgerlichen Parteien finden, die nicht ausdrücklich die Rückkehr zum *ancien régime* favorisierten.[119] So scheute sich die *Deutsche Demokratische Partei*, mit der sich der *Novemberklub* eng verbinden wird, nicht, in ihrem Gründungsaufruf vom 16. November den Gedanken zu formulieren, daß die neue Zeit die »Gestaltung einer neuen sozialen und wirtschaftlichen Politik« erzwinge und daß diese Politik erfordere, »für monopolistisch entwickelte Wirtschaftsgebiete die Idee der Sozialisierung aufzunehmen«. Sogar die rechtsliberale *Deutsche Volkspartei*, die noch weitaus stärker als die DDP von industriellen Interessen bestimmt war und geradezu als die Partei der Schwerindustrie gelten konnte, versuchte noch in ihrem Wahlprogramm vom Dezember 1918 ihre linksliberale Konkurrentin in Sozialisierungsrhetorik zu überbieten, als sie die »Überführung dazu geeigneter Betriebszweige in die Leitung und das Eigentum der öffentlichen Gewalt« forderte, während die DDP die Sozialisierung nur noch für den »Einzelfall« konzedieren wollte und im übrigen für die Aufrechterhaltung »der Privatwirtschaft mit aller in ihr ruhenden Tatkraft und Arbeitslust« eintrat.

Diese Forderungen sind nicht nur dem Schock des 9. November und der Orientierungslosigkeit der ersten Wochen zu verdanken, sondern waren vor allem ein taktisches Mittel des Kampfes gegen die sozialdemokratischen Parteien durch die Besetzung von Themenfeldern eben dieser Parteien. »Die demokratische Partei« solle, wie Robert Friedberg, der ehemalige Vorsitzende der *Nationalliberalen Partei* und Mitbegründer der DDP in einer Sitzung des Parteivorstandes am 7. Januar 1919 erklärte, »doch möglichst weit nach links greifen mit der Tendenz eines möglichst scharfen Gegensatzes gegen die Sozialdemokratie«. Dabei ging es zunächst vor allem darum, »das Zustandekommen einer sozialistischen Mehrheit zu verhindern«, wie es im Wahlaufruf der DDP bereits am 18. Dezember hieß, und zwar durch ein Bündnis mit den Mehrheitssozialdemokraten gegen die USPD, deren gemäßigte, im Rat der Volksbeauftragten vertretene Mehrheit zwar ebenfalls die Einberufung einer verfassunggebenden Nationalversammlung als Übergang zur parlamentarischen Demokratie anstrebte, mit dem Unterschied allerdings, daß dieser politischen Neuordnung Strukturveränderungen in Staat und Gesellschaft vorhergehen sollten, zu denen die durchgreifende Demokratisierung der Verwaltung ebenso gehörte wie die Verstaatlichung von Schlüsselindustrien, Veränderungen, die man als Fundamentaldemokratisierung bezeichnen könnte.[120]

Da nur ein kleiner und einflußloser radikaler Flügel der USPD die Rätedemokratie nach sowjetischem Muster auf seine Fahnen geschrieben hatte und da noch nicht einmal die Arbeiter- und Soldatenräte, trotz des Namens, diese Forderung unterstützten, kann nur das Programm der USPD gemeint gewesen sein, als die DDP in ihrem Gründungsaufruf eine Kampfansage gegen »jeden bolschewistischen ... Terror« formulierte. Zwar war auch vom Kampf gegen »reaktionären und sonstigen« Terror die Rede; aber allein schon die Tatsache, daß der »bolschewistische Terror« an erster Stelle stand, läßt die Folgerung zu, daß sich in der Praxis »der in dem Aufruf angekündigte Zweifrontenkampf gegen den ›Terror‹ von rechts und links ... ganz überwiegend gegen die vermeintliche Bolschewisierung Deutschlands« richtete.[121]

In diesem Licht muß wohl der Ruf im Programm des *Novemberklub*s nach Beseitigung aller »Einrichtungen, die einzelnen Klassen eine wirtschaftliche, soziale und politische Vorherrschaft sichern« gelesen werden, der sich zwar sicher auch gegen die Herrschaft alter Eliten richtete, vor allem aber als antisozialistische Forderung gemeint war. Einerseits sollte der Bruch mit den verfassungspolitischen und den gesellschaftlichen Zuständen des *ancien régime* vollzogen, andererseits dieser Bruch in Grenzen gehalten werden. Daß diese Vermutung plausibel ist, läßt sich durch Äußerungen des Grafen Albrecht Bernstorff belegen, der in den ersten Tagen nach dem 9. November 1918 eine Maxime formulierte, die nicht nur sein eigenes Verhalten, sondern auch das einer Reihe seiner Kollegen leitete: »Richtlinie sollte sein – nicht frondieren und sich ausschalten lassen, sondern im Gegenteil mitmachen and keep your finger in the pie. ... jetzt müssen wir für eine bürgerliche Partei kämpfen auf der National-Versammlung – Mitte – schwarz-rot-gold.«[122] »Wir müssen«, heißt es in einem Schreiben Bernstorffs vom 13. November in direktem Zusammenhang mit der Gründung und Zielsetzung des *Novemberklubs*, »um uns nicht der Diktatur des Proletariats unterzuordnen, eine große linke Partei gründen, die die Interessen des Bürgertums schützt. Da müssen alle reaktionären Außenseiter raus – nicht dem Alten nachweinen, sondern vorangehen, und retten, was zu retten ist.«

Die Bereitschaft von Angehörigen einer nach Zugangswegen und Karrieremustern, sozialer Zusammensetzung und Selbstverständnis konservativen Elite, sich in und im Umkreis einer demokratischen Partei politisch zu engagieren und sich im Rahmen dieser Partei an der Arbeit der parlamentarischen Körperschaften der Republik zu beteiligen, war in nicht geringem Maße von dem Wunsch der Angehörigen einer einflußreichen Funktionselite geprägt, diesen Einfluß unter veränderten gesellschaftlichen Bedingungen durch taktische Anpassungen an diese Bedingungen nicht zu verlieren. Der Wunsch, sich nicht ausschalten zu lassen, sondern die bürgerlichen Interessen gegen die angeblich drohende Gefahr einer sozialistischen Radikalisierung der Revolution zu vertreten, ließ sich nicht mit gegenrevolutionären Aktivitäten verwirklichen, sondern erforderte, unter Preisgabe unhaltbarer Positionen, die taktische Kooperation, ein Verhalten, das man als »defensive Republikanisierung« bezeichnen könnte.

Tatsächlich orientierten sich die meisten Mitglieder des *Novemberklubs* bereits in den ersten Jahren der Republik immer weiter nach rechts. Als Beispiel mag hier Bernhard Wilhelm von Bülow genannt werden, der im Juni 1930 Staatssekretär des Auswärtigen Amtes wurde und in dieser Stellung bis zu seinem Tod im Jahre 1936 blieb.[123] Eine Ausnahme bildete Friedrich Wilhelm von Prittwitz und Gaffron, der nach den Erinnerungen Karl Graf von Hertlings bereits vor 1918 »Anhänger des parlamentarischen Systems« war.[124] Friedrich Wilhelm von Prittwitz und Gaffron legte den überzeugenden Beweis seiner prorepublikanischen Haltung ab, als er am 6. März 1933, einen Tag, nachdem die NSDAP zusammen mit der deutschnationalen »Kampffront Schwarz-Weiß-Rot« die Reichstagswahlen gewonnen hatte, »angesichts der innerpolitischen Entscheidung in Deutschland« von seinem Posten als Botschafter in Washington zurücktrat. In dem Schreiben, mit dem er seinen Rücktritt begründete, erklärte Prittwitz, er habe »niemals einen Hehl aus (seiner) allgemeinen politischen Überzeugung gemacht, die in dem Boden einer freiheitlichen Staatsauffassung und den Grundprinzipien des republikanischen Deutschlands wurzelt. Meine bescheidene Mitarbeit an dem politischen Wiederaufbau der letzten Jahre hat sich daher stets in einem Geist vollzogen, der nach Ansicht führender Mitglieder der jetzigen Reichsregierung zu verurteilen ist. Sowohl aus Gründen des persönlichen Anstandes wie solchen der sachlichen Aufgaben kann ich daher hier nicht mit Erfolg wirken.«[125]

Dieses Schreiben von Prittwitz, der im übrigen der einzige hohe Beamte des Auswärtigen Amtes war, der nach der Machtübergabe an die Nationalsozialisten seinen Posten

Reichsaußenminister Joachim von Ribbentrop mit seinem Chef des persönlichen Stabes, Legationsrat Walther Hewel

zur Verfügung stellte und den diplomatischen Dienst verließ, ging an Außenminister Constantin von Neurath, der seit 1901 dem Auswärtigen Amt angehörte und 1913 aus der Konsulatskarriere in den diplomatischen Dienst übernommen worden war.[126] Neurath, der das Amt des Außenministers bereits im Juni 1932 im Präsidialkabinett Franz von Papens übernommen hatte und der dieses Amt bis Februar 1938 behalten sollte, hat aus seiner Gegnerschaft gegen die Republik, in der er gleichwohl eine steile Karriere machte, die ihn von der Gesandtschaft in Kopenhagen über die Botschaften in Rom und in London schließlich an die Spitze des Auswärtigen Amtes brachte, nie einen Hehl gemacht. In einem Pressetelegramm vom 10. September 1929 wurde festgestellt, daß Neurath als Botschafter in Rom »offensichtlich der Republik wenig Sympathie entgegenbringt. Beispielsweise geht er gerade zur Zeit des Verfassungstages auf Urlaub, so daß sich die Botschaft der Notwendigkeit enthoben sieht, den Tag zu feiern«. Anstelle des Verfassungstages feierte Neurath dagegen gern den 18. Januar als Reichsgründungstag, den er 1931 an der Botschaft in London mit einem großen Empfang beging. Von Prittwitz, der in Rom einige Jahre als Botschaftsrat unter Neurath tätig war, nannte ihn einen »Deutschnationalen und Stahlhelmer«.[127]

»Das Centralbureau des Reichskanzlers« Die Reichskanzlei

Als Bismarck im Sommer 1878 das Palais in der Wilhelmstraße 77 als Residenz bezog, zog auch gleich eine neue Behörde mit ein. Diese Behörde, für die der Reichstag am 28. März 1878 unter dem Titel »Zentralbureau des Reichskanzlers« die Mittel bewilligte, wurde durch »Allerhöchste Kabinettsordre« am 18. Mai 1878 gegründet und auf Bismarcks Vorschlag hin als »Reichskanzlei« bezeichnet, da diese Bezeichnung »am genauesten der Stellung und den Aufgaben« der neuen Behörde »entsprechen dürfte«, wie der Reichskanzler in seinem Immediatbericht vom 16. Mai 1878 an Wilhelm I. ausgeführt hatte.[128] Bismarck konnte den Mitarbeitern seines politischen Sekretariats ohne Schwierigkeiten Büros im Erdgeschoß des Hauses einräumen, in dem neben dem Empfangssaal, dem Wartesaal und einem Konferenzraum auch sein eigenes Arbeitszimmer untergebracht war. Für dieses Arbeitszimmer war zunächst ein Raum an der nordwestlichen Ecke des Hauses angebaut worden; nach Fertigstellung des Umbaus zog Bismarck jedoch vor, diesen Raum als Gartenzimmer zu nutzen und sein Arbeitszimmer in einen der bereits bestehenden Räume zu legen, der durch die Einbeziehung eines kleineren Nachbarraumes vergrößert wurde.

Die Funktion der Reichskanzlei ergibt sich aus der Stellung des Reichskanzlers in der Verfassung des Reiches von 1871; daß eine solche Behörde erst jetzt, im Jahre 1878, gegründet wurde, hängt mit der Entwicklung der Verfassungswirklichkeit in den ersten Jahren nach der Reichsgründung zusammen. Nach § 17 der Verfassung war der Reichskanzler als einziger verantwortlicher Minister der unmittelbare Chef der gesamten Reichsexekutive; da dem Reich zunächst nur relativ wenige Exekutivbefugnisse zustanden, konnte die gesamte innere Reichsverwaltung im Reichskanzleramt zusammengefaßt werden. Wegen der raschen Zunahme der Verwaltungsbefugnisse und Aufgaben des Reichs mußten jedoch immer neue Abteilungen im Kanzleramt eingerichtet werden, die im Laufe der Jahre zu Reichsämtern unter der Leitung jeweils eines Staatssekretärs verselbständigt wurden. So entstanden 1873 das Reichseisenbahnamt, 1877 das Reichsjustizamt und 1879 das Reichsschatzamt; gleichzeitig wurde das damit in seinen Aufgaben beschnittene Reichskanzleramt in das Reichsamt des Innern umgewandelt. Bereits 1870 war durch Übernahme des preußischen Ministeriums der auswärtigen Angelegenheiten auf den Norddeutschen Bund das Auswärtige Amt entstanden.[129]

Die erhebliche Zunahme des Umfangs der Geschäfte war also auch mit einer Verlängerung und Komplizierung der bürokratischen Wege verbunden. Wollte der Kanzler weiterhin an der ihm in der Verfassung zugesprochenen Machtfülle festhalten, war zur Bewältigung des rasch anwachsenden Geschäftsverkehrs zwischen ihm und den Staatssekretären bald die Einschaltung eines Büros notwendig, das keinerlei exekutive oder politisch beratende, sondern nur eine verwaltungstechnisch entlastende Funktion haben sollte, wie sie in dem Immediatbericht vom 16. Mai 1878 formuliert wurde, wo es heißt, daß das neue »Centralbureau ... zur unmittelbaren Verfügung des Reichskanzlers behufs seines Geschäftsverkehrs mit den Reichsbehörden und Ministerien« stehen solle. Der Kanzler habe bisher, heißt es in den Erläuterungen des »Entwurf zum Etat für den Reichskanzler und sein Zentralbüro« für das Haushaltsjahr 1878, »bei dem Mangel jedes zu seiner unmittelbaren Verfügung stehenden Beamten« auch den »förmlichen Schriftverkehr« mit den Chefs der einzelnen Ressorts nur mit Unterstützung von Beamten des Auswärtigen Amtes und, zusätzlich, des preußischen Staatsministeriums abwickeln können, Aufgaben, die nicht zu den dienstlichen Obliegenheiten der Beamten dieser beiden Ressorts gehörten.[130]

Diese bürokratische Argumentation darf jedoch nicht darüber hinwegtäuschen, daß für Bismarck die Reichskanzlei ein politisches Instrument bei der Umorganisation der Reichsbehörden war, eine Umorganisation, die einerseits den neuen Anforderungen an die Reichsverwaltung gerecht werden, andererseits den durch die Verfassung gesteckten Rahmen nicht überschreiten sollte. Durch das sogenannte »Stellvertretergesetz«, das ebenfalls im Laufe des Jahres 1878 die parlamentarischen Hürden nahm, erhielten die Staatssekretäre das Recht, von Fall zu Fall »in Vertretung« des Reichskanzlers zu handeln, ein Recht, das sich auch auf die Gegenzeichnung der Gesetze erstreckte, die nach § 17 der Verfassung dem Kanzler oblag und seine »Verantwortlichkeit« begründete. Damit diese vom Umfang der Geschäfte her notwendige relative Selbständigkeit der Ressortchefs, die übrigens jederzeit vom Kanzler durchbrochen werden konnte, nicht den Charakter ministerieller Veranwortlichkeit annahm, wie sie vor allem die Liberalen wiederholt gefordert hatten, eine Verantwortlichkeit, die über kurz oder lang zu der von Bismarck so gefürchteten Parlamentarisierung der Regierung, zumindest aber zu der von ihm ebenfalls gefürchteten Kollegialisierung der Regierung geführt hätte, wurde die Reichskanzlei gerade weil sie nur die Funktion eines Büros hatte, als Kontrollorgan notwendig.[131]

Der Personalbestand dieses Büros war am Anfang recht bescheiden. Der Reichskanzlei gehörten ein Vortragender Rat, ein Expedierender Sekretär, ein Kanzleisekretär und ein Kanzleidiener an.[132] »Der kleine Umfang des Personals der kaiserlichen Reichskanzlei erklärte sich historisch aus der Tatsache, daß der Reichskanzler bis zur Revolution Vorgesetzter der Staatssekretäre war und daß seine Korrespondenz, Erlasse usw. zum größten Teil von diesen mit ihrem Personal vorbereitet oder selbst erledigt wurden, sei es ›in Vertretung‹ unter dem Briefkopf ›Der Reichskanzler‹ oder unter eigenem Briefkopf.«[133] So Arnold Brecht, der selbst von Oktober 1918 bis November 1921 in der Reichskanzlei tätig war. »Das zeitraubendste Geschäft der Reichskanzlei war die Weitersendung der vielen täglichen Eingänge an die zur Bearbeitung zuständigen Reichsämter oder Landesstellen. Das geschah schon damals in einer sehr formlosen Weise einfach dadurch, daß der damit befaßte Beamte nach Durchsicht des Eingangs in die rechte obere Ecke den Namen des betreffenden Amtes schrieb und darunter die Initialen des eigenen Namens mit Datum. Das genügte, den zuständigen Staatssekretär zu ermächtigen, seine Antwort mit den Worten einzuleiten: ›Auf Ihr an den Herrn Reichskanzler gerichtetes und an mich weitergeleitetes Schreiben‹, wenn er es nicht vorzog, unter dem Briefkopf ›Der Reichskanzler‹ die Antwort ›in Vertretung‹ zu erteilen oder einen seiner Untergebenen ›im Auftrage‹ erteilen zu lassen.«

Die plausible Behauptung Brechts, daß »die Sichtung und Weiterleitung der Eingänge ... kein rein mechanisches Geschäft« gewesen sei, stand im Zentrum verschiedener Diskussionen über die Frage der Qualifikation des Personals der Reichskanzlei. Als im Oktober 1879 der Geheime Expedierende Sekretär Sachse, der gerade zum ersten Bürovorsteher der Reichskanzlei ernannt worden war, einen Entwurf für ein Votum beim preußischen Staatsministerium vorlegte, in dem die Reichskanzlei das nur noch dem

Auswärtigen Amt zustehende Privileg für sich in Anspruch nahm, für die Unterbeamtenstellen keine »Militäranwärter« einstellen zu müssen, begründete Christoph von Tiedemann, als Vortragender Rat der erste Leiter der Reichskanzlei, diesen Entwurf am Rande des Konzepts mit einer Beschreibung der besonders hohen Anforderungen, die an diese Beamte gestellt würden. »Er kommt in die Lage, selbständig Aufträge ausführen zu müssen, welche einen Bildungsgrad und eine Geschäftsgewandtheit erfordern, wie sie bei Militäranwärtern nicht vorausgesetzt werden können. Er muß die französische und englische Sprache mündlich insoweit beherrschen, daß er Übersetzungen anzufertigen vermag, und er muß eine solche Kenntnis der Ressortverhältnisse und des Geschäftsganges der einzelnen Reichs- und Staatsbehörden besitzen, daß er in jedem gegebenen Falle zu beurteilen im Stande ist, an wen und in welcher Form Schreiben und Verfügungen oder mündliche Bestellungen zu richten sind.«[134]

Als am 4. Dezember 1884 im Reichstag der Haushalt für das Jahr 1885 beraten wurde, kam es bei dem Posten »Besoldungsverbesserungen für Unterbeamte in der Reichskanzlei« zu einer längeren Debatte, in der Oberregierungsrat Dr. Rottenburg, seit 1881 Nachfolger Tiedemanns, in der Begründung des Antrags noch einmal ausdrücklich darauf hinwies, »daß die Unterbeamten der Reichskanzlei mit Geschäften mehr belastet sind als die Unterbeamten irgend einer anderen Behörde im deutschen Reich; es werden in quantitativer und qualitativer Beziehung ganz enorme Ansprüche an sie gemacht und müssen an sie gemacht werden«. Der Reichskanzler, der in dieser Debatte mehrmals selbst das Wort ergriff, präzisierte, was Rottenburg mit quantitativen Anforderungen meinte, als er erklärte, »daß in der Reichskanzlei 365 Tage, und zwar ohne Sonntag … die Arbeitslast dieselbe ist.« Bismarck setzte hinzu, daß er »von acht Uhr Morgens an bis zehn Uhr des Abends, ja selbst in der Nacht Leute zur Verfügung haben« müsse; er vergißt zwar nicht, hinzuzufügen, daß danach die Beamten noch mit der Erledigung dessen, »was zum anderen Morgen fertig sein muß« beschäftigt seien, aber er versucht den falschen Eindruck zu erwecken, diese Anforderungen seien sachlich begründet, und nicht, wie es tatsächlich der Fall war, aus dem persönlichen Arbeitsstil des Reichskanzlers, der seine Vorliebe für die Nachtarbeit mit einer gewissen Sprunghaftigkeit verband.[135] Verschiedene Personen, die Bismarck und dem inneren Kreis um ihn nahestanden oder angehörten, beklagten, daß er Menschen behandle wie »Werkzeuge, die man wie Messer und Gabel nach jedem Gang wechselt« und daß er »keine Rücksichten kenne und die Leute wie eine Zitrone auspresse«. Der Geheime Expedierende Sekretär Sachse hatte in einer Aktennotiz im April 1879 unter dem Stichwort »Dienstverhältnisse« festgehalten, daß »die Dienstverhältnisse der beiden Beamten während der mehrmonatlichen Anwesenheit Sr. Durchlaucht ... so abnormal (sind), wie sie in keinem anderen Geschäftszweige wiederkehren.«[136] Sachse spricht von 9 Stunden täglicher Arbeitszeit, die sich allerdings für den Nachmittagsdienst von 3 Uhr bis Mitternacht erstrecken, wobei es tatsächlich kein Wochenende gibt, wie auch aus einer »Geschäfts-Nachweisung für das Finanzjahr 1879/80« hervorgeht, auf der eine Notiz Tiedemanns ganz pauschal bemerkt: »Für die Zeit, in der der vortragende Rat oder einer

der Beamten den Dienst bei dem Herrn Reichskanzler versehen, lassen sich bestimmte Dienststunden nicht feststellen, da der betreffende Beamte unausgesetzt zur Disposition Sr. Durchlaucht stehen muß.«[137]
Diese Notiz gibt einen klaren Hinweis auf die Tatsache, daß Bismarck mit seinen exzessiven Anforderungen an die Beamten auch vor dem Leiter der Reichskanzlei nicht halt machte und daß er tatsächlich, wie es Hugo Graf Lerchenfeld-Koefering und Ludwig Bamberger beobachtet hatten, einige Beamte in den erweiterten Haushalt der Familie einbezog und wohl nicht nur aus Anlaß parlamentarischer Soireen immer wieder als Domestiken behandelte. »Der Vortragende Rat«, erinnerte sich Hofrat Pinkow, bis März 1919 Bürodirektor der Reichskanzlei, »der an den meisten Tischzeiten im Hause teilnahm, ging zu diesen nie ohne Papier und Bleistift, denn sowohl am Ess- wie am Salontisch wurde oft noch gearbeitet. Der Vortragende Rat war oft zu bedauern. Er kam am Tage selten dazu seine Familie zu sehen, dagegen kamen seine Familienmitglieder oft, um ihn zu besuchen.«[138] Christoph von Tiedemann bestätigt diese Aussage in seinen Erinnerungen, wenn er unter dem Titel »Weshalb ich meine Stellung beim Fürsten Bismarck aufgab« berichtet, er sei mehr und mehr seiner Familie entfremdet worden: »Ich war eigentlich nur Gast im eigenen Hause. Meine Kinder bekam ich oft wochenlang nicht zu sehen. Als gewissenhafter Statistiker kann ich konstatieren, daß ich im Jahre 1879 ... während der Zeit von Januar bis Ende Juli nur zwei Abende in meiner Familie gewesen bin. Und davon verdankte ich den einen Abend nur dem Scherze meiner Frau, die mir, während ich im Bismarckschen Hause dinierte, eine gedruckte, förmliche Einladungskarte schickte, durch welche sie den Herrn Geheimen Oberregierungsrat usw. auf acht Uhr zum Tee einlud...«[139]

»Der Generalstabschef der Schutzzöllner«
Christoph von Tiedemann als Chef der Reichskanzlei

Aus Tiedemanns Erinnerungen geht aber auch hervor, daß der Chef der Reichskanzlei von Anfang an mehr war als ein bloßer Chefsekretär. Zwar wurde an der Formulierung, nach der die Reichskanzlei nichts weiter zu tun habe, als »den amtlichen Verkehr« des Reichskanzlers »mit den Chefs der einzelnen Ressorts zu vermitteln«, wie es im *Handbuch für das Deutsche Reich auf das Jahr 1886* heißt, festgehalten.[140] Tatsächlich jedoch besaß der Chef der Reichskanzlei politischen Einfluß, der weit über diese bürokratische Definition hinausging. Bereits in der Debatte über die Einrichtung des »Zentralbüros des Reichskanzlers« am 28. Februar 1878 war der Verdacht geäußert worden, »daß ein Zentralbüreau, wie es hier geschaffen ist, an einer Stelle, wie sie der Herr Reichskanzler einnimmt, auch eine andere Gefahr mit sich bringt; das ist die Gefahr, daß, wenn wir diesen vortragenden Rat auch mit keinerlei materiellen Mitteln versehen, sein Einfluß unter Umständen doch ein sehr bedeutender werden kann, daß von einer solchen Zentralstelle aus Einwirkungen auf die Leitung der Politik erfolgen können, die sich

jeder Veranwortlichkeit entziehen.« Der Abgeordnete Hänel zog, wie nach ihm auch noch der Abgeordnete Windthorst, eine Parallele zum Zivilkabinett des Königs und Kaisers, »das heißt eine Organisation, die ausserhalb jeder Verantwortlichkeit stehend, einen hervorragenden politischen Einfluß auf die Leitung der Geschäfte ausübt.«[141]
Daß dieser Verdacht nicht ganz unbegründet war, wird deutlich, wenn man sich den »Überblick« über die Tätigkeitsbereiche des zukünftigen Leiters der Reichskanzlei ansieht, den Tiedemann bereits im Juli 1877 vorlegte. Dieser Überblick beschreibt ziemlich genau die faktischen Möglichkeiten und ging wohl gerade deshalb über den Status einer internen Aufzeichnung nicht hinaus.[142] In dieser »Geschäftsordnung« ist die Rede davon, daß der Leiter der Reichskanzlei, ganz im Rahmen der Aufgabenbeschreibung aus den Akten der Errichtung der Reichskanzlei im Jahre 1878 und dem *Reichshandbuch* aus dem Jahre 1886, den Kontakt mit den obersten Reichsbehörden und dem preußischen Staatsministerium zu halten habe. Nicht erwähnt wird die Tatsache, daß er auch den Verkehr der Staatssekretäre untereinander zu vermitteln hatte, da gemeinsame Besprechungen der Staatssekretäre wegen Bismarcks Abneigung gegen kollegiale Arbeitsformen nie stattfanden. An deren Stelle trat der Chef der Reichskanzlei, von dem man sagen kann, daß er ebenso wie die parlamentarischen Soireen ein Instrument zur Ausübung politischer Macht in den informellen Bereichen war, die durch die Lükken in der Verfassung entstanden.
Vollständig außerhalb des Bereichs, der in der offiziellen Definition genannt wurde, bewegt sich der Vorschlag, den Chef der Reichskanzlei mit der Vertretung des Reichskanzlers im Bundesrat und im Staatsministerium zu beauftragen, ein Verfahren, das tatsächlich praktiziert wurde und das Karl Oldenburg, der Bundesratsbevollmächtigte von Mecklenburg-Schwerin, in seinen Aufzeichnungen auf die Formel brachte, daß Tiedemann »den Aufpasser für den Vorsitzenden des Bundesrats abgeben sollte«.[143] Darüber hinaus wird ihm die Aufgabe zugeschrieben, »mit den Führern der regierungsfreundlichen parlamentarischen Parteien Fühlung zu unterhalten, sich über deren Auffassungen und Absichten pp. zu informieren, und dieselben nötigenfalls von den Intentionen des Reichskanzlers in Kenntnis zu setzen.«[144] Tatsächlich stand dem Chef der Reichskanzlei für diese Aufgabe im Reichstagsgebäude ein eigener Raum zur Verfügung.[145] Am 8. Juni 1876 erhielt Tiedemann, um nur eines der zahlreichen Beispiele aus seinen Erinnerungen anzuführen, »den Auftrag, die Denkschrift des Reichseisenbahnamtes verschiedenen Reichstagsmitgliedern vertraulich mitzuteilen«. Vier Tage später hatte er eine Unterredung mit dem Reichstagsabgeordneten Miquel, über die er anschließend bei Bismarck vortrug, dessen Beifall Tiedemanns mit »Miquel verabredeter Plan« fand, »ein neues Reichseisenbahngesetz durch den Reichstag einbringen zu lassen«.[146]
In den Aufzeichnungen des ersten Chefs der Reichskanzlei findet sich eine Fülle von Hinweisen darauf, daß er nicht nur als Verbindungsmann und Konfident zwischen den Parteien und der Regierung tätig war, sondern daß er auch die Verbindung zwischen dem Reichskanzler und den wirtschaftlichen Interessenverbänden herstellte und auf-

rechterhielt, wobei er häufig weniger das Sprachrohr des Kanzlers bei diesen Verbänden, sondern umgekehrt das Sprachrohr der Verbände beim Reichskanzler gewesen zu sein scheint. Tiedemann spielte eine zentrale Rolle bei der sich über mehrere Jahre hinziehenden Agitation für die Einführung von Schutzzöllen, die schließlich im Jahre 1879 erfolgreich die parlamentarischen Hürden nahmen. Die Einführung von Schutzzöllen bedeutete nicht nur die wirtschaftliche Abkehr vom Freihandel, sie ging auch Hand in Hand mit Plänen zu einer Steuerreform, die das Budgetrecht des Parlaments aushöhlte. Sie war im Ganzen mit einer politischen Neuorientierung verbunden, in deren Verlauf die langjährige Zusammenarbeit Bismarcks mit den Nationalliberalen aufgekündigt und durch eine konservativ-klerikale Koalition ersetzt wurde. Wie weitreichend und tiefgreifend die Folgen dieser Vorgänge für die Zukunft des Kaiserreichs waren wird deutlich an der Tatsache, daß man sie auf die Formel von der »Zweiten Reichsgründung« gebracht hat.[147]

Tiedemann ist in diesem Zusammenhang als »›Generalstabschef‹ der Schutzzöllner«[148] bezeichnet worden, eine Metapher, die die Möglichkeiten des Chefs der Reichskanzlei wohl überbewertet und sich zumindest nicht im Detail belegen läßt. Allerdings geben auch hier die Erinnerungen Tiedemanns eine Fülle von Hinweisen auf seine unermüdliche Tätigkeit im Sinne der an der Einführung von Schutzzöllen interessierten Industrieverbände. Auf zwanzig Seiten druckt er Auszüge aus zwei Petitionen, die im August 1876 vom *Verein zur Wahrung der gemeinsamen wirtschaftlichen Interessen in Rheinland und Westfalen,* dem sogenannten »Langnamverein«, und von der *Nordwestlichen Gruppe des Vereins Deutscher Eisen- und Stahlindustrieller,* die als »Sammelbewegung der harten Schutzzöllner« charakterisiert wurden, an den preußischen Handelsminister und von dort an die Reichskanzlei gegangen waren und in denen die Aufhebung von Zollreduktionen und die Wiedereinführung bzw. Erhöhung von Zöllen gefordert wurde.[149] Im Juli 1877 wurde Tiedemann von Bismarck beauftragt, zwar nicht amtlich, aber »mündlich mit einem der Unterzeichner« einer Petition vom 12. Juli »vertrauliche Rücksprache zu nehmen«.[150] In dieser Petition, die direkt an den Kaiser gerichtet war, forderte der Vorstand des *Centralverbands deutscher Industrieller* eine Enquete über die Lage der deutschen Industrie, die, da war man ganz sicher, deren katastrophale Situation sichtbar machen würde, aus der nur die Einführung von Schutzzöllen einen Ausweg böte. Am 21. und am 22. Februar 1878 schließlich nahm Tiedemann an der Versammlung teil, die der *Centralverband* einberufen hatte, um den verbandseigenen Entwurf eines Zolltarifgesetzes in öffentlicher Akklamation zu verabschieden; beim abschließenden Diner wurde Tiedemanns Dankrede mit »stürmischem Beifall« quittiert.[151]

Daß der Chef der Reichskanzlei, der als »eifriger Schutzzöllner« galt, nicht nur als Beauftragter des Kanzlers tätig war, läßt sich aus einem Brief von Louis Baare erschließen, der nicht nur Leiter des »Bochumer Vereins für Bergbau und Gußstahlfabrikation« war, »neben Krupp eines der größten deutschen kombinierten Montanwerke«, sondern auch Präsident der Handelskammer Bochum, die er »zu einem Schwerpunkt der rheinischwestfälischen Schutzzollagitation« aufgebaut hatte.[152] Baare gab Tiedemann in seinem Schreiben vom 30. Dezember 1878 Kenntnis von einem Danktelegramm der 91 Wähler der Bochumer Handelskammer an Bismarck, der am 15. Dezember in einem in der *Norddeutschen Allgemeinen Zeitung* veröffentlichten Schreiben an den Bundesrat sein Programm einer Revision der Finanzpolitik im Geist der Schutzzollagitation dargelegt hatte. Baare verband diese Mitteilung mit »verbindlichstem Dank« an Tiedemann »für das geduldige Ausharren auf Ihrem Wege und für die schwierige Arbeit, die Sie durchgeführt haben ... Wir wissen sehr gut, wo das treibende Element gesucht werden muß.«[153] Was genau Louis Baare damit meinte, geht aus einer Äußerung Tiedemanns hervor, die Heinrich von Poschinger überliefert: »Bismarck«, so Tiedemann zu Poschinger, »war in der Tat ursprünglich Freihändler, und ich rechne es mir als ein Verdienst an, ihn allmählich zum Schutzzollsystem bekehrt zu haben. Ich besaß reiche Erfahrungen auf dem Gebiete der Volkswirtschaft von der Zeit her, da ich als Landrat in dem industriereichen Kreise Mettmann fungierte, und ich benutzte jede Gelegenheit, auf Tatsachen hinzuweisen, die den Umschwung beim Kanzler hervorrufen konnten.«[154]

Mit Sicherheit hatten die Nachfolger Tiedemanns, der im Oktober 1881 wegen der Arbeitsbelastung aus der Reichskanzlei ausschied und als Regierungspräsident nach Bromberg ging, keinen geringeren Einfluß auf die Politik ihrer Reichskanzler. Dieser Einfluß machte sich, auch bei Tiedemann, in hohem Maße im persönlichen Gespräch geltend und entzieht sich daher weitgehend der Rekonstruktion; anders als Tiedemann haben die ihm folgenden Chefs der Reichskanzlei keine Memoiren hinterlassen. Im übrigen geben die Biographien der leitenden Staatsmänner in der Regel auf die Frage, was an der Politik eben dieser Staatsmänner jeweils dem Einfluß des Staatssekretärs oder anderer hoher Beamter aus seiner engeren Umgebung zu verdanken war, keine Antwort. Wie hoch man den politischen Einfluß der Mitarbeiter der Reichskanzlei auch unterhalb der Leitungsebene schätzte, wird sichtbar an der Tatsache, daß bei der Neufassung des Reichsbeamtengesetzes im Jahre 1907 die vortragenden Räte in der Reichskanzlei, anders als die in den Ministerien, in den Kreis der politischen Beamten aufgenommen wurden.[155]

Gleichwohl sollen hier zumindest noch einige Hinweise gegeben werden. Karl Goering, der von seinem Schulfreund Leo von Caprivi, dem Nachfolger Bismarcks als Reichskanzler, auf die Stelle des Chefs der Reichskanzlei berufen wurde, hatte erheblichen Einfluß auf die Konzeption und Formulierung der Politik der Handelsverträge, die Caprivi betrieb, ja, er wurde geradezu als der »Initiator« dieser Politik bezeichnet. Goering, der zuvor in der handelspolitischen Abteilung des Auswärtigen Amtes tätig war, war übrigens als überzeugter Freihändler im Rahmen der Wende zur Schutzzollpolitik Ende der siebziger Jahre »kaltgestellt« worden.[156] Von Friedrich Wilhelm von Loebell, der vom September 1904 bis zum Rücktritt Bernhard von Bülows als Reichskanzler im Juli 1909 Chef der Reichskanzlei war und in dessen Amtszeit die Höherstufung der Stelle auf den Rang eines Unterstaatssekretärs im Jahre 1907 fiel, wurde gesagt, er sei der wichtigste politische Berater Bülows gewesen.[157] Für Bülow war er, so die Memoiren, »mein immer wachsamer, immer arbeitsfreudiger, intelligenter Gehilfe und Berater für die Fühlungnahme mit den Parteiführern wie mit dem Beamtenkörper in den Provinzen«.[158] Loebell war übrigens, wie unter anderem Tiedemann, aber auch Kurt von Wilmowsky, der die Reichskanzlei während der Kanzlerschaft des Fürsten Hohenlohe leitete, und wie der Vorgänger Loebells als Chef der Reichskanzlei unter Bülow, Alfred von Conrad, Mitglied der *Konservativen Partei* und für diese Partei einige Jahre Abgeordneter im Reichstag und im preußischen Abgeordnetenhaus. Dieser Partei gehörte auch Loebells Nachfolger Arnold Wahnschaffe an, neben Karl Goering der einzige Chef der Reichskanzlei vor 1918, der ohne Adelsprädikat, aber Sohn eines bürgerlichen Rittergutsbesitzers und einer geborenen Freiin von Wangenheim war, deren Bruder wiederum lange Jahre Vorsitzender des Bundes der Landwirte, der extrem konservativen, stark mit antisemitischer Propaganda arbeitenden Interessenvertretung der preußischen Großgrundbesitzer, war.[159] Wahnschaffe, der von 1909 bis 1917 die Reichskanzlei unter Bethmann Hollweg leitete, war am 17. Oktober 1918 für drei Wochen erneut als Chef der Reichskanzlei unter dem letzten kaiserlichen Reichskanzler, dem Prinzen Max von Baden tätig, der am 9. Novemebr 1918 dieses Amt dem Vorsitzenden der SPD, Friedrich Ebert übergab, der bereits am nächsten Tag dem »Rat der Volksbeauftragten« Platz machte, einem Gremium, dem er selbst angehörte und das als »Sechsköpfiger Reichskanzler« die Politik des Staates leitet, der keine Monarchie mehr und, zumindest *de jure*, noch keine Republik war.

»Politik in der Reichskanzlei«. Der Einfluß des Staatssekretärs Hermann Pünder

»Der kaiserliche Unterstaatssekretär, Herr von Wahnschaffe, war verschwunden«, stellte Arnold Brecht fest, der nach langjähriger Tätigkeit im Reichsjustizamt ebenfalls unter Max von Baden in den Dienst der Reichskanzlei getreten war und der die entscheidenden Tage im November 1918 mit einer Grippe im Bett verbracht hatte, als er seinen Dienst wieder aufnahm. Anders als Wahnschaffe, der von Brecht nobilitiert wurde, da der Chef der kaiserlichen Reichskanzlei ohne Adelsprädikat offenbar nicht vorstellbar war, waren die »alten Beamten ... zunächst alle noch da.«[160]

Dem letzten kaiserlichen Unterstaatssekretär folgte bald Ministerialdirektor Walter Simons, der erst am 4. Oktober 1918 in die Reichskanzlei aus dem Auswärtigen Amt übergetreten war, wohin er am 23. Dezember 1918 zurückkehrte; von Juni 1920 bis Mai 1921 gehörte er dem Kabinett Fehrenbach als parteiloser Außenminister an. Simons war nach Brechts Zeugnis auf Wunsch Eberts zunächst noch in der Reichskanzlei geblieben, da er – als »Fels in den Fluten des Geschehens« – »die wichtige Gabe (besaß), das Ergebnis von Besprechungen sofort in klarer Form aufzuzeichnen und die daraus folgenden gesetzlichen Maßnahmen oder Verwaltungsverfügungen kurz und treffend

Das Vorzimmer des Reichskanzlers in der Reichskanzlei Wilhelmstraße 77, 1928

zu entwerfen, eine Kunst, die natürlich für die neuen Machthaber in der Reichskanzlei, die darin wenig Übung hatten, sehr nützlich war«. Simons, so Brecht weiter, »führte die Beamtenschaft auch in ihrer zunächst unsicheren dienstlichen Haltung gegenüber den Volksbeauftragten. Diese Unsicherheit war verständlich, da die Beamten es zum ersten Male mit ›einfachen Arbeitern‹ als Vorgesetzten zu tun hatten. Für Simons war das kein Problem. ... Während andere Beamte sich durch die Abwesenheit eines Titels bei den neuen Herren geniert fühlten, da sie nicht einfach ›Herr Haase‹ sagen mochten, füllte Simons die Lücke einfach dadurch aus, daß er bei Vorlagen schrieb: ›Herrn VB. Ebert‹ oder ›Herrn VB. Haase‹, wobei VB. als Abkürzung für ›Volksbeauftragter‹ diente; bei offiziellen Gelegenheiten redete er sie auch so an. So ging unter Simons' Führung der Übergang in der Reichskanzlei glatt vonstatten.«[161]
Außer Simons und Brecht, der im Rang eines Ministerialrats stand, waren noch zwei weitere höhere Beamte in der Reichskanzlei tätig. Der Vortragende Rat Otto von Schlieben, der Brecht gegenüber erklärte, »daß er von Grund aus Anhänger der Monarchie sei und sich von dieser Denkungsweise auch jetzt nicht trennen könne und es niemals tun werde«,[162] verlies die Reichskanzlei wohl schon im November 1918 und ging ins Finanzministerium; ab 1927 gehörte er als deutschnationaler Finanzminister dem Kabinett Marx an.

Übrig blieb der Regierungsrat Hans-Jürgen von Bornstedt, der bis 1923 der Reichskanzlei angehörte und der wie Brecht, obwohl beide bereits eine Reihe von Jahren als höhere Beamte im Dienst der Verwaltung des Kaiserreichs gestanden hatten, dem neuen demokratischen Staat Sympathie entgegenbrachte. Anders als Brecht, der nie einer Partei angehörte, sich aber als SPD-Wähler bekannte und sich zwischen SPD einerseits und DDP andererseits einordnete, nicht ohne Sympathien für den linken Flügel des *Zentrums*, also so etwas wie eine Personifikation der »Weimarer Koalition«, war Bornstedt einer der Mitbegründer der DDP und gehörte sogar zu Anfang, als Vertreter des *Novemberklubs*, dem Vorstand der Partei an.[163]

Ein Schreibtisch wird in den Erweiterungsbau der Reichskanzlei Wilhelmstraße 78 gebracht

Am 9. November 1918 trat der sozialdemokratische Journalist Curt Baake als Unterstaatssekretär an die Stelle Wahnschaffes, wurde aber bereits im März 1919 von Heinrich Albert abgelöst, der bis Mai 1921 diese Stelle innehatte und der DVP nahestand; während seiner Amtszeit wurde die Stelle in die eines Staatssekretärs umgewandelt. Sieht man ab von der kurzen Zeit, in der Arnold Brecht von Mai bis August 1921 die Stelle kommissarisch verwaltete und von den neun Monaten von Dezember 1922 bis August 1923, in denen Eduard Hamm, Mitglied der DDP, Staatssekretär in der Reichskanzlei war, begann mit Albert die Reihe von Staatssekretären, die das Parteibuch des *Zentrums* oder der DVP in der Tasche trugen. Einer von ihnen, Franz Bracht, der zwar dem *Zentrum* angehörte, aber wohl zu dessen rechtem Flügel zählte und der Republik zumindest mit großen Vorbehalten gegenüberstand, wird 1932 führend an dem von der Rechtsregierung Papen inszenierten Putsch gegen Preußen beteiligt sein.[164]

Diese Praxis macht den politischen Charakter der Stelle des Chefs der Reichskanzlei deutlich sichtbar. Diesem Tatbestand trug man 1923 Rechnung mit der offiziellen Politisierung des Staatssekretärs, der von allen laufenden Geschäften entlastet wurde, um seiner Rolle als »politischer Stabschef« des Reichskanzlers gerecht werden zu können. In der Begründung dazu heißt es, daß »Stellung und Aufgabenkreis des Staatssekretärs

Das Kabinett Luther im Januar 1925. Sitzend links: Außenminister Gustav Stresemann, daneben Reichskanzler Hans Luther. Stehend ganz rechts: Finanzminister Otto von Schlieben

in der Reichskanzlei sich gegen früher wesentlich verändert haben. Die ausschlaggebende Bedeutung, die dem Reichstag durch die Reichsverfassung gegeben ist, erfordert das Halten engster Fühlung zwischen dem die Richtlinien der Politik bestimmenden Reichskanzler einerseits und dem Reichstag und den politischen Parteien andererseits.«[165]

Es scheint, als sei damit nur *de jure* festgeschrieben, was der Chef der Reichskanzlei *de facto* bereits vor 1918 machte, nämlich unter anderem den Kontakt zwischen dem Reichskanzler und dem Parlament zu halten. Daß der Staatssekretär aber jetzt, nachdem durch die Parlamentarisierung der Verfassung der Reichskanzler dem Parlament gegenüber direkt verantwortlich war und seine Regierung von einer Koalition von Reichstagsfraktionen getragen wurde, diese Aufgabe weiterhin nachgehen mußte, hing, anders als im Kaiserreich, wo es ein Systemdefizit der Verfassung zu kompensieren galt, mit der labilen Struktur fast aller Koalitionen der Weimarer Republik zusammen. Nicht selten kam es vor, daß die Politik einer Regierung nicht von allen Fraktionen, die Minister in die Regierung entsandt hatten, getragen wurde; dann mußte der Staatssekretär in der Reichskanzlei zur parlamentarischen Durchsetzung der Regierungspolitik in Gesprächen mit Vertretern der Parteien und Fraktionen nach Mehr-

Das vierte Kabinett Marx im Februar 1927. Sitzend zweiter von links: Außenminister Gustav Stresemann, in der Mitte Reichskanzler Wilhelm Marx. Stehend zweiter von links: Innenminister Walther von Keudell

heiten suchen und sich gelegentlich sogar der Zustimmung von Oppositionsparteien versichern.[166]

Darüber hinaus war der Chef der Reichskanzlei jetzt nicht mehr nur der Leiter des Büros des Reichskanzlers, sondern auch des Büros der zum Kabinett vereinigten Reichsregierung, wie allerdings erst in der 1924 erlassenen »Gemeinsamen Geschäftsordnung der Reichsregierung« festgeschrieben wurde. Mit der Parlamentarisierung der Regierung durch die Verfassung vom 11. August 1919 waren die Reichsämter in Ministerien umgewandelt worden, deren Leiter als Minister für ihren jeweiligen Geschäftsbereich dem Parlament gegenüber verantwortlich waren und als Kollegium die Reichsregierung unter dem Vorsitz des Reichskanzlers bildeten. Die Reichskanzlei führte jetzt nicht mehr nur die Geschäfte des Reichskanzlers, sondern der Reichsregierung, eine Aufgabe, zu der unter anderem die Vorbereitung der in der Regel dreimal wöchentlich stattfindenden Kabinettssitzungen ebenso gehörte wie die Überwachung der Durchführung der Kabinettsbeschlüsse.[167]

Auch in dieser Rolle als »technischer Gehilfe« des Kabinetts ergaben sich für den Staatssekretär in der Reichskanzlei Aufgaben, die in der Geschäftsordnung nicht nur nicht vorgesehen waren, sondern gar nicht vorgesehen sein konnten. Die Heterogenität

der Koalitionen erforderte nicht nur ständige Verhandlungen mit den Koalitions- und manchmal auch den Oppositionsparteien, sondern auch Absprachen mit einzelnen Ministern und vor allem die sachliche Vorbereitung von Verhandlungen zwischen Ministern, Parteiführern und Fraktionsvorsitzenden. Diese Sitzungen – neben denen auch noch Gespräche des Reichskanzlers in kleinerem Kreis mit den Ministern stattfanden, deren Ressorts von der jeweils zu behandelnden Angelegenheit betroffen waren und in denen, nach dem Zeugnis Otto Geßlers, die »wirklichen Entscheidungen« getroffen worden sein sollen[168] – boten dem Staatssekretär die Möglichkeit zur Einflußnahme. Aus dem Tagebuch Hermann Pünders geht hervor, in welchem Maße ihm als Staatssekretär des Kabinetts Müller in der zweiten Dezemberwoche des Jahres 1929 die fast entscheidende Rolle bei der Überwindung der parlamentarischen Hürden für das Finanzprogramm der Reichsregierung zukam, und zwar in Einzelgesprächen mit Ministern als deren wechselseitiger Konfident und als Verfasser nicht nur der Regierungserklärung des Kanzlers, sondern auch von Aktennotizen mit Konkordienformeln, die den noch widerstrebenden Parteiführern die Zustimmung ermöglichten zu einem Gesetzestext, den er schließlich »auf einem Zettelchen sofort« formulierte und der »nachher dann auch ziemlich unverändert übernommen worden ist«.[169]
Der Freiraum, den die Heterogenität und Fragilität der Regierungskoalitionen der Republik dem Staatssekretär in der Reichskanzlei zur Entfaltung eigener politischer Aktivitäten boten, wurde noch erweitert durch die Kurzlebigkeit der meisten Kabinette, vor deren Hintergrund sich die Kontinuität der Bürokratie besonders prägnant hervorhob.[170] Dieser Eindruck der Kontinuität wurde noch verstärkt, wenn, wie im Falle Hermann Pünders, ein Staatssekretär von 1926 bis 1932 im Amt blieb und im Laufe dieser Zeit eine ganze Reihe von Kabinetten kommen und gehen sah. Wenn er sich am 30. März 1930 darüber freut, »daß es mir gelungen ist, Herrn Dietrich zum Vizekanzler zu bestellen und wenn er am gleichen Tag festhält, »daß mir die Verabschiedung des alten und die Einführung des neuen Reichskanzlers« bevorstehe, wird man den Eindruck nicht los, als regiere hier ein Staatssekretär über den Kanzlern, Ministern und Parteien.[171]
Die Tatsache, daß von Hermann Pünder gesagt werden konnte, er scheine »zumindest« in den zwei Jahren der Kanzlerschaft des Sozialdemokraten Müller »eine eigene Politik ... nicht getrieben zu haben«,[172] legt nahe, daß er es zu anderen Zeiten tat; seine oben angeführten Aktivitäten in der zweiten Dezemberwoche des Jahres 1929 machen deutlich, daß er es auch unter Müller versuchte. Pünder, der als Mitglied des *Zentrum* unter dem *Zentrums*kanzler Marx im Juli 1926 Staatssekretär wurde, blieb es auch im Kabinett Brüning, und dies nicht nur, weil Brüning ebenfalls dem *Zentrum* angehörte, sondern auch, weil mit der Regierung auf der Basis von Notverordnungen und nicht auf der Grundlage parlamentarischer Mehrheiten gewissermaßen das Ideal der »sachlichen« Beamtenregierung, ungestört von den Interessengegensätzen der Parteien, verwirklicht war; Pünder selbst hat zur Verwirklichung dieses Ideals nicht unerheblich beigetragen.

Sitzung des Kabinetts Müller im Juli 1928. Von links: Otto Meißner, Staatssekretär des Reichspräsidenten, Innenminister Karl Severing, Hermann Pünder, Staatssekretär in der Reichskanzlei, Reichskanzler Hermann Müller, Reichswehrminister Wilhelm Groener, Reichsjustizminister Erich Koch-Weser

Die Bildung der Regierung Brüning war in Gesprächen zwischen Brüning einerseits und Personen aus dem Kreis um den Reichspräsidenten andererseits seit Monaten vorbereitet worden.[173] Der Staatssekretär Hindenburgs, Otto Meißner, den Karl Dietrich Bracher als »getreuer Diener und zugleich guter Souffleur seines Herrn« bezeichnete, erklärte Brüning bereits in Gesprächen im Dezember 1929 und im Januar 1930, der Reichspräsident wolle die Regierung Müller nur noch bis zur Verabschiedung des *Young-Plans* im Amt lassen und dann durch eine Regierung ersetzen, die »antiparlamentarisch« und »antimarxistisch« sein werde. Heinrich Brüning wurde nach diesem Plan ohne Rücksicht auf parlamentarische Mehrheitsverhältnisse und ohne Verhandlungen mit den Parteien und Fraktionen am 28. März 1930 vom Reichspräsidenten mit der Regierungsbildung beauftragt; am 30. März stellte er ein Minderheitskabinett aus Politikern bürgerlicher Parteien vor, an dem die SPD, obwohl weitaus stärkste Reichstagsfraktion, nicht beteiligt war.
Brüning hatte sich bereits im Vorfeld seiner Ernennung Anfang März von Hindenburg bestätigen lassen, daß ihm für die Durchsetzung seiner Politik das Notverordnungsrecht des Reichspräsidenten nach § 48 der Verfassung zur Verfügung stehe. Er trat des-

halb im Reichstag von Anfang an mit der versteckten, aber für alle Beteiligten klar verständlichen Drohung auf, sich bei parlamentarischen Niederlagen nicht nur auf das Notverordnungsrecht des Reichspräsidenten, sondern auch auf dessen Recht zur Auflösung des Reichstags zu stützen. Hermann Pünder jedenfalls hatte schon während der ersten Reichstagssitzung unter der neuen Regierung am 3. April »die Auflösungsorder in meiner roten Kabinettsmappe zur Hand«. Daß die Presse »über meine rote Mappe allerhand zusammenorakelt hat«, war nichts mehr als erwünscht, da so die Drohung mit der Auflösung öffentlich deutlich unterstrichen werden konnte, ohne offen ausgesprochen werden zu müssen. Pünder brachte auch am 12. April »die Auflösungsorder mit, die ich dann dauernd bei mir hatte, da wir bei ungünstigem Abstimmungsverhältnis aufgelöst hätten.«[174] Daß dann doch nicht aufgelöst wurde, ist der Tatsache zu verdanken, daß sich für das von der SPD am 3. April eingebrachte Mißtrauensvotum keine Mehrheit im Reichstag fand und daß die Steuergesetze und das Agrarprogramm, die am 12. und am 14. April in die parlamentarische Lesung gingen, mit einer knappen Mehrheit verabschiedet werden konnten, da ein großer Teil der DNVP-Fraktion für die Regierungsvorlage stimmte.

Hermann Pünders politische Haltung wird besonders deutlich sichtbar an seiner Stellungnahme zu den Vorgängen um die Deckungsvorlage zur Sanierung der Staatsfinanzen im Juli 1930. Die Regierung hatte gehofft, ein weiteres Mal die Unterstützung der DNVP-Fraktion zu finden, deren Mitglieder jedoch in überwiegender Mehrheit ihre Zustimmung versagten, so daß die Vorlage mit 256 zu 193 Stimmen abgelehnt wurde. Die Regierung Brüning hatte ihre parlamentarische Taktik ganz auf das Ziel einer Unterstützung durch die DNVP ausgerichtet, was auf der Linie der von Hindenburg gewünschten und von Brüning betriebenen Rechtserweiterung der Kabinetts unter Einbeziehung der *Deutschnationalen Volkspartei* lag, und sie hatte Verhandlungsangebote der SPD, die zu einem Kompromiß und damit zu einer parlamentarischen Mehrheit hätten führen können, abgelehnt und statt dessen die abgelehnten Gesetze in Form einer Notverordnung in Kraft gesetzt. Als der Reichstag am 18. Juli von seinem verfassungsmäßigen Recht Gebrauch machte und die Aufhebung dieser Notverordnung forderte, legte Brüning die Auflösungsorder des Reichspräsidenten vor, die Hermann Pünder selbstverständlich auch jetzt wieder bereithielt.[175]

Daß Pünder diesen Weg persönlich bevorzugte wird deutlich in seinen Tagebuchaufzeichnungen im Vorfeld der parlamentarischen Beratungen der Deckungsvorlage. »Wir haben uns nach sehr langwierigen Kabinettsberatungen«, heißt es dort am 1. Juli, »doch dazu entschlossen, materielle Vorschläge zu bringen und nicht gleich auf ein Ermächtigungsgesetz loszusteuern.«[176] Auch wenn es im ersten Augenblick so aussieht, als solle dieses Ermächtigungsgesetz nur die *ultima ratio* im Falle des Scheiterns der parlamentarischen Verhandlungen sein, wird im nächsten Satz deutlich, daß es offenbar nur um ein taktisches Manöver ging. »Letzteres«, nämlich der direkte Kurs auf den Einsatz der Machtmittel des Reichspräsidenten, »hätte zu klar zu erkennen gegeben, daß es der Regierung nur auf Kampf ankam.« Diese Formulierung, die noch ergänzt

wird durch die Aussage, die Regierung habe mit der Tatsache, daß sie dem Reichstag überhaupt Vorschläge machte, »den guten Willen gezeigt«, nährt, gerade im Zusammenhang mit der Weigerung, in Verhandlungen mit der SPD einzutreten, an der sich auch andere Parteien beteiligen wollten, erhebliche Zweifel an der Behauptung, die Reichsregierung habe »sich alle Mühe gegeben, sie [die Reichstagsauflösung] noch zu verhindern, um keine Berechtigung für den Vorwurf aufkommen zu lassen, daß die Reichsregierung frivol den Artikel 48 verwende und zur Diktatur treiben wolle.«[177] Allerdings hatte die Regierung mit der Serie von Verfassungsbrüchen, unter der sie bereits angetreten war, mit denen sie dauernd gedroht hatte und die damit fortgesetzt wurde, daß ein vom Reichstag abgelehntes Gesetz als Notverordnung in Kraft gesetzt wurde und daß schließlich das Parlament, das sein verfassungsmäßiges Recht in Anspruch genommen hatte, eben deshalb aufgelöst wurde, der Diktatur zumindest den Weg bereitet.
Der Reichstag, der am 18. Juli 1930 aufgelöst wurde, war der letzte, in dem eine demokratische Mehrheit vorhanden war. Die Wahlen am 14. September, die wegen der Auflösung notwendig wurden, endeten mit einem spektakulären Stimmengewinn der NSDAP, die die Zahl ihrer Abgeordneten von zwölf auf 107 steigern und zusammen mit den 77 Abgeordneten der KPD eine negative Blockademehrheit bilden konnte. Die Schwierigkeiten mit diesem Reichstag waren allerdings erheblich und Pünder notierte bereits am Wahltag als sein Rezept zur Krisenlösung ein »Verfassungsänderndes Ermächtigungsgesetz«; im Gespräch mit Wilhelm Groener, dem ehemaligen kaiserlichen General, der jetzt zugleich das Reichsinnenministerium und das Reichswehrministerium leitete, dachte er am 4. Dezember an die Auflösung des Reichstags ohne Festlegung eines Termins für Neuwahlen.[178]

»Ein treuer Diener seines Herrn«
Der Staatssekretär im Dritten Reich

Die Reichskanzlei blieb auch nach dem 30. Januar 1933 *de jure* und *de facto* das Büro, das sowohl mit der Führung der Geschäfte des Reichskanzlers als auch der Geschäfte der Reichsregierung beauftragt war. Die Wahrnehmung dieser Aufgaben war um so notwendiger, als der neue Reichskanzler, dessen Politikverständnis sich auf eine Kombination von autoritärem Führerprinzip und aggressiver Propaganda reduzieren läßt, weder an Formen kollegialer Regierungspraxis noch an der Rechtsförmigkeit von Gesetzgebungs- und Verwaltungshandlungen interessiert war, sich aber gleichwohl auf die juristisch korrekte Form der Gesetzgebung mußte stützen können; überdies sah er sich, zumindest in der ersten Zeit, gezwungen, wenigstens nach außen hin an der Regierungsform der zu Kabinettssitzungen zusammentretenden Fachminister festzuhalten, da die erste Regierung Hitler eine Koalitionsregierung war, der neben Hitler zwei nationalsozialistische Minister, zwei Minister der DNVP und sechs weitere Minister angehörten, die zwar parteilos waren, aber der DNVP nahestanden und zumindest das Vertrauen von Reichspräsident Hindenburg genossen, das sich zu erhalten und zu steigern Hitler interessiert sein mußte. Es lag deshalb nahe, die Leitung der Reichskanzlei einem mit den Gepflogenheiten der Ministerialverwaltung vertrauten Beamten zu übergeben, und keinem »alten Kämpfer«, und zwar nicht nur, weil in diesem Kreis nur ganz wenige Personen in der Lage gewesen wären, diese Stelle auszufüllen, sondern weil darüber hinaus auch die Wahrscheinlichkeit groß war, daß ein »alter Kämpfer« als Staatssekretär versuchen würde, politischen Einfluß zu gewinnen, der mit Hitlers autokratischem Führungsanspruch unvereinbar gewesen wäre.

Hitlers Wahl bei der Besetzung der Stelle des Staatssekretärs in der Reichskanzlei fiel deshalb – wohl einem Vorschlag Wilhelm Fricks folgend, der selbst zu den wenigen »alten Kämpfern« mit Erfahrung in der höheren Verwaltung gehörte und der das Reichsinnenministerium übernahm – auf Hans Heinrich Lammers, der seit 1922 im Reichsinnenministerium als Ministerialrat in der Verfassungsabteilung tätig war.[179] Die Formulierung, mit der Lammers von Hitler die Stelle des Staatssekretärs in der Reichskanzlei angeboten bekommen haben will, macht noch einmal deutlich, wie sehr es einerseits dem neuen Reichskanzler auf einen erfahrenen Verwaltungstechniker ankam. Andererseits wird zumindest indirekt sichtbar, wie völlig auf die Wahrnehmung dieser verwaltungstechnischen Aufgaben der Inhaber der Stelle sich beschränken sollte und wie wenig er zu politischer Beratung aufgefordert war; er sei, wie Hitler Jahre später einmal formulierte, »nur dazu da ..., um für die Staatsnotwendigkeiten die notwendige juristische Untermauerung zu finden«.[180] Als Hitler seinen künftigen Staatssekretär am Abend des 29. Januar in den »Kaiserhof« bat, soll er, nach einer Aussage von Lammers am 3. September 1948 im Fall XI vor dem Nürnberger Militärtribunal, dem sogenannten »Wilhelmstraßenprozeß«, gesagt haben: »Ich bin Politiker und kenne den Verwaltungskram nicht, ich will mich auch nicht um ihn kümmern, ich will mich aber auch nicht blamieren. Ich brauche einen Beamten, der das Parkett beherrscht. Sind sie bereit, dieses Amt anzunehmen?«[181]

Hans Heinrich Lammers war ein Exponent der Gruppe konservativer Beamter, die noch im Kaiserreich in den höheren Staatsdienst eingetreten waren und in der Republik, der sie nicht nur ablehnend gegenüberstanden, sondern die sie auch bekämpften, im Amt blieben. Lammers hatte die Republik in einer Reihe wissenschaftlicher und journalistischer Veröffentlichungen angegriffen, Angriffe, die ihm zwar kein Disziplinarverfahren, aber wiederholt die Mißbilligung seiner Vorgesetzten und Kritik in der Presse eintrugen. Arnold Brecht beschrieb Lammers, dessen Vorgesetzter er als Leiter der Verfassungsabteilung des Innenministeriums von 1922 bis 1927 war, als einen »der nebensächlichsten unter den vielen Nicht-Demokraten im Ministerium«, dem ziemlich bald die »parteipolitisch strittigen Fragen« entzogen worden seien und auf dessen Entlassung nach dem Republikschutzgesetz, das nach der Ermordung des Reichsaußenministers Walther Rathenau im Sommer 1922 erlassen und in dem die Kategorie der politischen Beamten unter anderem auf die Beamten der Verfassungsabteilung des Innen-

Der neue Reichskanzler Adolf Hitler begrüßt die Beamten der Reichskanzlei.
Neben Hitler Hans Heinrich Lammers, der neue Staatssekretär in der Reichskanzlei, 1933

ministeriums ausgedehnt worden war, man habe verzichten können, nicht zuletzt um zu vermeiden, ihn »zum Opfer zu machen und dadurch mit einer Märtyrergloriole zu versehen«.[182] Lammers sei, so Brecht im Rückblick auf die Tätigkeit im Innenministerium, damals »noch weit entfernt davon (gewesen), Nationalsozialist zu sein, sondern wie die Mehrzahl seiner Kollegen Anhänger der monarchischen Staatsform mit mehreren Kaiserbildern an den Wänden. Erst nach meinem Abgang aus dem Ministerium, als ihn die Deutschnationalen bei der Auswahl meines Nachfolgers übergingen, fing er an, sich für die Nationalsozialisten erfolgreich zu interessieren.« Tatsächlich trat Lammers trotz dieser Enttäuschung seines beruflichen Ehrgeizes erst im Februar 1932 von der DNVP zur NSDAP über, wobei opportunistische Karriereüberlegungen nicht zu trennen sind von der Erwartung, die NSDAP sei am ehesten in der Lage, die Rückkehr zum autoritären Staat zu verwirklichen, der mit dem Kaiserreich untergegangen war.
Bereits in den ersten Wochen nach der Machtübergabe wurden sieben der zehn höheren Beamten der Reichskanzlei ausgewechselt. Im Dienst blieben nur der Oberregierungsrat Otto Westphal, der kurz vor der Pensionierung stand, Oberregierungsrat Hans Thomsen, Referent für Außenpolitik, der unter Reichskanzler Franz von Papen in die Reichskanzlei gekommen war und 1937 wieder in den diplomatischen Dienst ging,

und Ministerialrat Richard Wienstein, der vor 1933 der DVP angehört hatte und der erst im Zusammenhang seiner Ernennung zum Ministerialdirektor und ständigen Vertreter des Staatssekretärs am 1. Juni 1936 und wohl erst auf Aufforderung von Lammers hin der NSDAP beitrat. Auch Friedrich Wilhelm Kritzinger, der am 1. Januar 1938 Nachfolger des kurz zuvor verstorbenen Wienstein wurde und der zuvor im Reichsjustizministerium tätig war, trat erst bei seinem Übergang in die Reichskanzlei der NSDAP bei und zwar offenbar erst, nachdem Lammers ihn mit dem Argument überzeugt hatte, daß einerseits mit diesem Eintritt keine Verpflichtung parteipolitischer Art verbunden sei und daß andererseits damit der in nationalsozialistischen Kreisen häufig geäußerten Kritik an den »reaktionären Beamten« in der Reichskanzlei eine Angriffsfläche weniger geboten werde. Erst wenige Monate zuvor, am 1. Mai 1937, war Franz Willuhn, der bereits seit März 1933 als Referent für Wirtschaftsfragen in der Reichskanzlei tätig war, wohl ebenfalls erst auf eine Aufforderung seiner Vorgesetzten hin der NSDAP beigetreten.[183]

Die Karriere und das Selbstverständnis Franz Willuhns sind charakteristisch für fast alle höheren Beamten der Reichskanzlei im Dritten Reich, die aus ihrer nationalkonservativen Haltung heraus die Republik ablehnten, die Machtübergabe an die Nationalsozialisten nicht nur begrüßten, sondern auch unterstützten und bereit waren, zum weiteren Ausbau der NS-Herrschaft beizutragen.[184] Für viele war der weitere Ausbau dieser Herrschaft mit einer Reihe von Enttäuschungen verbunden. Zwar hatten die Nationalsozialisten die nationalkonservativen Ziele, die um die Zentralforderungen nach dem Aufbau eines autoritären Staates und der Steigerung der machtpolitischen Stellung des Deutschen Reiches gruppiert werden können, verwirklicht. Diese Verwirklichung war jedoch Hand in Hand gegangen mit Begleiterscheinungen und unter Umständen, die die aus einem elitären Standesbewußtsein erwachsenden Vorbehalte der nationalkonservativen Beamten gegenüber der nationalsozialistischen Massenbewegung zu bestätigen schienen und die zu einem Typ konservativer Opposition führten, der sich zwar in wiederholten Unmutsäußerungen niederschlug, dem Regime jedoch keineswegs den Dienst aufsagte.

Eindrucksvoll erhellt wird dieser Komplex durch eine Eintragung im Tagebuch von Ulrich von Hassell, der selbst jahrelang zu den nationalkonservativen Kollaborateuren gehörte, ab 1937 jedoch zunehmend in Opposition geriet und schließlich zur Gruppe des konservativen Widerstands stieß, aus deren Reihen das Attentat am 20. Juli 1944 erfolgte, in dessen Folge auch Hassell verhaftet und am 8. September 1944 zum Tode verurteilt und hingerichtet wurde. Hassell notierte Ende Mai 1940, kurz nach der Kapitulation Frankreichs, in seinem Tagebuch, daß »jetzt mit einer Neugestaltung Europas im Hitler-Sinne« zu rechnen sei, womit er »äußerlich« die Errichtung der deutschen Vorherrschaft in Europa mit der völligen »Entmachtung Frankreichs bei einer gewissen Duldung Englands« meint; mit dieser außenpolitischen Neuordnung, und hier liegt für Hassell der wahre Stein des Anstoßes, geht bei der »Neugestaltung Europas im Hitler-Sinne« im Inneren das »zur Herrschaftkommen des Sozialismus in Hitlerscher oder verwandter Form« und das »Zerbrechen der Oberschichten« Hand in Hand. Hassell befürchtet dieses Ergebnis, da »dem Nationalsozialismus, so wie er geworden ist, jede Seele fehlt«. Hassell scheint diese Gedanken Ernst von Weizsäcker, der seit 1938 Staatssekretär des Auswärtigen Amtes war, vorgetragen zu haben, der versuchte, Hassell mit der Überlegung zu trösten, »daß große Gedanken in der Geschichte sehr oft unter Verbrechen herbeigeführt würden. Ich bestritt das nicht, erwiderte aber, daß dies nur erträglich sei, wenn die ›Träger der Wendung‹ vorwärts führende Gedanken zu verwirklichen imstande seien. Ich könne das in unserem Fall nicht glauben. Was davon im Nationalsozialismus vorhanden ist oder war, ist durch das Negative überwuchert worden.«[185]

Diese Passage ist in mehrfacher Hinsicht bezeichnend für die Mentalität der nationalkonservativen Funktionselite, und zwar nicht nur, weil sie am Nationalsozialismus jetzt wieder das kritisiert, was sie für Sozialismus hält, sondern auch indem sie unterstellt, dem Nationalsozialismus fehle jetzt das, was sie Seele nennt, was er aber, wenn anders die Formulierung »so, wie er geworden ist«, Sinn machen soll, offenbar einmal gehabt hatte. Ja, der Nationalsozialismus habe oder hatte zumindest »vorwärtsführende Gedanken«, die jetzt »durch das Negative überwuchert worden« seien. Im Zusammenhang mit der Erörterung der politischen Haltung der Beamten der Reichskanzlei ist diese Passage nicht nur interessant, weil sie eine schöne Illustration dieses Komplexes bildet, sondern weil Hassell unmittelbar im Anschluß an die Formulierung des Satzes, im Nationalsozialismus seien die »vorwärts führenden Gedanken ... durch das Negative überwuchert worden« von einem Essen des Mitteleuropäischen Wirtschaftstages berichtet, bei dem er »neben einem (wirtschaftlichen) Vortragenden Rat in der Reichskanzlei Willuhn« gesessen habe, »der zu meinem Erstaunen sofort von sich aus die gleichen Sorgen entwickelte, weil nämlich drei Dinge zerstört worden seien, der Glaube, der Charakter und der Gehorsam!«[186] Fast überflüssig zu sagen, daß Franz Willuhn gehorsam blieb und weiterhin in den Diensten der Reichskanzlei Hitlers stand.

Das Selbstverständnis, die politische Haltung und das Verhalten Willuhns wie der meisten höheren Beamten der Reichskanzlei im Dritten Reich lassen sich auf einer Skala einordnen, die von Konrad Ehrich einerseits und von Leo Killy andererseits begrenzt wurde. Beide waren, anders als die anderen Beamten und wie außer ihnen nur noch Hans Heinrich Lammers, bereits vor 1933 der NSDAP beigetreten, und zwar Ehrich am 1. Januar 1932 und Killy am 1. Juli 1932. Konrad Ehrich war bereits seit 1926 in der Reichskanzlei beschäftigt, als Ministerialamtmann im höchsten Rang des mittleren Dienstes, während Killy Anfang März 1933 aus dem Reichsfinanzministerium, wo er als Oberregierungsrat tätig war, als Ministerialrat in die Reichskanzlei eintrat. Ehrich verdankte seine ungewöhnliche Karriere, in deren Verlauf ihm der seltene Sprung aus dem gehobenen mittleren Dienst in den höheren Dienst gelang, und die ihn über die Stellung eines Regierungsrats 1933, eines Oberregierungsrats 1937 bis zum Ministerialrat 1939 führte, dem Wunsch von Parteistellen. Er war »der einzige wirkliche Vertrauensmann der NSDAP unter den höheren Beamten der Reichskanzlei«.[187]

Bei Leo Killys Überprüfung nach dem »Gesetz zur Wiederherstellung des Berufsbeamtentums« stellte sich heraus, daß sowohl sein Großvater mütterlicherseits als auch seine Schwiegermutter getaufte Juden waren; trotz seiner Bereitschaft, aus dem Dienst der Reichskanzlei auszuscheiden, entschied Hitler – mit Sicherheit von Lammers, der keineswegs bereit war, auf die qualifizierte Mitarbeit von Killy zu verzichten, entsprechend instruiert – daß sich an Killys dienstlicher Stellung nichts verändern solle. Leo Killy blieb in der Reichskanzlei, obwohl er im Jahre 1935 ernsthaft erwog, aus der NSDAP auszutreten, ein Plan, den ihm Martin Niemöller ausredete, dessen Dahlemer Gemeinde Killy als Mitglied der »Bekennenden Kirche« angehörte, und zwar mit dem Argument, daß dieser Schritt nicht nur negative Folgen für Killys Familie haben sondern auch die Besetzung von Killys Stelle in der Reichskanzlei mit einem linientreuen Nationalsozialisten nach sich ziehen würde.[188] Killy blieb in der Reichskanzlei – zuletzt als Reichskabinettsrat in einer Position, die etwa der eines Ministerialdirektors entsprach – weil er, wie er bei seiner Vernehmung im Wilhelmstraßenprozeß durch Robert M. W. Kempner erklärte, es für seine Pflicht hielt, »zu versuchen auf Ordnung zu halten« und weil es überdies »ein Charakteristikum für das deutsche Beamtenrecht« sei, auf dem Posten auch dann zu bleiben, wenn man mit dem Regime, dem man dient, nicht einverstanden sei.[189] Eine bessere Illustration für das Dilemma, in das alle diejenigen gerieten, die blieben, um »Schlimmeres zu verhüten«, und deshalb nicht umhin konnten, Schlimmes mitzumachen, läßt sich kaum finden. Als der »Leiter der Parteikanzlei und Sekretär des Führers«, Martin Bormann, im November 1944 die Initiative zur Regelung der Fälle ergriff, bei denen es um »jüdisch-versippte Beamte in Obersten Reichsbehörden« ging, eine Initiative, die durch den Fall Killy ausgelöst worden sein soll, gelang es Lammers, durch Verschleppung die Formulierung eines Führererlasses in dieser Angelegenheit zu verhindern und Leo Killy aus der Schußlinie zu ziehen, indem er ihn »krankheitshalber bis 31.3.1945« beurlaubte und diesen Urlaub schließlich »bis auf weiteres« verlängerte.[190]

Die Vorgänge um Leo Killys Tätigkeit zeigen deutlich, daß dem Staatssekretär in der Reichskanzlei auch im Dritten Reich der Spielraum für Einflußnahme zur Verfügung stand, den nicht nur seine Vorgänger im Kaiserreich und in der Republik hatten, sondern den alle Kanzleien und Sekretariate besitzen, und der sich aus der Handhabung der bürokratischen Verfahrenstechniken ergibt, in deren Zentrum die dilatorische Behandlung von Vorgängen steht. Dieser Spielraum war für Lammers um so größer, als sein Chef fast keine Aktenkenntnis besaß und für alle Informationen aus dem Bereich staatlicher Vorgänge auf seinen Staatssekretär angewiesen war, der durch die Art seines Vortrags auch dann Entscheidungen beeinflussen konnte. Zwar war ihm, anders als Christoph von Tiedemann, Hermann Pünder und einer ganzen Reihe ihrer Vorgänger und Nachfolger, der Einfluß auf die Große Politik, ganz wie Hitler es gewünscht hatte, weitgehend verschlossen; im Bereich der Routinegesetzgebung jedoch besaß Lammers Möglichkeiten der Einflußnahme, die weit über die Möglichkeiten seiner Vorgänger hinausgingen.

Der Einfluß, den der Staatssekretär in der Reichskanzlei besaß, wuchs im Rahmen der Entwicklung des Verfassungsrechts und der Verfassungswirklichkeit des Dritten Reichs erheblich.[191] Ausgangspunkt für den Machtzuwachs Lammers' war das Ermächtigungsgesetz, das der am 5. März 1933 gewählte Reichstag, in dem die Regierungskoalition trotz der massiven Behinderung des Wahlkampfes der anderen Parteien und trotz der Tatsache, daß die 81 Abgeordneten der KPD und einige Abgeordnete der SPD bereits verhaftet, geflohen oder im Untergrund waren, nicht über die notwendige Zweidrittelmehrheit verfügte, mit den Stimmen des *Zentrums* und der *Staatspartei* am 24. März 1933 verabschiedete. In diesem »Gesetz zur Behebung der Not von Volk und Reich«, wie es mit dem üblichen beschönigenden Pathos genannt wurde, übertrug das Parlament das ihm zustehende Recht zur Gesetzgebung für vier Jahre auf die Reichsregierung, die so nicht nur vom Reichstag, sondern auch vom Reichspräsidenten unabhängig wurde, auf dessen Notverordnungen, mit denen bereits die Regierungen Brüning, von Papen und Schleicher und schließlich auch die Regierung Hitler gearbeitet hatten, jetzt verzichtet werden konnte. Diese Unabhängigkeit vom Reichspräsidenten wurde noch gesteigert durch die Übertragung des dem Präsidenten zustehenden Rechts zur Ausfertigung und Verkündung der Gesetze auf den Reichskanzler, dessen Stellung dadurch eine zusätzliche Aufwertung gegenüber der Regierung erfuhr.[192]

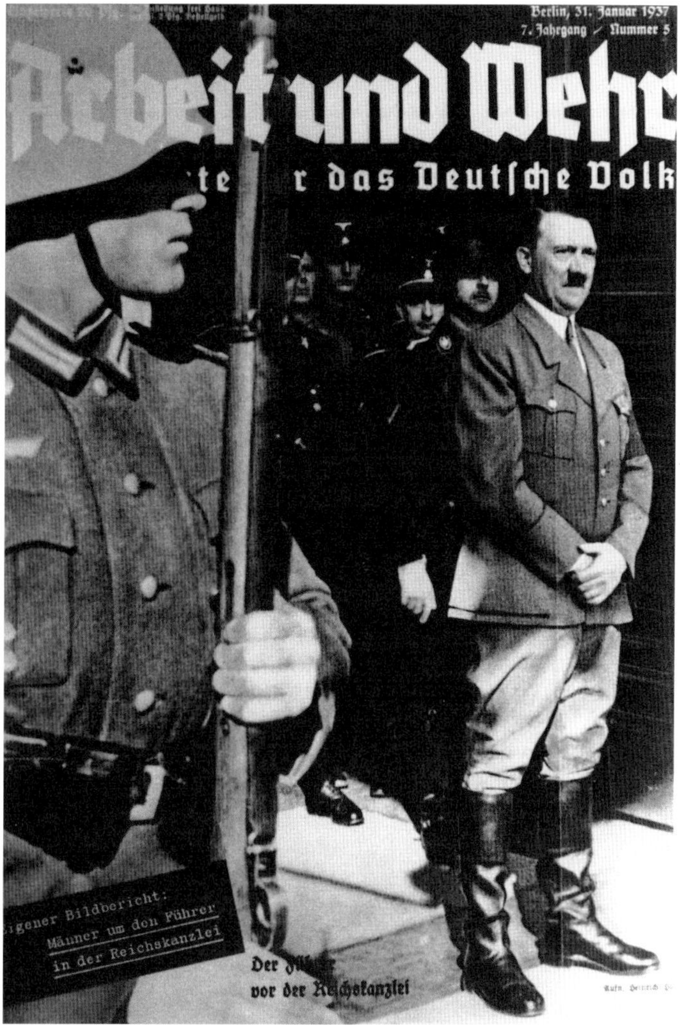

Titelblatt der Zeitschrift *Arbeit und Wehr*, 1937

Dieses komplexe neue Verfassungsrecht stimmte nur zum Teil mit der Verfassungswirklichkeit, die sich hieraus entwickelte, überein; zu einem großen Teil setzte dieses Recht Entwicklungen in Gang, die über kurz oder lang zu einem Zustand führten, der in direktem Widerspruch dazu stand. Die Übertragung der Gesetzgebungsbefugnis auf die Regierung zog zwar eine Machtsteigerung der Minister nach sich, die jedoch auf ihr jeweiliges Ressort beschränkt blieb; die Regierung als Kollegialorgan dagegen konnte von diesem Gesetz keineswegs profitieren, da ihr die Beratung im Kabinett als Forum ihrer Regierungstätigkeit zunehmend entzogen wurde. »Während vom 30. Januar 1933 ... bis Ende März 33 (d.h. durchschnittlich jeden zweiten Tag) Sitzungen der Reichsregierung stattfanden, sank deren Zahl in den drei Monaten von April bis Juni 1933 auf insgesamt 20.«[193] In den bis zum Jahresende verbleibenden sechs Monaten tagte das Kabinett noch zwanzigmal; die Pausen zwischen den Sitzungen waren also durchschnittlich doppelt so groß wie in den drei Monaten nach der Verkündung des Ermächtigungsgesetzes, eine Abnahme der Sitzungsfrequenz, die sich der Tatsache verdankte, daß nach der Selbstauflösung der DNVP, die mit der NSDAP die Regierungskoalition gebildet hatte, und nach dem Rücktritt Alfred Hugenbergs von seinen Ministerposten Ende Juni die Regierung von den NSDAP-Ministern majorisiert wurde, deren Zahl durch die Ernennung von Joseph Goebbels zum »Reichsminister für Volksaufklärung und Propaganda« im März 1933 und durch die Ernennung weiterer Nationalsozialisten, nämlich dem Stabschef der SA, Ernst

Männer um den Führer in der Reichskanzlei.
Artikel in der Zeitschrift *Arbeit und Wehr*, 1937

Vier Jahre sind am 30. Januar d. J. vergangen, seit der Führer die Macht übernommen hat. Aus einem politisch zerrissenen und unfreien Volk, einem wirtschaftlich auf allen Gebieten darniederliegenden Staat hat der Führer in den vergangenen vier Jahren ein Werk vollbracht, welches erst die Geschichte in seiner ganzen Größe und Bedeutung richtig zu beurteilen vermag. Wenn man zurück denkt, möchte man fast glauben, daß auf vielen Gebieten Wunder geschehen sind, und in der Tat ist fast unmöglich Erscheinendes erreicht worden. — Es soll nicht unsere Aufgabe im Rahmen dieses Berichtes sein, die vielseitigen Erfolge der Regierungsarbeit Adolf Hitlers in diesen vier Jahren im einzelnen aufzuzeigen, wohl aber wollen wir mit diesem Bildbericht einen Blick in die Räume werfen, in denen die praktische Regie-

Ministerialdirigent SS-Hauptsturmführer Dr. Meerwald, der persönliche Referent des Führers und Reichskanzlers

Im Kreis:
Hauptmann der Schutzpolizei Deckert, Adjutant des Staatssekretärs und Chefs der Reichskanzlei

Staatssekretär und Chef der Reichskanzlei SS. Brigadeführer Dr. Lammers

Die persönlichen Adjutanten des Führers und Reichskanzlers
SA-Obergruppenführer Brückner — SS-Brigadeführer Schaub — NSKK-Oberführer Hauptmann a. D. Wiedemann

Links:
Der historische Balkon in der Reichskanzlei, auf dem sich der Führer zu den verschiedensten Anlässen zeigt

Röhm, und dem »Stellvertreter des Führers«, Rudolf Heß, zu Ministern ohne Geschäftsbereich inzwischen erheblich gestiegen war. In den folgenden Jahren nahm die Sitzungsfrequenz laufend ab. Im Jahre 1934 kamen die Minister noch neunzehnmal zusammen, im Jahre 1935 zwölfmal, 1936 schließlich viermal und 1937 sechsmal; die definitiv letzte Sitzung fand am 5. Februar 1938 statt.

Diese Abnahme der Zahl der Sitzungen des Kabinetts gibt zwar einen klaren Hinweis auf den Bedeutungsverlust des Regierungskollegiums; der ganze Umfang dieses Verlustes wird, ebenso wie die umgekehrt proportional dazu verlaufende Steigerung des Einflusses des Staatssekretärs in der Reichskanzlei, erst sichtbar, wenn weitere Faktoren in Rechnung gestellt werden.[194] Die wenigen Sitzungen waren nämlich keineswegs gleichmäßig über das Jahr verteilt, sondern oft auf wenige Wochen konzentriert; so kam es 1935 zu fünf Monaten, 1936 zu acht Monaten und 1937 zu sieben Monaten Sitzungspause. Da der Gesetzgebungsprozeß keineswegs monatelang ausgesetzt werden konnte, wurden die Gesetze im Umlaufverfahren verabschiedet, ein Verfahren, das bereits zuvor in Bagatellfällen angewendet, jetzt jedoch zum Normalfall wurde. Die Initiative zur Gesetzgebung, die Ausarbeitung und die vorbereitende Beratung der Entwürfe war jetzt weitgehend die Domäne der Ministerialbürokratie der Einzelressorts, die damit eine erhebliche Machtsteigerung verbuchen konnte, wie sie unter dem Schlagwort der »sachlichen« Arbeit von »Fachbeamten«, ungestört durch die Parlamente, bereits in den letzten Jahren der Republik immer lauter gefordert worden war. Erst wenn die von einem Gesetzentwurf jeweils betroffenen Ministerien von dem federführenden Ministerium unterrichtet worden waren und Gelegenheit gehabt hatten, ihre Einwände und Änderungsvorschläge vorzubringen und wenn unter den beteiligten Ministern über den zu verabschiedenden Gesetzestext Einvernehmlichkeit erzielt worden war, wurde der Vorgang der Reichskanzlei zugeleitet. Deren Staatssekretär ließ den Entwurf allen Mitgliedern der Reichsregierung zukommen mit der Bitte, den möglichen Widerspruch bis zum Ablauf einer bestimmten Frist zu formulieren; wenn kein Widerspruch eintraf, legte Lammers den Entwurf seinem Kanzler zur Unterschrift vor.

Blick vom Wilhelmplatz auf die Reichskanzlei
und das Reichsministerium für Volksaufklärung und Propaganda

rungsarbeit geleistet wird und vor allem auf die Mensch
die neben den Ministern die täglichen Mühen und Sorg
des Führers teilen und seine engsten persönlichen Mitarbei
sind. — Wenige haben in diesem Leben wohl jemals
Möglichkeit, diese Männer und diese Stätten des persö
lichen Schaffens kennenzulernen und so sollen diese Bi
die da und dort vielleicht Erinnerungen an bestimmte, l,
schon historisch gewordene Geschehnisse wachrufen, der B
völkerung einen Einblick vermitteln, wo Tag um Tag u
darüber hinaus auch manche Nacht die schwere Last u
Sorge der Regierungsarbeit getragen wird. Sie sollen zeig
daß ein groß Teil der vorbereitenden und gestaltend
Arbeit, die notwendig war, um in den vergangenen v
Jahren diese unerhörten und allseitig anerkannten Erfol

Der historische Sitzungssaal des Reichskabinetts in der Reichskanzlei, in dem schon 1878 der erste Berliner Kongreß tagte

Unten:
Diplomaten-Aufgang in der Reichskanzlei

Die historische Sitzung im Kabinettssaal der Reichskanzlei, in der die allgemeine Wehrpflicht beschlossen wurde

Der Führer mit seinen Ministern des Reichskabinetts von links nach rechts: Reichsminister Dr. Frank, Reichspropagandaminister Dr. Goebbels, Staatssekretär der Präsidialkanzlei Dr. Meißner, Reichsinnenminister Dr. Frick, Preuß. Finanzminister Prof. Dr. Popitz, Reichskultusminister Rust, Reichsluftfahrtminister Generaloberst Göring, Reichsminister Kerrl, Reichsaußenminister Frhr. von Neurath, Der Führer, Staatssekretär und Chef der Reichskanzlei Dr. Lammers, Reichskriegsminister Generalfeldmarschall von Blomberg, Reichsbankpräsident und beauftragter Reichswirtschaftsminister Dr. Schacht, Reichsjustizminister Dr. Gürtner, Reichsfinanzminister Graf von Schwerin-Krosigk, Reichsernährungsminister und Reichsbauernführer Darré, Reichsverkehrs- und Reichspostminister von Eltz-Rübenach, Reichsarbeitsminister Seldte, Staatssekretär und Pressechef der Reichsregierung Funk.

Rechts: Wilhelmstraße 78, der Eingang für die Besucher der Reichskanzlei

Männer um den Führer in der Reichskanzlei.
Artikel in der Zeitschrift *Arbeit und Wehr*, 1937

Nicht erst jetzt, sondern oft schon in der Phase der Vorbereitung des Gesetzentwurfs war es dem Staatssekretär möglich, Einfluß auf Geist und Buchstaben der Gesetze zu nehmen, und zwar nicht in seiner rechtlichen Stellung als Staatssekretär in der Reichskanzlei, in der ihm wie seinen Vorgängern keinerlei Sachkompetenz oder gar Weisungsbefugnis zustand, sondern in seiner faktischen Stellung als Inhaber eines weitgehenden Informations- und Kommunikationsmonopols zwischen Hitler einerseits und der Mehrzahl der Minister andererseits, die nicht wie Göring, Goebbels, Himmler und Speer dauernden direkten Zugang zu Hitler hatten. Wenn sich im Rahmen der Vorbereitung der Gesetzgebung Meinungsverschiedenheiten ergaben, lud der Staatssekretär in der Reichskanzlei die beteiligten Minister zu sogenannten »Chefbesprechungen« ein, bei denen er den Vorsitz führte. Da die Teilnehmer an diesen Besprechungen davon ausgehen konnten, daß

Die Ablösung der militärischen Wache vor der Reichskanzlei

Unten: Eintritt des Besuchers in die ...chskanzlei sieht er auf diesen Gang, durch den die Besucher zu den oberen Stockwerken gelangen

Der große, geräumige Empfangsraum für die Besucher des Führers und des Staatssekretärs

Rechts: An diesem Gang liegen links vorn das Zimmer des Staatssekretärs und Chefs der Reichskanzlei Dr. Lammers, weiter hinten das Zimmer des Führers und Reichskanzlers Adolf Hitler, rechts finden sich die Zimmer des persönlichen Referenten des Führers und des Adjutanten des Staatssekretärs

Treppenaufgang und erste Etage in der Reichskanzlei

des Führers zu erreichen, hier geleistet wurde. — Eindrucksvoll und doch schlicht und einfach in der Gesamtheit ist die Reichskanzlei, die in ihrem Neubau erst 1930 vollendet wurde, und die nach der Machtergreifung durch den Führer noch einen kleineren Umbau erfahren hat, aber nicht nur die Gestaltung der Räume, sondern auch die Menschen, die täglich mit dem Führer diese Arbeit verrichten, sind von einer angenehmen, persönlichen Schlichtheit und Natürlichkeit, wie sie in besonderem Maße den Führer auszeichnet. — Der Wunsch des deutschen Volkes am 30. Januar 1937, dieser maßgebenden Etappe in dem großen Aufbauplan des Führers, ist es, daß es Adolf Hitler und seinen Mitarbeitern auch in Zukunft vergönnt sein möge, den nächsten Vierjahresplan und darüber hinaus die weiteren Geschicke des deutschen Volkes und Staates ebenso erfolgreich und glücklich zu vollenden. Der treuesten Gefolgschaft und Mitarbeit des deutschen Volkes kann der Führer gewiß sein. R.

Unten: Die Botenmeisterei, in der die gesamte Post und sonstige Sendungen an den Führer und die Reichskanzlei abgegeben werden

Unten: Die Telefonzentrale der Reichskanzlei, die mit ihren über 150 Anschlüssen Tag und Nacht in Betrieb ist

Das Büro der Reichskanzlei, in dem sowohl die Briefpost an den Führer und die Reichskanzlei wie auch die Sendungen der Ministerien auf die verschiedenen Sachbearbeiter verteilt werden und in der die eingehende Post, auch die Briefe an den Führer, genau registriert werden

Lammers die Meinung Hitlers zu dieser Angelegenheit kannte und ihr in der Sitzung Ausdruck gab, oder daß er zumindest im gleichen Sinne, in dem er sich in den Besprechungen äußerte, Hitler Vortrag halten würde, war die Neigung der Beteiligten groß, den Anregungen von Lammers zur Beseitigung der Meinungsverschiedenheiten zu folgen. Gelang es nicht, die Meinungsverschiedenheiten auf einer Chefbesprechung auszuräumen, trug Lammers die abweichenden Voten Hitler vor, der jetzt entschied oder aber die Unterschrift bis zur endgültigen Klärung der Angelegenheit durch die beteiligten Minister verweigerte.

Da Lammers »von den wichtigen Vorgängen in den Ressorts und über deren Gesetzentwürfe schon in den ersten Vorarbeiten zu informieren war, konnte er dem Reichskanzler ein rechtzeitiges Eingreifen ›empfehlen‹, sich Weisungen von ihm ›holen‹ und Entscheidungen beeinflussen, indem er Vorlagen der Minister mit entsprechenden Kommentaren und Vorschlägen verband. In vielen Fällen war sein Vortrag die eigentliche Grundlage für Hitlers Entscheidung; es ist ihm verschiedentlich auch gelungen, Hitler zu Änderung bereits getroffener Entscheidungen zu veranlassen.«[195]
Ein gutes Beispiel für die Möglichkeiten, die dem Staatssekretär in der Reichskanzlei zur Verfügung standen – dessen Einfluß sich, wie die Anführungszeichen in dem gerade angeführten Zitat deutlich machen, schwer begrifflich fassen läßt –, sind die Vorgänge um das Zustandekommen des Gesetzes gegen die Kinderarbeit vom 30. April 1938.[196] Ab Dezember 1936 wurde von dem federführenden Reichsarbeitsminister ein

Entwurf vorbereitet, der nach einigen Kontroversen im April 1937 der Reichskanzlei zugeleitet wurde. Noch bevor der Entwurf in Umlauf gebracht werden konnte, forderte der »Reichsjugendführer«, anders als im Gesetzentwurf vorgesehen, beim Erlaß der Ausführungsbestimmungen beteiligt zu werden. Lammers trug diese Forderung Hitler vor und er wird dies in einer Weise getan haben, daß er anschließend alle Beteiligten davon in Kenntnis setzen konnte, daß Hitler eine Änderung in diesem Sinne nicht wünsche. Da inzwischen weitere Bedenken und Einwände von anderer Seite vorgebracht worden waren, mußten erneut Verhandlungen angesetzt werden, die schließlich zu einem revidierten Entwurf führten, der Anfang 1938 in Umlauf gebracht wurde. Da sich nach Ablauf der gesetzten Frist keine weiteren Einwände ergeben hatten, legte Lammers am 12. April 1938 den Entwurf zur Unterschrift vor. Er verband den Vortrag des Gesetzes mit Bedenken in Bezug auf den § 2, Absatz 5, wonach dieses Gesetz auf die NSDAP und ihre Gliederungen keine Anwendung finde. Lammers argumentierte, geschickt auf Hitlers Sorgen um einen Popularitätsverlust anspielend, mit dem unerwünschten Eindruck, den diese Ausnahmebestimmung in der Öffentlichkeit machen werde und erreichte damit sein Ziel: »Der Führer hat sich meiner Auffassung angeschlossen und davon abgesehen, vor Klärung dieser Frage das Gesetz zu unterschreiben.«[197]

Der Einfluß des Staatssekretärs war kaum geringer, wenn auf das Umlaufverfahren verzichtet und eine Sitzung des Kabinetts anberaumt wurde. Denn die Entscheidung, eine solche Sitzung anzuberaumen, fällte der Reichskanzler nach einem Vortrag des Staatssekretärs, in dessen Ermessen es lag, seinen Chef vor die Entscheidung zu stellen, und der sicher sein konnte, daß Hitler kaum geneigt war, allzu vielen Sitzungen beizuwohnen. Hinzu kommt, daß sich Verlauf, Stil und Charakter dieser Sitzungen erheblich verändert hatten. In den ersten Monaten sah Hitler sich nicht nur gezwungen, regelmäßige Sitzungen abzuhalten, sondern auch, ihnen wenigstens den Schein des Charakters von Beratungen zu belassen, den sie nach der immer noch gültigen »Geschäftsordnung der Reichsregierung« aus dem Jahre 1924 haben sollten, nämlich kollegiale Beratung und gemeinsame Beschlußfassung über Gesetzentwürfe. Der Zwang zur Aufrechterhaltung der kollegialen Fassade war mit dem Ermächtigungsgesetz zwar geringer geworden, hatte jedoch bis zur Auflösung des Koalitionscharakters der Regierung Ende Juni 1933 keineswegs vollständig zu bestehen aufgehört. Erst danach wurden die Sitzungen zu dem, was sie bis zu ihrem Ende im Februar 1938 blieben, nämlich Veranstaltungen mit Akklamationscharakter, bei denen auf die Abstimmung vollends verzichtet wurde zugunsten des Rechts des Reichskanzlers, über die vorgelegten Entwürfe zu entscheiden.

Robert M.W. Kempner hat die Macht und den Einfluß des Staatssekretärs in der Reichskanzlei in seinen Erinnerungen in einer fiktiven Szene anschaulich beschrieben. Diese Beschreibung, die sicher die Grenze zur Karikatur überschreitet und mit der bedingungslosen Loyalität von Lammers, von dem Hjalmar Schacht in einer Vernehmung im Wilhelmstraßenprozeß einmal sagte, er sei »ein treuer Diener seines Herrn« gewesen, nur schwer vereinbar ist, bringt gerade wegen ihrer karikaturistischen Überzeichnung die entscheidenden Züge prägnant zur Geltung. Kempner stellte bei der Vernehmung der hohen Ministerialbeamten im Rahmen der *Nürnberger Prozesse* fest, wie groß die Bereitschaft zu gegenseitiger Entlastung war und er brachte diese Bereitschaft in Zusammenhang mit der Tatsache, daß man in diesen Kreisen »nach außen wie Pech und Schwefel zusammengehalten (hat), auch wenn es innerlich immer furchtbaren Zank gegeben hatte, der Zuständigkeiten wegen. Da mußte man zum Reichsminister Hans Heinrich Lammers gehen, der von mir im Wilhelmstraßenprozeß angeklagt wurde. Lammers, Chef der Reichskanzlei, holte dann die Entscheidung des Führers ein; sein Zimmer hatte zwei Türen, durch die eine kamen die Gäste herein, durch die andere ging Lammers in den Raum des Reichskanzlers und kam nach zehn Minuten raus, dann hatte der Führer entschieden, wie der Krach geregelt werden sollte. Der Führer war aber gar nicht dahinten gewesen, sondern steckte wer weiß wo – er schlief ja immer sehr lange. Das war eben die Kompetenz eines Chefs der Reichskanzlei; der war eine Art Vize-Führer.«[198]

Die Bezeichnung »Vize-Führer« geht sicher zu weit. Allerdings war dem Machtzuwachs des Staatssekretärs in der Reichskanzlei durch zweimalige Statuserhöhung auch äußerlich Rechnung getragen worden. Bereits nach der Übernahme der Reichspräsidentenschaft durch Hitler im August 1934 war Lammers zum »Staatssekretär und Chef der Reichskanzlei« ernannt worden. Tatsächlich war die bereits seit Jahrzehnten übliche Redeweise vom Chef der Reichskanzlei staatsrechtlich nicht korrekt, da als Chef der Reichskanzlei der Reichskanzler selbst fungierte. Mit dieser Ernennung konnte einerseits Lammers die internen Verwaltungsgeschäfte seiner Behörde in eigener Zuständigkeit erledigen, Hitler andererseits sich noch ein Stück weiter aus dem Alltag der Verwaltung entfernen. Im November 1937 wurde Lammers zum Reichsminister ernannt und war damit auch formal Mitglied der Regierung, auf der gleichen Stufe mit den Ressortministern, eine Gleichstellung, die um so naheliegender war, als fast gleichzeitig die Kabinettssitzungen ganz aufhörten und die Koordination der Gesetzgebung jetzt ausschließlich beim Chef der Reichskanzlei lag.

Die zentrale Rolle von Lammers im Regierungsgefüge des Dritten Reiches wurde noch zweimal deutlich bei der Errichtung von Gremien, die Funktionen eines Regierungskollegiums übernahmen. Am 30. August 1939 berief Hitler mit der Absicht, sich noch weiter aus der Routinetätigkeit der Regierung zurückzuziehen und ganz auf die Kriegsführung zu konzentrieren, einen »Ministerrat für die Reichsverteidigung«, dem unter dem Vorsitz von Hermann Göring der »Stellvertreter des Führers der NSDAP, Rudolf Heß, der Chef des Oberkommandos der Wehrmacht, Wilhelm Keitel, der Reichsinnenminister Frick als Generalbevollmächtigter für die Reichsverwaltung, Reichswirtschaftsminister Funk als Generalbevollmächtigter für die Wirtschaft und Hans Heinrich Lammers als Geschäftsführer des Ministerrats angehörten.[199] Der Ministerrat erhielt das Recht, Verordnungen mit Gesetzeskraft zu erlassen; allein in der ersten Sitzung am 1. September 1939 wurden 14 Verordnungen verabschiedet. In der Folgezeit bildete sich jedoch die Praxis des Umlaufverfahrens aus, so daß auch der »Reichsverteidigungsrat«, der nur noch zu fünf weiteren Sitzungen zusammenkam, nicht die Funktion eines »Kriegskabinetts« übernehmen konnte, das die Koordinierungslücke hätte füllen können. Im Januar 1943 schließlich wurde zur Mobilisierung der letzten Reserven im Krieg der sogenannte »Dreierausschuß« gebildet, dem Wilhelm Keitel, Martin Bormann, der Leiter der Partei-Kanzlei, und Lammers als Geschäftsführer angehörten. Es sieht so aus, als habe diese Gremium einige Monate des Jahres 1943 mit großer Effektivität gearbeitet und als habe Lammers dabei eine Rolle gespielt, die es erlaubt, ihn »mit gewissen Einschränkungen als ›dirigierenden Minister‹«[200] zu bezeichnen. Daß der Chef der Reichskanzlei diese Funktion jedoch nicht auf Dauer ausüben konnte versteht sich von selbst in einem System, in dem der Konkurrenzkampf der klassischen Verwaltungsressorts miteinander noch gesteigert wurde durch die immer größere Zahl von Sonderbehörden, die mit Sondervollmachten ausgestattet waren und an deren Spitze oft Personen standen, die direkten Zugang zu Hitler hatten und die dadurch in die Lage versetzt waren, ihre Ziel an allen bürokratischen Instanzen vorbei geltend zu machen.[201] Das aus diesen Auseinandersetzungen entstehende Chaos wurde noch verstärkt durch persönliche Machtkämpfe, in denen es den Konkurrenten immer wieder gelang, durch die Bildung wechselnder Allianzen zu verhindern, daß einer von ihnen eine privilegierte Position einnehmen konnte. Charakteristisch ist die Notiz im Tagebuch von Goebbels im September 1943, als die Tätigkeit des Dreierausschusses auf ihrem Höhepunkt, aber auch vor ihrem Ende stand: »Lammers arbeitet sehr geschickt; man hat den Eindruck, daß er geradewegs auf ein Amt etwa dem des Reichskanzlers gleich lossteuert. Aber ich werde genug Bundesgenossen finden, um das zu verhindern.« Unabhängig von der Frage, ob Lammers wirklich auf dieses Ziel lossteuerte und unabhängig von der Frage, ob nicht etwa Goebbels selbst ein solches Ziel vor Augen hatte, bleibt die Tatsache bestehen, daß Hans Heinrich Lammers zumindest in den letzten beiden Jahre des nationalsozialistischen Regimes zugunsten von Martin Bormann immer weiter in den Hintergrund trat, der nicht nur als Leiter der Parteikanzlei, sondern auch als »Sekretär des Führers« den privilegierten Zugang zum Machthaber besaß, der für die Machtausübung in Diktaturen von entscheidender Bedeutung ist.[202]

Das Ende: Wilhelmplatz und Ruinen in der Wilhelmstraße von der Kaiserhofstraße, Juni 1946

DIE WILHELMSTRASSE

Stadtpläne, 1867, 1888, 1911, 1931, 1936, 1939

SITUATIONSPLAN VON DER HAUPT- UND RESIDENZSTADT BERLIN, 1867

Der Plan zeigt den Zustand im Jahr nach der Gründung des Norddeutschen Bundes, dessen erste und bis 1870 einzige Behörde, das Bundeskanzleramt, noch nicht zu finden ist, da sie erst im August 1867, nach der Verabschiedung der Bundesverfassung, gegründet worden war. Diese Bundeszentralbehörde bezog wenige Wochen nach ihrer Gründung Räume in der Wilhelmstraße 74, wo, wie der Plan verzeichnet, das Preußische Staatsministerium seinen Sitz hatte. Der Plan verzichtet hier wie bei den anderen Ministerien auf das Beiwort »Preußisch«, da selbstverständlich zu diesem Zeitpunkt alle Ministerien in der Wilhelmstraße preußische Ministerien waren.

Dem Staatsministerium schräg gegenüber, auf der Ostseite der Wilhelmstraße, liegt in der Nr. 65 das Justizministerium. Nördlich an das Grundstück des Staatsministerium schließt, in der Nr. 73, das Ministerium des Königlichen Hauses an. Südlich, an der Nr. 75, steht der Name des Königlichen Oberhofbuchdruckers von Decker, der das erste Stockwerk seines Hauses seit Oktober 1866 an das Außenministerium vermietet hatte, dessen Stammhaus in der Nr. 76, auf dem Plan abgekürzt als Auswärtig(es) Min(isterium) bezeichnet, unmittelbar an das Deckersche Haus angrenzt. Der größere Teil der Büros des Außenministeriums war in dem Haus Wilhelmstraße 61, an der Südgrenze des Wilhelmplatzes, untergebracht, im Plan als Minist(erium) d(es) Ausw(e)rt(igen) bezeichnet.

Diesem Gebäude gegenüber liegt in der Wilhelmstraße 79 das Handelsministerium; in dem benachbarten Haus Nr. 80 ist eigens die Eisenbahnabteilung dieses Ministeriums verzeichnet. Ein kleines Stück weiter im Süden liegt in der Leipziger Straße 5 das Kriegsministerium, das sich, um das Haus Nr. 6 herum, bereits bis in die Leipziger Straße Nr. 7 an der Ecke zur Wilhelmstraße und in die Wilhelmstraße 81 ausgedehnt hat.

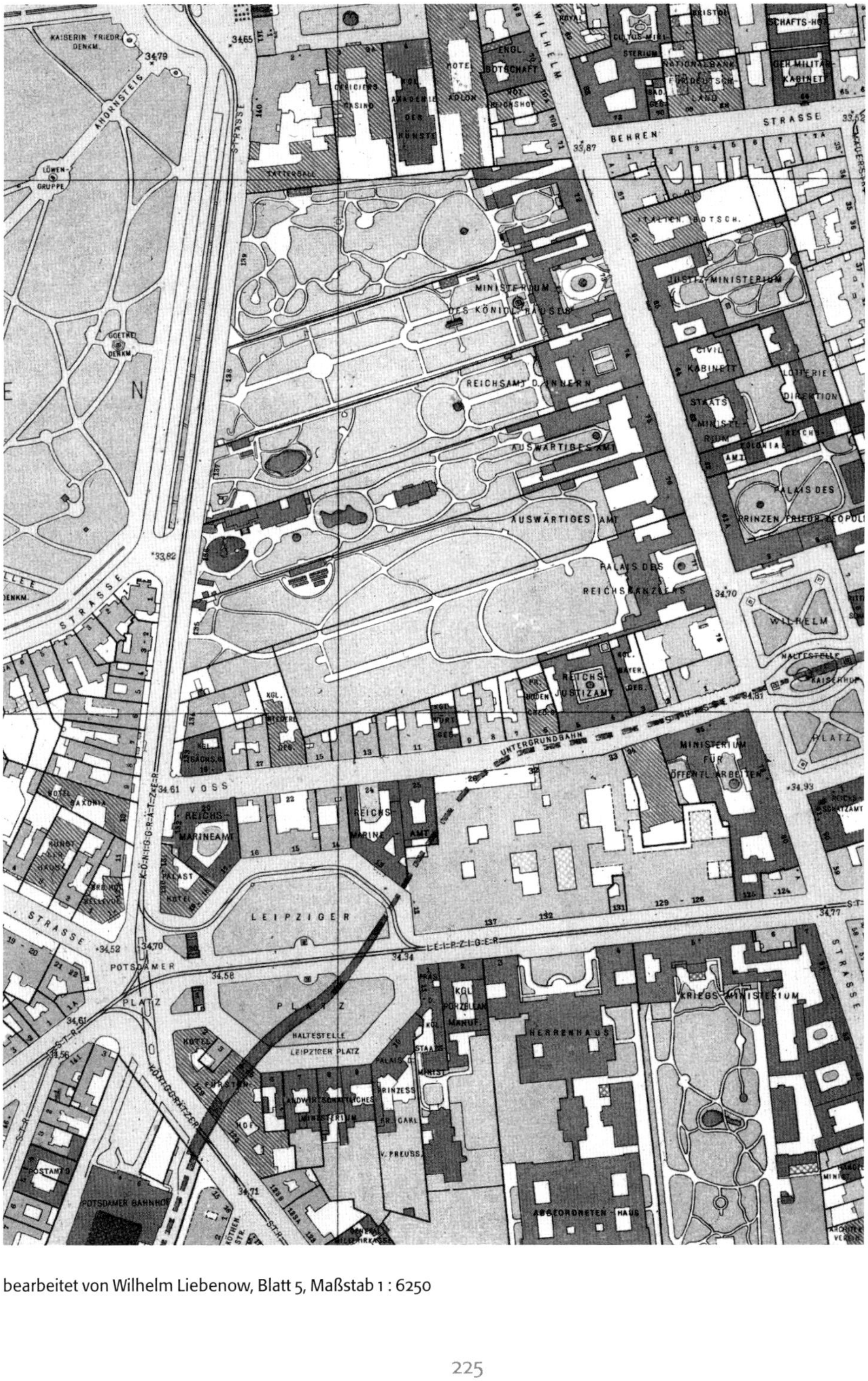

bearbeitet von Wilhelm Liebenow, Blatt 5, Maßstab 1 : 6250

SITUATIONSPLAN VON DER HAUPT- UND RESIDENZSTADT BERLIN, 1888

Der Plan zeigt gegenüber seinem Vorgänger von 1867 einige auffallende Veränderungen, die auch mit dem inzwischen erfolgten Ausbau der Behörden des Norddeutschen Bundes (ab 1871: des Deutschen Reiches) zusammenhängen. Das Haus in der Wilhelmstraße 74, in dem zuvor das Preußische Staatsministerium untergebracht war, ist jetzt erheblich um- und ausgebaut und vom Reichsamt des Innern belegt, der Nachfolgebehörde des Reichskanzleramts, das selbst wiederum aus dem Bundeskanzleramt hervorgegangen war, dessen erste Beamte im Jahre 1867 als Untermieter in das Dienstgebäude des Preußischen Staatsministeriums eingezogen waren. Das Reichskanzleramt war 1878 in das Reichsamt des Innern umgewandelt worden, nachdem in den Jahren zuvor einige Abteilungen des Kanzleramts ausgegliedert und zu eigenständigen Reichsämtern erhoben worden waren, so daß der umfassende Anspruch der Bezeichnung »Reichskanzleramt« nicht mehr der Wirklichkeit entsprach.

Eines dieser neuen Ämter, das Reichsjustizamt, bezog 1878 einen Neubau in der Voßstraße 4. Diese Straße war 1872 als Verbindung zwischen Wilhelmstraße und Königgrätzer Straße angelegt worden, und zwar von einem Konsortium, dem Berliner Bankenverein, der das Palais des Grafen Voss in der Wilhelmstraße 78 angekauft und abgerissen hatte. Die Straße wurde so durch den Park des ehemaligen Palais Voss gelegt, daß der nördliche Teil, einschließlich eines kleinen Stücks des Parks, der zum benachbarten Palais Radziwill in der Wilhelmstraße Nr. 77 gehört hatte und ebenfalls angekauft worden war, in Baugrundstücke aufgeteilt werden konnte. Die Südseite der Straße tangiert an ihrem westlichen Ende die nördliche Randbebauung des Leipziger Platzes; daran schließt sich, ebenfalls in Einzelgrundstücke geteilt, der südliche Teil des ehemaligen Parks an. Dieser Teil lag hinter dem Gebäude des Handelsministeriums in der Wilhelmstraße 79, das jetzt mit seiner Nordseite an die Voßstraße angrenzt und zwischen 1876 und 1878 einen Neubau auf dem westlich sich anschließenden Grundstück Voßstraße 35 errichtete. Im selben Jahr wurde die Handelsabteilung des Ministeriums abgetrennt und die Abteilung für öffentliche Arbeiten zum Ministerium für öffentliche Arbeiten verselbständigt, das den Gebäudekomplex an der Ecke der Wilhelmstraße zur Voßstraße behielt.

Ein weiteres Amt, das als Abteilung des Reichskanzleramts gegründet und dann verselbständigt worden war, war das Reichsschatzamt, das 1882 einen Neubau auf der Südseite des Wilhelmplatzes in der Wilhelmstraße 61 beziehen konnte. Dieses Gebäude, das auf dem Plan zwar durch Schwarzfärbung als öffentliches Gebäude markiert, aber nicht benannt ist, war zwischen 1874 und 1877 für das Auswärtige Amt errichtet worden, der Nachfolgebehörde des Preußischen Außenministeriums, das in dem abgetragenen Altbau bereits seit Jahrzehnten einen großen Teil

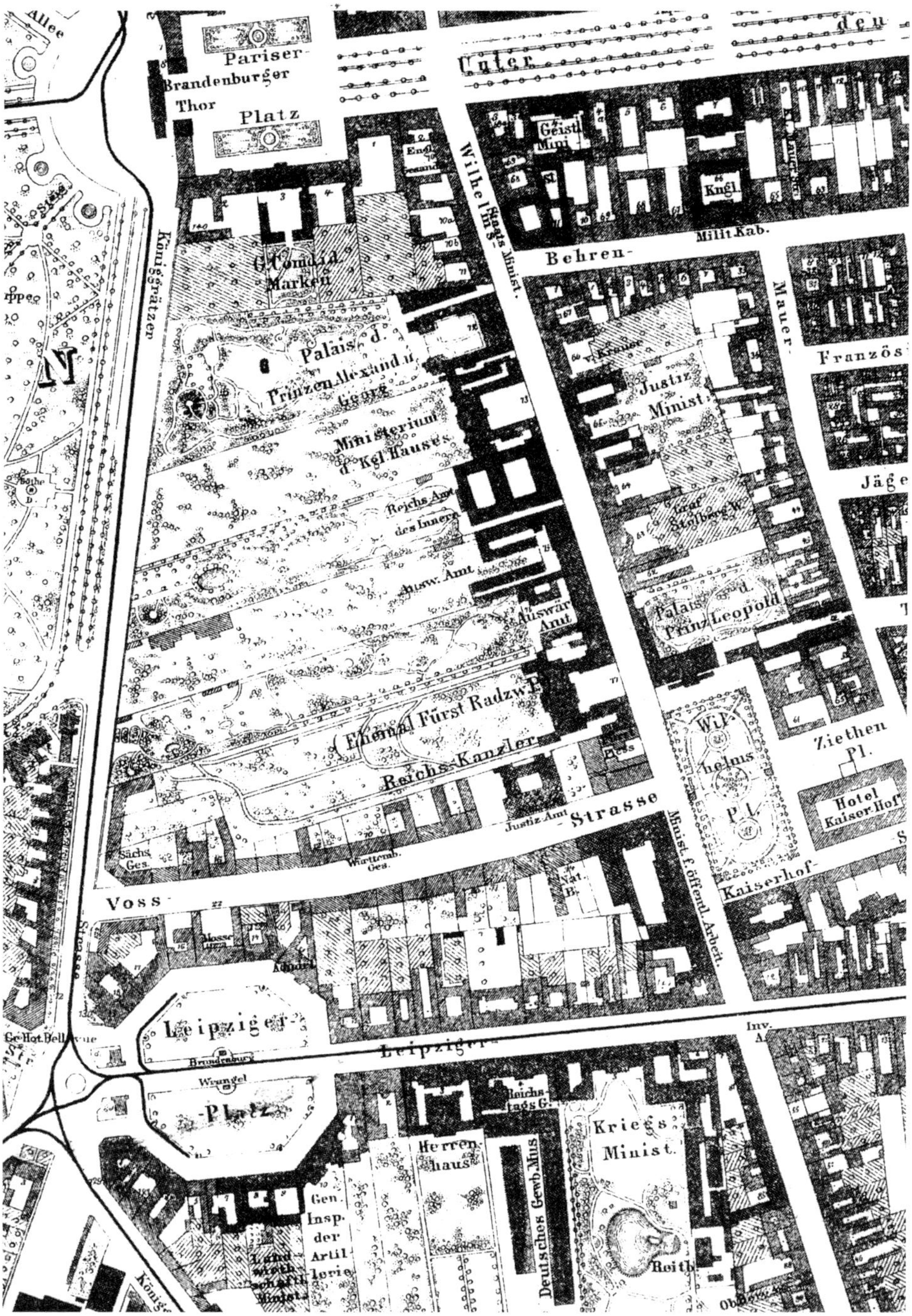

bearbeitet von Wilhelm Liebenow, Blatt 5, Maßstab 1 : 6250

seiner Diensträume hatte. Zwar waren die Mitarbeiter des Auswärtigen Amtes im Jahre 1877 in den Neubau eingezogen, hatten ihn aber fünf Jahre später gegen das Haus Wilhelmstraße 75 getauscht, in dem seit 1866 bereits Räume angemietet worden waren und das 1877 vom Deutschen Reich gekauft worden war. Das Gebäude Wilhelmstraße 75 ist deshalb auf dem Plan als Auswärtiges Amt bezeichnet, zusammen mit dem Nachbarhaus Nr. 76, dem Stammhaus des preußischen Außenministeriums, das zum 1. Januar 1870 in das Auswärtige Amt des Norddeutschen Bundes, ab 1871 des Deutschen Reiches umgewandelt worden war.

Die Konzentration der Diensträume dieser Behörde in den beiden Gebäuden war um so leichter möglich, als der preußische Außenminister, dessen Amt in Personalunion mit dem des Reichskanzlers verbunden war, seine Dienstwohnung im ersten Stock des Hauses Wilhelmstraße 76 im Frühjahr 1878 räumte und das benachbarte Palais in der Wilhelmstraße 77 bezog. Dieses Gebäude wird auf dem Plan noch zehn Jahre nach dem Umzug als ehemaliges Palais Radziwill ausgewiesen. Allerdings ist mit der Formulierung Reichskanzler die neue Bestimmung angedeutet, wobei diese Bezeichnung auf ein Problem verweist, das offiziell nie gelöst wurde, die Frage nämlich, ob das Gebäude als Reichskanzler-Palais zu bezeichnen sei, weil es eben die offizielle Residenz des Reichskanzlers war, oder ob es Reichskanzlei genannt werden sollte, wie die Behörde hieß, die 1878 als persönliches Regierungsbüro des Reichskanzlers gegründet worden war und im Erdgeschoß des Hauses Wilhelmstraße 77 drei Räume bezogen hatte.

Neben den neuen Reichsbehörden und dem preußischen Ministerium für öffentliche Arbeiten sind auch jetzt noch zwei preußische Ministerien in der Wilhelmstraße, und zwar in der Nr. 65 das Justizministerium und – weiter südlich – das Kriegsministerium, das sich, mit dem Stammhaus in der Leipziger Straße 5, inzwischen weiter entlang der Wilhelmstraße von Nr. 81 bis Nr. 85 ausgedehnt hat.

Obwohl die Wilhelmstraße inzwischen die Doppelfunktion als Regierungszentrale Preußens und des Reiches hat, verzichtet der Plan weiterhin auf präzisierende Erklärungen, die die Behörden als preußische Behörden oder als Reichsbehörden kennzeichnen. Er kann das tun, da die obersten Behörden im Gegensatz zu Preußen, wo sie Ministerien waren, im Reich als Ämter bezeichnet wurden, die nicht von einem Minister geleitet wurden, sondern von einem Staatssekretär, und die alle dem einzigen Minister im Reich, dem Reichskanzler, unterstanden.

ÜBERSICHTSPLAN VON BERLIN, 1911

Auf der Westseite der Wilhelmstraße haben sich im Vergleich mit dem Zustand von 1888 keine grundsätzlichen Veränderungen ergeben. Das Haus in der Wilhelmstraße 77 wird jetzt als Palais des Reichskanzlers bezeichnet, und beim Ministerium für öffentliche Arbeiten sind der Um- und Erweiterungsbau in der Leipziger Straße 125, der zwischen 1892 und 1894 errichtet wurde, und die Erweiterung durch den Ankauf des Hauses Voßstraße 34 im Jahre 1905 verzeichnet. Weiter südlich, auf der anderen Seite der Leipziger Straße, hat sich das preußische Kriegsministerium inzwischen von Wilhelmstraße 81 bis Nr. 87 ausgedehnt.

Auf der Ostseite der Wilhelmstraße haben sich jedoch einige einschneidende Veränderungen ergeben. Das Justizministerium in der Nr. 65 konnte im Jahre 1900 einen Erweiterungsbau im Garten des Grundstücks Wilhelmstraße 64 übernehmen, der durch einen schmalen Bauteil mit dem Stammhaus verbunden wurde. An der Front zur Wilhelmstraße wurde in Nr. 64 im selben Jahr ein Neubau für das »Geheime Civilkabinett seiner Majestät des Königs und Kaisers« bezugsfertig. In der Wilhelmstraße 63 wurde zwischen 1900 und 1902 ein Neubau für das preußische Staatsministerium errichtet, das bis 1870 in der Wilhelmstraße 74 untergebracht war und seither zuerst in der Behrenstraße, dann in der Leipziger Straße sein Domizil aufgeschlagen hatte. Im Garten des Grundstücks, unmittelbar an den Erweiterungsbau des Justizministeriums anschließend, entstand ein Neubau für die General-Lotteriedirektion. Das benachbarte Gebäude Wilhelmstraße 62, das 1890 von einem privaten Bauherrn errichtet wurde, war 1905 vom Reich angekauft und der Kolonialabteilung des Auswärtigen Amtes zur Verfügung gestellt worden, die 1907 in ein selbständiges Reichskolonialamt umgewandelt worden war. Nördlich der Behrenstraße, ebenfalls auf der Ostseite der Wilhelmstraße, sieht man den Erweiterungsbau des preußischen Kultusministeriums in der Wilhelmstraße 68, der zwischen 1901 und 1903 errichtet wurde.

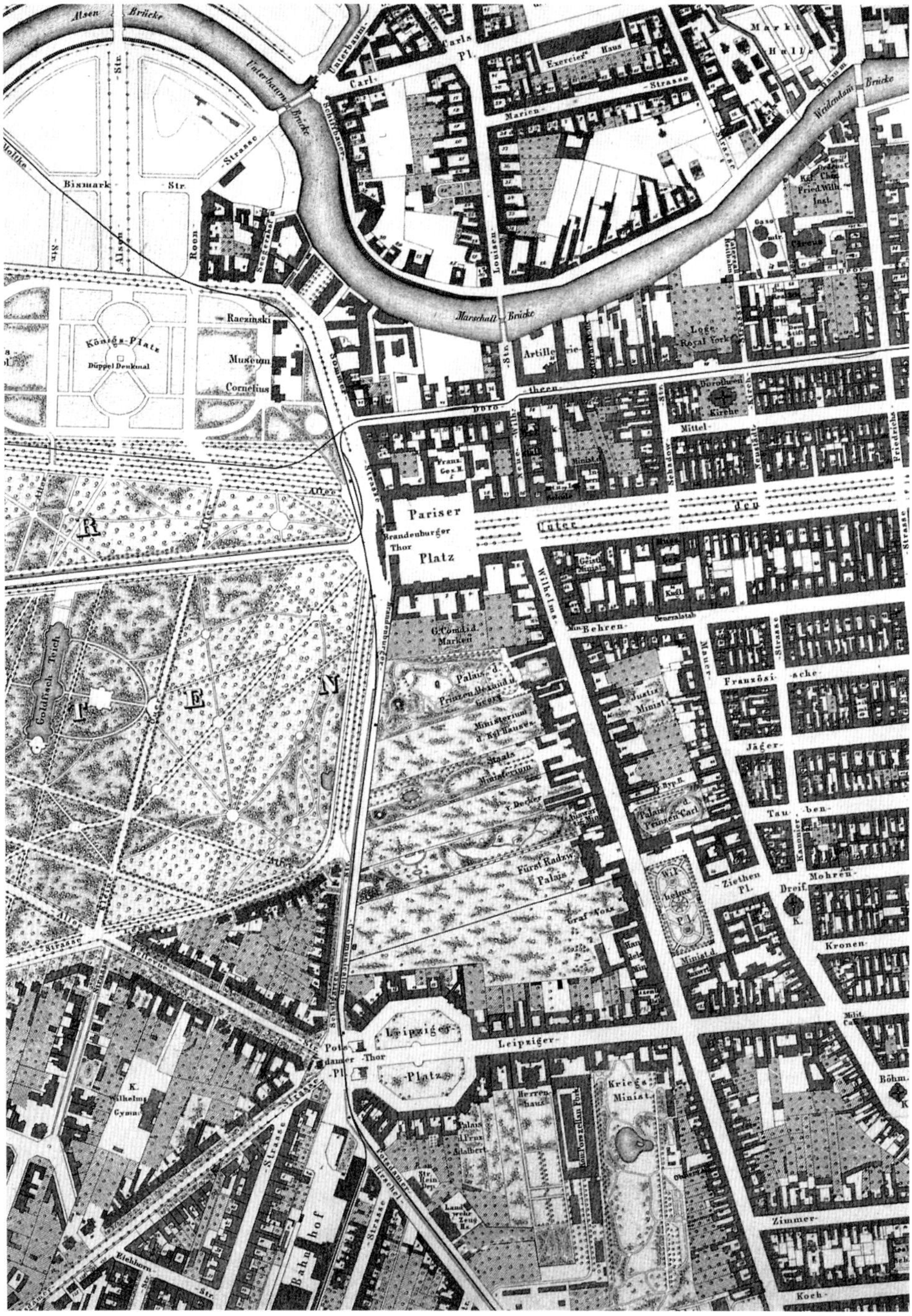

Bearbeitet von Julius Straube, Blatt III. B., Maßstab 1 : 4000

STADTPLAN VON BERLIN, 1931

Dieser Plan zeigt eine ganze Reihe von Veränderungen nach dem Übergang vom Kaiserreich zur Republik. Da nach der Weimarer Verfassung die Reichsämter in Ministerien umgewandelt wurden, muß jetzt im einzelnen Fall gesagt werden, ob es sich um ein preußisches Ministerium oder um ein Reichsministerium handelt. Eine Ausnahme bildet das Auswärtige Amt, das zwar jetzt ein Ministerium wurde, den alten Namen aber behielt. Es konnte im Januar 1920, zusätzlich zu den Gebäuden in der Wilhelmstraße 76 und 75, auch das Haus Wilhelmstraße 74 übernehmen, da die Nachfolgebehörde des Reichsamts des Innern, das bisher dieses Gebäude innegehabt hatte, das Reichsinnenministerium, das Gebäude des ehemaligen Großen Generalstabs am Königsplatz bezog. Nördlich angrenzend im Palais Wilhelmstraße 73, das seit 1862 das Ministerium des königlichen Hauses beherbergt hatte, residierte seit 1920 der Reichspräsident als Staatsoberhaupt der Weimarer Republik. Daran anschließend in der Nr. 72, dem ehemaligen Palais der Prinzen Alexander und Georg, hatte das Reichsministerium für Ernährung und Landwirtschaft seinen Sitz. Beide Gebäude waren 1919 vom Reich aus dem Besitz des ehemaligen königlichen Hauses Hohenzollern gekauft worden.

Das Palais in der Wilhelmstraße 77 südlich des Auswärtigen Amtes war der Dienstsitz des Reichskanzlers und seiner Behörde, der Reichskanzlei, geblieben. Da diese Behörde nach der Verfassung der Republik nicht mehr nur die Geschäfte des Reichskanzlers, sondern auch die des zum Kabinett regelmäßig zusammentretenden Kollegiums der Fachminister zu besorgen hatte, war eine Personalvermehrung notwendig, die schließlich auch eine räumliche Erweiterung nach sich zog. Zwischen 1928 und 1930 wurde auf dem benachbarten Grundstück Wilhelmstraße 78 ein Erweiterungsbau für die Reichskanzlei errichtet.

Erhebliche Veränderungen hatten sich auch bei dem ehemaligen preußischen Ministerium für öffentliche Arbeiten ergeben, das im Jahre 1921 aufgelöst wurde, da die Verwaltung der Eisenbahnen und Wasserstraßen laut Verfassung der Weimarer Republik vom 11. August 1919 auf das Reich überging und die verbliebene Hochbauabteilung, die zu klein war, um ein eigenes Ministerium zu bilden, dem Preußischen Finanzministerium zugeordnet wurde. Von dem neuen Reichsverkehrsministerium, das den Gebäudekomplex an der Wilhelmstraße übernahm, wurde 1924 die Reichsbahn abgetrennt und der Deutschen Reichsbahn-Gesellschaft übertragen. Dieser Vorgang war notwendig, da nach den im sogenannten »Dawes-Plan« getroffenen Vereinbarungen über die Zahlung der Reparationen, die dem Deutschen Reich im Vertrag von Versailles auferlegt worden waren, ein Teil der Reparationslasten aus den Bahneinkünften bestritten werden sollte. Die Reichsbahn-Gesellschaft übernahm das Gebäude Wilhelmstraße 79 und die Erweiterungsbauten in der Voßstraße 34/35, während

Herausgegeben vom Zentralvermessungsamt der Stadt Berlin, Blatt 423, Maßstab 1 : 10 000

dem Reichsverkehrsministerium der Komplex Wilhelmstraße 80/Leipziger Straße 125 verblieb.
Grundsätzliche Veränderung ergaben sich auch südlich der Leipziger Straße, da das Preußische Kriegsministerium 1919 aufgelöst und alle militärischen Angelegenheiten der Reichsverwaltung übergeben wurden. Da nach dem Vertrag von Versailles diese militärischen Angelegenheiten erheblichen Beschränkungen unterlagen, konnte das neugegründete Reichswehrministerium sich mit dem Stammhaus des ehemaligen Kriegsministeriums an der Leipziger Straße 5 – 7 und Wilhelmstraße 81 – 82 begnügen, während der Flügel Wilhelmstraße 83 – 87 vom Arbeitsgericht Berlin genutzt wurde.
An der Ostseite befindet sich das preußische Justizministerium immer noch in der Wilhelmstraße 65, verfügte aber bereits seit 1909 neben dem Erweiterungsbau im Garten der Nr. 64 auch noch über das Haus im Garten der Nr. 65, das um die Jahrhundertwende für die General-Lotteriedirektion errichtet worden war. Im Gegenzug hatte das Preußische Staatsministerium im Jahre 1920 zu seinem Haus in der Wilhelmstraße 63 noch das benachbarte Gebäude des Zivilkabinetts in der Nummer 64 übernehmen können, da diese Behörde nach dem Ende der Monarchie überflüssig geworden war.
Das Gebäude an der Nordseite des Wilhelmplatzes mit den Nummern Wilhelmplatz 8 und Wilhelmstraße 61a ist als öffentliches Gebäude markiert, aber nicht bezeichnet. Es handelt sich um das Haus, das in den älteren Plänen als Palais des Prinzen Karl bzw. als Palais des Prinzen Friedrich Leopold bezeichnet worden war und das seit 1919 vom Auswärtigen Amt zur Unterbringung der Pressestelle der Reichsregierung genutzt wurde. Gegenüber, auf der Südseite des Wilhelmplatzes, befindet sich das Reichsfinanzministerium, die Nachfolgebehörde des Reichsschatzamtes.

STADTPLAN VON BERLIN, 1936

Der Plan von 1936 weist einige Veränderungen gegenüber dem von 1931 auf. Allerdings entsprechen die Bezeichnungen nicht immer den Tatsachen. So wird das Palais des Reichspräsidenten in der Wilhelmstraße Nr. 73 als Haus des Reichspräsidenten bezeichnet mit der Ergänzung: Präsidialkanzlei. Seit der Übernahme des Amts des Reichspräsidenten durch Adolf Hitler nach dem Tod Hindenburgs im August 1934 war jedoch nicht nur der Titel Reichspräsident abgeschafft, sondern auch der Standort Wilhelmstraße 73 aufgegeben und nur noch für repräsentative Veranstaltungen genutzt worden. Das in Präsidialkanzlei umbenannte Büro des Reichspräsidenten war bereits im November 1934 in das ehemalige Palais Borsig in der Voßstraße 1 umgezogen, das bis 1934 dem Stellvertreter des Reichskanzlers, Franz von Papen, zur Verfügung gestanden hatte – ein Amt, das nach dem wohl nicht freiwilligen Rücktritt Papens im Juni 1934 abgeschafft worden war – und das seither neben der Präsidialkanzlei die Oberste SA-Führung beherbergte und im vorliegenden Plan in den Komplex der Reichskanzlei einbezogen ist. Angebunden an das Stammhaus der Reichskanzlei in Nummer 77 ist der Saalanbau zu erkennen, der 1935 errichtet wurde und sich hinter dem Stammhaus des Auswärtigen Amtes in der Wilhelmstraße 76 erstreckt. Südlich der Leipziger Straße ist der riesige Komplex des 1935 bis 1936 auf dem Gelände des ehemaligen Preußischen Kriegsministeriums errichtete Reichsluftfahrtministerium zu sehen.

Grundlegende Veränderungen haben sich auf der Ostseite der Straße ergeben. Die Gebäude des Preußischen Staatsministeriums in Nr. 63 und Nr. 64 sind von der Reichsleitung der NSDAP in Beschlag genommen. Südlich schließt sich, durch die Nr. 62 getrennt, das »Ministerium für Volksaufklärung und Propaganda« an, das im ehemaligen Palais des Prinzen Karl, das seit 1919 die Pressestelle der Reichsregierung beherbergt hatte, residiert.

Der Plan unterscheidet, anders als seine Vorgänger, nicht mehr zwischen Reichsministerien und preußischen Ministerien, da diese seit 1935 in Personal- und in Realunion miteinander verbunden waren und jetzt die Bezeichnung Reichs- und preußische Ministerien tragen (Wissenschaft, Erziehung und Volksbildung Nr. 68, Ernährung und Landwirtschaft Nr.72, Verkehr Nr. 80). Das Justiz- und das Finanzministerium tragen jedoch weiterhin nur die Bezeichnung Reichsministerien, da im Bereich der Justiz die Trennung von Reichs- und preußischen Angelegenheiten bereits 1935 völlig aufgehoben worden war, während in der Finanzverwaltung umgekehrt das preußische Ministerium nicht mit dem Reichsministerium verbunden wurde.

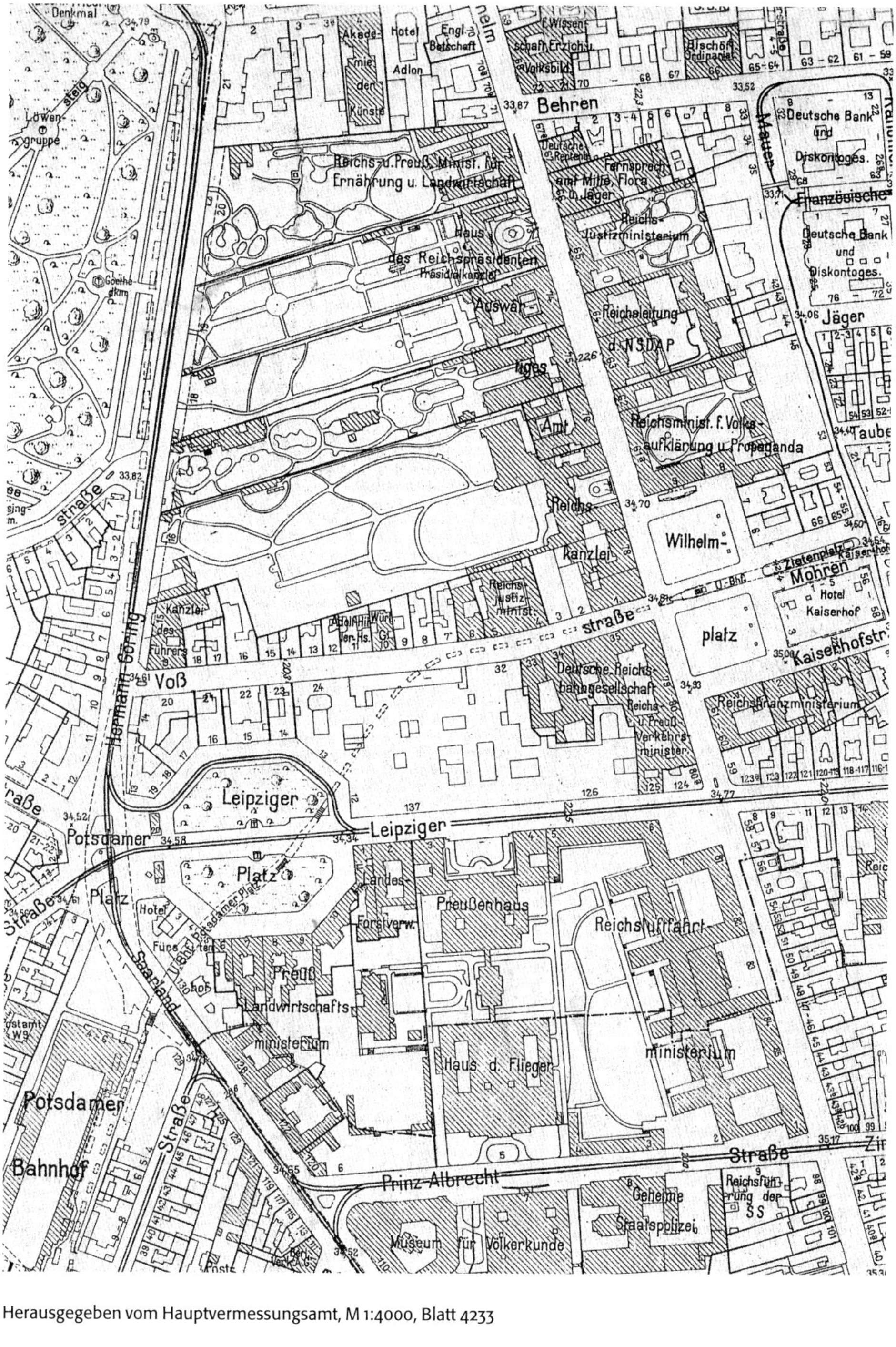

Herausgegeben vom Hauptvermessungsamt, M 1:4000, Blatt 4233

STADTPLAN VON BERLIN, 1939

Der Plan wird beherrscht von der Baumasse der neuen Reichskanzlei an der Nordseite der Voßstraße, die im Jahr 1939 fertiggestellt worden war. Auf der Ostseite der Straße ist das Propagandaministerium nach zwei Erweiterungsbauten in den Jahren 1935 und 1938 erheblich gewachsen. Die Baumasse erstreckt sich nach Osten bis zur Mauerstraße und schließt nach Norden das Grundstück Wilhelmstraße Nr. 62 ein. Südlich der Voßstraße wird der gesamte Komplex Wilhelmstraße Nr. 79/80, Voßstraße Nr. 33 – Nr. 35 und Leipziger Straße Nr. 125 wieder als Reichsverkehrsministerium bezeichnet, da die Reichsbahn im Jahre 1937 wieder mit dem Reichsverkehrsministerium verbunden wurde. Die Doppelbezeichnung der Ministerien mit den Beiworten »preußisch« bzw. »Reich« ist entfallen, da diese Trennung auch im internen Betrieb aufgehoben wurde.

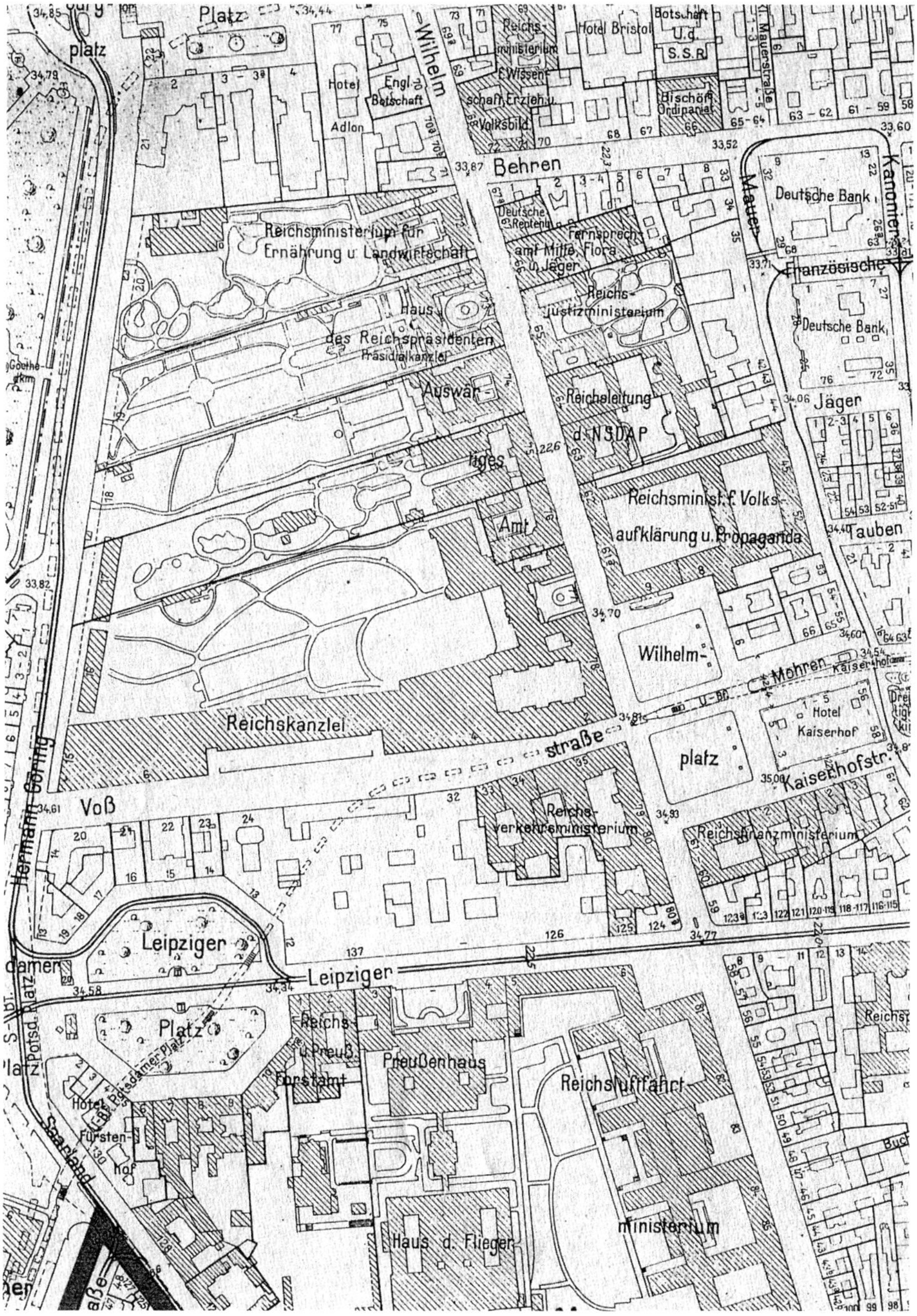

Herausgegeben vom Hauptvermessungsamt, M. 1: 4000, Blatt 4233

DIE WILHELMSTRASSE

Gebäudemonographien

WILHELMSTRASSE 61

Der Neubau für das Auswärtige Amt, 1881. Seit 1882 Sitz des Reichsschatzamtes

Das Haus Wilhelmstraße 61, das seit 1764 im Besitz von Veitel Heine Ephraim war, wurde 1827 von dessen Erben an den preußischen Fiskus verkauft, um die Diensträume des Ministeriums der auswärtigen Angelegenheiten unterzubringen. Die Beamten des Ministeriums mußten das Ordenspalais Wilhelmplatz 8 an der Nordseite des Wilhelmplatzes, wo sich seit 1820 ihre Büros befanden, verlassen, da König Friedrich Wilhelm III. das Gebäude seinem drittältesten Sohn, dem Prinzen Karl, als Wohnsitz zuweisen ließ.

In der »General-Nachweisung der in Berlin und in dessen nächster Umgebung gelegenen, von den Königlichen Ministerii und Central-Behörden ressortierenden Dienstgebäude« aus dem Jahre 1837 findet sich eine kurze Beschreibung: »Das den Veitel Ephraimschen Erben zugehörig gewesene, vom Ministerii angekaufte und ausgebaute Haus Wilhelmstraße No. 61 Ecke am Wilhelmsplatz No. 2. 2 Stock hoch, hat nach der Wilhelmstraße 9, nach dem Wilhelmsplatz heraus 18 Fenster Front und enthält im Ganzen 47 Piecen und mehrere Küchen. Enthält im Parterre Bureau-Lokalien, in der Bel-Etage die Wohnungen des Direktors der 2ten Abteilung, Wirkl. Geheimen Legationsrath Eichhorn und des Geheimen Hofraths Zahn, dann Hofwohnungen des Botenmeisters und Portiers.« Eine Bauaufnahme aus dem Jahre 1862, die im Zusammenhang des Planes entstand, das Außenministerium aus der Wilhelmstraße 76 in die Nr. 73 zu verlegen, sagt über das Haus,

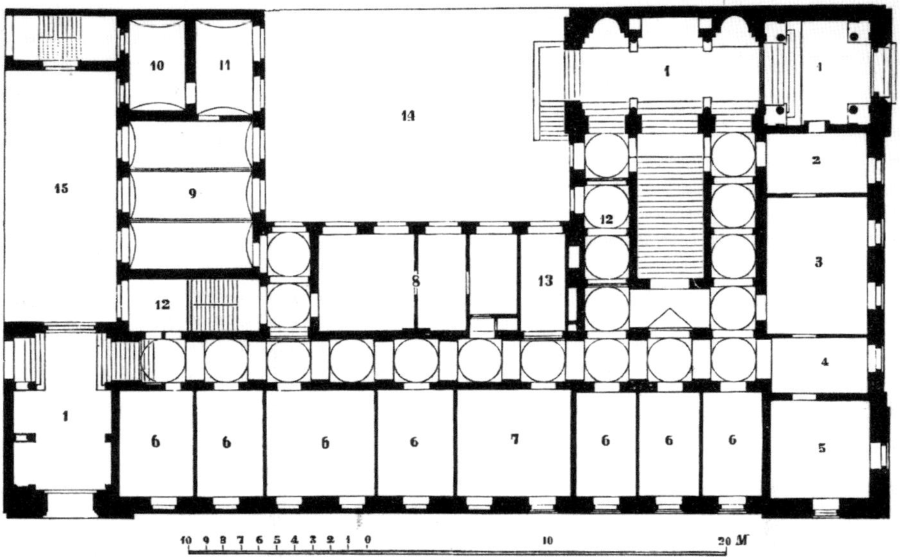

Abb. 58. Reichs-Schatzamt, Grundrifs des Erdgeschosses.

2., 6 u. 7. Arbeits- und Sprechzimmer der Räthe. 3. u. 5. Räume des Staatssecretärs. 8. Centralbureau. 9. Kasse. 10. Tressor. 11. Vorsteher. 12. Canzleidiener. 13. Lichtflur. 14. u. 15. Höfe.

Das Reichschatzamt. Grundriß vom Erdgeschoß

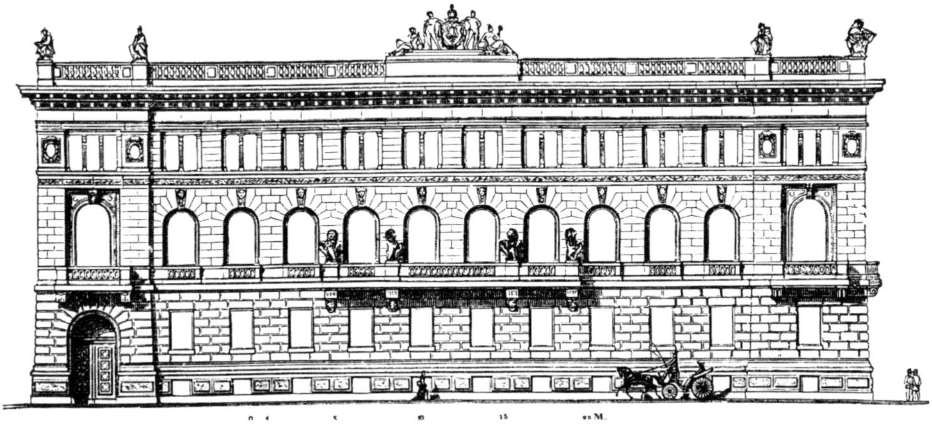

Das Reichsschatzamt. Fassade zum Wilhelmplatz

das »ein Mansarde-Ziegeldach« besitzt: »Die im Ganzen nur einfach gehaltene Façade ist durch Pilasterstellungen und kleine Risalite abgetheilt.« (Geheimes Staatsarchiv, Rep. 2.4.1. ZB 236)
Zwar konnte in der Wilhelmstraße 61 wohl der größte Teil der Büros des Außenministeriums untergebracht werden; es war jedoch offenbar zu keinem Zeitpunkt möglich, alle Abteilungen in einem Gebäude zusammenzufassen, da bereits seit 1838 im Erdgeschoß des Stammhauses in der Wilhelmstraße 76 und ab 1866 im angemieteten ersten Stock des Hauses Wilhelmstraße 75 weitere Büroräume bezogen wurden. Nach der Gründung des Norddeutschen Bundes 1866 bzw. des Deutschen Reiches 1871 wurden erneut mehrere Versuche unternommen, die Diensträume des Außenministeriums, das 1870 in das Auswärtige Amt des Norddeutschen Bundes (ab 1871 des Deutschen Reiches) umgewandelt wurde, in einem Gebäude zu konzentrieren. Als sowohl der bereits einige Jahre zuvor erwogene Plan, die Nr. 76 gegen die Nr. 73 zu tauschen, als auch der Plan zum Ausbau des Hauses Wilhelmstraße 76 gescheitert bzw. verworfen worden waren, wurden 1873 die Mittel zu einem Neubau auf dem Grundstück Wilhelmstraße 61 bewilligt, in dem alle Beamten des Auswärtigen Amtes untergebracht werden sollten.
Der Neubau wurde nach Plänen des Regierungsrats Wilhelm Neumann (ab 1878: von Mörner) errichtet. Die Diensträume der leitenden Beamten befanden sich im Erdgeschoß. »Im ersten Stock liegt die Wohnung des Staatssekretärs, deren Wirthschaftsräume sich im Kellergeschoß befinden. Im zweiten und dritten Stockwerk ist Raum für Registratur, Bibliothek, Secretariat und Canzlei geschaffen. Bemerkenswerth ist besonders der Flur 1 und das in Großen Verhältnissen angelegte Treppenhaus. Die sehr vornehm und monumental ausgebildeten Façaden sind in Seeberger Sandstein hergestellt und zeigen wirksam abgestufte Quaderflächen von kräftigem Relief.« (Berlin und seine Bauten II, S. 80)
Der Neubau hatte im ganzen 67 Büroräume. Da der Vorgängerbau über 51 Diensträume verfügt hatte und im Erdgeschoß Wilhelmstraße 76 weitere zwölf Räume als Büros benutzt wurden, die überdies oft durch Pappwände unterteilt werden mußten, um Platz für mehrere Beamte zu schaffen, war abzusehen, daß der Überschuß von nur vier Räumen nicht lange ausreichen würde, auch in Zukunft das Ziel zu erreichen, alle Angehörigen des Auswärtigen Amtes in einem Gebäude unterzubringen. Deshalb war bereits 1873, noch bevor der Neubau begonnen wurde, das Nachbarhaus Wilhelmplatz 2 angekauft und – nach einem inneren Umbau – dem Auswärtigen Amt zur Verfügung gestellt worden. Nach Abschluß der Bauarbeiten konnten die Beamten aus dem Haus Wilhelmstraße 70 a, das zur provisorischen Unterbringung während der Bauphase angemietet worden war, im Jahre 1877 in den Komplex an der südlichen Ecke der Wilhelmstraße und des Wilhelmplatzes ziehen.
Bereits fünf Jahre später mußten sie erneut umziehen. Inzwischen war Otto von Bismarck, der auch nach seiner Ernennung zum Bundes- bzw. Reichskanzler die Dienstwohnung in der Wilhelmstraße 76, die ihm als preußischem Außenminister zustand, beibehalten hatte, in das ehemalige Palais Radziwill in der Wilhelmstraße 77, das

Das Reichsfinanzministerium, 1935.
Am linken und am rechten Bildrand die Um- und Erweiterungsbauten von 1909 am Wilhelmplatz 2 und von 1907 an der Wilhelmstraße 60

Das Reichsschatzamt. Fassade zur Wilhelmstraße und Entwurf der Fassade des Erweiterungsbaus Wilhelmstraße 60, 1907

1875 vom Deutschen Reich angekauft und gründlich umgebaut worden war, umgezogen, so daß die obere Etage in der Wilhelmstraße 76 frei wurde. Darüber hinaus hatte das Reich im Jahre 1877 das Haus des Oberhofbuchdruckers von Decker in der Wilhelmstraße 75 angekauft, das jetzt mit dem Nachbarhaus Nr. 76 verbunden wurde; beide Häuser boten zusammen genügend Platz für die Mitarbeiter des Auswärtigen Amtes.

Den Neubau in der Wilhelmstraße 61 bezog das 1879 aus der zwei Jahre zuvor gegründeten Finanzabteilung des Reichskanzleramtes hervorgegangene Reichsschatzamt. Da der im Neubau zur Verfügung stehende Platz zunächst ausreichend schien, wurde das Haus am Wilhelmplatz 2 vom Reichsversicherungsamt genutzt, das erst im Jahr 1894 einen Neubau beziehen konnte. Seither wurde das Haus Wilhelmstraße 2 ebenfalls vom Reichsschatzamt genutzt, im Jahre 1909 vollständig umgebaut und um ein Stockwerk erhöht, wobei die Fassade dem Haus Wilhelmstraße 61 angepaßt wurde. Bereits zwei Jahre zuvor wurde mit einem Erweiterungsbau auf dem südlich angrenzenden Grundstück Wilhelmstraße 60 begonnen. Der Komplex Wilhelmstraße 60/61 und Wilhelmplatz 1/2 war schließlich bis 1945 der Dienstsitz des Reichsfinanzministeriums, der Nachfolgebehörde des Reichsschatzamtes.

Quellen: Stenographische Berichte über die Verhandlungen des Deutschen Reichstages. 1. Legislaturperiode, IV. Session 1873, Band 28/2, S. 1039 – 1040 und Bd. 29/3, S. 885 – 886, Drucksache Nr. 162. Berlin und seine Bauten I, 1877, S. 260; Berlin und seine Bauten II, 1896, S. 79 – 80; Geheimes Staatsarchiv Preußischer Kulturbesitz, Bestand Rep. 2.4.1. (Ministerium der Auswärtigen Angelegenheiten) ZB 223, 236; Landesarchiv Berlin, Bestand Rep. 10 – 02 (Straßenbaupolizei), Nr. 8119, 8120.

WILHELMPLATZ 8/9 UND WILHELMSTRASSE 61a

Das »Reichsministerium für Volksaufklärung und Propaganda«. Fassade zum Wilhelmplatz, 1937

Das Haus wurde zwischen 1737 und 1742 zunächst für den Grafen Truchseß zu Waldburg und – nach dessen Tod im Jahr des Baubeginns – von dem Markgrafen Karl von Schwedt für den Johanniterorden erbaut. Im Jahre 1762 übernahm Prinz Ferdinand von Preußen als Nachfolger des Markgrafen Karl in der Herrenmeisterwürde des Johanniterordens das Palais. Nach der Auflösung des Ordens im Jahre 1810 ging das Gebäude an den landesherrlichen Fiskus über. König Friedrich Wilhelm III. ließ es seinem Bruder, dem Prinzen Heinrich, zuweisen, der es allerdings nicht nutzte. Das Haus stand deshalb seit 1816 für einige Abteilungen des Generalstabs, wozu unter anderem die Plankammer gehörte, und ab 1820 für den größeren Teil der Büros des Ministeriums der auswärtigen Angelegenheiten zur Verfügung. Beide Behörden mußten 1827 ausziehen, da der König das Haus als künftigen Wohnsitz seines dritten Sohnes, Prinz Friedrich Karl Alexander, bestimmte, der es in den letzten Dezembertagen des Jahres 1828 bezog. Nach dem Tode des Prinzen Karl trat 1883 dessen Sohn, Prinz Friedrich Karl, das Erbe an, der bereits zwei Jahre später starb und das Palais seinem Sohn Prinz Friedrich Leopold hinterließ. Prinz Friedrich Leopold vermietete das Haus ab Juli 1919 an den Reichsfiskus, der es zur Unterbringung der Pressestelle der Reichsregierung dem Auswärtigen Amt übergab.

Wer der Architekt des Hauses war, das zwischen 1737 und 1742 errichtet wurde, läßt

Das Ordens-Palais (Palais des Prinzen Ferdinand). Fassade zum Wilhelmplatz.
Kupferstich von Johann Georg Rosenberg, um 1785.
Links im Hintergrund der südliche Seitenflügel des Palais Radziwill, Wilhelmstraße 77

sich nicht zweifelsfrei klären. »Das Palais hatte durchaus Art und Gepräge eines kleinen Barockschlößchens … Die beiden Geschosse waren voneinander unterschieden dadurch, daß das untere Steinfugenschnitt in Mörtel, das obere glatt verputzte Mauerflächen zeigte. Auch unterschieden sich die im übrigen rechteckig schlichten Fenster hinsichtlich ihrer Sohlbänke und Verdachungen in beiden Stockwerken voneinander. Die Mitte des Ganzen war nach dem Platze zu durch einen flachen Vorsprung betont … Am stärksten ins Auge fallen mußte der obere Abschluß dieses Vorsprunges, da hier eine prächtige Sandsteinverzierung vor dem dunklen Hintergrund des Daches angebracht war. Ein über die Traufen der Flügel sich erhebendes Gesims trug einen in der Zeit üblichen Aufsatz aus Sockeln und Steinsäulchen in Art eines Geländers. Die beiden äußeren Sockel waren von Waffenstücken als Siegeszeichen und zuoberst von dem preußischen Adler bekrönt, der mittlere Sockel zeigte auf der Vorderfläche das Kreuz der Johanniter …« (Rave, S. 4). Im Flügel an der Wilhelmstraße befand sich im Erdgeschoß eine Orangerie, im Obergeschoß eine Galerie. Im Jahre 1796 ließ Prinz Ferdinand einige Umbauten ausführen. Die Orangerie im Flügel an der Wilhelmstraße wurde in Wohnungen umgewandelt und die dreiarmige Freitreppe am

Haupteingang am Wilhelmplatz durch eine Rampe ersetzt.
Prinz Karl ließ das Haus 1827 bis 1828 durch Karl Friedrich Schinkel gründlich umgestalten. Schinkel beseitigte das Mansardendach und ersetzte das Gesims mit seinem Skulpturenschmuck durch einen flachen, an den Ecken durch Akroterien bekrönten Dreiecksgiebel, dessen Feld Pflanzenornamente und Grotesken schmückten. Die Mauerflächen beider Stockwerke wurden gequadert und die Verdachungen der Fenster beider Stockwerke vereinfacht und vereinheitlicht. Im vorspringenden Mittelteil beließ Schinkel es bei dem rundbogigen Abschluß der Fenster des ersten Stocks, entfernte jedoch die bekrönende Helmzier. Die innere Umgestaltung ist durch Johannes Sievers ausführlich dargestellt worden. Entscheidend ist, daß zumindest die drei Festsäle im Obergeschoß des Flügels an der Wilhelmstraße auch nach der Übernahme des Gebäudes durch Behörden nicht nur erhalten blieben, sondern unter Anleitung von Sievers, der seit 1918 dem Auswärtigen Amt angehörte und ab 1919 im Kunstreferat tätig war, einer gründlichen Restaurierung unterzogen wurden, die Ende der zwanziger Jahre abgeschlossen war. Diese Räume wurden in den Jahren der Republik und auch nach der Machtübergabe an die Nationalsozialisten für festliche Anlässe genutzt.
Bereits zuvor waren nach der Übernahme des Hauses durch Prinz Friedrich Karl im Jahre 1883 nicht nur im Inneren des Gebäudes erhebliche Veränderungen vorgenommen worden. Östlich an das Hauptgebäude war das in der Ecke des Wilhelmplatzes gelegene Haus Wilhelmplatz Nr. 8 abgerissen und durch einen Neubau ersetzt worden. Dieses Haus hatte Markgraf Karl im Jahre 1739 angekauft und in den folgenden Jahren seiner zur Frau von Carlowitz erhobenen Geliebten überlassen, von der es Prinz Ferdinand nach der Übernahme des Palais als neuer Herrenmeister des Johanniterordens im Jahre 1762 kaufte, wobei er einen Teil vermietete, im anderen Teil Wohnungen für Angehörige seines Hofstaats einrichtete. Schließlich übernahm die Frau des Prinzen Ferdinand das Haus, das sie im Jahre 1819 ihrem Sohn Prinz August verkaufte. Von Prinz August übernahm es – im Rahmen des Umbaus durch Schinkel – Prinz Karl im Tausch gegen ein anderes Gebäude. Reinhold Persius errichtete hier nach dem Abriß im Auftrag des Prinzen Friedrich Karl einen in seinem Äußeren nur teilweise dem Schinkelschen Palais angepaßten Neubau.
Derselbe Architekt erweiterte ab 1884 – unter Abriß einer auf Schinkel zurückgehenden Einfahrtsmauer – den Flügel an der Wilhelmstraße um drei Fensterachsen, um Platz für Wohn- und Verwaltungsräume zu gewinnen. Dieser neue Hausteil erhielt die Nr. Wilhelmstraße 61 a. Zugleich wurde an der Wilhelmstraßenfront mit ihren jetzt 19 Fensterachsen drei Balkone angebracht, von denen allerdings nur der am Neubau betreten werden konnte; die beiden anderen waren vor den Fenstern des Tanzsaales und der Galerie ohne Tür vorgeblendet.
Mit Vertrag vom 17. September 1919 vermietete Prinz Friedrich Leopold das Gebäude an die Reichsregierung. Zwar war als Eigentümer der landesherrliche Fiskus im Grundbuch eingetragen, dessen gesamtes Vermögen in zwei Notverordnungen vom November 1918 beschlagnahmt, aber nicht enteignet worden war; zugleich aber

Die Pressestelle der Reichsregierung, 1933. Am linken Bildrand das Haus Wilhelmstraße 62

Das »Reichsministerium für Volksaufklärung und Propaganda«.
Flügel an der Wilhelmstraße mit der Erweiterung nach Norden, 1938.
Am linken Bildrand das Haus Wilhelmstraße 63

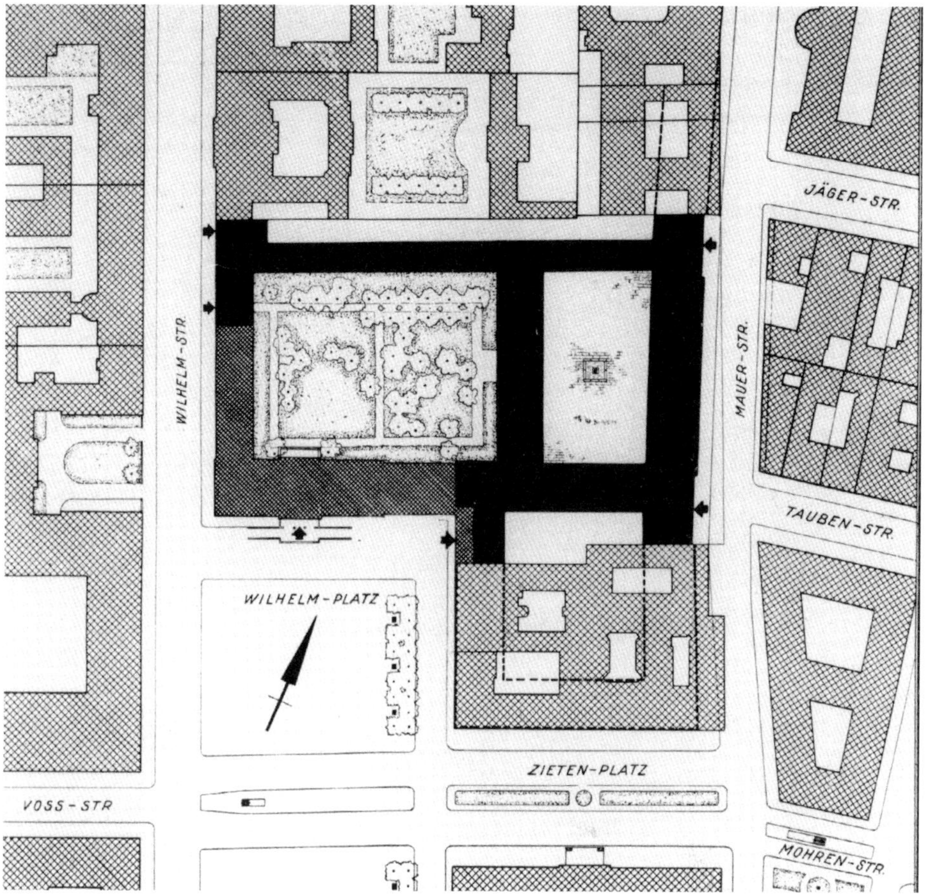

Das »Reichsministerium für Volksaufklärung und Propaganda«. Lageplan 1939.
Die Erweiterungsbauten des Jahres 1938 sind schwarz angelegt

war auf die Linie des Prinzen Friedrich Leopold das Wohn- und Nutzrecht im Grundbuch eingetragen, und dieses Recht vermietete der Prinz jetzt an das Reich, und zwar rückwirkend vom 1. Juli 1919 auf zehn Jahre. Im März 1925 verzichtete der Prinz gegenüber dem das Gebäude verwaltenden preußischen Finanzministerium auf sein Wohnrecht, so daß die Miete jetzt an den preußischen Fiskus gezahlt wurde. Erst im Zuge der »Vermögensauseinandersetzungen zwischen dem Preußischen Staat und den Mitgliedern des vormals regierenden Preußischen Königshauses«, die im Oktober 1926 abgeschlossen waren, ging das Palais zum 1. Januar 1927 in das Eigentum des preußischen Staates über, der es weiterhin an den Reichsfiskus für die zum Auswärtigen Amt gehörende Pressestelle der Reichsregierung vermietete.

Im März 1933 übernahm das neu gegründete »Reichsministerium für Volksaufklä-

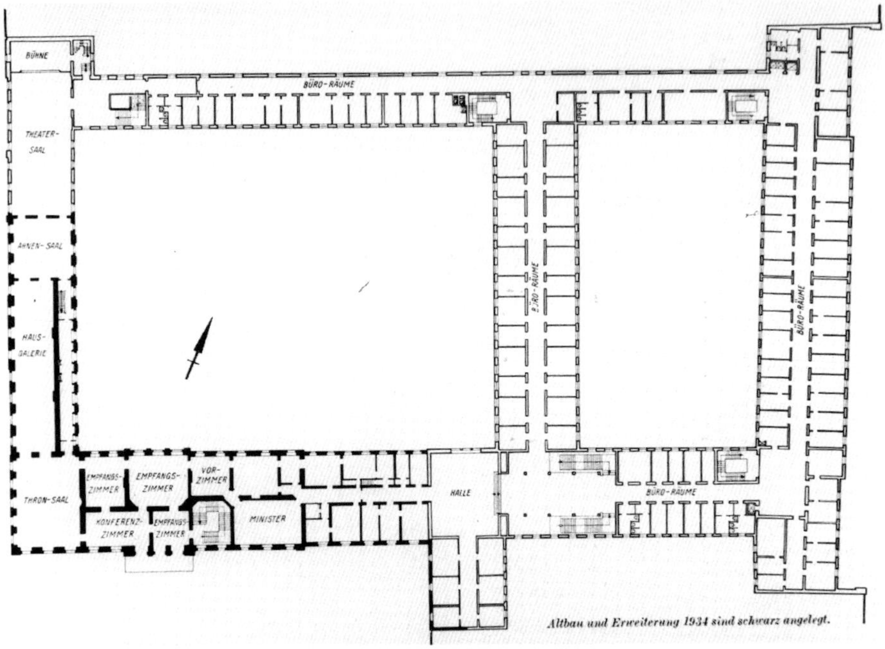

Das »Reichsministerium für Volksaufklärung und Propaganda«. Grundriß vom ersten Stock, 1939. Altbau und Erweiterung von 1934 sind schwarz angelegt

rung und Propaganda« das Haus. Bereits im folgenden Jahr, nachdem das Gebäude durch Kauf in das Eigentum des Reiches übergegangen war, wurde an der Ostgrenze des Gartens, parallel zur Wilhelmstraße, nach dem Abriß einer Reithalle, die bei den Erweiterungen unter Prinz Friedrich Karl im Jahre 1883 gebaut worden war, ein Büroflügel errichtet. Gleichzeitig wurde die Fassade des Hausteils, der im rechten Winkel zur Hauptfront des Palais auf der Ostseite des Platzes ebenfalls 1883 errichtet worden war, durch den Bau einer Vorhalle der Fassade des Schinkel-Baus angepaßt.

In den Jahren 1937 und 1938 schließlich wurden noch einmal erhebliche Um- und Erweiterungsbauten vorgenommen. Das nördlich benachbarte Gebäude Wilhelmstraße 62 wurde abgerissen, um einer Verlängerung des Wilhelmstraßenflügels um weitere acht Fensterachsen Platz zu machen; die Balkone, die 1884 an der Wilhelmstraße angebracht worden waren, waren bereits beim Umbau im Jahre 1934 entfernt worden. In der Tiefe des Grundstücks Wilhelmstraße 62 wurde ein bis zur Mauerstraße reichender Flügel errichtet, der das Gelände nach Norden abschloß. An der Ostfront, entlang der Mauerstraße, wo die älteren Häuser aufgekauft und abgerissen worden waren, wurde ein Neubau errichtet, dessen Fassade die Züge eines nationalsozialistisch uminterpretierten, mit Schinkel nur noch in loser Verbindung stehenden Klassizismus zeigt. Dieser Neubau wurde wegen der im Rahmen der Planungen des

Das »Reichsministerium für Volksaufklärung und Propaganda«.
Teil der Fassade des Erweiterungsbaus an der Mauerstraße, 1939

Generalbauinspektors für die Reichshauptstadt, Albert Speer, vorgesehenen Verbreiterung der Mauerstraße hinter die Straßenflucht zurückgesetzt. Daran anschließend entstand, das Hauptgebäude nach Osten verlängernd, ein Südflügel, der von dem Nebenbau an der Ostseite des Wilhelmplatzes aus erschlossen wurde.

Das Palais am Wilhelmplatz brannte im März 1945 nach einem Bombenangriff völlig aus. Der Neubau an der Mauerstraße aber blieb, ebenso wie der 1937/38 neu erbaute Nordflügel und der kleine Flügel an der Ostseite des Wilhelmplatzes fast vollständig erhalten und wird bis heute genutzt.

Quellen: Heinrich Wagener: Das ehemalige Ordens-Palais zu Berlin, Berliner Bauwerke Tafel 9, in: Vermischte Schriften im Anschluße an die Berlinische Chronik und das Urkundenbuch, hrsg. vom Verein für die Geschichte Berlins, Band II, Berlin 1888; Richard Borrmann: Die Bau- und Kunstdenkmäler von Berlin, Berlin 1893, S. 310–311; Paul Ortwin Rave: Das Ordenspalais, in: Zeitschrift des Vereins für die Geschichte Berlins, Jg. 57/1, 1940, S. 1–10; Johannes Sievers: Das Palais des Prinzen Karl von Preussen, Berlin 1926; Johannes Sievers: Bauten für den Prinzen Karl von Preussen, Berlin 1942; Zentralblatt der Bauverw., Jg. 55, 1935, S. 149–154; Zentralblatt der Bauverw., Jg. 59, 1939, S. 125–131; Johannes Sievers: Aus meinem Leben, 1966. Typoskript im Archiv der Verw. der St. Schlösser und Gärten, Schloß Charlottenburg; Politisches Archiv des Auswärtigen Amtes, Nr. 120 849, 120 850, 120 851, 120 862, 120863; Landesarchiv Berlin, Bestand Pr. Br. 42, Nr. 2372.

WILHELMSTRASSE 62

Das Haus Wilhelmstraße 62, um 1893

Auf dem Grundstück Wilhelmstraße 62 wurde 1890 ein Neubau errichtet. Das Grundstück, das zwischen 1884 und 1895 sieben Mal den Besitzer wechselte, war 1889 in der ganzen Tiefe bebaut worden.

Im Jahre 1905 wurde das Gebäude vom Deutschen Reich zur Unterbringung der Kolonialabteilung des Auswärtigen Amtes angekauft, die 1890 gegründet worden war und bereits einige Jahre vor dem Kauf Räume in dem Haus angemietet hatte. 1907 wurde sie in ein selbständiges Reichskolonialamt umgewandelt. Am 1. Januar 1920 übernahm das Reichsministerium für Wiederaufbau, das auch mit der Abwicklung der Angelegenheiten des Kolonialamtes beauftragt wurde, das Gebäude und behielt es bis zu seiner Aufhebung im Mai 1924.

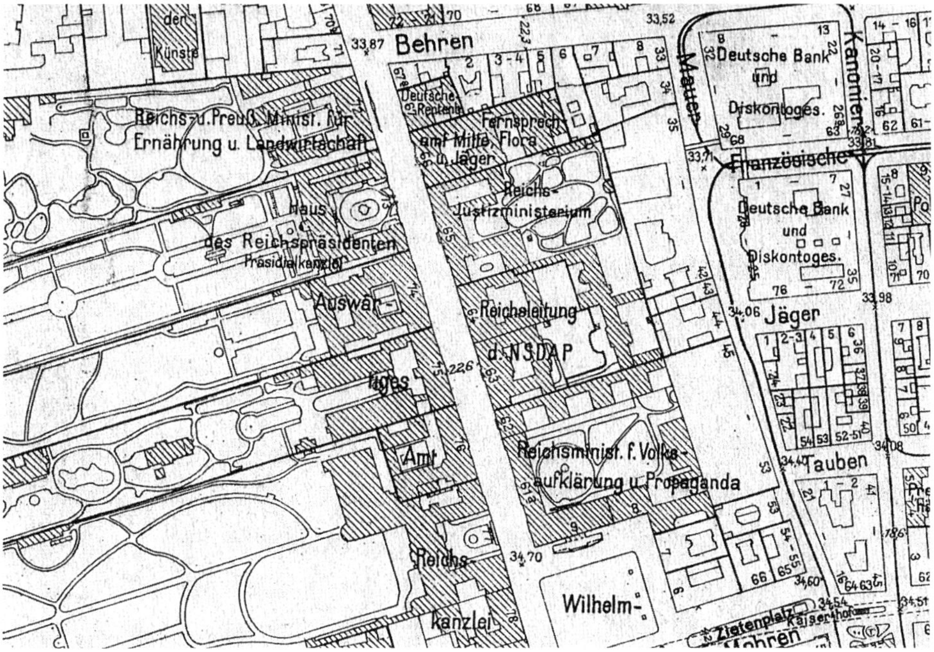

Das Haus Wilhelmstraße 62. Ausschnitt aus dem Stadtplan von 1936.
Östlich der Gebäude Wilhelmstraße 62 und 61a erkennt man weiße Flächen, die darauf hinweisen, daß Gebäude für die Erweiterungsbauten an der Mauerstraße abgerissen wurden

Anschließend hatte das Gebäude wechselnde Nutzer aus verschiedenen Ministerien. Im Jahre 1938 wurde das Gebäude abgerissen, um Platz für einen Erweiterungsbau des benachbarten Propagandaministeriums zu machen.

Quellen: Zentralblatt der Bauverwaltung, Jg. 59, 1939, S. 125 – 131; Landesarchiv Berlin, Bestand Rep. 10 – 02 (Straßenbaupolizei), Nr. 8122; Bundesarchiv, Bestand Rep. 33.01. (Reichsministerium für Wiederaufbau), Nr. 100, 102.

WILHELMSTRASSE 63

Das Preußische Staatsministerium, 1925

Im Jahre 1903 bezog das Preußische Staatsministerium einen Neubau in der Wilhelmstraße 63. Die Behörde des preußischen Ministerpräsidenten hatte ihren Amtssitz von 1848 bis 1870 in der Wilhelmstraße 74, von 1870 bis 1889 in der Behrenstraße 72 und seither am Leipziger Platz 11. Im Frühjahr 1899 war das Palais des Fürsten Otto Graf zu Stolberg-Wernigerode vom preußischen Fiskus angekauft worden mit dem Ziel, durch einen Um- und Erweiterungsbau ein Dienstgebäude für das Staatsministerium zu errichten. Bereits ausgearbeitete Umbaupläne mußten Ende 1899 fallengelassen werden, da das Palais sich in einem dafür ungeeigneten baulichen Zustand befand. Der Neubau, der von dem Geheimen Baurat Paul Kieschke entworfen wurde, »zeigt

Das Palais Stolberg, 1899.
Am linken Bildrand der Bauzaun für den Abriß des Palais Ephraim für den Neubau des Geheimen Zivilkabinetts

maßvolle barocke Formen, wie sie den Berliner und Potsdamer Bauten des Barockstils eigen sind. Bei der Fassade ist es durch richtige Wahl des Maßstabes, straffe Gliederung und Beschränkung des ornamentalen Schmuckes gelungen, den Eindruck stattlicher Monumentalität zu erreichen und doch den Charakter des staatlichen Dienstgebäudes zu wahren. In die reich gegliederten Verdachungen der Fenster des Hauptgeschosses sind als besonderer Schmuck Kartuschen mit den vergoldeten Reliefportraits der neun preußischen Könige eingefügt, während das große Staatswappen das Giebelfeld über dem Mittelrisalit und ein Adler mit ausgebreiteten Schwingen den Schlußstein über dem Hauptportal ziert.« (Zentralblatt 1903, S. 107)

Der Neubau bestand aus einem Vordergebäude, zwei Seitenflügeln und einem die beiden Seitenflügel verbindenden Quergebäude. Im Sockelgeschoß befanden sich fünf Dienstwohnungen für Unterbeamte und für den Heizer, im Erdgeschoß die Registratur, die Kanzlei, die Botenmeisterei, das Kuratorium des Reichsanzeigers und die Zimmer der drei vortragenden Räte; im linken Teil des Vorderhauses und im linken Seitenflügel hatte der Bürovorsteher seine Dienstwohnung. Im ersten Stock lag in der

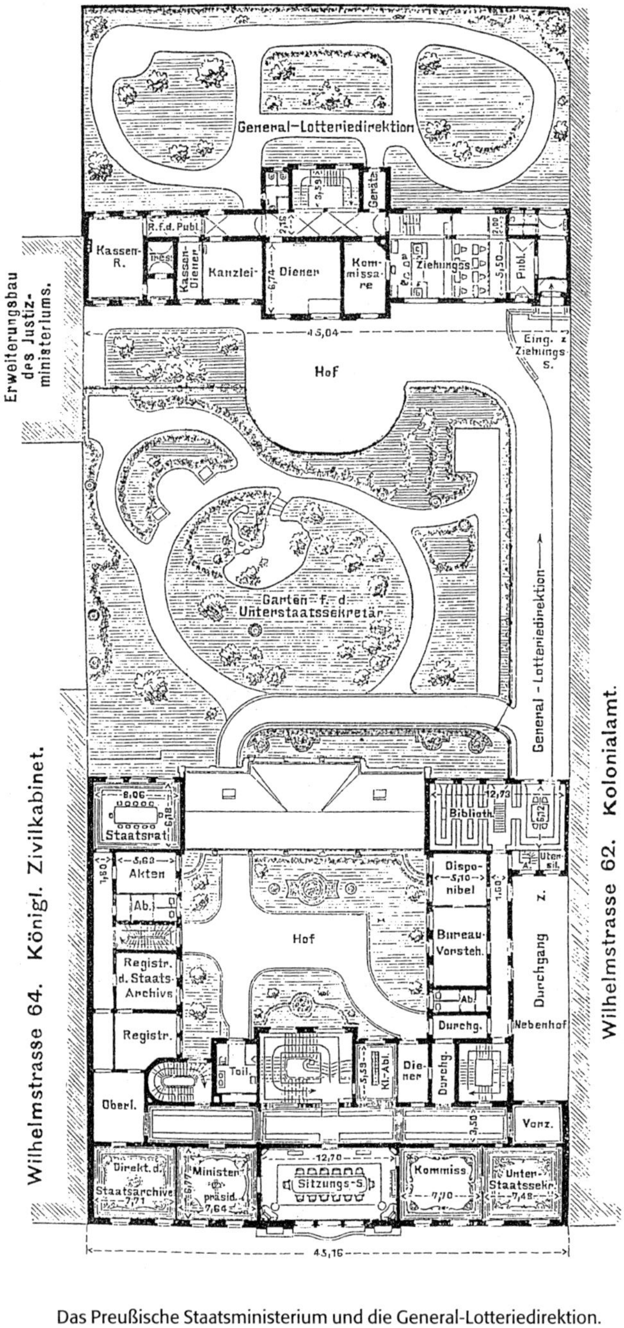

Das Preußische Staatsministerium und die General-Lotteriedirektion. Grundriß vom ersten Stock (Staatsministerium) und vom Erdgeschoß (Lotteriedirektion), 1903

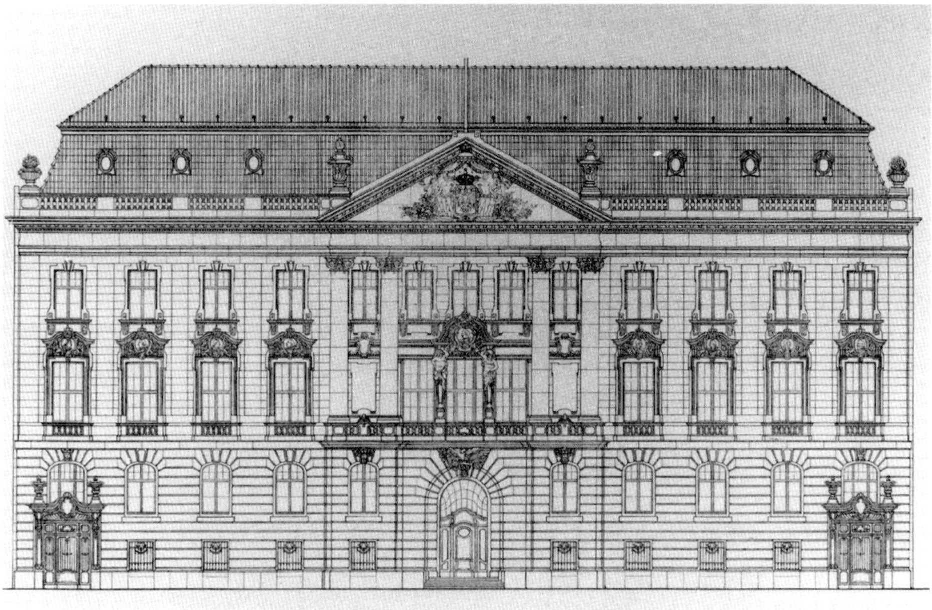

Das Preußische Staatsministerium. Fassade, 1904

Mitte der Straßenfront, über dem Haupteingang, der Sitzungssaal des Staatsministeriums, daneben die Zimmer für den Ministerpräsidenten, für Ministerialkommissare und für den Unterstaatssekretär.
Im rechten Seitenflügel lagen das Zimmer des Bürovorstehers und die Bibliothek, im linken Seitenflügel befanden sich die Räume für die Generaldirektion der Staatsarchive, deren Direktor neben dem Ministerpräsidenten im äußersten linken Zimmer des Vorderhauses saß, und ein Sitzungsraum für den Kompetenzgerichtshof. In der linken Hälfte des zweiten Stockwerks befand sich die Dienstwohnung des Unterstaatssekretärs, in der rechten Hälfte die Büroräume der Generalordenskommission. Während der Zugang zu den Diensträumen des Staatsministeriums in der Zentralachse des Vorderhauses lag, wurden die Dienstwohnungen durch einen Eingang auf der linken Seite des Gebäudes erschlossen; die Räume der Generalordenskommission erreichte man über einen Eingang auf der rechten Seite.
Über diesen Eingang gelangte man auch auf den hinteren Teil des Grundstücks, wo ein Neubau für die General-Lotteriedirektion errichtet wurde. Dieser Neubau war »so angeordnet, daß er erforderlichenfalls mit dem auf dem Grundstück Wilhelmstraße 64 liegenden angrenzenden Erweiterungsbau des Justizministeriums zu einem Dienstgebäude vereinigt werden kann.« (Zentralblatt 1903, S. 107) Bereits 1909 zog die General-Lotteriedirektion in ein Gebäude in der Dorotheenstraße 60 und das Justizministerium konnte das Gebäude auf dem Grundstück Wilhelmstraße 63 übernehmen. Vier Jahre später zog die General-

ordenskommission in die Wilhelmstraße 89 um, so daß die Räume im linken Teil des zweiten Stockwerks des Staatsministeriums für dessen Zwecke frei wurden.

Der Neubau für das Staatsministerium wies im Vergleich mit anderen Ministerialgebäuden eine Besonderheit auf, da keine Wohnung für den Minister eingeplant wurde. Eine solche Wohnung schien den Planern nicht nötig, da im Kaiserreich das Amt des preußischen Ministerpräsidenten zwar nicht de jure, aber de fakto immer mit dem des Reichskanzlers verbunden war, und dieser hatte seit 1878 eine Dienstwohnung in der Wilhelmstraße 77, dem Neubau für das Staatsministerium direkt gegenüber.

Als nach dem Ende des Kaiserreichs die beiden Ämter völlig voneinander getrennt wurden, begann die Suche nach einer Dienstwohnung für den Ministerpräsidenten. Sie fand sich im Nachbargebäude Wilhelmstraße 64, wo der Chef des Geheimen Zivilkabinetts, das als Regierungsbüro des preußischen Königs und deutschen Kaisers funktionslos geworden war und im Frühjahr 1920 aufgelöst wurde, über eine großzügig bemessene Dienstwohnung hatte verfügen können.

Nach dem 30. Januar 1933 verlor das preußische Staatsministerium zunehmend an Bedeutung. Spätestens nach der Verbindung der Reichsministerien mit den preußischen Ministerien im Jahre 1935 nahmen die Minister ihre preußischen Aufgaben nur noch im Nebenamt wahr, so daß dem preußischen Kabinett, das nur noch sporadisch und ab 1936 überhaupt nicht mehr zusammentrat, keine Bedeutung mehr zukam. Zwar behielt Hermann Göring bis 1945 Amt und Titel eines preußischen Ministerpräsidenten; er verlegte im Frühjahr 1935 den Dienstsitz dieses Ministeriums jedoch in das Areal zwischen Wilhelmstraße, Leipziger Straße und Prinz-Albrecht-Straße, das er als eigenen Herrschaftsbereich ausgebaut hatte.

Das Gebäude in der Wilhelmstraße 63 wurde im Mai 1935 der Reichsjustizverwaltung zur Erweiterung ihres Gebäudekomplexes von Wilhelmstraße 65 bis Wilhelmstraße 63 übergeben. Diese Erweiterung war um so notwendiger, da inzwischen auch das Preußische Justizministerium, das diesen Komplex bisher innegehabt hatte, mit dem Reichsjustizministerium verbunden worden war, dessen Stammgebäude in der Voßstraße 4 bald abgerissen werden würde, um Platz für den Bau der Neuen Reichskanzlei zu machen.

Das Justizministerium konnte das Gebäude jedoch nicht beziehen, sondern mußte es bereits einen Monat später an den »Stellvertreter des Führers«, Rudolf Heß, abgeben, der hier seine Dienststelle, den »Stab des Stellvertreters des Führers«, eine Filiale der Parteizentrale in München, einquartierte. Im Jahre 1941 folgte Martin Bormann als Hausherr der bald in »Kanzlei des Führers« umbenannten Behörde.

Quellen: Zentralblatt der Bauverwaltung, Band 23, 1903, S. 105 – 108; Geheimes Staatsarchiv Preußischer Kulturbesitz, Bestand Rep. 90 (Staatsministerium), Nr. 1721, 1723, 1728, 1729, 1736, 1737; Landesarchiv Berlin, Bestand Pr. Br. 42 (Preußische Bau- und Finanzdirektion), Nr. 767, 768, 769; Bestand Rep. 10 – 02 (Straßenbaupolizei), Nr. 8123, 8124.

WILHELMSTRASSE 64

Das Geheime Zivilkabinett.
Auf der Fotografie von 1938 als »Stab des Stellvertreters des Führers«

Im Jahre 1894 erwarb der preußische Fiskus von den Erben des Geheimen Kommerzienrats Gerson von Bleichröder dessen Palais in der Wilhelmstraße 64; das Gebäude wurde dem benachbarten Justizministerium, das seit Jahren bereits einige Räume in dem Haus angemietet hatte, zur Nutzung überlassen. Im März 1896 erklärte die Bauabteilung des Ministeriums für öffentliche Arbeiten, das Gebäude sei »sehr baufällig und mit erheblichen Kosten nur noch einige Jahre zu halten.« Es müsse »über kurz oder lang doch abgerissen und ein anderer Bau errichtet werden.« (Geheimes Staatsarchiv, Rep. 90, Nr. 1728) Im Frühjahr 1898 begann der Bau eines Bürogebäudes für das Justizministerium im Garten des Grundstücks; an der Wilhelmstraße wurde ein Neubau für das »Geheime Zivilkabinett seiner Majestät des Kaisers und Königs« errichtet, das im Sommer des Jahres 1900 sein bisheriges

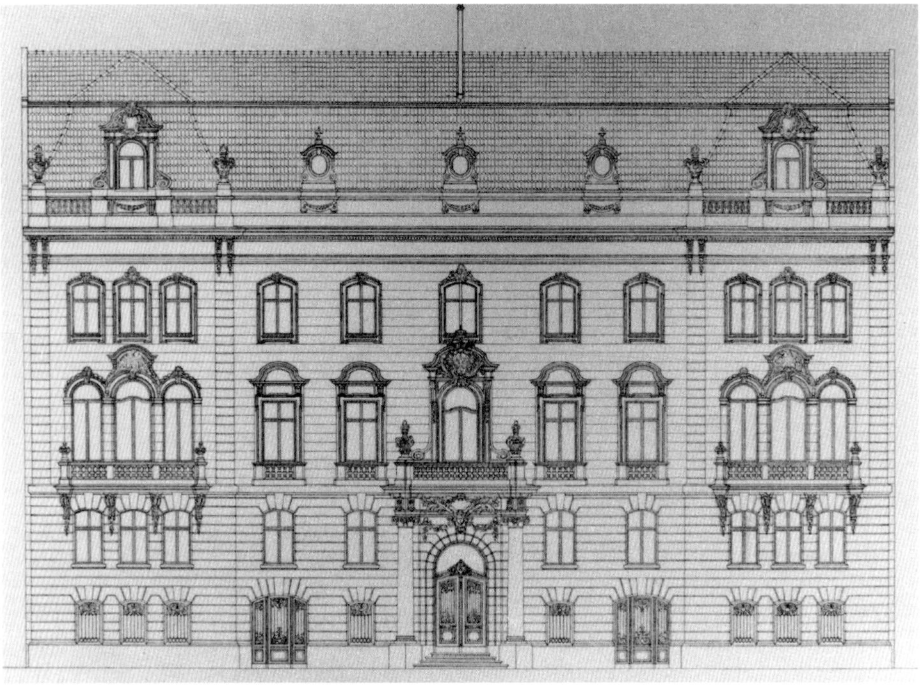

Das Geheime Zivilkabinett. Fassade, 1900

Domizil in der Leipziger Straße 56 verlassen und in der Wilhelmstraße 64 einziehen konnte.
Die Pläne für den Neubau stammen von dem damaligen Regierungs- und Baurat Carl Vohl, der an der Fassade einzelne Elemente der älteren Barockpalais der Wilhelmstraße zitiert. Der Grundriß war großzügig bemessen: Im Erdgeschoß waren die Diensträume des Zivilkabinetts untergebracht, im ersten Stock die Dienstwohnung des Kabinettschefs und im zweiten Stockwerk einige Büro- und Archivräume und die Wohnung des Bürovorstehers, der über mehr als 300 qm verfügen konnte.
Das Geheime Zivilkabinett wurde als persönliches Regierungsbüro des Monarchen nach dem Ende der Monarchie überflüssig, blieb aber als verkleinerte Abwicklungsstelle bis 31. März 1920 bestehen. Die durch die Verkleinerung und den Auszug des Chefs aus der Dienstwohnung frei gewordenen Räume wurden im Jahre 1919 vorübergehend von kommissarischen Dienststellen genutzt und gingen mit den jetzt ebenfalls freien Räumen des aufgelösten Zivilkabinetts zum 1. April 1920 an das benachbarte preußische Staatsministerium.
Die ehemalige Dienstwohnung des Chefs des Geheimen Zivilkabinetts war bereits im Sommer 1919 dem preußischen Ministerpräsidenten zur Verfügung gestellt worden, da im Gebäude des Staatsministeriums eine solche Dienstwohnung nicht bestand. Der größere Teil der Wohnung wurde in Büros umgewandelt; den Rest

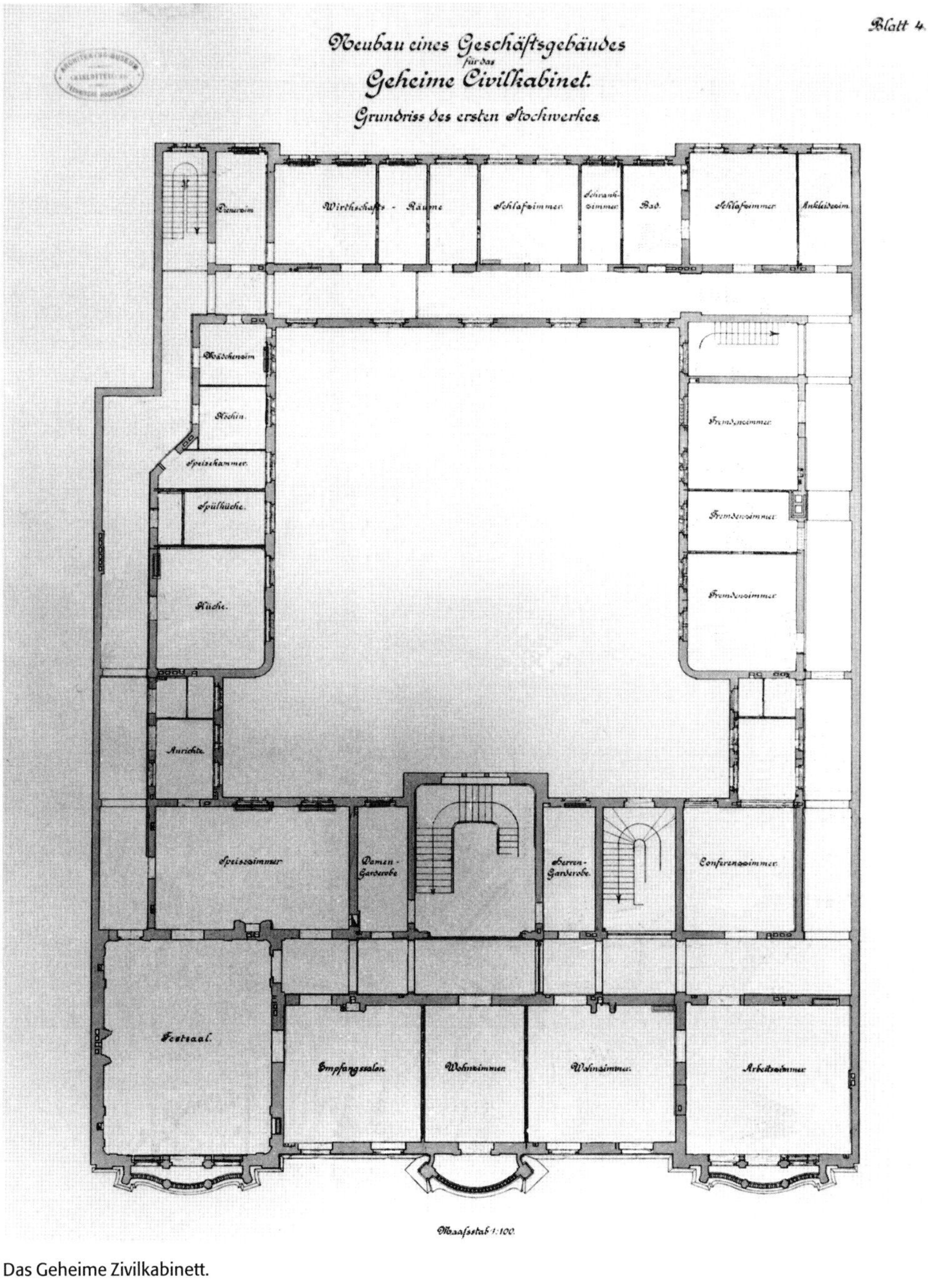

Das Geheime Zivilkabinett.
Grundriß vom ersten Stock mit der Dienstwohnung des Kabinettschefs, 1900

benutzte Ministerpräsident Otto Braun seit Januar 1922 vor allem zu repräsentativen Zwecken, gab sie aber 1930 völlig auf. Nach einer kurzen Nutzung im Jahre 1932 durch den Präsidenten des Preußischen Staatsrats, den Kölner Oberbürgermeister Konrad Adenauer, wurde die Wohnung im Juni 1933 dem nationalsozialistischen preußischen Kultusminister (Minister für Wissenschaft, Erziehung und Volksbildung) Bernhard Rust übergeben.

Rust mußte bereits im April 1934 die Wohnung wieder räumen, die jetzt von Rudolf Heß, dem »Stellvertreter des Führers«, übernommen wurde. Gleichzeitig übernahm dessen Büro, der »Stab des Stellvertreters des Führers«, den größten Teil der Diensträume. Als im Mai 1935 das preußische Staatsministerium auch die übrigen Räume frei machte, ging die Nutzung des ganzen Gebäudes ebenso wie die des benachbarten Hauses Wilhelmstraße 63 an den »Verbindungsstab der NSDAP«. Zu den damit verbundenen Nutzern gehörte Joachim von Ribbentrop, der spätere Außenminister, der 1934 von Hitler zum »Beauftragten für Rüstungsfragen« ernannt worden war und zu diesem Zweck in der Wilhelmstraße 64 ein »Büro Ribbentrop« einrichtete, das nach seiner Ernennung zum Botschafter im Juni 1935 als »Dienststelle Ribbentrop« firmierte und zusätzliche Räume im Nachbarhaus Nr. 63 übernahm.

Das Haus in der Wilhelmstraße 64 blieb, zusammen mit dem Nachbarhaus Nr. 63, Sitz der »Partei-Kanzlei«, wie der »Stab des Stellvertreters des Führers« seit der Übernahme der Leitung durch Martin Bormann seit 1941 genannt wurde.

Vereinfacht wurde es nach dem Krieg wiederaufgebaut.

Quellen: Geheimes Staatsarchiv Preußischer Kulturbesitz, Bestand Rep. 90 (Staatsministerium), Nr. 1728, 1729; Bestand Rep. 151 (Finanzministerium), Nr. 1237; Bestand Rep. 2.2.1. (Geheimes Zivilkabinett), Nr. 74, 75; Landesarchiv Berlin, Bestand Rep. 10 – 02 (Straßenbaupolizei), Nr. 8125.

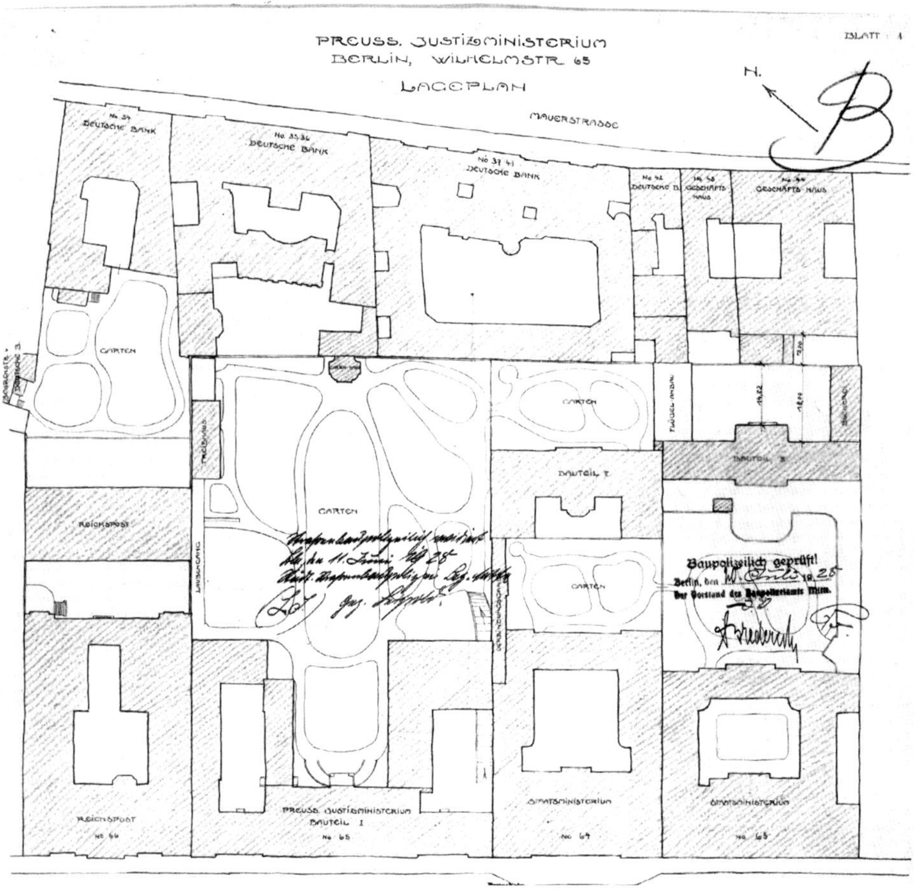

Lageplan Wilhelmstraße 63 bis 66, 1928.
In den Gärten der Wilhelmstraße 63 (Staatsministerium), Wilhelmstraße 64 (ehemals Geheimes Zivilkabinett, jetzt Staatsministerium) sind die Erweiterungsbauten des Justizministeriums zu sehen, die untereinander und durch einen schmalen Bau mit dem Justizministerium in der Wilhelmstraße 65 verbunden sind.

WILHELMSTRASSE 65

Das Preußische Justizministerium.
Auf der Fotografie nach 1938 als Reichsjustizministerium

Das Palais in der Wilhelmstraße 65 wurde 1736 für den Oberstleutnant von Pennavaire erbaut. Nach mehrmaligem Besitzerwechsel war das Haus seit 1806 Eigentum des Prinzen Ferdinand von Preußen, der bis 1808 einige Umbauarbeiten durch David Gilly durchführen ließ. Nach dem Tod des Prinzen Ferdinand erbte sein jüngster Sohn Prinz August das Haus, dessen Innenräume zwischen 1815 und 1817 durch Karl Friedrich Schinkel eine gründlichen Umgestaltung erfuhren. Ein Teil der Räume, insbesondere der Tanzsaal und der Große Speisesaal im ersten Stock des Vorderhauses links, blieb, wenn auch mit einigen Veränderungen, bis 1945 erhalten. Nach dem Tod des Prinzen verkauften dessen Erben das Palais 1844 an den preußischen Fiskus.
Noch im selben Jahr wurde das Palais dem Kabinettsminister von Bodelschwingh und dem Minister für die Justizverwaltung, Karl Albrecht Alexander von Uhden, zur

gemeinschaftlichen Nutzung zugeteilt. Am 14. Oktober 1844 bewilligte der König dem Justizverwaltungsminister »eine Dienstwohnung in der bel-etage des ehemaligen Palais des in Gott ruhenden Prinz August von Preußen königliche Hoheit«; er bestimmte »zugleich, daß die dann noch disponiblen Räume des Palais als Geschäftslokalien des Justiz-Ministeriums benutzt werden«. (Geheimes Staatsarchiv, Rep 2.5.1, Nr. 34)

Was hier dem Minister von Uhden bereits drei Wochen nach seiner Ernennung bewilligt wurde, hatte sein Vorgänger, Heinrich Gottlob von Mühler, zwölf Jahre lang vergeblich zu erreichen versucht. Als im Jahre 1832, wie schon einmal zwischen 1817 und 1820, das Justizressort in zwei Ministerien, denen jeweils ein eigener Minister vorstand, geteilt wurde, und zwar in ein Ministerium für die Gesetzesrevision und eines für die Justizverwaltung, behielt der damalige Revisionsminister Karl Albert von Kamptz, der bereits seit 1830 das noch nicht geteilte Justizministerium kommissarisch geleitet hatte, die Dienstwohnung in der Wilhelmstraße 74, die er als kommissarischer Justizminister bezogen hatte.

Der Justizverwaltungsminister von Mühler erhielt keine Dienstwohnung und sollte für die Geschäftsführung seines Ministeriums die Büroräume in der Wilhelmstraße 74 gemeinsam mit seinem Kollegen nutzen. Da diese nicht ausreichten, wurde ihm die Anmietung weiterer Räume gestattet, die sich im September 1832 im Hause des Buchhändlers und Verlegers Reimer in der Wilhelmstraße 73 fanden, und zwar sieben Räume in der oberen Etage des südlichen Seitenflügels, so daß ein Durchbruch zum benachbarten Justizministerium möglich war. Diese Räume wurden 1838 aufgegeben und die Büros des Justizverwaltungsministers in die Krausenstraße 50 verlegt, wo sie bis zum Einzug in die Wilhelmstraße 65 verblieben.

Noch komplizierter waren die Lösungen der Dienstwohnungsangelegenheit. Ende des Jahres 1832 konnte von Mühler die Dienstwohnung des preußischen Außenministers in der Wilhelmstraße 76 beziehen, da der Nachfolger des Grafen von Bernstorff im Amt des Außenministers, Johann Peter Friedrich Ancillon, seine kurz zuvor bezogene Wohnung im Hause Unter den Linden 73 wegen der damit verbundenen hohen Kosten nicht gleich wieder verlassen wollte. Er erhielt auf Antrag die Erlaubnis, die ihm als Außenminister zustehende Dienstwohnung in der Wilhelmstraße 76 seinem Kollegen von Mühler zu vermieten. Als vier Jahre später der Nachfolger Ancillons, Freiherr von Werther, die Dienstwohnung beziehen wollte, mußte von Mühler in die obere Etage des Nachbarhauses Wilhelmstraße 75 ziehen, das dem Königlichen Oberhof-Buchdrucker Decker gehörte.

Vier Jahre nach dem Einzug des Nachfolgers von Mühlers in das Palais Wilhelmstraße 65 wurde das Ministerium für Gesetzesrevision aufgelöst. Der bisherige Justizverwaltungsminister war jetzt wieder der einzige Justizminister in Preußen. Gleichzeitig wurde das Kabinettsministerium aufgelöst, dessen Inhaber sich das Gebäude mit dem Justizminister teilte. Die Rolle des Kabinettsministers, der als einziger Minister den Vortrag im Kabinett, dem Arbeitszimmer des allein regierenden Monarchen hatte, entsprach nicht mehr der Verfassung, nach der dieses Recht auf

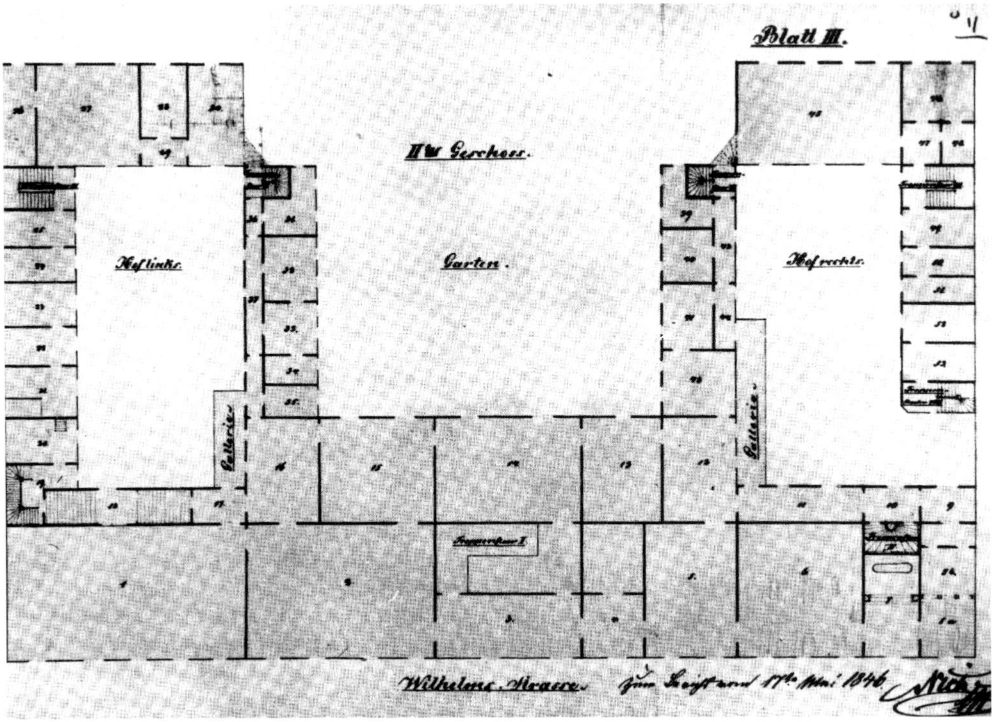

Das Palais des Prinzen August. Grundriß vom ersten Stock, 1846.
Der Plan wurde angelegt im Zusammenhang der Aufteilung des Hauses zwischen dem Justizverwaltungsminister und dem Kabinettsminister. Links unten der »Große Speisesaal« oder »Braune Saal«

den Ministerpräsidenten und die verantwortlich ihr jeweiliges Ressort leitenden Fachminister überging. Damit hatte der Justizminister seit 1848 das Palais in der Wilhelmstraße 65 für sich allein.

Von 1865 bis 1872 wurde das Gebäude einem umfassenden Umbau unterzogen und um einen Anbau erweitert, und zwar von Ferdinand Hermann Gustav Möller nach Plänen, die möglicherweise noch von Friedrich August Stüler entworfen worden waren. Die den südlichen Hof umschließenden Seiten- und Querflügel wurden abgerissen und durch Neubauten ersetzt; das Vorderhaus wurde um ein Stockwerk erhöht. Die »in den zurückhaltenden Formen der Schinkel-Nachfolge gehaltene, vornehme Fassade« (Sievers, S. 55) »zeigt jetzt die Formen der neueren Berliner Renaissance; das zweite, neu aufgesetzte Stockwerk ist durch eine korinthische Pilasterstellung gegliedert. Den Eingang bezeichnet ein Portal mit zwei ionischen Säulen.« (Berlin und seine Bauten II, S. 107)

Im Jahre 1894 kaufte der preußische Fiskus das Nachbarhaus Wilhelmstraße 64 von den Erben des Geheimen Kommerzienrats Gerson von Bleichröder auf den Etat des Justizministeriums an, das in diesem Gebäude bereits seit einigen Jahren eine größere Zahl von Räumen angemietet hatte. Das Bleichrödersche Haus wurde im Jahre

Das Preußische Justizministerium, vor 1865

1867 abgerissen, um Platz für einen Neubau für das »Geheime Zivilkabinett seiner Majestät des Kaisers und Königs« zu machen; das Justizministerium erhielt 1898/1899 einen Erweiterungsbau auf dem hinteren Teil des Grundstücks, der durch einen schmalen Gang entlang der Grundstücksgrenze mit dem Vorderhaus in Nr. 65 verbunden wurde. Bereits 1909 konnte das Justizministerium den hinter dem Staatsministerium auf dem Grundstück Wilhelmstraße 63 gelegenen Neubau der General-Lotteriedirektion, der direkt an den Erweiterungsbau von 1899 angrenzte und jetzt als Bauteil III des Justizministeriums bezeichnet wurde, übernehmen. Dieser Bauteil III wurde 1928 umgebaut und erweitert, im Jahre 1937 wurde ein Seitenflügel des Vorderhauses aufgestockt und 1938 das Nachbargebäude Nr. 66, das bisher von der Reichspostverwaltung als Fernmeldeamt genutzt wurde, zusätzlich übernommen. Der wachsende Raumbedarf hatte sich seit 1935 aus der Zusammenlegung des Preußischen mit dem Reichsjustizministerium ergeben, das sein Gebäude in der Voßstraße 4 – 5 räumen mußte, da es, wie die anderen Gebäude an der Nordseite der Voßstraße, für den Bau der neuen Reichskanzlei abgerissen wurde.

Der »Große Speisesaal« im Preußischen Justizministerium:
wegen des dunkelviolett-braunen Stuckmarmors der Wände auch »Brauner Saal« genannt

Quellen: Berlin und seine Bauten I, 1877, S. 261; Berlin und seine Bauten II, 1896, S. 107; 200 Jahre Dienst am Recht. Gedenkschrift aus Anlaß des 200jährigen Gründungstages des Preußischen Justizministeriums. Herausgegeben vom Reichsminister der Justiz Dr. h.c. Franz Gürtner, Berlin 1938, S. 100–103; Johannes Sievers: Bauten für die Prinzen August, Friedrich und Albrecht von Preußen. Ein Beitrag zur Geschichte der Wilhelmstraße in Berlin, Berlin 1954, S. 6–59; Geheimes Staatsarchiv Preußischer Kulturbesitz, Bestand Rep. 2.5.1. (Justizministerium), Nr. 34, 35; Bestand Rep. 2.4.1. (Ministerium der Auswärtigen Angelegenheiten) ZB, Nr. 224; Bestand Rep. 90 (Staatsministerium), Nr. 1728, 1736; Landesarchiv Berlin, Bestand Pr. Br. 42 (Preußische Bau- und Finanzdirektion), Nr. 1212–1217; Bestand Rep. 10-02 (Straßenbaupolizei), Nr. 8126.

WILHELMSTRASSE 68

Das Kultusministerium. Erweiterungsbau in der Wilhelmstraße.
Auf der Fotografie von 1943 als Reichsministerium für Wissenschaft, Erziehung und Volksbildung

Das preußische Ministerium der geistlichen, Unterrichts- und Medicinal-Angelegenheiten befand sich seit 1849 Unter den Linden 4. Auf diesem Grundstück wurde zwischen 1880 und 1884 ein Neubau errichtet, der an seiner Rückseite mit den zwei älteren und umgebauten Häusern Behrenstraße 71 und Behrenstraße 72 verbunden wurde. Im Frühjahr 1901 wurde schließlich das Haus Wilhelmstraße 68 angekauft und zusammen mit den beiden angrenzenden Häusern in der Behrenstraße abgerissen, um Platz für einen Neubau zu machen.

Dieser Neubau wurde zwischen 1901 und 1903 nach Plänen des Geheimen Oberbaurats Paul Kieschke errichtet. Der Erweiterungsbau enthielt neben sechs Dienstwohnungen für Unterbeamte im Sockelgeschoß und einer Dienstwohnung für den Vorsteher des Zentralbüros im Erdgeschoß ausschließlich Geschäftsräume. »Die Architektur des Gebäudes ist in den Formen einer maßvollen italienischen Spätrenais-

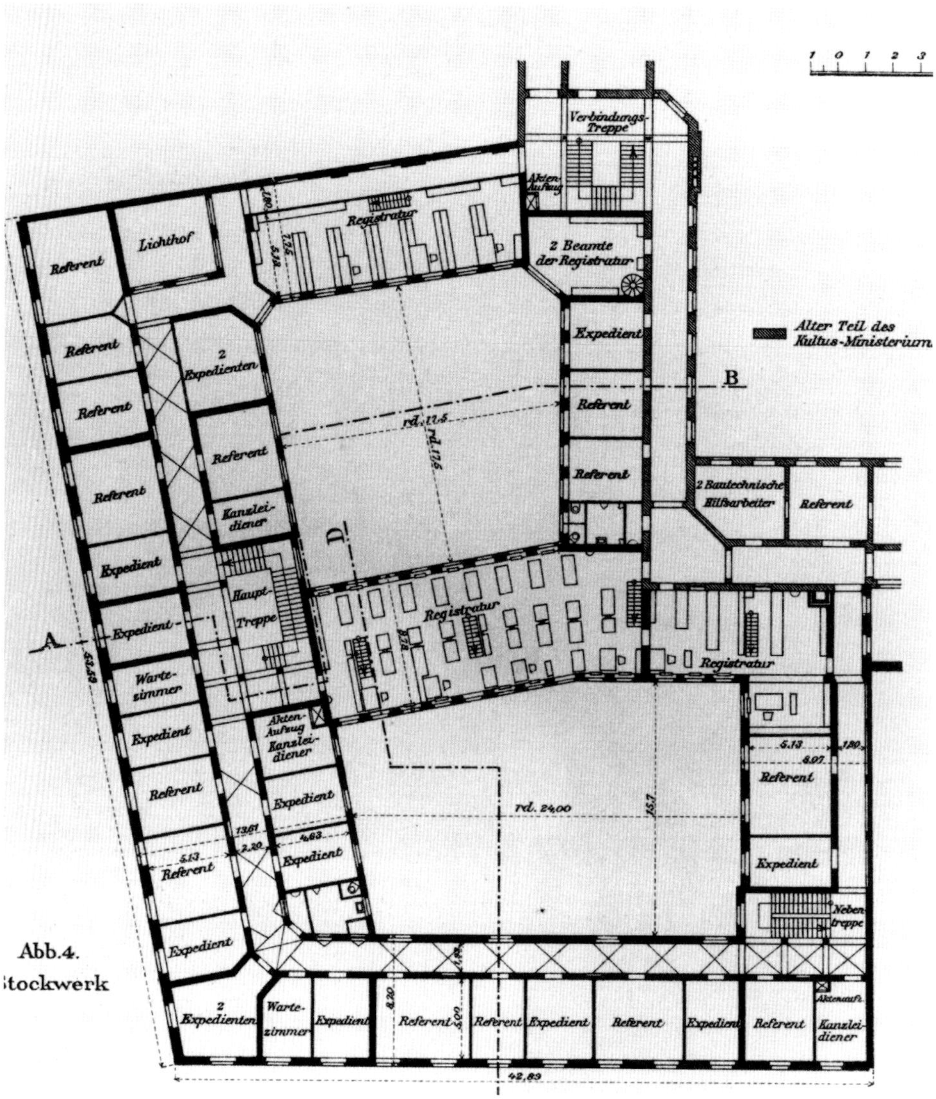

Erweiterungsbau des Kultusministeriums. Grundriß vom ersten Stock, 1903

sance durchgebildet. Die Wirkung derselben wird wesentlich unterstützt durch den schönen warmen Ton des Wünschelburger Sandsteins, in dem die Straßenfronten durch den Hofsteinsetzmeister Schilling ausgeführt sind. Das Hauptportal in der Wilhelmstraße ist durch vorgelegte kräftige Dreiviertelsäulen mit freistehenden Figuren darüber besonders betont worden. Die Figuren stellen die Religion, den Unterricht, die Kunst und die Medizin dar und sind von den Bildhauern Stefan Walter und Otto Richter in Berlin modelliert, von Karl Schilling in Friedersdorfer Sandstein ausgeführt.« (Zeitschrift für Bauwesen, Spalte 3)

Im Jahre 1928 wurde für die mit der Gründung der Republik in Ministerium für Wissenschaft, Kunst und Volksbildung umbenannte Behörde noch das Nachbarhaus Wilhelmstraße 69 angekauft. Der gesamte Gebäudekomplex diente seit 1933 der jetzt als Reichs- und preußisches Ministerium für Wissenschaft, Erziehung und Volksbildung firmierenden Behörde, in deren Namen seit 1938 endgültig das Beiwort »preußisch« entfiel. Der Erweiterungsbau vom Anfang des Jahrhunderts in der Wilhelmstraße 68 wurde bis 1989 als Ministerium für Volksbildung der DDR benutzt. Zur Zeit steht es dem Deutschen Bundestag zur Verfügung.

Quellen: Berlin und seine Bauten II, Berlin 1896, S. 103 – 104; Zeitschrift für Bauwesen, Jg. 54, 1904, Spalte 1 – 8; Landesarchiv Berlin, Bestand Pr. Br. 42 (Preußische Bau- und Finanzdirektion), Nr. 1234, 1235

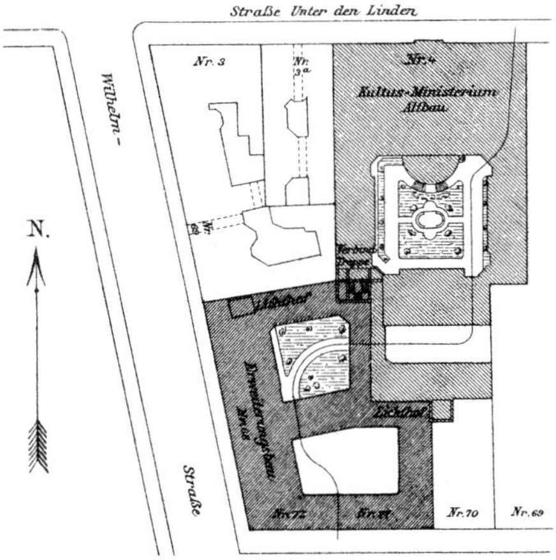

Das Kultusministerium. Lageplan, 1903.
Dunkel schraffiert der Erweiterungsbau

Erweiterungsbau des Kultusministeriums.
Der Mittelrisalit, 1903

WILHELMSTRASSE 72

Das Reichsministerium für Ernährung und Landwirtschaft.
Auf der Fotografie von 1908 noch als Palais der Prinzen Georg und Alexander

Das Haus wurde im Jahre 1735 nach Plänen Philipp Gerlachs für den Vizepräsidenten des Hof- und Kammergerichts Hans Christoph von Goerne erbaut. Es ging, nach mehrmaligem Besitzerwechsel, im Jahre 1816 in das Eigentum des Königs über, der es für seinen Neffen Prinz Friedrich Ludwig Wilhelm von Preußen erworben hatte. Nach dem Tod des Prinzen Friedrich im Jahre 1863 diente das Haus seiner Witwe, der Prinzessin Wilhelmine Luise, als Wohnsitz. Im Jahre 1882 erbten die beiden Söhne Prinz Alexander und Georg das Palais, das 1909 dem drittältesten Sohn Kaiser Wilhelms II., Prinz August Wilhelm, zur Verfügung gestellt wurde. Im Jahre 1919 erwarb das Deutsche Reich das Palais aus dem Besitz des Hauses Hohenzollern. Seit 1920 diente es dem Reichsministerium für Ernährung und Landwirtschaft als Dienstgebäude.

Prinz Friedrich hatte das Haus im Jahre 1817 von Karl Friedrich Schinkel gründlich umgestalten, erweitern und aufstocken lassen. Die von Schinkel umgestaltete Fassade wurde im Jahre 1852 durch den Baumei-

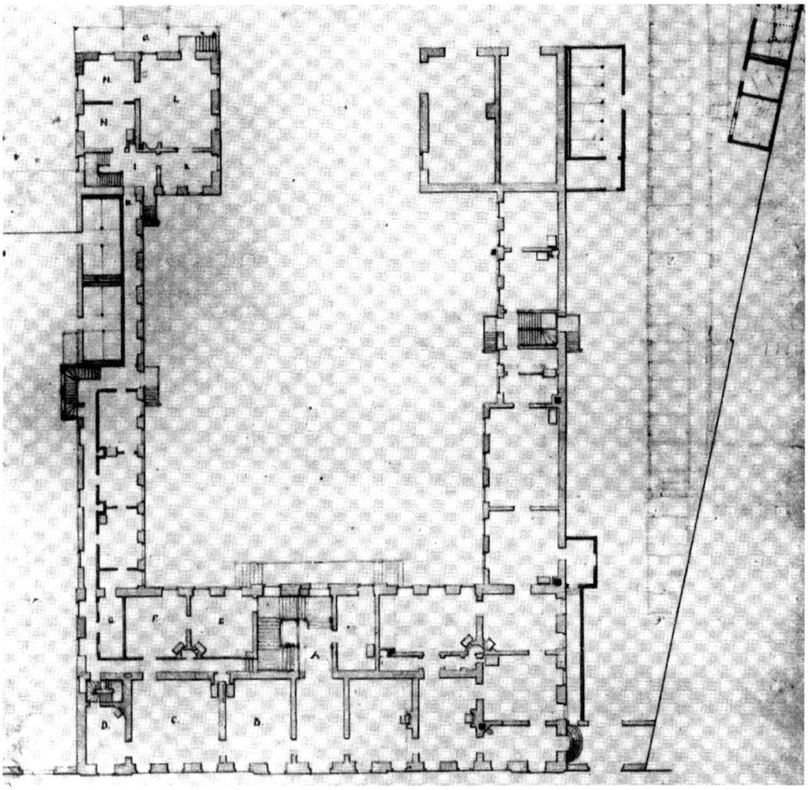

Das Haus Wilhelmstraße 72.
Grundriß vom Erdgeschoß, um 1800

ster August Hahnemann überarbeitet und in die Form gebracht, die sie bis 1945 hatte. Hahnemann ließ, nach eigenem Zeugnis, »die beiden oberen Etagen, die bis dahin glatt und wegen der breiten Fensterpfeiler kalt und starr in ihrer Wirkung waren, um ihre Masse lebendiger zu machen, entsprechend quadern, ornamentierte den Fries zwischen Parterre und Beletage in kräftiger Weise so, daß die beiden oberen Etagen im Gegensatz zur unteren als Aufbau zum Unterbau erschienen und suchte den Charakter des letzteren besonders dadurch hervorzuheben, daß ich den wirksamsten Teil desselben, die Rampe, erweiterte und übrigens mit dem Hauptkörper harmonisch gliederte. Die Mitte der Fassade zeichnete ich durch die Anlage eines mächtigen Balkons für die Beletage aus und gab damit der Bewegung in ihr einen Ruhepunkt.« (Sievers, S. 103)

Quellen: Johannes Sievers: Bauten für die Prinzen August, Friedrich und Albrecht von Preußen. Ein Beitrag zur Geschichte der Wilhelmstraße in Berlin, Berlin 1954, S. 94–119.

WILHELMSTRASSE 73

Das Palais des Reichspräsidenten, 1934

Das Palais wurde im Jahre 1837 für den Geheimen Finanz-, Kriegs- und Domänenrat, Landjägermeister Hans Bogislav Graf von Schwerin und seinen Bruder, den Generalleutnant der Infanterie Kurd Christoph Graf von Schwerin erbaut. Der Geheime Etatsminister Karl Reichsgraf von der Osten-Sacken erwarb das Palais im Jahre 1777; es ging nach seinem Tod im Jahre 1794 – nach mehrmaligem Besitzerwechsel – im Jahre 1816 in das Eigentum des Buchhändlers und Verlegers Georg Andreas Reimer über. Reimer vermietete Teile des Hauses; unter den Mietern fanden sich gelegentlich auch preußische Minister wie Johann Albrecht Friedrich Eichhorn (Kultus), aber auch der preußische Fiskus, der von 1832 bis 1838 in der oberen Etage des Südflügels Räume für Bürozwecke des Justizministeriums angemietet hatte.

Im Jahre 1858 erwarb König Friedrich Wilhelm IV. das Palais von den Erben Reimers für das königliche Haus, um »zu verhindern, daß das Haus, welches in seiner Architektur und mit seinem Garten der Stadt Berlin zu Zierde gereicht, nicht in die Hände von Spekulanten gerathe, welche das Grundstück großen theils als Baustelle genutzt und entstellt haben würde.« (Geheimes Staatsarchiv, Rep. 2.4.1. ZB 236) Späte-

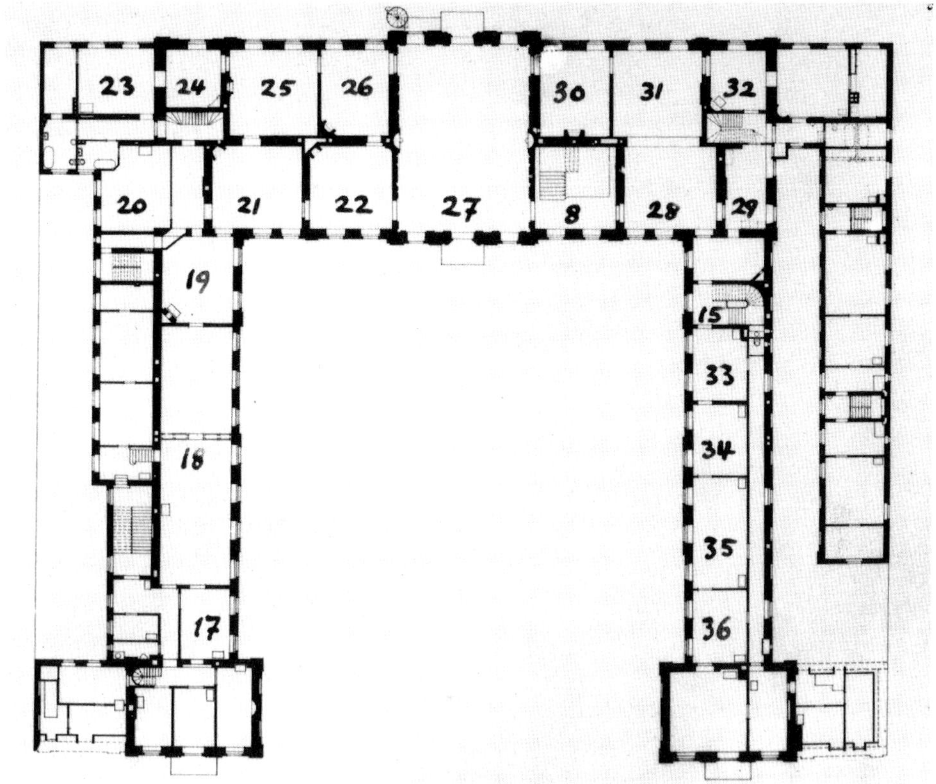

Das Palais des Reichspräsidenten. Grundriß vom ersten Stock, 1907.
Der Plan stammt aus der Zeit der Nutzung des Hauses als Königliches Hausministerium.
Die Zahlen beziehen sich auf eine fotografische Serie der Meßbildanstalt.

stens ab 1861 hatten die Minister des königlichen Hauses in der Wilhelmstraße 73 ihren Wohn- und Amtssitz, und sie behielten ihn bis zum Ende der Monarchie.

Aus der Zeit, in der das Palais Sitz des Hausministeriums war, gibt es eine Baubeschreibung: »Das Palais besteht aus dem zurückliegenden Wohnflügel (corps de logis) und zwei einen stattlichen Vorhof begrenzenden Seitenflügeln. An der Straßenfront schließt sich jederseits ein niedrigerer Anbau an mit Zugängen zu den dahinterliegenden schmalen Höfen ... Das Mittelrisalit des corps de logis zeigt eine Pilasterordnung, darüber ein schweres Consolengesims und eine Balustrade mit Prachtvasen und Statuetten aus Sandstein ... Den Vorhof trennt von der Straße ein hohes schmiedeeisernes Gitter zwischen Sandsteinpfeilern, welche Vasen mit Schlangen und Drachen von keckem, wirksamem Umriss ... tragen. Die Einfahrt in der Mitte rahmen zwei grössere Thorpfeiler mit Gebälk ein, auf denen ruhende Löwen von weniger geschickter Bildung sich befinden.« (Borrmann, S. 335/336)

Im Zentrum stand der große Festsaal, der durch Bernhard Rode ausgemalt worden war, als der Graf von der Osten-Sacken in den Jahren 1778/79 das Gebäude im Innern hatte umgestalten lassen, und der, ebenso wie das Äußere des Hauses, bis zum Ende des Zweiten Weltkriegs weitgehend unverändert blieb. »Der im Ganzen wohlerhaltene Festsaal im ersten Stock, ein bezeichnendes Beispiel des Ueberganges aus dem älteren Stil in den des beginnenden Klassicismus, nimmt die ganze Breite des Mittelbaues ein und galt nach seiner Ausmalung durch Rode für einen der schönsten Festräume in Berlin. Gepaarte Pilaster aus rötlichem Stuckmarmor mit corinthischen Capitellen und Consolengesims aus weissem Stuck theilen die in grauem Stuccolustro gehaltenen, durch Nischen und Spiegel belebten Wände. Über den Thüren sowie den Fenstern, mit Ausnahme der mittleren Bogenöffnungen, sind Stuckreliefs angebracht, das ovale Deckenbild, Dädalus und Ikarus und Apoll mit dem Sonnenwagen, ist stark verblichen, besser erhalten sind die Grisaille-Malereien der Voute, welche zwischen friesartigen Reliefgemälden an jeder Seite ein von lebensgroßen Figuren umgebenes Rundbild, die vier Tageszeiten durch Genien dargestellt, zeigen.« (Borrmann, S. 336) Rode hatte auf Bestellung des Grafen überdies sechs große Historienbilder mit Themen aus der griechischen und römischen Geschichte gemalt, für die eigens im Südflügel eine Galerie mit sieben Fensterachsen eingebaut wurde.

Im September 1919 erwarb das Deutsche Reich das Palais aus dem Besitz des ehemaligen königlichen Hauses, um es dem Reichspräsidenten als Dienstwohnung und als Dienstsitz für das »Büro des Reichspräsidenten« zur Verfügung zu stellen. Es behielt diese Funktion bis zum Tod Paul von Hindenburgs im August 1934. Danach wurde das Amt des Reichspräsidenten mit dem des Reichskanzlers in der Person Adolf Hitlers verbunden, das »Büro des Reichspräsidenten« in Präsidial-Kanzlei umbenannt und in das ehemalige Borsig-Palais in der Voßstraße 1, in unmittelbarer Nachbarschaft zur Reichskanzlei, verlegt. Das Palais in der Wilhelmstraße 73 diente bis 1939 nur noch repräsentativen Zwekken anläßlich von Staatsbesuchen und diplomatischen Empfängen.

Im Frühjahr 1939 wurde das Haus dem Reichsaußenminister Joachim von Ribbentrop als Dienstwohnung zur Verfügung gestellt und mit großem Aufwand umgebaut.

Quellen: Richard Borrmann: Die Bau- und Kunstdenkmäler von Berlin, Berlin 1893; Heinz Günther Sasse: Die Wilhelmstraße 74 – 76. 1870 – 1945. Zur Baugeschichte des Auswärtigen Amts in Berlin, in: Oswald Hauser (Hg.): Preußen, Europa und das Reich (= Neue Forschungen zur Brandenburg-Preussischen Geschichte, Band 7), Köln / Wien 1987, S. 357 – 376; Bundesarchiv Koblenz, Bestand R 43 I (Reichskanzlei), Nr. 577; Geheimes Staatsarchiv Preußischer Kulturbesitz, Bestand Rep. 2.4.1. (Ministerium der Auswärtigen Angelegenheiten), ZB 236; Bestand Rep. 151 (Finanzministerium). Politisches Archiv des Auswärtigen Amtes, R 128 194.

Das Palais des Reichspräsidenten. Blick in den Festsaal (Raum 27 des Planes).
Die Fotografie von 1907 aus der Zeit der Nutzung als Königliches Hausministerium

WILHELMSTRASSE 74

Das Reichskanzleramt.
Die Fotografie von 1898 als Reichsamt des Innern

Das Haus Wilhelmstraße 74, das im Jahre 1736 für den Geheimen Kriegs- und Domänenrat Wilhelm Friedrich von Kellner erbaut worden war, wurde im März 1799 vom preußischen Fiskus angekauft und dem Großkanzler als Dienstwohnung und als Diensthaus – also zur Unterbringung der Amtsräume – zur Verfügung gestellt. Das Amt des Großkanzlers als eines »ministre chef de justice« war 1737 (Titel Großkanzler seit 1747) eingeführt worden, zur Oberaufsicht über alle Justizkollegien einschließlich der anderen Justizminister. In Preußen war, wie in anderen europäischen Staaten auch, die Aufteilung der Zuständigkeit innerhalb eines Departements auf mehrere Minister üblich. Sie wurde erst im Gefolge der Französischen Revolution und nach französischem Vorbild durch die Teilung in klar abgegrenzte Ressortministerien mit nur je einem verantwortlichen Minister an der Spitze abgelöst. Solche alleinverantwortlichen Minister gab es in Preußen seit 1808/1810. Der erste Justizminister dieses neuen Typs, Friedrich Leopold von Kircheisen, der 1810 ernannt wurde, bezog das Haus Wilhelmstraße 74. Anders als die anderen Ministerien wurde das Justizressort in Preußen zweimal geteilt, und zwar von 1817 bis 1820 und von 1832 bis 1848. Beiden Ministerien, von denen eines für die Gesetzesrevision, das andere für die Justizverwaltung zuständig war, stand je ein Minister vor. Dabei hatte de facto der Revisionsminister in der Wilhelmstraße 74 seinen Sitz, weil Karl Albert von Kamptz, der das Revisionsministerium von 1832 bis 1842 leitete, bereits im Jahre 1830 – in einer Zeit also, in der es nur einen Justizminister gab – als kommissarischer Inhaber dieses Amtes in die Dienstwohnung eingezogen war und sie auch nach der erneuten Teilung im Jahre 1832 behielt. Von ihm übernahm sie sein Nachfolger Friedrich Karl von Savigny, mit dessen Rücktritt im März 1848 die Teilung endgültig aufgehoben wurde. Die jeweiligen Inhaber des Ministeriums für Justizverwaltung mußten sich andere Räume suchen, wobei ihre Adresse häufig wechselte, bis es Karl Albrecht Alexander von Uhden im Oktober 1844 gelang, schon kurz nach der Übernahme des Ministeriums Räume im ehemaligen Palais des Prinzen August in der Wilhelmstraße 65 angewiesen zu bekommen, wo das Justizministerium bis 1945 seinen Amtssitz hatte.

Eine Beschreibung des Gebäudes Wilhelmstraße 74 als Justizministerium findet sich in der »General-Nachweisung der in Berlin und in dessen nächster Umgebung gelegenen von den Königlichen Ministerii und Central-Behörden ressortierenden Dienstgebäude« aus dem Jahre 1837: »Das Vordergebäude ist 2 Stock hoch und daran schließen sich Seitengebäude, Holzställe, Wagenremisen, Pferdestall und Garten an. In der unteren Etage befinden sich 20 Zimmer, in der oberen gleichfalls 20 Zimmer, 1 Hängeboden und auf dem Boden 5 Kammern. Die untere Etage wird zu Geschäftslokalien benutzt, die obere ist dem Justiz-Minister v. Kamptz als Dienstwohnung zugeteilt.«

Mit der Auflösung des Revisionsministeriums wurde das Haus Wilhelmstraße 74 frei für das Staatsministerium, das bisher in der Leipziger Straße 55/56 seinen Sitz hatte. Man muß hier allerdings die Doppelbedeutung des Begriffs »Staatsministerium« in Rechnung stellen. Es handelt sich zum einen um das Kollegium der preußischen Ressortminister, die zur verwaltungstechnischen Abwicklung der Angelegenheiten, die sie als Kollegium betrafen, über ein Büro desselben Namens in der Leipziger Straße verfügten. Zum anderen ist das Staatsministerium die Behörde des Preußischen Ministerpräsidenten, der im Staatsministerium als Kollegium der Minister den Vorsitz führt. Dieses Amt des Ministerpräsidenten wurde erst 1848 eingeführt, war also beim Einzug in die Wilhelmstraße 74 neu. Im Jahre 1859 soll ein Ausbau des Geländes stattgefunden haben, der in »Berlin und seine Bauten« erwähnt, aber nicht näher erläutert wird und sich auf die Seitengebäude beschränkt haben dürfte.

Dem Ministerpräsidenten stand die Dienstwohnung in der oberen Etage zur Verfügung. Es sieht aber so aus, als sei diese Wohnung den größten Teil des Zeitraums, in dem die Wilhelmstraße 74 Sitz des Staatsministeriums war, nämlich von 1848 bis 1870, nicht in Anspruch genommen worden, da sowohl Otto Theodor von Manteuffel von 1850 bis 1858 als auch Otto von Bis-

Das Reichskanzleramt. Fassade, 1878

marck ab 1862 gleichzeitig das Amt des preußischen Außenministers versahen und die diesem zustehende Dienstwohnung in der Wilhelmstraße 76 bevorzugten.
Dieses mag einer der Gründe sein, daß im August 1867 das Kanzleramt des neugegründeten Norddeutschen Bundes Räume in der Dienstwohnung in der Wilhelmstraße 74 zugewiesen bekam. In dieser Behörde waren alle Aufgaben zusammengefaßt, die dem Bundeskanzler als dem einzigen Minister des neuen staatlichen Gebildes oblagen und die nicht in das Arbeitsgebiet des preußischen Ministeriums der auswärtigen Angelegenheiten gehörten, das bis zu seiner Umwandlung in das Auswärtige Amt des Deutschen Bundes im Januar 1870 die Außenpolitik des Bundes kommissarisch übertragen bekam. Das Bundeskanzleramt (seit 1871 Reichskanzleramt), das zunächst nur drei Zimmer in Anspruch nahm, wuchs mit solcher Geschwindigkeit, daß bereits 1868 Räume im Nachbarhaus Wilhelmstraße 75 gemietet werden mußten. Im Januar 1870 schließlich räumte das Staatsministerium das Gebäude und zog in das Haus Leipziger Straße 1 / Leipziger Platz 11.
Um den immer weitreichenderen Raumanforderungen des Kanzleramts zu genügen, wurde das ganze Gebäude zwischen 1872 und 1874 einem gründlichen Um- und Erweiterungsbau nach Plänen des Regierungsbaurats Georg Joachim Wilhelm Neumann (ab 1878: von Mörner) unterzogen. Zwei Seiten- und zwei Querflügel wurden um zwei Höfe gruppiert. Im zweiten Querflügel mit dem Blick in den Park wurden im Erdgeschoß die Büroräume der Verwaltung von Elsaß-Lothringen untergebracht, im ersten Stock die Dienstwohnung des Präsidenten des Kanzleramts. Im südlichen, linken Seitenflügel wurde der Sitzungssaal des Bundesrats eingerichtet, dessen Geschäfte das Kanzleramt führte. Das Vorderhaus wurde um ein zweites Stockwerk erhöht und damit Räume für die Justizabteilung geschaffen.
»Die Fassade, in welcher bei der Art des Umbaus die Fensterachsen der beiden unteren Stockwerke nicht geändert werden durften, ist in den Flächen mit hydraulischem Kalkmörtel geputzt, während die Architekturteile aus Sandstein und gebranntem Thone hergestellt sind. Der Unterbau ist als kräftiger Quaderbau ausge-

bildet, das Hauptgeschoss des Mittelbaues wird durch Dreiviertelsäulen korinthischer Ordnung gegliedert, zwischen deren Kapitellen die Wappen der einzelnen Bundesstaaten angeordnet sind. In der Mittelachse erhebt sich über dem Hauptgesims die Germania mit dem Reichswappen, vom Bildhauer Pohlmann modellirt, auf einem Postamente, an das sich Balustraden aus Kalkstein anschließen.« (Berlin und seine Bauten I, S. 260)

In den Jahren nach Fertigstellung des Neubaus wurden einzelne Abteilungen des Kanzleramts in selbständige Reichsämter umgewandelt, die jeweils eigene Bauten erhielten. So bezog die erst 1877 gegründete Finanzabteilung als Reichsschatzamt im Jahre 1882 den Neubau in der Wilhelmstraße 61, an der Südostecke zum Wilhelmplatz, der zwischen 1874 und 1877, ebenfalls nach Plänen Neumanns, für die Handelspolitische Abteilung des Auswärtigen Amtes errichtet worden war, die jetzt das 1877 vom Deutschen Reich angekaufte Haus des Oberhofbuchdruckers von Decker in der Wilhelmstraße 75 bezog. Die Justizabteilung, die 1875 gegründet wurde und für die durch Aufstockung des Vordergebäudes der Wilhelmstraße 74 eigens Räume bereitgestellt worden waren, übernahm 1880 einen Neubau in der Voßstraße 4–5, der ebenfalls nach Plänen Neumanns errichtet worden war. Die Abteilung für die Verwaltung von Elsaß-Lothringen schließlich wurde zunächst in ein eigenes, dem Kanzler direkt unterstelltes Reichsamt umgewandelt, um schließlich 1879 durch ein Ministerium für Elsaß-Lothringen in Straßburg ersetzt zu werden.

Da das Kanzleramt damit zunehmend seine ursprüngliche Funktion als Bundeszentralbehörde verlor, wurde es 1879 in Reichsamt des Innern umbenannt, behielt aber das Gebäude in der Wilhelmstraße 74. Die Leitung des Amtes übernahm, wie bei anderen Reichsämtern auch, ein Staatssekretär, der über eine sehr viel größere Dienstwohnung als sein Vorgänger, der Präsident des Kanzleramtes, verfügen konnte, da er zusätzlich zu den Räumen im ersten Stock des Gartenflügels, die jetzt nur noch als Repräsentationsräume dienten, das bisher von der Verwaltung für Elsaß-Lothringen genutzte Erdgeschoß unter diesen Räumen nutzen konnte. Zusätzlich wurde bei einem weiteren Ausbau in den Jahren 1885 bis 1886 ein Festsaal angebaut, der mit 171 qm durchaus großzügig bemessen war. Bei diesem Ausbau wurde auch der Sitzungssaal des Bundesrats neu ausgestattet.

Im Laufe des Jahres 1919 zog das Reichsinnenministerium, die Nachfolgebehörde des Reichsamts des Innern, in das Gebäude des ehemaligen Generalstabs am Königsplatz um und machte den Platz frei für das Auswärtige Amt, das im Januar 1920 seinen Gebäudekomplex Wilhelmstraße 76 und 75 durch die Nr. 74 erweitern konnte. Allerdings behielten die Innenminister der Republik die Dienstwohnung ihrer Vorgänger, der Staatssekretäre des Reichsamts des Innern, bei.

Im Sommer 1939 wurde das gesamte erste Stockwerk des Hauses umgebaut, da Joachim von Ribbentrop, der im Februar 1938 zum Außenminister des Deutschen Reiches ernannt worden war, die bisherigen Amtsräume des Außenministers in der Wilhelmstraße 76 durch neue Räume für sich und seinen persönlichen Stab ersetzt wissen wollte.

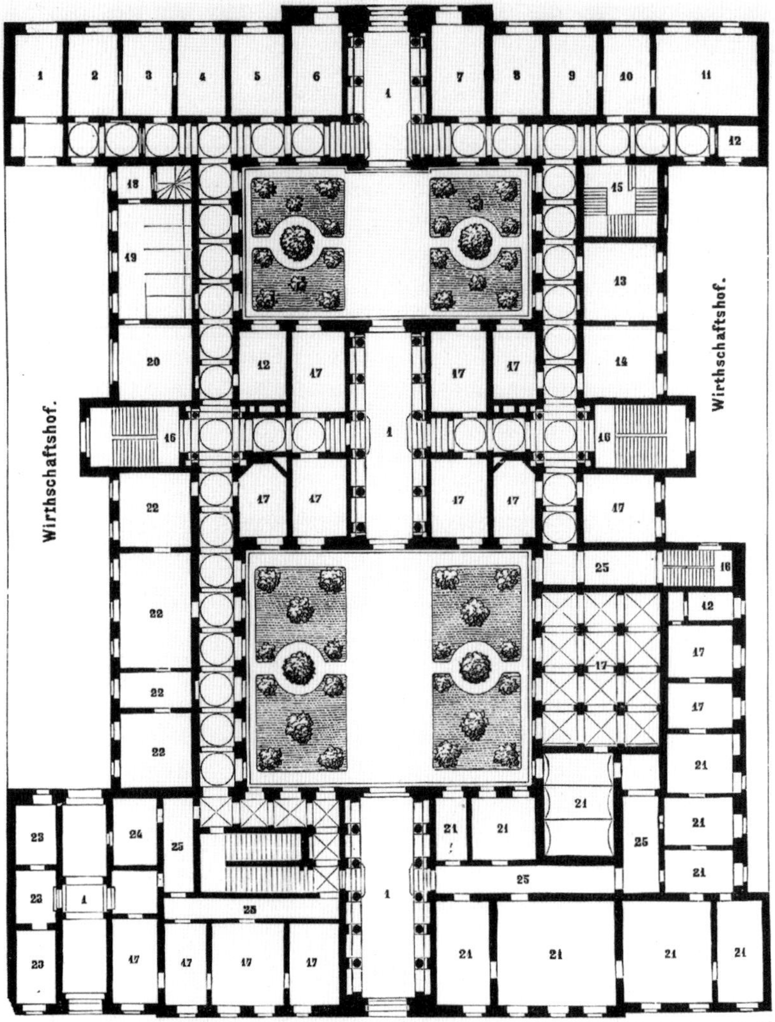

1. Durchfahrt. 2—10. Abtheilung für Elsass-Lothringen. 11. Abtheilungs-Direktor. 13—14. Registratur. 15, 18. Treppen zur Minister-Wohnung. 16. Diensttreppen für die Beamten. 17. Bureaus. 19. Stall. 20. Remise. 21. Verwaltung des Invalidenfonds. 22. Amt für das Heimatwesen. 23. Hausdienerwohnung. 24. Magazin. 25. Korridore.

Das Reichskanzleramt. Grundriß vom Erdgeschoß, 1877

Quellen: Berlin und seine Bauten I, 1877, S. 257 - 260; Berlin und seine Bauten II, 1896, S. 74 - 75; 200 Jahre Dienst am Recht. Gedenkschrift aus Anlaß des 200-jährigen Gründungstages des Preußischen Justizministeriums. Herausgegeben vom Reichsminister der Justiz Dr. h.c. Franz Gürtner, Berlin 1938, S. 100 - 103; Geheimes Staatsarchiv Preußischer Kulturbesitz, Bestand Rep. 90 (Staatsministerium), Nr. 1721, 1722, 1723; Bestand Rep. 2.5.1 (Justizministerium), Nr. 34, 35. Politisches Archiv des Auswärtigen Amtes, R 128 194.

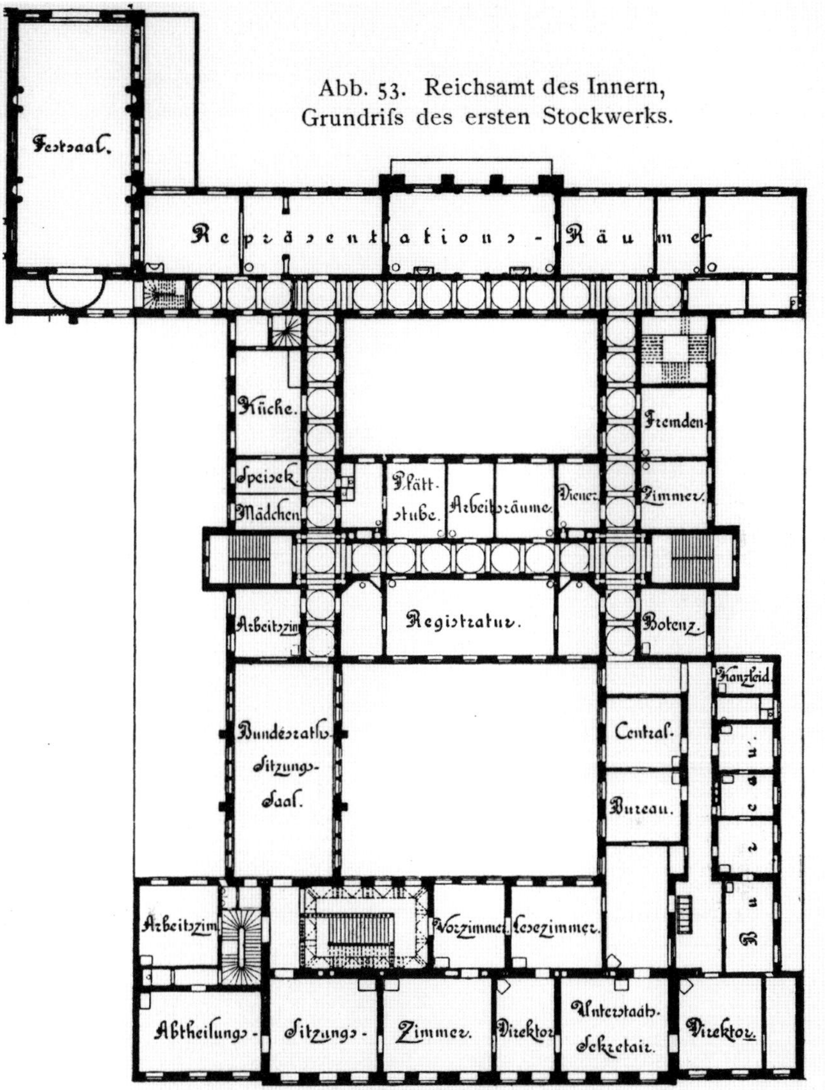

Das Reichsamt des Innern. Grundriß vom ersten Stock, 1886

WILHELMSTRASSE 75

Das Auswärtige Amt Wilhelmstraße 75, 1909

Das Haus wurde im Jahre 1735 von dem Oberbaudirektor bei der Kurmärkischen Kammer und Hofbaumeister, dem Kriegs- und Domänenrat Johann Karl Stoltze, für sich selbst errichtet. Im Jahre 1763 verkauften Stoltzes Erben das Haus an den Herzog Friedrich August von Braunschweig-Lüneburg, von dem es der Königliche Hofbuchdrucker Georg Jakob Decker 1794 erwarb. Dessen Sohn und Erbe Rudolf Ludwig (von) Decker, der die Firma seit 1830 führte und 1863 geadelt wurde, ließ im Garten eine Reihe von Gebäuden für den Druckereibetrieb und eine Villa errichten, die der Familie als Wohnhaus diente.

Damit wurde die obere Etage des Vorderhauses an der Wilhelmstraße zur Vermietung frei. Hier wohnten, spätestens seit der zweiten Hälfte der dreißiger Jahre, preußische Minister und am preußischen Hof akkreditierte Gesandte, zu denen der Justizverwaltungsminister von Mühler ebenso gehörte wie der österreichische Gesandte Graf Trautmannsdorff-Weinsberg und der sächsische Gesandte Graf Hohenthal. Nach Hohenthals Auszug im Sommer 1866 wurde die Etage am 1. Oktober vom preußischen Fiskus angemietet, und zwar mit dem Ziel der Vergrößerung der Dienstwohnung Bismarcks im benachbarten Haus

Das Auswärtige Amt Wilhelmstraße 75. Eingang, 1937

Wilhelmstraße 76. Tatsächlich wurden jedoch Büroräume für das Ministerium der Auswärtigen Angelegenheiten hier untergebracht und im folgenden Jahr bezogen Beamte des neuen Bundeskanzleramts einige Räume. Diese beiden Behörden teilten sich auch nach der Umwandlung des preußischen Außenministeriums in das Auswärtige Amt des Norddeutschen Bundes (1870; ab 1871: des Deutschen Reiches) und nach der Umfirmierung des Bundeskanzleramts in Reichskanzleramt (1871) das Gebäude, in dem ab 1872 alle Räume angemietet wurden und das schließlich 1877 aus dem Nachlaß Deckers durch Kauf in den Besitz des Deutschen Reiches überging. Ab 1882 stand das Haus Wilhelmstraße 75 dem Auswärtigen Amt zur Verfügung. Dessen Handelspolitische Abteilung wechselte aus dem fünf Jahre zuvor bezogenen Neubau in der Wilhelmstraße 61 hierher und stand damit in direkter räumlicher Verbindung mit der Politischen Abteilung, die im Nachbarhaus Wilhelmstraße 76 untergebracht war.

In den folgenden Jahrzehnten wurden immer wieder Um-, Erweiterungs- und Neubauten auf dem rückwärtigen Teil des Grundstücks notwendig, die in Verbindung mit den Um- und Neubauten auf dem Nachbargrundstück Wilhelmstraße 76 standen und auch nach der Übernahme des Hauses Wilhelmstraße 74 durch das Auswärtige Amt am 1. Januar 1920 weitergingen. Im Jahre 1925 wurde auch das Vordergebäude in die Umbauten einbezogen; der Ausbau des Dachgeschosses ließ jedoch das Äußere des Hauses weitgehend in der Form, die es seit Mitte des 18. Jahrhunderts hatte und in der es bis 1945 blieb.

Die Villa im Garten des Grundstücks, die Rudolf Ludwig (von) Decker hatte errichten lassen, diente ab 1878 zunächst als Dienstwohnung für den ersten Leiter der Reichskanzlei, den damaligen Vortragenden Rat Christoph von Tiedemann, der das Haus beschreibt als »kleines Palais, im unteren Stockwerk sechs, im oberen acht Zimmer nebst Zubehör enthaltend ...«. (Tiedemann, Erinnerungen, S. 256) Nach dem Ausscheiden Tiedemanns aus dem Dienst der Reichskanzlei im Jahre 1881 ging das Haus nicht an seinen Nachfolger, sondern wurde dem jeweiligen Staatssekretär im Auswärtigen Amt und – ab 1919 – dem jeweiligen Außenminister als Dienstwohnung zugewiesen. Die Villa wurde 1938 im Zuge der Vorbereitung des Baus der Neuen Reichskanzlei abgerissen.

Quellen: Christoph von Tiedemann: Sechs Jahre Chef der Reichskanzlei unter dem Fürsten Bismarck. Erinnerungen, Leipzig 1910; Johannes Sievers: Bauten für die Prinzen August, Friedrich und Albrecht von Preußen. Ein Beitrag zur Geschichte der Wilhelmstraße in Berlin, Berlin 1954, S. 241 – 245; Heinz Günther Sasse: Die Wilhelmstraße 74 – 76. 1870 – 1945. Zur Baugeschichte des Auswärtigen Amts in Berlin, in: Oswald Hauser (Hg.): Preußen, Europa und das Reich (= Neue Forschungen zur Brandenburg-Preussischen Geschichte, Band 7), Köln/Wien 1987, S. 357 – 376; Geheimes Staatsarchiv Preußischer Kulturbesitz, Bestand Rep. 2.4.1. (Ministerium der Auswärtigen Angelegenheiten), ZB 226, 227, 236; Politisches Archiv des Auswärtigen Amtes, R 28 567.

Blick in die Wilhelmstraße.
In der Bildmitte die Gebäude des Auswärtigen Amtes, 1936

WILHELMSTRASSE 76

Das Preußische Ministerium für die auswärtigen Angelegenheiten.
Auf der Fotografie von 1900 als Auswärtiges Amt des Deutschen Reiches

Das Haus wurde 1736 von dem Oberst beim Regiment Gensd'armes, Wolff Adolph von Pannewitz, erbaut. Nach mehrmaligem Besitzerwechsel kam es im November 1804 in den Besitz der Gattin des russischen Gesandten in Berlin, Maximilian von Alopaeus, die es in Vertretung ihres Mannes erworben hatte. Alopaeus ließ ab 1805 das Haus durch den Geheimen Oberbaurat Paul Ludwig Simon umbauen und erweitern und ihm die Form geben, die es zur Wilhelmstraße hin bis 1945 behalten sollte.

Das Haus, das für den Oberst von Pannewitz errichtet worden war, stand gegen seine linken und rechten Nachbarn frei. Auf beiden Seiten führten Einfahrten in den Hof; der Zugang ins Haus erfolgte über Türen in den Seitenwänden. Simon ließ das Haus in dieser Form bestehen, erweiterte es jedoch durch Anbauten auf beiden Seiten, wodurch es mit den Nachbarhäusern verbunden wurde. Diese beiden Anbauten ergaben im Erdgeschoß je eine Durchfahrt zum Hof, ein einfenstriges Zimmer und ein Treppenhaus, dessen südliches sehr

Das Auswärtige Amt. Der Mittelrisalit der Fassade, um 1907

aufwendig als Haupttreppenhaus gestaltet wurde. Anders als im nördlichen Anbau, wo im ersten Stock drei Zimmer entstanden, wurde im südlichen Anbau in der ganzen Tiefe des Hauses ein ellipsenförmiger Festsaal eingebaut. Der Saal, der nur ein Fenster zum Hof besaß, erhielt Tageslicht durch ein ovales, mit Draht übergittertes Fenster in der Decke, wie es auch das Treppenhaus besaß, »das sein Licht durch eine kleine, mit grün- und goldfarbenen Arabesken verzierte Kuppel empfängt«. (Busch, S. 182)

An das im Halbkreis in den Garten hineinragende Treppenhaus wurde an Stelle der Remisen ein Seitenflügel mit Wirtschaftsräumen angebaut. Diesem gegenüber wurden, an der Nordgrenze des Grundstücks und ohne Verbindung mit dem Haupthaus, eine Orangerie und ein Treibhaus errichtet. Der russische Gesandte ließ dem Haus eine Fassade in einfacher klassizistischer Ornamentik geben. Das Mittelrisalit ist durch vier ionische Pilaster gegliedert, auf denen ein Dreiecksgiebel ruht, dessen Giebelfeld keinen Schmuck aufweist und der sich in

Das Auswärtige Amt. Der nördliche Anbau, um 1907

den Dreiecksgiebeln wiederholt, mit denen die drei Fenster im Erdgeschoß des Mittelrisalits bedacht sind. Unter diesen Giebeln sieht man, ebenso wie in den Bogenblenden der drei Fenster im ersten Stock, Ornamente in Rosetten- und Kranzform. Die Fassade des Hauptgebäudes ist links und rechts von je einem ionischen Pilaster begrenzt, die durch einen schmalen Fries miteinander verbunden sind, der an der Unterkante der neun Fenster des ersten Stockwerks verläuft. Die Anbauten sind reicher ornamentiert. Unter anderem sind die beiden Fenster im ersten Stock mit Balustraden versehen, während über dem Fenster im Erdgeschoß und über der Einfahrt je ein antikisierender Frauenkopf angebracht ist.

Im Jahre 1819 erwarb der preußische Fiskus das Haus als Dienstwohnung für den neuen Außenminister Christian Günther Graf von Bernstorff. Die Familie bezog die obere Etage, während im Erdgeschoß Diensträume für das preußische Ministerium der Auswärtigen Angelegenheiten eingerichtet wurden. Allerdings konnte nur der kleinere Teil der Büros des Ministeriums hier untergebracht werden. Die übrigen Beamten bezogen zunächst Räume im Ordenspalais am Wilhelmplatz 8, von wo sie im Jahre 1827 in die Wilhelmstraße 61 an der Südecke der Wilhelmstraße mit dem Wilhelmplatz wechselten, um schließlich 1882 das Haus in der Wilhelmstraße 75 zu beziehen, das seither mit dem Haus Wilhelmstraße 76 die Zentrale des Auswärtigen Amtes bildete.

Bis zu diesem Zeitpunkt gab es wiederholt Versuche, die Raumnot in der Wilhelmstraße 76 zu beheben. Neben Plänen, das Haus gegen das Palais Wilhelmstraße 73 zu tauschen, die wiederholt erwogen, aus verschiedenen Gründen aber immer wieder verworfen wurden, kam es auch zu Um- und Ausbauplanungen, die ebenfalls Papier blieben. Im Zusammenhang eines solchen Planes entstand im Jahre 1866 eine Beschreibung der Raumaufteilung des Hauses, dessen Dienstwohnung seit 1862 der preußische Außenminister und Ministerpräsident Otto von Bismarck innehatte. »Das in Rede stehende Gebäude … besteht aus einem Vorderhaus und zwei Flügel. … Das Gebäude enthält, außer den Durchfahrten und zwei Treppenhäusern, im Erdgeschosse die Portierwohnung und einige Diensträume des Ministeriums, im oberen Stockwerke die Fest- und Empfangsräume des Herrn Minister-Präsidenten sowie sein Arbeits- und Schlafzimmer nebst zwei Familienzimmern. Der linke Seitenflügel ist an die im Halbkreis vorspringende Haupttreppe angebaut, an die sich unten zwei Nebentreppen aufschwingen. Dasselbe hat Keller, Erdgeschoß und ein zu Zimmern ausgebautes Dachgeschoß … Das Gebäude enthält im Keller- und Erdgeschoß die Küche und Wirtschaftsräumlichkeiten, sowie einen Pferdestall zu fünf Pferden sowie eine Kutscherkammer, im Dachgeschoß die Wohnung des Jägers, die Dienerzimmer und eine Stube für den diensthabenden Schutzmann. Der rechte Seitenflügel ist nur im oberen Geschoß durch einen in neuer Zeit ausgeführten Überbau auf eisernen Trägern mit dem Vorderhause verbunden, während im Erdgeschoß der Raum für die Durchfahrt frei bleiben mußte. Es enthält im Erdgeschosse ein nach dem Garten vorgebautes Badezimmer, die Druckerei des Ministeriums, die Wohnung des Hausdieners, einen zweiten Pferdestall, drei Remisen, die Retiraden und im oberen Stockwerk einige Familienzimmer.« (Geheimes Staatsarchiv, Rep. 2.4.1., ZB 226)

In den folgenden Jahren nach der Reichsgründung wurden verschiedene Umbaupläne erörtert, die jedoch nicht verwirklicht wurden. Da die Familie Bismarck im Jahre 1878 das benachbarte Palais in der Wilhelmstraße 77 beziehen konnte, das 1875 vom Reich als Dienstwohnung für den Reichskanzler angekauft worden war, stand das obere Stockwerk des Hauses für Dienstzwecke zur Verfügung. Der ovale Festsaal diente hinfort als Sitzungssaal, während die ehemaligen Repräsentationsräume zu Räumen für den Staatssekretär, den Leiter der politischen Abteilung und für Besprechungen mit Diplomaten umgewidmet wurden. Diese Räume bildeten auch in den Jahren der Weimarer Republik die Leitungsetage, in der der jeweilige Außenminister und sein Staatssekretär saßen.

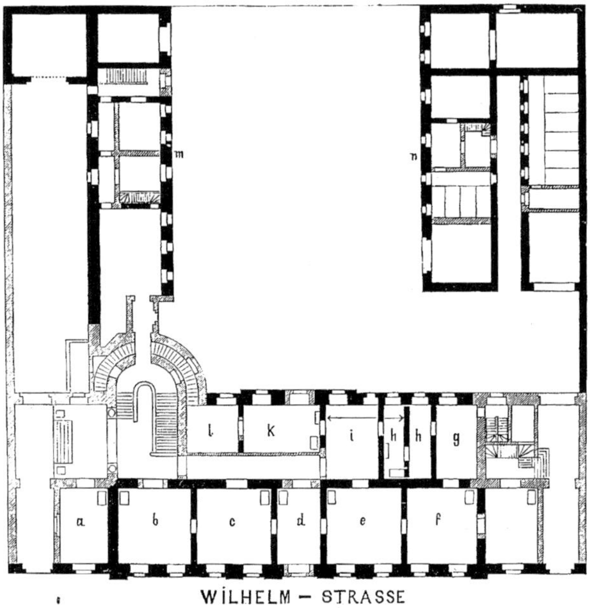

a) Portier. b, c, d) Central-Büreau. e) Sprechzimmer. f, g, h) Büreaux. i) Zimmer des Staats-Secretairs. k) Wartezimmer. l) Kanzleidiener. m) Ställe. n) Domestiken-Wohnung.

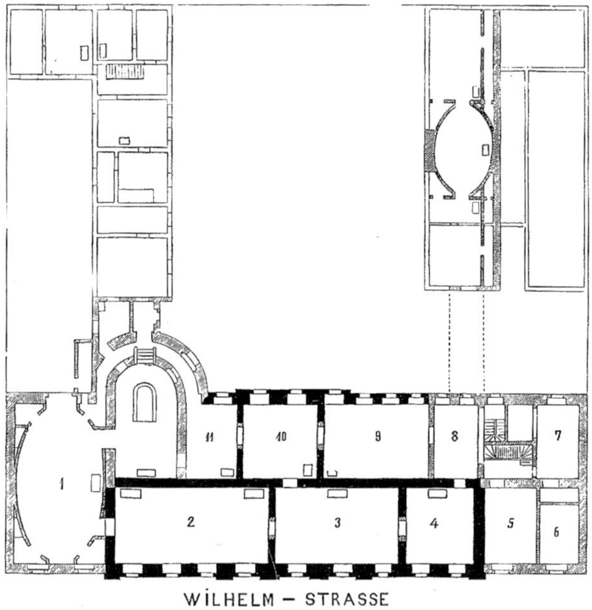

1) Speisezimmer bei großen Diners und Reichstags-Soiréen. 2) sogen. Chinesische Zimmer (Tapete von Katharina II. angeblich geschenkt), Speisezimmer bei kleinen Diners. 3) Das gelbe Zimmer (Ministerraths-Zimmer). 4) Arbeitszimmer des Fürsten. 5) Schlafzimmer. 6) Kleidezimmer. 7) Schlafzimmer. 8) Kleines Kabinet der Fürstin. 9, 10) Salons. 11) Vorzimmer.

Das Auswärtige Amt. Grundriß vom Erdgeschoß (oben) und vom ersten Stock, um 1875

Während das Vorderhaus Wilhelmstraße 76 bis 1945 die Form und das Aussehen behielt, das es seit dem ersten Jahrzehnt des 19. Jahrhunderts hatte, wurden – besonders nach der Vereinigung mit dem Nachbarhaus Wilhelmstraße 75 im Jahre 1882 – die Gebäude auf dem rückwärtigen Teil des Geländes immer weiteren Um-, Aus- und Erweiterungsbauten unterzogen. Im Rahmen der Übergabe des Hauses Wilhelmstraße 74 an das Auswärtige Amt wurde im September 1919 eine Aufstellung der in Wilhelmstraße 76 und 75 vorhandenen Diensträume angefertigt, die auf eine Zahl von 332 Räumen mit insgesamt 1080 qm Nutzfläche kam. Dennoch und obwohl das Auswärtige Amt seit Januar 1920 auch über das Haus Wilhelmstraße 74 verfügen konnte, da das Reichsinnenministerium in das Gebäude des ehemaligen Generalstabs am Königsplatz umgezogen war, ging die Bautätigkeit weiter fort. Zwischen 1922 und 1926 wurden die Vorderhäuser einer grundlegenden Renovierung unterzogen und auf dem rückwärtigen Teil des Geländes neue Erweiterungen vorgenommen.

Im Dezember 1938 erwog man, das Vordergebäude an der Wilhelmstraße 74 und alle rückwärtigen Gebäude abzureißen und durch einen Neubau zu ersetzen, der etwa 1000 Zimmer haben sollte. Dieser Plan, der die Zahl der dem Auswärtigen Amt in der Wilhelmstraße 74 – 76 zur Verfügung stehenden Räume, die im März 1935 mit 588 angegeben wurde, verdoppelt hätte, wurde nicht verwirklicht. Der neue Außenminister Joachim von Ribbentrop verlegte allerdings die Leitungsetage in das erste Stockwerk des Hauses Wilhelmstraße 74, das aus diesem Anlaß mit großem Aufwand umgebaut wurde.

Quellen: C. Brecht: Das Palais des Fürsten Bismarck. Wilhelmstraße Nr. 76, (1877), Berliner Bauwerke Tafel 11, in: Vermischte Schriften im Anschluße an die Berlinische Chronik und das Urkundenbuch, hrsg. vom Verein für die Geschichte Berlins, Band II, Berlin 1888; Richard Borrmann: Die Bau- und Kunstdenkmäler von Berlin, Berlin 1893, S. 328 – 329; Moritz Busch: Tagebuchblätter, Band 2, Leipzig 1899, S. 177 – 219; Heinz Günther Sasse: Die Wilhelmstraße 74 – 76. 1870 – 1945. Zur Baugeschichte des Auswärtigen Amts in Berlin, in: Oswald Hauser (Hg.): Preußen, Europa und das Reich (= Neue Forschungen zur Brandenburg-Preussischen Geschichte, Band 7), Köln / Wien 1987, S. 357 – 376; Geheimes Staatsarchiv Preußischer Kulturbesitz, Bestand Rep. 2.4.1. (Ministerium der Auswärtigen Angelegenheiten), ZB 226, 227; Politisches Archiv des Auswärtigen Amtes, R 128 191 – 128 194, R 28 567.

WILHELMSTRASSE 77

Die Reichskanzlei, 1881

Das Palais wurde 1736 für den Generalmajor Adolf Friedrich Graf von der Schulenburg erbaut. Nach dessen Tod ging es 1741 an den ältesten Sohn, den Grafen Gebhard Werner, der es spätestens seit der Mitte der fünfziger Jahre vermietete. Im Jahre 1788 erbte der älteste Sohn des Grafen Gebhard Werner, Graf Karl Friedrich Gebhard, das Haus. Er verkaufte es zwei Jahre später an den Kammerherrn Chevalier Adrian de Verdy du Vernois, dessen Frau als Besitzerin in das Grundbuch eingetragen wurde. Wiederum zwei Jahre später schenkte König Friedrich Wilhelm II. das Palais, das in seinen Besitz übergegangen war, der Gräfin Sophie Julie Friederike Wilhelmine von Dönhoff, der er seit 1790 in morganatischer Ehe angetraut war. Im Jahre 1795 verkaufte der König das Haus, auf dessen Besitz die Gräfin Dönhoff nach ihrer Entfernung vom Berliner Hof verzichtete, dem polnischen Fürsten Michael Radziwill. Dieser stellte es seinem Sohn Anton und seiner Schwiegertochter, der Prinzessin Friederike Dorothee Phillipine Louise von Preußen, die im Jahre 1796 heirateten, zur Verfügung. Im Jahre 1823 ging es durch Schenkung in das Eigentum des Fürsten Anton über. Im Jahre 1836 erbten die Kinder des Paares, Wanda, Wilhelm und

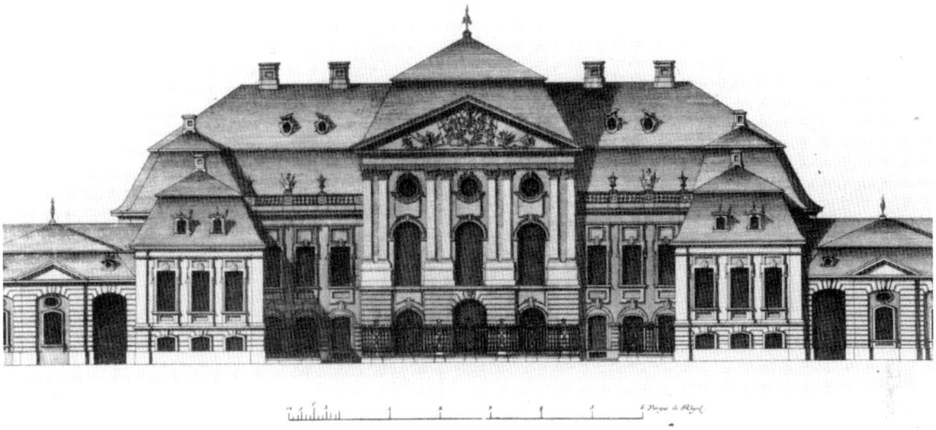

Das Palais Schulenburg. Fassade zur Wilhelmstraße.
Kupferstich von Horst nach Jean George Ringlin, um 1740

Boguslaw Radziwill, das Haus; nach deren Tod wurde es im Jahre 1875 vom Deutschen Reich gekauft und – nach umfangreichen inneren Umbauten – dem Reichskanzler als Dienstwohnung zur Verfügung gestellt, der, als er im Frühjahr 1878 einzog, auch gleich sein neugegründetes persönliches Regierungsbüro, die Reichskanzlei, in der vier Beamte tätig waren, hier einquartierte.

Das Palais, das der Graf Schulenburg hatte errichten lassen, war eine Dreiflügelanlage mit einem zur Wilhelmstraße offenen Ehrenhof. Das leicht vorspringende Mittelrisalit des *corps de logis* wurde im ersten Stock durch acht paarweise angeordnete korinthische Pilaster gegliedert, die einen Dreiecksgiebel trugen. Die Fenster dieses Stockwerks sind im Mittelrisalit rundbogig abgeschlossen und stehen durch gegliederte Felder mit jeweils einem *œil de bœuf* in Verbindung. Die übrigen Fenster des ersten Stockwerks sind wie die Fenster der Seitenflügel durch rechteckige Felder verdacht, während die Fenster im Erdgeschoß des Mittelbaus den Rundbogenabschluß der drei Fenster im ersten Stock des Mittelrisalits wiederholen. Das *corps de logis* weist ferner eine mit Vasen- und Trophäenschmuck gekrönte Dachbalustrade auf.

An dieser Fassade, die durch das erste von insgesamt sechs Blättern einer Kupferstichfolge überliefert ist, die wohl in engem Zusammenhang mit der Fertigstellung des Baus entstanden ist, wurden am Anfang des 19. Jahrhunderts einige Veränderungen vorgenommen. Die Feldverbindungen zwischen den drei Fenstern des Mittelrisalits und den darüberliegenden

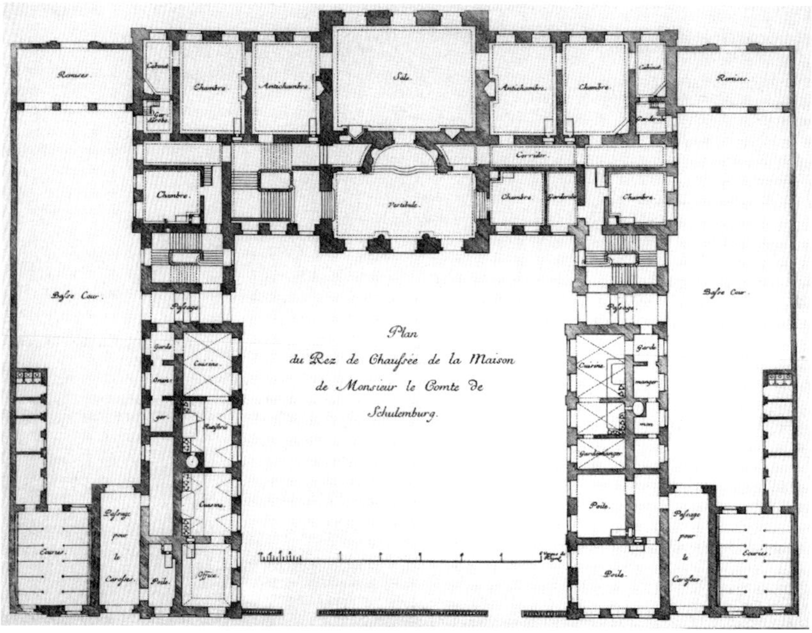

Das Palais Schulenburg. Grundriß vom Erdgeschoß. Kupferstich von Horst nach Jean George Ringlin, um 1740

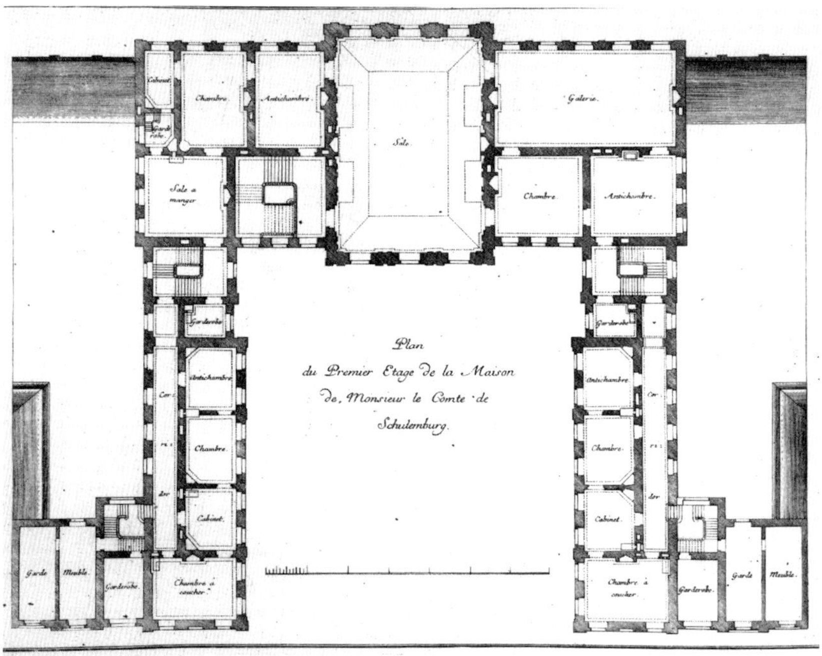

Das Palais Schulenburg. Grundriß vom ersten Stock. Kupferstich von Horst nach Jean George Ringlin, um 1740

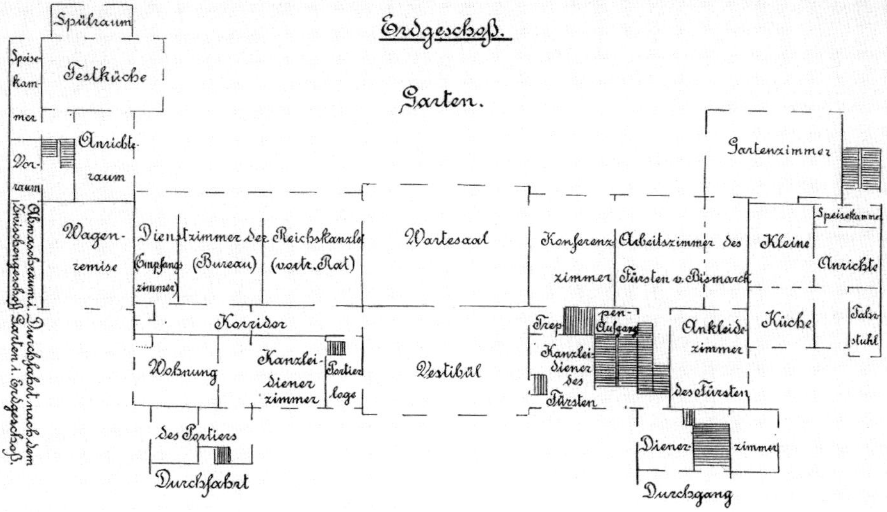

Die Reichskanzlei. Grundriß vom Erdgeschoß.
Die Zeichnung entstand im Zusammenhang der Vorbereitung der Festschrift »50 Jahre Reichskanzlei«, die zur Grundsteinlegung des Erweiterungsbaus im Mai 1928 veröffentlicht wurde. Sie stammt von dem Geheimrat Pinkow, der bis 1919 Bürodirektor in der Reichskanzlei war

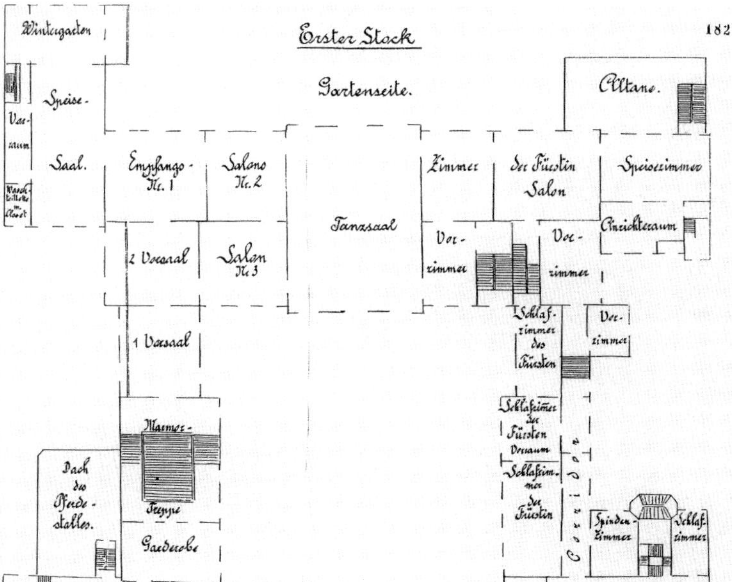

Die Reichskanzlei. Grundriß vom ersten Stock. Herkunft wie oben

œils de bœuf wurden durch Figurenreliefs in Form flacher Rechtecke ersetzt, die Rundbogen dieser drei Fenster erhielten antikisierende Frauenköpfe als Krönung, während die Rundbogen bzw. Rundbogenblenden der Fenster des Erdgeschosses durch Löwenköpfe bekrönt wurden. Die übrigen Fenster des ersten Stockwerks erhielten Verdachungen in Form von Dreiecksgiebeln. Auf der Gartenseite blieb die Fassade in dem Zustand, den der Kupferstich aus der Mitte des 18. Jahrhunderts zeigt. Die Dachbalustrade wurde entfernt, das Dachgeschoß ausgebaut und mit Gaubenfenstern versehen. Auf dem Giebelfeld des Mittelrisalits ließen die Radziwills das fürstliche Wappen anbringen und auf dem Architrav die Aufschrift »Hotel de Radziwill«. Beides wurde bei dem Umbau nach 1875 entfernt und im Giebelfeld das von zwei Genien gehaltene Reichswappen angebracht.

Die Grundrißanlage entsprach genau dem Typ des barocken Adelshotels. Im ersten Stock des *corps de logis* befand sich der Festsaal, der die ganze Tiefe des Gebäudes einnahm und in der Höhe bis in das Dachgeschoß reichte. Dieser Saal, der wohl ebenfalls zu Beginn des 19. Jahrhunderts umgestaltet wurde, blieb dann bis 1945 weitgehend unverändert. Südlich des Saals und in den Seitenflügeln waren *appartements* untergebracht, nördlich des Saals zum Garten hin eine Galerie. Unter dem Saal im Erdgeschoß befand sich zum Ehrenhof hin ein Vestibül und zum Garten hin ein Gartensaal; an beide schlossen sich links und rechts ebenfalls *appartements* an, während in den Seitenflügeln Wirtschaftsräume untergebracht waren; die Wohnungen der Dienstboten befanden sich in den Dachgeschossen der Seitenflügel. Rechts und links der beiden Seitenflügel befanden sich Wirtschaftshöfe, die mit Durchfahrten in Verbindung mit dem Ehrenhof standen und zu denen man durch Einfahrten von der Straße her gelangte. An diese Wirtschaftshöfe waren Schuppen und Ställe angebaut.

Dieser Grundriß wurde bei dem Umbau, der nach Plänen des Architekten Wilhelm Neumann (ab 1878: von Mörner) erfolgte, im Sommer des Jahres 1875 begann und erst im März 1878 beendet war, weitgehend umgestaltet. »Der halbkreisförmige Abschluß des Vestibüls wurde beseitigt und das Vestibül bis auf die Wand des Gartensaales erweitert, vier Säulen mit Querunterzügen nahmen die Deckenlast auf. Der Fußboden des Vestibüls wurde mit dem des Gartensaals in eine Höhe gelegt. Die Haupttreppe, vom Vestibül ausgehend, wurde beseitigt und an deren Stelle eine Portierwohnung, bestehend aus 2 Stuben mit Küche, eingerichtet. Rechts vom Vestibül wurde ein Zimmer für den Kanzleidiener (jetzt Telephonzentrale) angelegt … Auf der Nordseite nach dem Garten wurde im Erdgeschoß das Arbeitszimmer des Reichskanzlers mit Terrasse darüber im ersten Stock angebaut. Dieser im Entwurf als Arbeitszimmer vorgesehene Raum wurde aber nach der Fertigstellung des Umbaues nicht als Arbeitszimmer, sondern als Gesellschaftsraum benutzt, während der davorliegende Raum durch Entfernung der Querwand als Arbeitszimmer des Reichskanzlers bestimmt wurde. Von dem Vestibül aus führte links ein Flur nach drei Büroräumen, welche die Reichskanzlei bildeten. Im südlichen Seitenflügel wurde eine große Haupttreppe, die nach den

Repräsentationräumen im 1. Stock führte, eingebaut. Der Zugang zu dieser Treppe erfolgte von der südlichen Durchfahrt.
Im 1. Stockwerk blieb der große Festsaal im Mittelbau bestehen. Im Anschluß an einen größeren dreifenstrigen Empfangsraum wurde der große Speisesaal gelegt, der nach der Parkseite einen mit Glas überdeckten Wintergarten erhielt ... Auf der rechten Seite des Festsaals im Mittelbau wurde die frühere Gemäldegalerie nach der Parkseite durch eine Wand in ein zwei- und ein dreifenstriges Zimmer geteilt, die als Empfangszimmer der Fürstin Bismarck verwendet wurden. Auf diesem Flügel wurde nach der Gartenfront ein vierfenstriges Speisezimmer vorgelagert ...« (Zur Geschichte des Reichskanzlerpalais, S. 67–69). Im ersten Stock des rechten Seitenflügels lagen weitere Räume der Privatwohnung des Reichskanzlers.

Während der Amtszeit der Nachfolger Bismarcks wurden einige kleinere bauliche Veränderungen vorgenommen, zu denen vor allem die Verlegung des Arbeitszimmers für den Reichskanzler in das Speisezimmer im ersten Stock und die Umwandlung des bisherigen Arbeitszimmers in ein Speisezimmer gehört. Diese Veränderungen wurden ebenso wie die Umwandlung des Speisesaals in einen Empfangssaal und die des bisherigen Empfangsraums der Fürstin Bismarck in eine Bibliothek in den Jahren 1901 und 1902 während der Kanzlerschaft Bernhard von Bülows durchgeführt.

Die ständig wachsende Zahl der Beamten der Reichskanzlei zog die Umwandlung von immer mehr Repräsentations- und Wohnräumen in Büroräume nach sich. War die Zahl der Beamten zwischen 1878 und 1914 bereits von vier auf 20 gestiegen, so kam es nach der Gründung der Republik noch einmal zu einem erheblichen Personalzuwachs, da die Reichskanzlei jetzt nicht mehr nur die Geschäfte des Reichskanzlers, sondern die der gesamten Reichsregierung führte. Für die 35 Beamten, die im Jahre 1928 in der Reichskanzlei arbeiteten, hatte nur durch die Reduktion der Dienstwohnung des Reichskanzlers auf die Räume im ersten Stock des rechten Seitenflügels genügend Platz geschaffen werden können.

Allerdings waren die Wege in dem Haus, das nicht nach Grundsätzen eines Bürogebäudes gebaut war, lang und zeitraubend. Die Entscheidung, einen Erweiterungsbau auf dem benachbarten freien Grundstück Wilhelmstraße 78 zu bauen, lag deshalb nahe und wurde, nach einiger Vorbereitungszeit, ab 1928 verwirklicht. Dieser Neubau wurde so mit dem Altbau verbunden, daß zwei am südlichen Seitenflügel an der Wilhelmstraßenfront angebaute Räume abgerissen wurden und der beim ersten Umbau an der Südwestecke angesetzte Speisesaal mit Wintergarten, der Anfang des Jahrhunderts in einen Empfangssalon umgewandelt worden war, nach Abriß des Wintergartens modernisiert und jetzt als Roter Saal bezeichnet wurde. Der Neubau war Ende des Jahres 1930 bezugsfertig und seither stand den Reichskanzlern das gesamte Palais Wilhelmstraße 77 als Dienstwohnung zur Verfügung.

Wirklich genutzt hat es wohl zuerst wieder Adolf Hitler, der allerdings nach seiner Ernennung am 30. Januar 1933 zunächst nicht hier einziehen konnte, da das Haus von Oktober 1932 bis Mai 1933 vorübergehend dem Reichspräsidenten als Dienst-

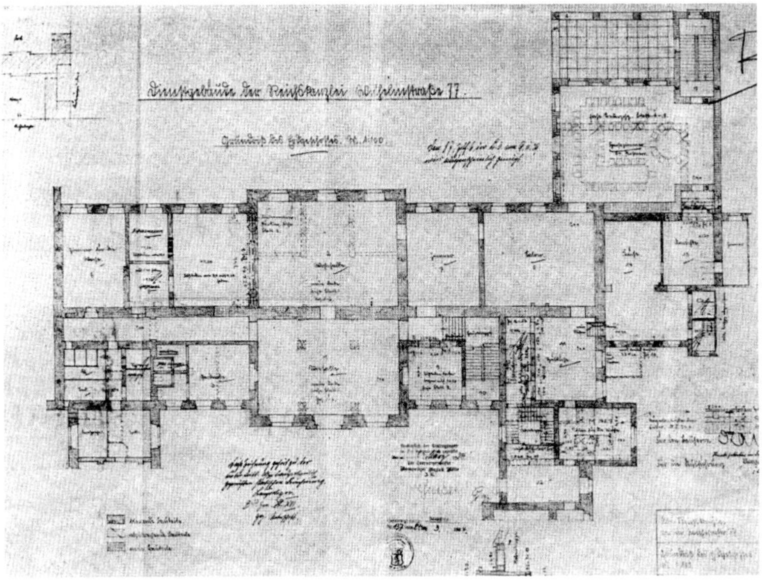

Die Reichskanzlei. Grundriß vom Erdgeschoß, 1934.
Die Zeichnung zeigt den Plan für den Umbau der Reichskanzlei als Dienstwohnung für Adolf Hitler

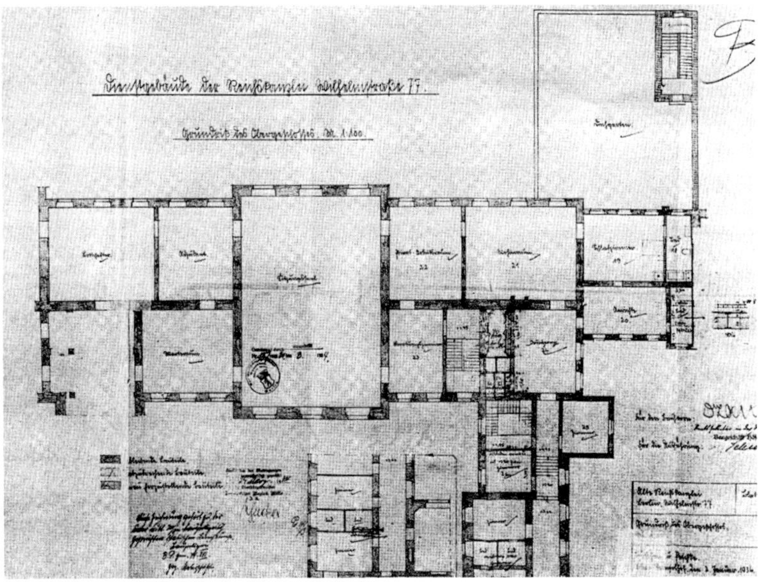

Die Reichskanzlei. Grundriß vom ersten Stock, 1934.
Die Zeichnung zeigt den Plan für den Umbau der Reichskanzlei als Dienstwohnung für Adolf Hitler

wohnung zur Verfügung stand, da dessen Palais in der Wilhelmstraße 73 renoviert werden mußte. Hitler bewohnte inzwischen die Dienstwohnung des Staatssekretärs, die im zweiten Stock des Erweiterungsbaus lag. Erst seit Herbst 1933 wurden Pläne für den Umbau und die Neueinrichtung der Wilhelmstraße 77 vorgelegt, die nach dem Tod von Paul Ludwig Troost im Januar 1934 von dessen Witwe Gerdy und dem Mitarbeiter Leonhard Gall weitergeführt wurden. Im Erdgeschoß wurden die Säulen aus der Vorhalle entfernt und der Gartensaal mit einem Wanddurchbruch zu dem südlich anschließenden Raum vergrößert. Der Raum, der Bismarck als Arbeitszimmer gedient hatte und am Anfang des Jahrhunderts in ein Speisezimmer umgewandelt worden war, diente jetzt als »Salon«, während das Gartenzimmer, das beim Umbau zwischen 1875 und 1878 als Arbeitszimmer für Bismarck vorgesehen war, nach Westen und Norden auf etwa die doppelte Größe gebracht wurde. Der vergrößerte Raum diente als Speisezimmer. Im ersten Stock wurde in dem zweifenstrigen Zimmer rechts von dem Festsaal ein Privat-Arbeitsraum eingerichtet, die anschließende Bibliothek bildete als »Wohnraum« den Übergang zu einigen privaten Wohn- und Schlafzimmern. Auf der linken Seite des Gebäudes wurden sowohl im Erdgeschoß als auch im ersten Stock verschiedene Vor- und Wartezimmer eingerichtet, zu denen auch Wachräume gehörten. Im ersten Stock bildete das »Botschafterzimmer«, der ehemalige Empfangssaal, den Übergang zum Roten Saal, den Hitler bereits im 1933 als offizielles Arbeitszimmer belegt hatte.

Im Jahre 1935 wurde im Garten – mit dem Haupthaus durch Anschluß an das Speisezimmer verbunden – ein Empfangssaal angebaut, der in das Grundstück des benachbarten Auswärtigen Amtes Wilhelmstraße 76 hineinreichte. Unter diesem Saal wurde ein Luftschutzbunker angelegt, der später als Vorbunker Teil der Anlage des Führerbunkers war.

Quellen: Berlin und seine Bauten I, 1877, S. 417–419; Berlin und seine Bauten II, 1896, S. 73; Louis Schneider: Das ehemalige Radziwillsche Palais, Berliner Bauwerke Tafel 8, in: Vermischte Schriften im Anschluße an die Berlinische Chronik und das Urkundenbuch, hrsg. vom Verein für die Geschichte Berlins, Band II, Berlin 1888; Richard Borrmann: Die Bau- und Kunstdenkmäler von Berlin, Berlin 1893, S. 369–370; Zur Geschichte des Reichskanzlerpalais und der Reichskanzlei. Herausgegeben vom Staatssekretär der Reichskanzlei (= Hermann Pünder), Berlin 1928; Johannes Sievers: Bauten für die Prinzen August, Friedrich und Albrecht von Preußen. Ein Beitrag zur Geschichte der Wilhelmstraße in Berlin, Berlin 1954, S. 228 – 238; Angela Schönberger: Die Neue Reichskanzlei von Albert Speer. Zum Zusammenhang von nationalsozialistischer Ideologie und Architektur, Berlin 1981; Bundesarchiv, Bestand R 43 I (Reichskanzlei), Nr. 1506, 1507, 1508, 1509, 1510c, 1532, 1533, 1534, 1535, 1536, 1537.

WILHELMSTRASSE 78

Der Erweiterungsbau der Reichskanzlei, 1930

Zwischen 1928 und 1930 wurde in der Wilhelmstraße 78 ein Erweiterungsbau für die Reichskanzlei errichtet. Das Baugrundstück umfaßte das nördliche Drittel des Geländes, auf dem 1736 von Philipp Gerlach ein Palais für den Geheimen Etats- und Kriegsminister Samuel von Marschall errichtet worden war. Dieses Palais war, nach mehrmaligem Besitzerwechsel, seit 1800 Eigentum des Staatsministers Otto Karl Friedrich von Voß, der es im Jahre 1823 seinem Sohn, Graf Karl Otto Friedrich von Voß, vererbte. Dessen Erben verkauften das Haus Ende 1871 an den Berliner Bankenverein, der es abreißen ließ und durch den Garten die Voßstraße anlegte, benannt nach dem letzten Besitzer des abgerissenen Palais. Das an der Wilhelmstraße verbleibende Restgrundstück wurde geteilt; der südliche Teil wurde als Voßstraße Nr. 1 geführt, der nördliche Teil übernahm von dem alten Grundstück die Nr. Wilhelmstraße 78. Auf diesem Teilgrundstück ließ Fürst Hans Heinrich XI. von Pleß 1872 ein Palais nach Vorbildern der französischen Renaissance errichten. Dieses Palais des Fürsten Pleß ging 1909 an die Union-Baugesellschaft, die es abreißen ließ, um einen Neubau zu errichten, der jedoch nie verwirklicht wurde. Im Jahre

Das Palais Voß in der Wilhelmstraße 78, um 1870

Das Palais Pleß in der Wilhelmstraße 78

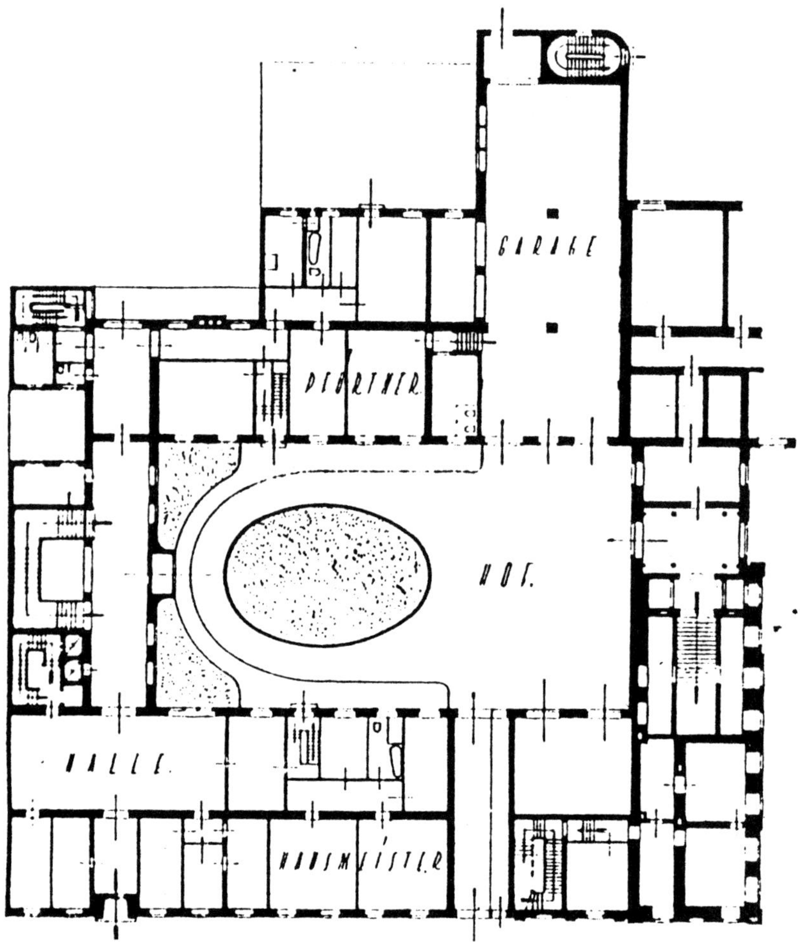

Der Erweiterungsbau der Reichskanzlei. Grundriß vom Erdgeschoß

1913 wurde das Grundstück vom Deutschen Reich angekauft. Die von dem Architekten Hermann Dernburg vorgelegten Pläne für den Neubau eines Dienstgebäudes für das Reichskolonialamt und die Presseabteilung des Auswärtigen Amtes wurden wegen des Krieges nicht ausgeführt. Im Sommer 1920 wurden auf dem unbebauten Grundstück Baracken für die provisorische Unterbringung einiger Büros des Reichsministeriums für Wiederaufbau errichtet, das gegenüber in der Wilhelmstraße 62 nicht genug Platz hatte. Diese Baracken blieben nach der Auflösung des Wiederaufbauministeriums im Jahre 1924 ungenutzt.

Seit diesem Jahr wurde wiederholt der Plan erwogen, auf dem Grundstück einen Erweiterungsbau für die unmittelbar benachbarte Reichskanzlei zu errichten. Nach langen Verzögerungen konnte im März 1927 ein Wettbewerb ausgeschrieben werden,

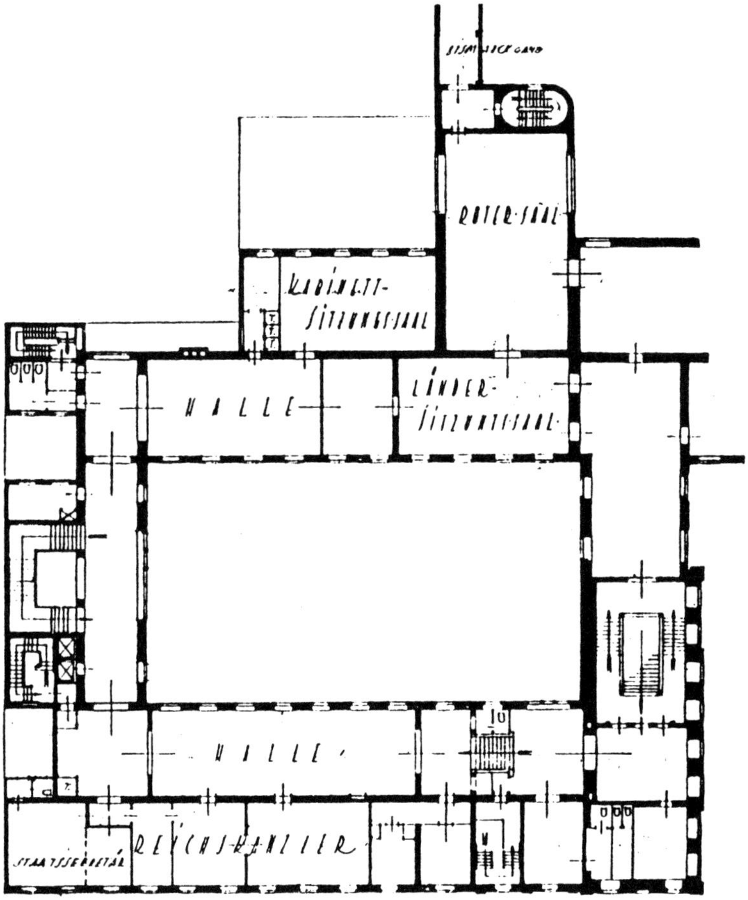

Der Erweiterungsbau der Reichskanzlei. Grundriß vom ersten Stock

an dem sich 128 Architekten beteiligten. Zwar wurde kein erster Preis, sondern nur drei zweite Preise vergeben. Von diesen drei Preisträgern konnte jedoch der Entwurf, den Eduard Jobst Siedler und sein Mitarbeiter Robert Kisch vorgelegt hatten, die meisten Stimmen auf sich vereinen und wurde deshalb zur Ausführung bestimmt. Die Bauleitung lag bei der Reichsbauverwaltung.

Der Neubau schloß sich an einer Seite in gleicher Gesimshöhe an das Borsig-Palais an, auf der anderen Seite an den niedrigen Seitenflügel des Hauses Wilhelmstraße 77, wo zur besseren Anbindung ein zweifenstriger Anbau aus den siebziger Jahren abgerissen wurde. An der Seite zur Reichskanzlei glich ein von der Straßenfront zurückversetzter, turmartiger Bauteil den Höhenunterschied zwischen dem alten Palais und dem Erweiterungsbau aus. Die Fassade zur Wilhelmstraße war mit Travertinplatten verkleidet. Das Hauptgeschoß mit den Arbeitszimmern des Ministers und des Staatssekretärs war mit starken Fenstergewänden von den übrigen Stockwerken unterschieden. Rechts befand sich die Einfahrt zum Hof, links der Haupteingang.

»Im Erdgeschoß befinden sich im Anschluß an den Haupteingang eine große Halle, ferner Räume für den Pförtner nebst Dienstwohnung, Fernsprechzentrale, Räume für Kriminalbeamte und Botenmeisterei, Wohnung und Dienstzimmer des Hausinspektors, Wartezimmer, eine Durchfahrt sowie die Zugänge zu den Treppenhäusern. Das Hauptgeschoß liegt mit dem alten Palais auf gleicher Höhe. Es nimmt vorn die Diensträume des Reichskanzlers und Staatssekretärs mit den Warte- und Vorzimmern auf. In dem rückwärtigen Gebäudeteil befinden sich der Kabinettsitzungssaal mit Vorsaal und repräsentativer Halle. Der Rote Saal ist in gleicher Lage wie früher im Anschluß an die vorhandenen Repräsentationsräume wiederhergestellt. Ihm vorgelagert ist der Ländersitzungssaal, der zugleich Zugang von dem Vorsaal der alten Haupttreppe hat … Die so angeordneten Säle können bei größeren Veranstaltungen mit den vorhandenen Repräsentationsräumen des Palais günstig verwendet werden. Im II. Obergeschoß liegen sämtliche Diensträume der Reichskanzlei … Im III. Obergeschoß befindet sich eine Dienstwohnung für den Staatssekretär der Reichskanzlei mit zehn Zimmern und Zubehör sowie die des Bürodirektors mit sechs Zimmern und Zubehör.« (Zur Geschichte des Reichskanzlerpalais, S. 77–78)

Nach der Machtübergabe verlegte Hitler das Arbeitszimmer des Reichskanzlers in den Roten Saal, während der Staatssekretär den bisherigen Kabinettssitzungssaal bezog. Die Räume, die bisher diese Funktion hatten, wurden ebenso wie die dazu gehörenden Vorzimmer und Warteräume an der Front zur Wilhelmstraße Ende 1933 neu eingeteilt. Zwei dieser Räume dienten ab 1935 als Durchgang zu dem Balkon, den Albert Speer im Sommer desselben Jahres an der Straßenfront des Gebäudes anbaute. Mit dem Bau der Neuen Reichskanzlei wurde ein Teil des Gebäudes völlig umgestaltet oder beseitigt. Am Haupteingang zur Wilhelmstraße wurde unter Einbeziehung des ersten Stockwerks auf der Breite von fast vier Fensterachsen eine Einfahrt durchgebrochen, die als Doppelportal gestaltet war und von je einer Bronzetür verschlossen wurde. Dieses Portal wiederholte sich auf der anderen Seite der Durchfahrt, die sich auf einen neuen Ehrenhof öffnete, für den der Südflügel und fast der gesamte Westflügel des Erweiterungsbaus abgerissen wurde. Bestehen blieb an der Nordwestecke der noch zur Bausubstanz des Altbaus gehörende Rote Saal, der Hitler bis zur Fertigstellung der neuen Reichskanzlei im Januar 1938 als Arbeitszimmer gedient hatte und der jetzt den Übergang von seinen Privaträumen in der Wilhelmstraße 77 zum neuen Arbeitszimmer im Zentrum der Neuen Reichskanzlei bildete.

Quellen: Zur Geschichte des Reichskanzlerpalais und der Reichskanzlei. Herausgegeben vom Staatssekretär der Reichskanzlei (= Hermann Pünder), Berlin 1928; Bundesarchiv, Bestand R 43 I (Reichskanzlei), Nr. 1583, 1584, 1585, 1586, 1587, 2737, R 43 II (Reichskanzlei), Nr. 1042, 1042a, 1046

Der Erweiterungsbau der Reichskanzlei, 1939.
Rechts der im Jahre 1935 angebaute Balkon, links das Tor zur Einfahrt in die Neue Reichskanzlei in der Voßstraße

VOSSTRASSE 1

Das Palais Borsig, 1881

In den Jahre 1875 bis 1877 ließ Albert Borsig auf dem Grundstück Voßstraße 1 ein Wohnhaus errichten. Das Grundstück war der mittlere der drei Teile, in die das alte Baugrundstück Wilhelmstraße 78 bei der Anlage der Voßstraße im Jahre 1872 geteilt worden war und auf dem zuvor das Palais Marschall (später Palais Voß) gestanden hatte.

Der Entwurf stammt von Richard Lucae, der sich an der Palastarchitektur der italienischen Hochrenaissance orientierte. Der Zugang zum Haus erfolgte über einen loggienartigen Anbau in der Voßstraße. »Die Ausführung (der Fassade) erfolgt in hannover'schem Sandstein, der in Verbindung mit französischem Kalkstein auch für den Vorhof verwendet wird, während die Façaden des Wirtschaftshofes in Terrakotta durchgeführt werden. Der Sockel wird mit polirtem schlesischen Granit bekleidet.« (Berlin und seine Bauten I, S.419) In Nischen zwischen den Fenstern des ersten Stocks waren ganzfigurige Plastiken aufgestellt, die zusammen eine Art Ahnengalerie technologischer Theorie und Praxis bildeten. Beginnend neben dem Zugangsanbau in der Voßstraße: Archimedes, Leonardo da Vinci, James Watt, Robert Louis Stephenson, Peter Christian Beuth, Karl Friedrich Schinkel und August Borsig, der Gründer der Maschinenfabrik und Vater des Bauherrn. Die Plastiken stammten von Reinhold Begas, Erdmann Encke, Emil Hundrieser und Julius Lessing. Albert Borsig starb kurz nach der Fertigstellung des

1. Eingang.
2. Haupttreppe.
3. Vestibül.
4. Zimmer des Herrn.
5. Salons.
6. Diensttreppe.

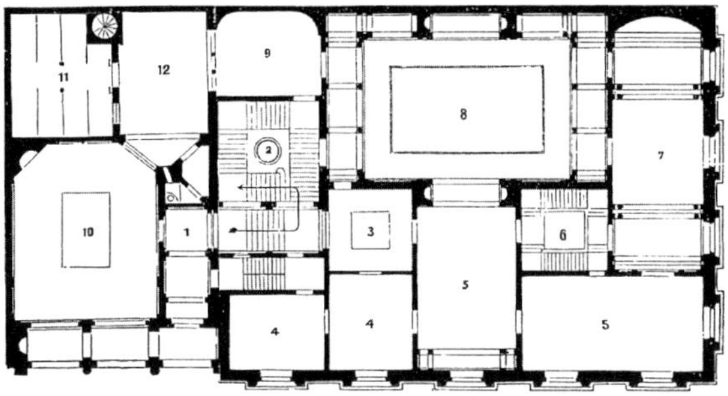

7. Speisesaal.
8. Tanzsaal.
9. Billardzimmer.
10. Einfahrt (darüber Pflanzenhaus).
11. Stall.
12. Wirthschaftshof.

Das Palais Borsig. Grundriß vom Erdgeschoß

Baus und es scheint, als habe die Familie das Haus nie benutzt und schließlich 1887 an die Preußische Pfandbrief-Bank verkauft.

Im Frühjahr 1933 wurde das Haus vom Deutschen Reich gemietet und dem Vizekanzler in der Regierung Hitler, Franz von Papen, als Dienstgebäude zur Verfügung gestellt. Im Zusammenhang mit der Entmachtung der SA, dem sogenannten Röhm-Putsch im Juni 1934, erhielt das Gebäude, das im März 1934 vom Reich gekauft worden war, eine neue Funktion. Frei geworden durch den erzwungenen Rücktritt von Papens, der im gleichen Zusammenhang erfolgte, sollte hier die Oberste SA-Führung in unmittelbarer Nähe Hitlers untergebracht werden. Nach Abschluß des inneren Umbaus im November 1934 zog nicht nur die SA-Führung, sondern auch die Präsidial-Kanzlei ein, da Hitler nach dem Tod Hindenburgs im August 1934 auch das Amt des Reichspräsidenten übernommen hatte und dessen Büro, das seit 1919 in der Wilhelmstraße 73 seinen Sitz hatte, nicht nur umbenennen, sondern auch in die unmittelbare Nachbarschaft zur Reichskanzlei verlegen ließ. Die Präsidial-Kanzlei und die SA-Führung behielten diese Räume auch nach der Eingliederung des Borsig-Palais in die Neue Reichskanzlei ab 1939.

Quellen: Berlin und seine Bauten I, 1877, S. 419; Berlin und seine Bauten II, 1896, S. 119 - 120; Bundesarchiv, Bestand R 43 II (Reichskanzlei), Nr. 1048.

VOSSTRASSE 1–19

Die neue Reichskanzlei, 1939. Blick in Richtung Wilhelmstraße

Am 9. Januar 1939 wurde die neue Reichskanzlei in der Voßstraße ihrer Bestimmung übergeben. Der Neubau, der unter Leitung des Architekten Albert Speer errichtet wurde, war seit 1934 geplant worden. Zwischen 1935 und 1937 waren die Häuser an der Nordseite der Voßstraße, die sich nicht in staatlichem Eigentum befanden, angekauft worden; im Frühjahr 1937 begann an einigen Stellen der Abriß und kurze Zeit später wurde mit der Errichtung des Neubaus begonnen.

Der Bau erstreckte sich auf einer Länge von fast 400 Metern entlang der gesamten Nordseite der Voßstraße. Obwohl die Fassade den Eindruck nahelegte, es handle sich vor allem um ein Bürogebäude, war der Anteil, den die Diensträume am Gesamtvolumen des Gebäudes hatten, gering. Die meisten Mitarbeiter der Reichskanzlei und der Präsidial-Kanzlei blieben in den Büros, die sie bisher im Eweiterungsbau in der Wilhelmstraße 78 und im Borsig-Palais Voßstraße 1 zur Verfügung hatten.

Der Neubau bestand zum überwiegenden Teil aus saalgroßen Räumen für Repräsentationszwecke. Besucher, die den Komplex durch die Toreinfahrt am Wilhelmplatz, die durch die Fassade des Erweiterungsbaus gebrochen worden war, betraten, mußten zunächst den Ehrenhof und anschließend eine fast 300 Meter lange

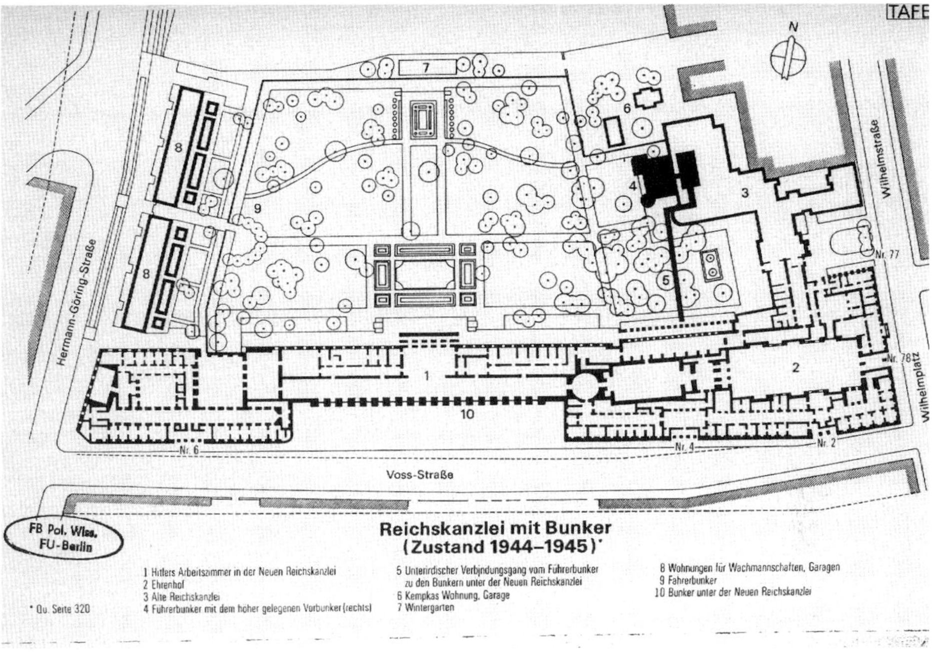

Die neue Reichskanzlei. Lageplan.
Unter dem Saalanbau an die Reichskanzlei Wilhelmstraße 77 von 1936 schwarz der Vorbunker, links daneben, ebenfalls schwarz, der Führerbunker

Die neue Reichskanzlei. Modell, 1938

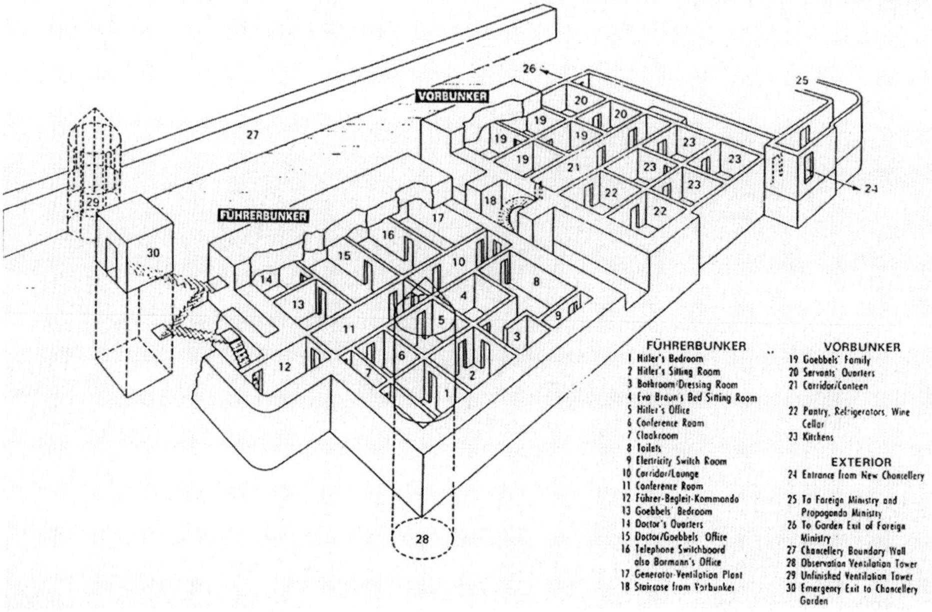

Stereometrische Darstellung des Führerbunkers

Raumfolge, in deren Zentrum die »Marmorgalerie« stand, durchqueren, ehe sie den Empfangssaal erreichten. Der etwa 250 qm große Kabinettsitzungsaal hatte ebenfalls nur repräsentative Funktion, da bereits seit 1938 keine Kabinettssitzungen mehr stattfanden. Im Zentrum des Gebäudes stand Adolf Hitlers Arbeitszimmer, das vollständig mit Marmor ausgekleidet war und das bei einer Höhe von zehn Metern und einer Grundfläche von 400 qm nur als Halle bezeichnet werden kann.

Eine Darstellung der mit wertvollen Materialien und einer großen Fülle von Schmuck versehenen Innenausstattung findet sich in der Baumonographie von Angela Schönberger; sie kann und soll hier nicht wiederholt werden.

Zu dem Komplex, der mit der Alten Reichskanzlei Wilhelmstraße 77, die Hitler als Wohnsitz diente, mit dem Erweiterungsbau Wilhelmstraße 78 und mit dem Borsig-Palais Voßstraße 1 verbunden war, gehörten noch, entlang der Hermann-Göring Straße (heute: Friedrich-Ebert-Straße), Wohngebäude für die Wachmannschaften. Der Garten reichte weit über die Grenzen der Gartenanlage der Alten Reichskanzlei hinaus in den des Auswärtigen Amtes hinein. Diese Grenze war bereits 1935 beim Anbau des Empfangssaal an der Nordwestecke des Hauses Wilhelmstraße 77 überschritten worden. Unter diesem Saalbau und nicht unter der Neuen Reichskanzlei, die allerdings über umfangreiche Bunkeranlagen verfügte, befand sich der Vorbunker zum direkt anschließenden Führerbunker.

Quelle: Angela Schönberger: Die Neue Reichskanzlei von Albert Speer. Zum Zusammenhang von nationalsozialistischer Ideologie und Architektur, Berlin 1981.

WILHELMSTRASSE 79/80

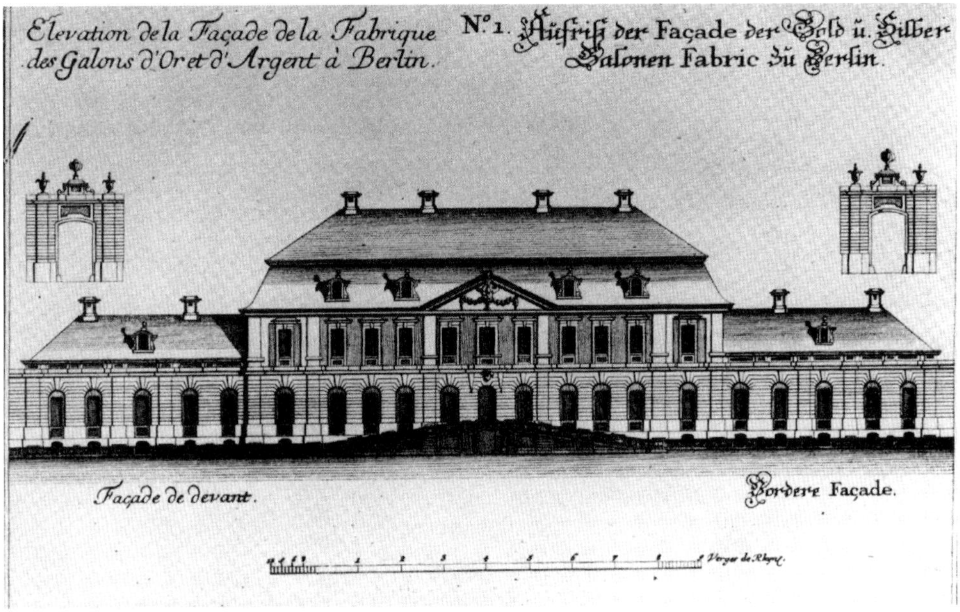

Die Gold- und Silbermanufaktur. Fassade, Kupferstich, um 1740

Das Haus Wilhelmstraße 79 war zwischen 1735 und 1737 nach Plänen von Philipp Gerlach für die Gold- und Silbermanufaktur erbaut und durch Erbverschreibung dem Potsdamer Waisenhaus übergeben worden, das 1738 das königliche Privileg zur Fertigung von Gold- und Silberwaren erhielt. Im Jahre 1763 übernahm der Hofjuwelier Veitel Heine Ephraim das Nutzungsrecht am Privileg, das dem Potsdamer Waisenhaus als Eigentum verblieb, auf Erbpacht; für dieses Nutzungsrecht und für die Nutzung des Gebäudes Wilhelmstraße 79 erhielt das Waisenhaus eine jährliche Revenue von 11.400 Talern. Im Jahre 1821 übernahm Joachim Heinrich Ebers, wie sich August Heymann Veitel Ephraim nach der christlichen Taufe nannte, die Manufaktur und das Gebäude Wilhelmstraße 79 gegen die Zahlung von 154.000 Talern an das Potsdamer Waisenhaus als Eigentum. Ebers ließ das Haus 1823 durch einen Architekten Hess (oder Hesse) umbauen und erweitern. Die eingeschossigen Seitengebäude wurden um ein Stockwerk erhöht und in den wohl zum Teil neu errichteten Hofgebäuden wurden Wohnungen, Remisen und Ställe eingebaut. Die Fassade wurde weitgehend neu gestaltet und dem klassizistischen Ge-

Das Preußische Ministerium für Handel, Gewerbe und öffentliche Arbeiten.
Erweiterungsbau Wilhelmstraße 80. Fotografie von 1937 als Reichsverkehrsministerium

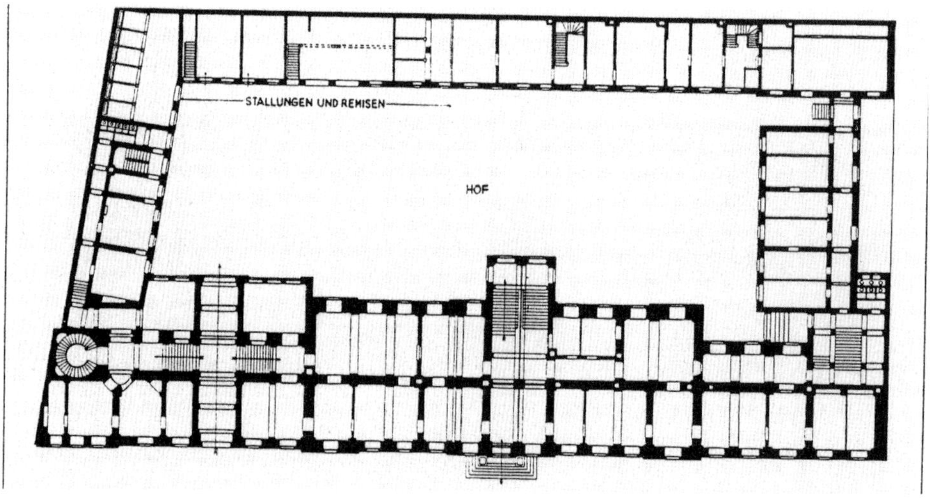

Das Preußische Ministerium für Handel, Gewerbe und öffentliche Arbeiten.
Grundriß vom Erdgeschoß 1855

Die Gold- und Silbermanufaktur nach dem Umbau 1823

schmack der Zeit angepaßt. Nach dem Tod von Joachim Heinrich Ebers verkauften die Erben das Haus 1843 an den preußischen Domänenfiskus.

Im April 1848 wurde das Haus dem neugegründeten Preußischen Ministerium für Handel, Gewerbe und öffentliche Arbeiten als Dienstgebäude und Ministerwohnung zur Verfügung gestellt. Von den fünf Abteilungen des Ministeriums – I. Post und Telegraphie, II. Eisenbahnangelegenheiten, III. Bauwesen, IV. Handel und Gewerbe, V. Berg-, Hütten und Salinenwesen – konnten nur drei einziehen, so daß bereits ab 1852 ein Um- und Erweiterungsbau geplant wurde, der 1855 bezugsfertig war. Die Planung lag in den Händen von Friedrich August Stüler, der als Geheimer Oberbaurat seit 1851 der Hochbauabteilung des Ministeriums angehörte.

»Stüler stockte den ganzen Bau unter Benutzung der Erdgeschoßmauern um ein Stockwerk auf ... Den so geschaffenen einheitlichen Baukörper gliederte er durch Herausheben des mittleren Teils, legte auf den ganzen Bau ein flachgeneigtes Dach und ließ die Frontmauer in einer balusterverzierten Attika enden. Über dem durch eine Putzrustika gegliederten Erdgeschoß, dessen rundbogige Fenster in Segmentbögen geändert wurden, folgt das schlicht gehaltene erste Obergeschoß, das im Mittelbau unter Benutzung der alten Pilaster gegliedert wurde. Darauf baut sich das neue Obergeschoß, wiederum mit Pilasterstellungen, reichverziertem Fries und konsolgeschmücktem Kranzgesims auf ... Die Rundbogen, die die Fenster umrahmen, ragen in das Dachgeschoß hinein und vergrößern so scheinbar die Höhe des Geschosses, die nochmals durch Pilaster betont wird. Auf der Attika stehen im Mittelbau sechs Figuren, die aus Steingut in der Fabrik von March hergestellt sind und die diesen Hauptteil des Hauses wiederum hervorheben und ausklingen lassen.« (Die Geschichte des Hauses ..., S. 44) Diese Fassade blieb bis zum Ende des Zweiten Weltkriegs erhalten; im Jahre 1877 allerdings wurde, im Rahmen der Errichtung eines Erweiterungsbaus in der Voßstraße 35, über dem Haupteingang ein Balkon angefügt.

»Die Raumteilung im Innern wurde ... nur wenig geändert. Die großen schönen Räume des ersten Obergeschosses mit den fensterseitigen Verbindungstüren in einer

Flucht blieben erhalten und wurden als Gesellschaftsräume für den Minister neu eingerichtet. Die Ministerwohnung wurde in der Hauptachse in dem neuen Geschoß untergebracht und liegt zum Teil über dem Festsaal ... Das Arbeitszimmer des Ministers wurde in dem dritten großen Zimmer von rechts eingerichtet; daneben lagen die Räume des Staatssekretärs und des Oberbaudirektors. Als jedoch im Jahre 1878 das große Treppenhaus auf dem rechten Flügel beseitigt wurde und an seine Stelle das Zimmer für den Staatssekretär trat, bezogen die Minister das Eckzimmer an der Voßstraße.« (Die Geschichte des Hauses ..., S. 48)

Für den stetig wachsenden Betrieb vor allem der Eisenbahnabteilung mußte 1866 das Nachbargebäude Wilhelmstraße 80 angekauft werden, das zunächst kurze Zeit provisorisch genutzt, zwei Jahre später jedoch abgerissen und 1869/70 durch einen Neubau ersetzt wurde, den der damalige Bauinspektor Georg Joachim Wilhelm Neumann (ab 1878: von Mörner) entwarf.

Ebenfalls für die Eisenbahnabteilung wurde in den Jahren 1876 bis 1878 auf dem westlich an den Querflügel des Hauses Wilhelmstraße 79 sich anschließenden Grundstück Voßstraße 35 ein Neubau errichtet, den der Geheime Oberbaurat Herrmann nach Skizzen von Richard Lucae entwarf und der neben einer Dienstwohnung für den Bürodirektor im Erdgeschoß vor allem Diensträume enthielt.

Im Jahr der Fertigstellung des Neubaus wurden die Abteilungen für Eisenbahnen und Hochbau in ein eigenes Ministerium für öffentliche Arbeiten verselbständigt. Während die übrigen Abteilungen als Ministerium für Handel und Gewerbe an den Leipziger Platz zogen, blieb dem Ministerium für öffentliche Arbeiten der Gebäudekomplex an der Wilhelmstraße, zu dem in den Jahren 1892 bis 1894 ein Neubau auf dem Grundstück Leipzigerstraße 125 trat, das an den südlichen Seitenflügel des Hauses Wilhelmstraße 80 anschließt. Der Neubau, der für die Hochbauverwaltung bestimmt war, die bisher den Gebäudeteil Wilhelmstraße 80 innehatte und bereits in der Wilhelmstraße 89 einige Räume hatte anmieten müssen, wurde von dem Bauinspektor Paul Kieschke entworfen und enthielt, neben Dienstwohnungen für den Pförtner und den Heizer im Kellergeschoß, fast ausschließlich Büroräume. »Die Fassade an der Leipziger Straße, welche die zu je zweien an den Brüstungen der Fenster des dritten Stockwerks angebrachten Wappen der zwölf Provinzen Preußens schmükken, ist aus hellem schlesischen Sandstein ... hergestellt. Der bekrönende Adler ist in Kupfer getrieben.« (Zentralblatt 1894, S. 294) Im Jahre 1905 wurde das Gebäude Voßstraße 34, das sich westlich an den Neubau von 1878 anschloß, angekauft und bis 1980 einem Umbau unterzogen.

Im Jahre 1921 wurde das Preußische Ministerium für öffentliche Arbeiten aufgelöst, da die Verwaltung der Eisenbahnen und Wasserstraßen laut Verfassung der Weimarer Republik vom 11. August 1919 auf das Reich überging und die verbliebene Hochbauabteilung, die zu klein war, um ein eigenes Ministerium zu bilden, dem Preußischen Finanzministerium zugeordnet wurde. Von dem neuen Reichsverkehrsministerium, das den Gebäudekomplex an der Wilhelmstraße übernahm, wurde 1924 die Reichsbahn abgetrennt und der Deutschen Reichsbahn-Gesellschaft übertragen. Dieser Vorgang war notwendig, da

Das Preußische Ministerium für Handel, Gewerbe und öffentliche Arbeiten.
Erweiterungsbau Wilhelmstraße 80 von Georg Wilhelm Neumann, 1869/70.
Fotografie von 1937 als Reichsverkehrsministerium

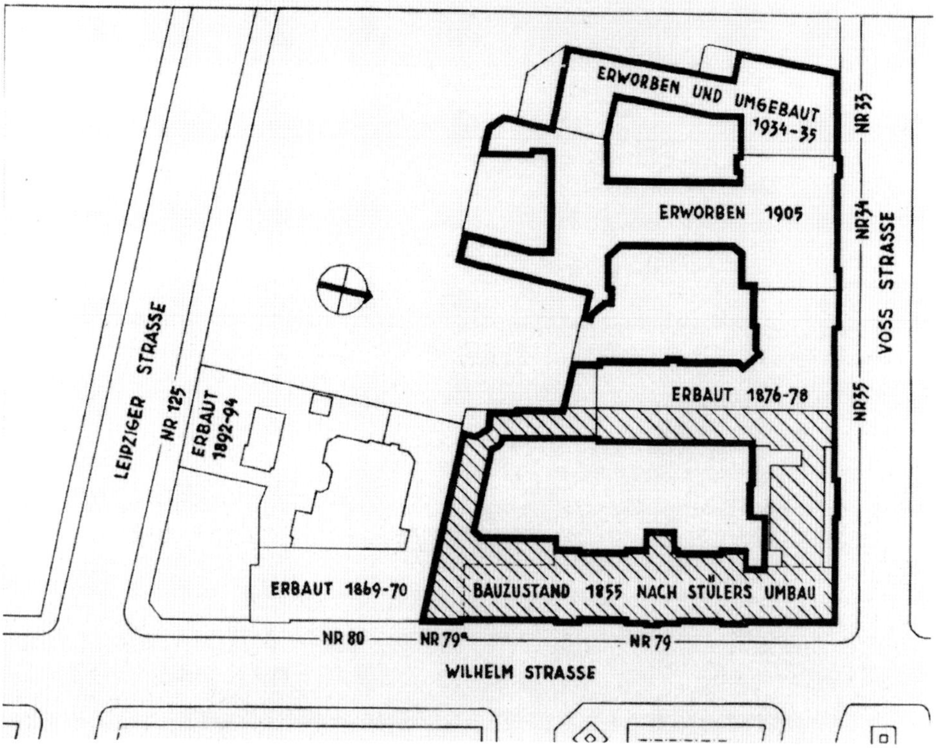

Der Komplex Wilhelmstraße 79/80 mit Erweiterungsbauten in der Leipziger Straße und in der Voßstraße. Lageplan 1937

nach den im sogenannten »Dawes-Plan« getroffenen Vereinbarungen über die Zahlung der Reparationen, die dem Deutschen Reich im Vertrag von Versailles auferlegt worden waren, ein Teil der Reparationslasten aus den Bahneinkünften bestritten werden sollte. Die Reichsbahn-Gesellschaft übernahm das Gebäude Wilhelmstraße 79 und die Erweiterungsbauten in der Voßstraße, die 1923 aufgestockt worden waren und zu denen in den Jahren 1934/35 noch das Gebäude Voßstraße 33 kam, während dem Reichsverkehrsministerium der Komplex Wilhelmstraße 80 / Leipziger Straße 125 verblieb. Im Jahre 1937 wurde die Deutsche Reichsbahn wieder ressortmäßig dem Reichsverkehrsministerium zugeordnet, das bis zum Ende des Zweiten Weltkrieges in der Wilhelmstraße 79/80 und den westlich und südlich anschließenden Gebäuden verblieb.

Quellen: Berlin und seine Bauten I, 1877, S. 261/262; Berlin und seine Bauten II, 1896, S. 100–103; Zentralblatt der Bauverwaltung, Jg. 14, 1894, S. 294/295; Zentralblatt der Bauverwaltung, Jg. 1920, S. 298–301; Die Geschichte des Hauses Wilhelmstraße Nr. 79 auf der Friedrichstadt in Berlin. Im Auftrage des Generaldirektors der Deutschen Reichsbahn bearbeitet von Reichsbahndirektor Röttcher und Reichsbahnrat Falck, Leipzig 1936.

WILHELMSTRASSE 81–85 / LEIPZIGER STRASSE 5–7

Das Reichsluftfahrtministerium, 1936

Im Jahre 1819 übernahm das Preußische Kriegsministerium das Gebäude Leipziger Straße 5. Dieses Gebäude war 1736 für den Geheimen Etats- und Kriegsminister Frantz Wilhelm von Happe erbaut und 1753 an den Prinzen Heinrich von Reuß verkauft worden, dessen Erben das Haus im Jahre 1819 dem preußischen Fiskus verkauften. In den Jahren 1845 – 1846 führte der Bauinspektor Drewitz unter der Leitung August Stülers einen umfangreichen Um- und Erweiterungsbau durch, bei dem das ganze Gebäude um ein Stockwerk erhöht wurde. »Die Façade, welche durch das Zurücktreten der oberen Stockwerke von den Nachbargrenzen zur vollen monumentalen Wirkung kommt, wurde ganz neu hergestellt. Die beiden Untergeschosse sind einfach gequadert; ihren Hauptschmuck in der Front bilden die beiden Einfahrttore mit den von Granzow modellierten und den von March in Charlottenburg ausgeführten, naturalistisch behandelten Soldatenfiguren sowie die zur Ausfüllung der Ecken verwendeten Loggien. Über einem aus Helmen und Laubwerk zusammengesetzten wirkungsvollen Fries und dem kräftigen Gurtgesims folgt das obere Stockwerk, das mit einer Pilasterstellung korinthischer Ordnung gegliedert und durch Rundbogenfenster durchbrochen ist … Den krönenden Abschluß bilden ein Konsolen-Gebälk mit

Das Preußische Kriegsministerium. Teil der Fassade zur Leipziger Straße, 1891

einer mächtigen, in Arkaturen aufgelösten Attika und einigen Trophäen-Aufsätzen.« (Berlin und seine Bauten I, S. 263)
In der zweiten Hälfte des 19. Jahrhunderts wurde nach und nach eine ganze Reihe von Grundstücken entlang der Wilhelmstraße angekauft und mit dem Hauptgebäude in der Leipziger Straße verbunden, wobei an der Leipziger Straße ein Privathaus stehen blieb und die Verbindung an der Straßenfront unterbrach. In den Jahren 1865 bis 1867 wurde das Gebäude Wilhelmstraße 81 ausgebaut und um ein Stockwerk erhöht. »Die Façaden sind in ihren Motiven mit dem älteren Bau verwandt, jedoch derber und einfacher, im Sinne florentinischer Palastbauten behandelt.« (Berlin und seine Bauten I, S. 263) In den Jahren 1888 bis 1890 wurden die Gebäude Wilhelmstraße 82–85 angekauft, abgerissen und durch einen Neubau ersetzt, der fünf Stockwerke hoch war und die Fassadengestaltung des Hauses Wilhelmstraße 81 fortsetzte, bei der, nach dem genannten Renaissance-Vorbild, alle Stockwerke gequadert wurden. Auch an diesen Erweiterungsbauten finden sich Trophäen und Helme als Fassadenschmuck. Gegen Ende des Jahrhunderts wurden noch die Gebäude Wilhelmstraße 86 und 87 dem Komplex eingefügt.
Nach der Auflösung des preußischen Kriegsministeriums zu Beginn der Weimarer Republik wurde das Gebäude an der Leipziger Straße und der Gebäudeteil Wilhelmstraße 81 – 82 vom Reichswehrministerium übernommen, der Flügel Wilhelmstraße 83 – 87 vom Arbeitsgericht Berlin.
Im Mai 1933 bezog das neu gegründete Reichsluftfahrtministerium den gesamten Komplex. Im Februar 1935 begann der Neu-

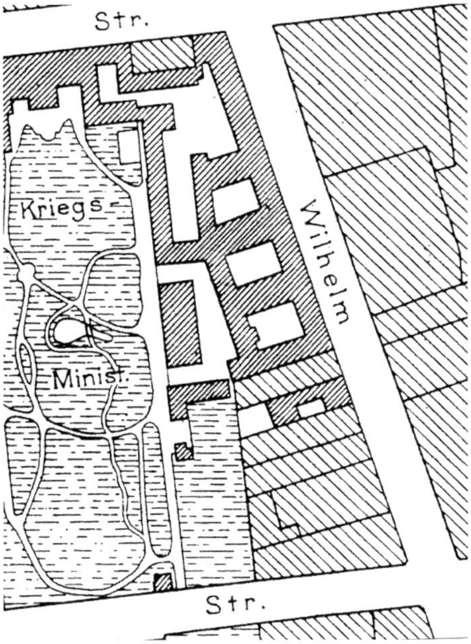

Das preußische Kriegsministerium. Situationsplan 1913

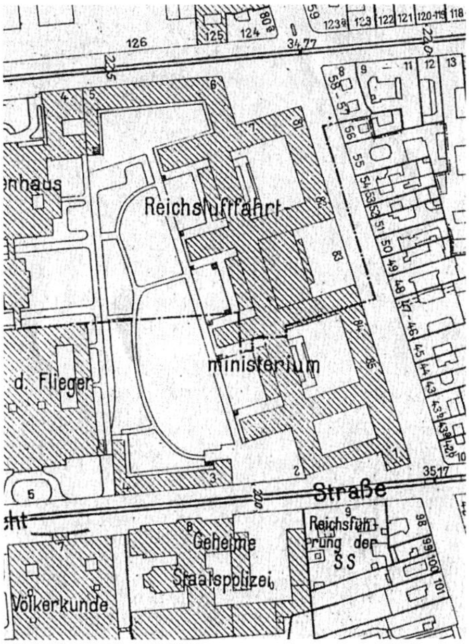

Das Reichsluftfahrtministerium. Situationsplan 1936

bau für dieses Ministerium, wofür sämtliche Gebäude des ehemaligen Kriegsministeriums abgerissen und das Grundstück, durch den Abriß weiterer Gebäude, noch nach Süden bis zur Prinz-Albrecht-Straße erweitert wurde.

Bis Ende des Jahres 1936 war der Neubau fertiggestellt.

An der Hauptfassade des Ministeriums zur Wilhelmstraße ist der mittlere Gebäudeteil so zurückgesetzt, daß ein Ehrenhof nach dem Vorbild barocker Adelspalais entsteht. In dem zurückliegenden Gebäudeteil befindet sich ein über drei Stockwerke reichender Ehrensaal. An der Ecke zur Leipziger Straße öffnet sich ein Vorplatz. In dem diesen Vorplatz begrenzenden Bauteil befindet sich im Erdgeschoß die Eingangshalle und darüber ein durch zwei Stockwerke reichender Saal. Der Bauteil an der Leipziger Straße, der die Stelle des Stammhauses des ehemaligen Kriegsministeriums einnimmt, wurde durch den plastischen Schmuck besonders hervorgehoben. Hier wurde, zwischen den Fenstern des ersten Stocks, abwechselnd mit den Reliefs preußischer Orden Reliefporträts führender preußisch-deutscher Militärs von Clausewitz bis Hindenburg angebracht, die der Bildhauer Douglas Hill fertigte. Sämtliche Fassadenfronten wurden mit Muschelkalksteinplatten verkleidet. Der Neubau erhielt an der Wilhelmstraße die Nummern 81–85, so daß an der Prinz-Albrecht-Straße ein Sprung in der Zählung von 85 nach 98 entstand.

Die gesamte Anlage mit fast 2000 Räumen und einer Nutzfläche von ca. 56 000 qm blieb unbeschädigt und diente bis 1990 als »Haus der Ministerien der DDR«. Von 1991

Modell des Neubaus für das Reichsluftfahrtministerium

bis zum Jahr 1995 war es – später als Detlev-Rohwedder-Haus – Sitz der »Treuhandanstalt« und wird jetzt bis 1999 für das Bundesministerium der Finanzen ausgebaut.

Quellen: Berlin und seine Bauten I, 1877, S. 261 – 263; Berlin und seine Bauten II, 1896, S. 106–107; Bauwelt, Jg. 27 / 9, 1936, S. 1 – 11; Bauwelt, Jg. 28 / 8, 1937, S. 1 – 15; Wolfgang Schäche: Architektur und Städtebau in Berlin zwischen 1933 und 1945. Planen und Bauen unter der Ägide der Stadtverwaltung (= Die Bauwerke und Kunstdenkmäler von Berlin, Beiheft 17), Berlin 1991, S. 218 – 226.

Das Reichsluftfahrtministerium. Fassade des Flügels an der Leipziger Straße, 1936

ANMERKUNGEN

POLITISCHE SYMBOLIK
Fassaden und Ornamente

1. Robert Springer: Berlin's Strassen, Kneipen und Clubs im Jahre 1848, Berlin 1850, S. 87
2. Ludwig Rellstab: Berlin und seine nächsten Umgebungen in malerischen Originalansichten, Berlin 1858, S. 310
3. Allgemeine Encyclopaedie der Wissenschaften und Künste ... herausgegeben von J. S. Ersch und J. G. Gruber. Professoren zu Halle, Leipzig 1830 ff., Sektion 3, Band 9, s.v. »Palast«, S. 426 ff.
4. Springer (wie Anm. 1), S. 87 und 208
5. Das große Conversations-Lexikon für die gebildeten Stände. In Verbindung mit Staatsmännern, Gelehrten, Künstlern und Technikern herausgegeben von J. Meyer, Hildburghausen, Amsterdam, Paris und Philadelphia 1842 ff., Abt. 1, Band 15, s.v. »Hôtel«, S. 293
6. Zitiert nach: Eva Börsch-Supan/Dietrich Müller-Stüler: Friedrich August Stüler 1800–1865, Berlin 1996, S. 215. Zum Kriegsministerium S. 214 und S. 903. Weitere Informationen zum Kriegsministerium in: Berlin und seine Bauten. Herausgegeben vom Architekten- und Ingenieur-Verein zu Berlin, Berlin 1877 (im weiteren: Berlin und seine Bauten I, 1877), S. 262/263 und Berlin und seine Bauten. Herausgegeben vom Architekten- und Ingenieur-Verein zu Berlin, Berlin 1896 (im weiteren: Berlin und seine Bauten II, 1896), S. 262–264. Zu Stüler vgl. Eva Börsch-Supan: Friedrich August Stüler, in: Wolfgang Ribbe/Wolfgang Schäche (Hrsg.): Baumeister – Architekten – Stadtplaner. Biographien zur baulichen Entwicklung Berlins, Berlin 1987, S. 195–218
7. Berlin und seine Bauten I, 1877, S. 262
8. Berlin und seine Bauten II, 1896, S. 107
9. Vgl. Berlin nebst Potsdam und Umgebungen. Separat-Abdruck aus der 19. Auflage von Baedeker's Nord-Deutschland, Leipzig 1880, S. 52
10. Quellen und Literatur in der Kurzmonographie des Gebäudes im Anhang. Dort auch Abbildungen.
11. Börsch-Supan/Müller-Stüler (wie Anm. 6), S. 900
12. Kurt Milde: Neorenaissance in der deutschen Architektur des 19. Jahrhunderts, Dresden 1981, S. 243–278; Eva Börsch-Supan: Berliner Baukunst nach Schinkel 1840–1870, München 1977, S. 174–180
13. Milde (wie Anm. 12), S. 259
14. Quellen und Literatur in der Kurzmonographie dieses Gebäudes im Anhang. Dort auch Abbildungen.
15. Börsch-Supan/Müller-Stüler (wie Anm. 6): »Palazzo-Charakter« des Handelsministeriums. Von den »palazzoartigen Ministerien« Stülers ist die Rede auf S. 208; Rellstab (wie Anm. 2), S. 307, Anmerkung und S. 308
16. Quellen und Literatur in der Kurzmonographie dieses Gebäudes im Anhang. Dort auch Abbildungen. Zur Biographie Neumanns (von Moerners) vgl. Uwe Kieling: Berliner Baubeamte und Staatsarchitekten im 19. Jahrhundert. Biographisches Lexikon (= Miniaturen zur Geschichte, Kultur und Denkmalpflege Berlins, Nr. 17), Berlin 1986, S. 68
17. Berlin und seine Bauten I, 1877, S. 292–294; Berlin und seine Bauten II, 1896, S. 53–55
18. Quellen und Literatur in der Kurzmonographie dieses Gebäudes im Anhang. Dort auch Abbildungen.
19. Quellen und Literatur in der Kurzmonographie dieses Gebäudes im Anhang. Dort auch Abbildungen.
20. Berlin und seine Bauten II, 1896, S. 79
21. Die beiden Zitate: Börsch-Supan/Müller-Stüler (wie Anm. 6), S. 225 und Börsch-Supan (wie Anm. 12), S. 177
22. Vgl. die Bildunterschrift in: Andreas Bekiers/Karl-Robert Schütze: Zwischen Leipziger Platz und Wilhelmstraße, Berlin 1981, S. 62, Abb.1
23. Ernst Friedel: Die Deutsche Kaiserstadt Berlin. Stadtgeschichten. Sehens- und Wissenswerthes aus der Reichshauptstadt und deren Umgebung, Berlin und Leipzig 1882, S. 44–50. Polemik gegen den »Geheimebaurathsstil« auf S. 42/43
24. Berlin nebst Potsdam ... (wie Anm. 9), S. 51
25. Robert Springer: Berlin die deutsche Kaiserstadt nebst Potsdam und Charlottenburg mit ihren schönsten Bauwerken und hervorragendsten Monumenten, Darmstadt 1876, S. 162/163
26. Max Ring: Die deutsche Kaiserstadt Berlin und ihre Umgebung, Leipzig 1883, S. 110 und 114
27. Milde (wie Anm. 12), S. 288
28. Rudolf Morsey: Zur Geschichte der obersten Reichsverwaltung im Wilhelminischen Deutschland *(1890–1900)*, in: Deutsche Verwaltungsblätter 1, 15. Januar 1971, S. 9–16, hier S. 14
29. Quellen und Literatur in den Kurzmonographien der Gebäude im Anhang. Dort auch Abbil-

dungen. Zum Reichsjustizamt vgl. Berlin und seine Bauten II, 1896, S. 79
30. Berlin und seine Bauten I, 1877, S. 257
31. Berlin und seine Bauten I, 1877, S. 257
32. Berlin und seine Bauten I, 1877, S. 261 (Handelsministerium), S. 263 (Kriegsministerium)
33. Oscar Mothes: Illustrirtes Bau-Lexikon, 1866, Band 2, s.v. »monumental«
34. Das Große Konversationslexikon...(wie Anm. 5), Abt. 1, Band 22, s.v. »Monument«
35. Stenographische Berichte über die Verhandlungen des Deutschen Reichstages, I. Legislaturperiode, I. Session 1871, 6. Sitzung am 29. März 1871, Band 19/1, S. 38
36. Berlin nebst Potsdam ... (wie Anm. 9), S. 51 und 90
37. Wilhelm Spemann: Kunstlexikon, Berlin/Stuttgart 1905, S. 639
38. Zitiert nach Michael S. Cullen: Der Reichstag. Die Geschichte eines Monumentes, Berlin 1983, Anhang I, S. 415
39. Solche Skulpturengruppen finden sich auch bei Zeitgenossen Neumanns, insbesondere bei den Neubauten für die Börse (1859–1863) und die Reichsbank (1869–1876) von Friedrich Hitzig, aber auch bei den Bauten für den Generalstab am Königsplatz (1867–1871), um nur ein weiteres Beispiel zu nennen.
40. Berlin und seine Bauten II, 1896, S. 73
41. Vgl. Monika Wagner: Allegorie und Geschichte. Ausstattungsprogramme öffentlicher Gebäude des 19. Jahrhunderts in Deutschland, Tübingen 1989, S. 165–195; Jutta Tschoeke: Zeitgeist, in: Zug der Zeit – Zeit der Züge. Deutsche Eisenbahn 1835–1985. Katalog der Ausstellung in Nürnberg, Berlin 1985, Band 2, S. 432–437.
42. Vgl. Peter Bloch/Sibylle Einholz/Jutta von Simson (Hrsg.): Ethos und Pathos. Die Berliner Bildhauerschule 1786–1914. Katalog zur Ausstellung der Skulpturengalerie der Staatlichen Museen Preussischer Kulturbesitz in Berlin 1990, Berlin 1990, 2 Bände. Insbesondere die Einleitung von Peter Bloch zum Katalogband, S. 5–7
43. Berlin und seine Bauten I, 1877, S. 294
44. Berlin und seine Bauten I, 1877, S. 260; Berlin und seine Bauten II, 1896, S. 79/80. Zu Georg Pohlmann vgl. Sibylle Einholz: Georg Pohlmann, in: Ethos und Pathos. Katalogband (wie Anm. 42), S. 197/198. Für die Überlassung einer Detailfotografie der Skulpturengruppe danke ich Frau Anneliese Eicholtz in Bad Iburg.
45. Möglicherweise hat sich Pohlmann bei der Zentralfigur an der Skulpturengruppe von Reinhold Begas für die Börse orientiert, in deren Zentrum eine Borussia mit ausgebreiteten Armen steht. Abb. in: Alfred Gotthold Meyer: Reinhold Begas, Bielefeld/Leipzig 1901, S. 10. Die Allegorie der Waffenbrüderschaft findet sich z.B. auf einem Entwurf Anton von Werners für den Fries für die Siegessäule aus dem Jahre 1874 und auf einem Wandgemälde Werners für den Rathaussaal in Saarbrücken aus dem Jahre 1880. Auf dem Saarbrücker Bild trägt der norddeutsche Krieger einen Flügelhelm, wie ihn die Figur des Arminius auf dem Hermannsdenkmal bei Detmold aus dem Jahre 1875 trägt. Zu den Bildern Anton von Werners vgl. Dominik Bartmann: Anton von Werner. Zur Kunst und Kunstpolitik im Deutschen Kaiserreich, Berlin 1985, S. 61 und 78. Zur Arminius-Ikonographie vgl. Gerd Unverfehrt: Arminius als nationale Leitfigur. Anmerkungen zu Entstehung und Wandel eines Reichssymbols, in: Ekkehard Mai/Stephan Waetzold (Hrsg.): Kunstverwaltung, Bau- und Denkmalpolitik im Kaiserreich, Berlin 1981, S. 315–340
46. Berlin und seine Bauten I, 1877, S. 260
47. Der Darstellung des Bundesrats und des Bundes- bzw. Reichskanzleramts liegt folgende Literatur zugrunde: Eberhard von Vietsch: Die politische Bedeutung des Reichskanzleramts für den inneren Ausbau des Reiches von 1867 bis 1880, Leipzig 1936; Heinrich Otto Meisner: Bundesrat, Bundeskanzler und Bundeskanzleramt (1867–1871), in: Forschungen zur Brandenburgischen und Preußischen Geschichte, Band 54, 1943, S. 342–373; Rudolf Morsey: Die oberste Reichsverwaltung unter Bismarck 1867–1890, Münster 1957; Walther Peter Fuchs: Bundesstaaten und Reich: Der Bundesrat, in: Oswald Hauser (Hrsg.): Zur Problematik »Preußen und das Reich« (= Neue Forschungen zur Brandenburg-Preußischen Geschichte, Bd. 4), Köln-Wien 1984, S. 83–104
48. Stenographische Berichte ... (wie Anm. 35), S. 299
49. Zitiert nach Hans Klaus Reichert: Baden am Bundesrat 1871–1890, (Phil.Diss. Heidelberg 1962), Karlsruhe 1966, S. 31
50. Zitiert nach Fuchs (wie Anm. 47), S. 93
51. Stenographische Berichte über die Verhandlungen des Reichstages des Norddeutschen Bundes, I. Legislaturperiode, Session 1869, 20. Sitzung am 16. April 1869, Band 7/1, S. 402
52. Zitiert nach Reichert (wie Anm. 49), S. 33
53. Der sächsische Gesandte von Nostitz-Wallwitz an den sächsischen Minister für die auswärtigen Angelegenheiten General von Fabrice, 14. März 1884, in: Hans Goldschmidt: Das Reich und Preußen im Kampf um die Führung, Berlin 1931, Dokument Nr. 88, S. 301
54. Fuchs (wie Anm. 47), S. 90. Sowohl Fuchs als auch Morsey (wie Anm. 47) kommen zu dem Ergebnis, daß der Bundesrat zu wenig Bedeutung hatte, um tatsächlich als Gegenkraft gegen den Reichstag zu fungieren. Die wiederholte Berufung auf den Bundesrat als föderatives Ministerium diente vor allem der Sicherung der preußischen Hegemonie und der persönlichen Machtstellung Bismarcks.

55. Detlef Hoffmann: Germania. Die vieldeutige Personifikation einer deutschen Nation, in: Freiheit, Gleichheit, Brüderlichkeit. 200 Jahre Französische Revolution in Deutschland. Katalog der Ausstellung im Germanischen Nationalmuseum Nürnberg 1989, S. 137–155 und 668–678. Zu der Germania im Städel S. 146/147 und Kat. Nr. 604, S. 670/671; Lothar Gall: Die Germania als Symbol nationaler Identität im 19. und 20. Jahrhundert (= Nachrichten der Akademie der Wissenschaften in Göttingen. i Philologisch-historische Klasse, Jg. 1993, Nr .2), Göttingen 1993, S. 37–88. Zu der Germania im Städel S. 43. Vgl. auch Detlef Hoffmann: Germania – Verschiedene Auffassungen über das Aussehen der Nation, in: Trophäe oder Leichenstein? Kulturgeschichtliche Aspekte des Geschichtsbewußtseins in Frankfurt im 19. Jahrhundert. Katalog einer Ausstellung des Historischen Museums Frankfurt, Frankfurt 1978, S. 128-133
56. Hoffmann 1989 (wie Anm. 55), S. 147; Gall (wie Anm. 55), S. 44/45
57. Zum ersten allgemeinen deutschen Schützenfest in Frankfurt vgl. Hoffmann 1989 (wie Anm. 55), S. 149; Gall (wie Anm. 55), S. 46/47
58. Bartmann (wie Anm. 45), S. 65-67. Der Kronprinz trägt auf dieser Darstellung den Flügelhelm des Arminius auf dem Kopf
59. Jutta von Simson: Der Bildhauer Albert Wolff, Berlin 1982, S. 142–145. Vgl. Arno Borst: Barbarossa 1871, in: Arno Borst: Reden über die Staufer, Frankfurt am Main/Berlin/Wien 1981, S. 91–177, hier S. 103
60. Das Tagebuch der Baronin Spitzemberg (= Deutsche Geschichtsquellen des 19. und 20. Jahrhunderts, Bd.43), Hrsg. Rudolf Vierhaus, Göttingen 1960, Eintragung vom 17. Juni 1871, S. 127; Zum Ereignis Borst (wie Anm. 59). Die Figur des Stauferkaisers Barbarossa geriet zunehmend in die Rolle eines Gegensymbols zur Germania, mit dem die monarchische Kontinuität vom Reich des Mittelalters in das neue Kaiserreich von 1871 beschworen werden konnte. Über das Muster aus dem Grenzbereich von Mythos und Geschichtsphilosophie, das diese Konstruktion ermöglichte, aber auch die Schwierigkeiten, in die sie durch Konfrontation mit den machtpolitischen Konstellationen innerhalb des Reiches und in Europa geriet, vgl. Wolfgang Hardtwig: Von Preußens Aufgabe in Deutschland zu Deutschlands Aufgabe in der Welt, in: Historische Zeitschrift 231, 1980, S. 265–324; Heinz Gollwitzer: Zur Auffassung der mittelalterlichen Kaiserpolitik im 19. Jahrhundert, in: Rudolf Vierhaus/Manfred Botzenhart (Hrsg.): Dauer und Wandel in der Geschichte. Festgabe für Kurt von Raumer, Münster 1966, S. 483–512. Barbarossa spielt bei den wichtigsten Nationaldenkmälern, die nach 1890 entstanden sind, z.B. dem Kyffhäuser-Denkmal, neben Kaiser Wilhelm I. die entscheidende Rolle.
61. Die Darstellung beruht auf Lutz Tittel: Das Niederwald-Denkmal 1871–1883, Hildesheim 1979. Dort auch alle Zitate.
62. Stenographische Berichte über die Verhandlungen des Deutschen Reichstages, 4. Legislaturperiode, II. Session 1879, Band 55/3, S. 1842–1848. Dort auch alle folgenden Zitate aus dieser Debatte.
63. Die Motive Bismarcks, der verschiedenen Parteien und Interessengruppen waren außerordentlich heterogen, wobei sich ökonomische, soziale und politische Aspekte nur schwer voneinander trennen lassen. Mit Sicherheit ging es Bismarck nicht nur um eine Neugestaltung der Steuer- und Wirtschaftspolitik, sondern auch um eine Neuorientierung der gesamten Politik im Reich und in Preußen, die mit einer stärkeren Anlehnung an die konservativen Parteien und einer Aufkündigung des liberalen Reichsgründungskonsens verbunden war, weshalb man von einer »zweiten Reichsgründung« gesprochen hat. Daß diese konservative Wendung getragen werden sollte von einem Bündnis von Großlandwirtschaft und Schwerindustrie, von »Rogge und Eisen«, die im Zeichen des »Solidarprotektionismus« einander wechselseitig Schutzzölle gewährten, ist wahrscheinlich. Daß selbst Bismarcks privates Interesse als Großlandwirt eine Rolle spielte, soll hier nur am Rande erwähnt werden. Zu den wirtschaftlichen Vorgängen vgl. K. W. Hardach: Die Bedeutung wirtschaftlicher Faktoren bei der Wiederherstellung der Eisen- und Getreidezölle in Deutschland 1879, Berlin 1967; Helmut Böhme: Deutschlands Weg zur Großmacht. Studien zum Verhältnis von Wirtschaft und Staat während der Reichsgründungszeit 1848-1879, Köln 1966. Zu dem komplizierten Interessengeflecht vgl. Otto Pflanze: Bismarck and the development of Germany, Volume II. The Period of consolidation, 1871–1880, Princeton 1990, bes. S. 445–537. Mit etwas anderer Akzentuierung: Ernst Engelberg: Bismarck. Das Reich in der Mitte Europas, Berlin 1990, S. 251-275 und 297-337
64. Berlin und seine Bauten I, 1877, S. 260., Abb. S. 259
65. Jürgen Reiche: Das Berliner Reichstagsgebäude. Dokumentation und ikonographische Untersuchung einer politischen Architektur, Phil.Diss. Berlin 1988, S. 331–343
66. Quellen und Literatur in der Kurzmonographie des Gebäudes im Anhang. Dort auch Abbildungen.
67. Berlin nebst Potsdam ... (wie Anm. 9), S. 51
68. Berlin und Umgebung. Griebens Reiseführer. Band 6, 49. Auflage, Berlin 1905, S. 84; Pharus-Fremdenfüher durch Berlin und Umgebung, Berlin 1912, S. 29. Plan von Straube im Anhang.

69. Straubes Führer durch Berlin, Potsdam und Umgebung, bearbeitet von Otto Grosch, Berlin 1925, S. 88; Berlin und Umgebung. Griebens Reiseführer. Band 6, Berlin 1927, S. 98; Berlin und Umgebung. Handbuch für Reisende von Karl Baedeker, Zwanzigste Auflage, Berlin 1927, S. 123; J. Kastan: Berlin wie es war, Berlin 1925, S. 96. Zum Begriff »Reichskanzlerhaus« siehe unten, Anm. 102
70. Kastan (wie Anm. 69), S. 96
71. Berliner Börsen-Zeitung, 28.Mai 1928
72. Heinrich Loewe: Berlin, Mark Brandenburg und Altmark, Berlin 1907, S. 49/50
73. Zum Reichswappen vgl. Jürgen Arndt: Wappen und Flaggen des Deutschen Reiches und seiner Bundesstaaten 1871-1918, Berlin 1984, S. 8–11; Theodor Schieder: Das Deutsche Kaiserreich von 1871 als Nationalstaat (= Wissenschaftliche Abhandlungen der Arbeitsgemeinschaft für Forschung des Landes Nordrhein-Westfalen 20), Köln 1961, S. 158/159; Elisabeth Fehrenbach: Über die Bedeutung der politischen Symbole im Nationalstaat, in: Historische Zeitschrift 213, 1971, S. 297–357, hier S. 347–350
74. BA R 43 I, Reichskanzlei, Nr. 1539, Blatt 5. Im Juli 1876 hatte Bismarck in seiner Anfrage an den Kaiser noch offen gelassen, ob im Giebelfeld das Reichswappen angebracht werden solle, oder »ob ein derartiges, die Besitzverhältnisse andeutendes Ornament an dem Gebäude überhaupt nicht Platz finden soll, wie dies bei den übrigen Ministerien der Fall ist.« BA R 43 I, Reichskanzlei, Nr. 1537, Blatt 42
75. Quellen und Literatur in den Kurzmonographien dieser Gebäude im Anhang. Dort auch Abbildungen.
76. Zur Umwandlung des preußischen Ministeriums der auswärtigen Angelegenheiten in das Auswärtige Amt des Norddeutschen Bundes im Jahre 1870, ab 1871 des Deutschen Reiches vgl. Morsey (wie Anm. 47), S. 104–122; 100 Jahre Auswärtiges Amt 1870–1970, Bonn 1970. Darin S. 9–22 der Beitrag von Heinz Günther Sasse
77. Arnold Brecht: Mit der Kraft des Geistes. Lebenserinnerungen Zweite Hälfte 1927–1967, Stuttgart 1967, S. 13 ff.
78. GStPK Rep. 2.4.1, Ministerium der Auswärtigen Angelegenheiten, ZB Nr. 226, Blatt 146
79. GStPK (wie Anm. 78), Blatt 150
80. GStPK (wie Anm. 78), Blatt 148–150
81. Moritz Busch: Tagebuchblätter. Zweiter Band , Leipzig 1899, S. 179
82. Berlin und seine Bauten I, 1877, S. 260
83. Busch (wie Anm. 81), S. 179
84. Quellen und Literatur in den Kurzmonographien dieser Gebäude im Anhang. Dort auch Abbildungen
85. Das neue Dienstgebäude für das Staatsministerium in Berlin, in: Zentralblatt der Bauverwaltung, Jg. 23, Nr. 17, 28. Februar 1903, S. 105–108, hier S. 107
86. Berlin und seine Bauten II, 1896, S. 104. Ähnlich auch Berlin und seine Bauten I, 1877, S. 264, wo es heißt, daß die Fassade »die einfachen, klassischen Formen Schinkel's wieder aufgenommen hat«.
87. Berlin und seine Bauten II; 1896, S. 104. Dort auch das folgende Zitat über den Fries an der Fassade.
88. Zeitschrift für Bauwesen, Jg. 54, 1904, Spalte 1–8, hier Spalte 3
89. Das neue Dienstgebäude ... (wie Anm. 85), S. 107
90. Das neue Dienstgebäude ... (wie Anm. 85), S. 107
91. GStPK Rep. 90a. Abt. B. Tit. III 2b, Nr. 6: Staatsministerialprotokolle, Bd.141, Protokoll der Sitzungen vom 12.9.1900 und vom 14.11.1900
92. GStPK Rep. 151 IV, Finanzministerium Hochbauabteilung, Nr. 1237, Blatt 62–64
93. Zitiert nach Akten der Reichskanzlei. Weimarer Republik, Band 5/1. Die Kabinette Wirth I und II, bearbeitet von Ingrid Schulze-Bidlingmaier, Boppard 1984, Nr. 195, Fn. 2, S. 531
94. Verhandlungen des Reichstags, I. Wahlperiode 1920, Band 369, Anfrage Nr. 1021, Drucksache Nr. 2658, S. 261
95. Verhandlungen (wie Anm. 94), Band 371, Drucksache Nr. 3693, S. 375
96. Akten der Reichskanzlei ... (wie Anm. 93), Sitzung vom 31. Januar 1922, Nr. 195, S. 530/531 und Sitzung vom 1. Februar, Nr. 196, S. 532–534. Alle Zitate aus diesen beiden Protokollen.
97. Quellen und Literatur in der Kurzmonographie des Gebäudes im Anhang. Dort auch Abbildungen. Dort auch die Titel der Veröffentlichungen von Johannes Sievers zu diesem Gebäude.
98. Aufzeichnung vom 17. Dezember 1921. Abschrift in den Handakten von Johannes Sievers in seinem Nachlaß, Archiv der Verwaltung der Staatlichen Schlösser und Gärten, Schloß Charlottenburg
99. Politisches Archiv des Auswärtigen Amtes, R 120850
100. Politisches Archiv ... (wie Anm. 99)
101. Politisches Archiv ... (wie Anm. 99)
102. Quellen zur Planungsgeschichte seit August 1924 in BA R 43 I, Reichskanzlei, Nr. 1583. Ausführlicher zur Planungsgeschichte vgl. Hans Wilderotter: »Ein neuer Bau im neuen Reich« – »Im neuen Reich ein neuer Geist«. Der Erweiterungsbau der Reichskanzlei von Eduard Jobst Siedler und Robert Kisch in der Wilhelmstraße 78, in: Helmut Engel/Wolfgang Ribbe (Hrsg.): Hauptstadt Berlin – Wohin mit

der Mitte? Historische, städtebauliche und architektonische Wurzeln des Stadtzentrums, Berlin 1993, S. 28-41, bes. S. 30–32. Die Wettbewerbsunterlagen einschließlich der »Niederschrift über die Sitzung des Preisgerichts für den Wettbewerb zum Erweiterungsbau der Reichskanzlei am 27. und 28. Mai 1927 im Reichskanzlerhause«, aus der das Zitat entnommen wurde, befinden sich in BA R 43 I, Reichskanzlei, Nr. 2737. Diese Akte ist wie alle anderen zum Erweiterungsbau unpaginiert.

103. Zeitschrift für Denkmalpflege, Jg. 1, 1927/28, S. 154/155. Dort auch die beiden folgenden Zitate.

104. Hermann Pünder: Der Erweiterungsbau der Reichskanzlei, in: Der Heimatdienst. Mitteilungen der Reichszentrale für Heimatdienst, Jg. VIII, Nr. 8, 2. Aprilheft 1928, S. 121–123

105. Die Vorgänge nach Abschluß des Wettbewerbs bis zur Grundsteinlegung in BA R 43 I, Reichskanzlei, Nr. 1584. Da die Akte nicht paginiert ist, die Stücke sich aber leicht identifizieren lassen, verzichte ich auf Einzelnachweise.

106. Alle Zitate in: Stenographische Berichte über die Verhandlungen des Deutschen Reichstags, III Sitzungsperiode 1927/1928, Ausschuß für den Reichshaushalt, 322. Sitzung, 27. Februar 1927, S. 7-9

107. Die Vorgänge um den Entwurf Richters, der sich mit Briefen an den Reichskanzler und an den Reichsaußenminister wandte und seine eigenen Pläne in einer Broschüre unter dem Titel »Außer Wettbewerb« Ein Projekt und eine Denkschrift zum An- und Umbau des Reichskanzler-Palais in Berlin« zusammenfaßte, die an alle Reichstagsabgeordneten verteilt werden sollte, siehe neben BA R 43 I, Nr. 1584 auch BA R 43 I, Nr. 2737

108. Die neue Reichskanzlei, in: Berliner Börsen-Courier, Nr. 230, 18. Mai 1928; Die Quellen zur Grundsteinlegung in BA R 43 I, Reichskanzlei, Nr. 1585. Wenn aus dieser Akte zitiert wird, verzichte ich wieder auf Einzelnachweise.

109. BA R 43 I, Reichskanzlei, Nr. 1509, S. 5–7, hier S. 6

110. Grundsteinlegung zur neuen Reichskanzlei, in: Kölnische Zeitung, Nr. 274a, 19. Mai 1928

111. Ein Haus des deutschen Schicksals, in: Berliner Lokalanzeiger, Nr. 232, 17. Mai 1928; Das Haus der deutschen Reichskanzler, in: Deutsche Allgemeine Zeitung, Nr. 238, 17. Mai 1928; Berliner Börsen-Zeitung, 28.Mai 1928

112. Zum Bismarck-Mythos vgl. Hans-Günter Zmarzlik: Das Bismarckbild der Deutschen – gestern und heute, in: Hans-Günter Zmarzlik: Wieviel Zukunft hat unsere Vergangenheit? Aufsätze und Überlegungen eines Historikers vom Jahrgang 1922, München 1970, S. 120–143; Michael Stürmer: Bismarck-Mythos und Historie, in: Aus Politik und Zeitgeschichte, B3/1971, S. 3–30; Lothar Gall: Die Deutschen und Bismarck, in: Ralph Melville u.a. (Hrsg.): Deutschland und Europa in der Neuzeit. Festschrift für Karl Otmar von Aretin zum 65. Geburtstag, Zweiter Halbband, Stuttgart 1988, S. 525-536. Zum Bismarck-Kult des Alldeutschen Verbandes vgl. Ludwig Freisel: Das Bismarck-Bild der Alldeutschen, Phil.Diss. Würzburg 1964.

113. Die Formulierung »Gewaltpolitiker mit Kürassierstiefeln« stammt aus Ullrich von Hassell: Die Hassell-Tagebücher 1938–1944. Aufzeichnungen vom Andern Deutschland, Hrsg. Friedrich Freiherr Hiller von Gaertringen, Berlin 1988, S. 436 (Eintragung vom 10. Juli 1944). Hassell nimmt an dieser Stelle, wenige Tage vor dem Attentat auf Hitler, bei dessen Vorbereitung er eine zentrale Rolle spielte und in dessen Folge er am 8. September 1944 zum Tode verurteilt und hingerichtet wurde, aus Anlaß eines Besuches in Friedrichsruh Abschied von diesem Bismarck-Bild, an dem er wie seine Parteifreunde in der DNVP lange festgehalten haben. »Es ist bedauerlich, welch falsches Bild wir selbst in der Welt von ihm erzeugt haben, als den Gewaltpolitiker mit Kürassierstiefeln...«. Hassell plädiert jetzt, im Zeichen des Widerstands gegen Hitler, für den »maßvollen« Bismarck.

114. Stürmer (wie Anm. 112), S. 24–27; Gall (wie Anm. 112), S. 530–533; Freisel (wie Anm. 112), S. 85 ff; Hans Delbrück: Von der Bismarck-Legende, in: Historische Zeitschrift 133, 1926, S. 69–82. Ausführlicher zum Bismarck-Kult in der Weimarer Republik und in den ersten Jahren nach der Machtübergabe vgl. Michael Dorrmann: Die Geschichte eines nicht gebauten Denkmals. Das Bismarck-National-Denkmal auf der Elisenhöhe bei Bingerbrück/Bingen, unveröffentlichte MA-Arbeit an der Humboldt-Universität zu Berlin, Berlin 1994, bes. S. 88–104 und 115–117. Für die Opposition gegen die Republik bestand die Schwierigkeit, ihre Forderung nach einer Restauration der Monarchie mit der Kritik am Neuen Kurs und dem persönlichen Regiment Wilhelms II. zu verbinden. Vor allem die DNVP versuchte mit Formeln wie »Für Kaiser und Reich, für Wilhelm II. und Bismarck« eine solche Verbindung. Der Widerspruch in dieser Formel wurde allerdings auch in der Partei sichtbar, in der ein konservativ-monarchistischer Flügel immer wieder in Auseinandersetzungen mit denen geriet, die sich zwar zum Monarchismus bekannten, dieses Bekenntnis jedoch eher als Metapher für den autoritären Obrigkeitsstaat verstanden.

115. Zitiert nach: Dorrmann (wie Anm. 114), S. 92. Prophezeiungen eines »neuen Bismarck«, die bereits vor dem Ersten Weltkrieg formuliert wurden, bei Freisel (wie Anm. 112), S. 26–28 und 93–95.

116. Zur Beteiligung der DNVP an republikanischen Regierungen und den damit verbundenen innerparteilichen Flügelkämpfen zwischen denen, die zu einer begrenzten Mitarbeit bereit waren auf der einen Seite, und denen, die einen kompromißlosen Kampf gegen die Republik führen wollten auf der anderen Seite vgl. Manfred Dörr: Die Deutschnationale Volkspartei 1925 bis 1928, Diss. Marburg 1964. Mit der Wahl Alfred Hugenbergs, der den rechten, alldeutschen Parteiflügel vertrat, zum Parteivorsitzenden im Oktober 1928, war die Kooperationsbereitschaft der DNVP beendet.

117. Zitiert nach Wolfgang Hartenstein: Die Anfänge der deutschen Volkspartei 1918–1920, Düsseldorf 1962, S. 111

118. Durch Opfer und Arbeit zur Freiheit, Wahlrede am 30. März 1924 in Hannover; Wahlrede am 29. November 1924 in Berlin; Kein Kreuzzug gegen Rußland, Rede am 18. April 1926 in Stuttgart, in: Gustav Stresemann: Das Vermächtnis. Der Nachlaß in drei Bänden, Hrsg. Henry Bernhard, Berlin 1932, Band 1, S. 373–376 und S. 601; Band 2, S. 504. Zur Polemik der Alldeutschen dagegen vgl. Freisel (wie Anm. 111), S. 94. Es müsse, heißt es da, ein »merkwürdiger Bismarck« sein, der sich nur eine einzige der Handlungen Stresemanns »hätte zu schulden kommen lassen«. Es entbehrt nicht der Ironie, daß Stresemann während des 1. Weltkrieges zu denen gehört hatte, die den Gewaltpolitiker Bismarck zum Eideshelfer für einen »Siegfrieden« mit weitgehenden Annexionen machten; gegen diese Personen und Gruppen beriefen sich die Vertreter der Regierung, vor allem auch Reichskanzler Theobald von Bethmann Hollweg selbst, auf eben den maßvollen Verständigungspolitiker Bismarck, den jetzt Stresemann im Munde führte.

119. Das angeführte Bekenntnis Stresemanns zur Monarchie stammt aus dem Februar 1919. Zwar lassen sich auch in späteren Jahren solche Bekenntnisse nachweisen; es ist jedoch wahrscheinlich, daß Stresemann im Laufe der Jahre seiner Tätigkeit als Außenminister sich zunehmend von seinen monarchistischen Idealen verabschiedete. Im Gegensatz dazu hielt die Partei Stresemanns, die DVP, an diesen Idealen fest, wovon die zahlreichen Konflikte des Ministers mit seinen Parteifreunden Zeugnis ablegen. In einer Serie von Grundsatzreferaten, die am 23. Mai 1925 vor dem Zentralvorstand der Partei gehalten wurden, stand die Forderung nach einer Verfassungsreform »gegen die Diktatur der Masse«, also gegen die parlamentarische Demokratie, im Zentrum. Nach dem Tod Gustav Stresemanns im Oktober 1929 ging die Partei vollends auf einen antirepublikanischen Kurs. Vgl. Dieter Langewiesche: Liberalismus in Deutschland, Frankfurt am Main 1988, S. 260–265.

120. Hermann Pünder: Politik in der Reichskanzlei. Aufzeichnungen aus den Jahren 1929–1932. Hrsg. Thilo Vogelsang (= Schriftenreihe der Vierteljahreshefte für Zeitgeschichte, Nummer 3), Stuttgart 1961, S. 79/80

121. Pünder (wie Anm. 120), S. 79. Nach Artikel 25 der Verfassung mußten spätestens am sechzigsten Tag nach der Parlamentsauflösung Neuwahlen stattfinden.

122. Siehe dazu Kapitel 2. In den gleichen zeitlichen und sachlichen Zusammenhang gehört Pünders Plan, das Gemälde »Der Berliner Kongreß« von Anton von Werner, in dessen Zentrum Bismarck steht, für die Reichskanzlei kopieren zu lassen, ein Plan, der, anders als der Plan der Einrichtung eines Bismarck-Museums, verwirklicht wurde.

123. Brief Redslobs an Pünder vom 9. Dezember 1930, BA R 32, Reichskunstwart, Nr. 543, Blatt 93

124. Pünder gab die Begründung in einem kurzen Aufsatz, der zusammen mit einem Aufsatz Redslobs in einer kleinen Broschüre zur Einweihung des Neubaus gedruckt wurde, die allen Beteiligten als Geschenk überreicht wurde: »Heute, in den letzten Tagen des Jahres 1930, wird der Neubau von der Reichskanzlei übernommen. Eine Feier soll diesmal nicht stattfinden. Die Zeit ist nicht zum Feiern angetan.« Wilhelmstraße 78. Die Neue Reichskanzlei. Vom Staatssekretär in der Reichskanzlei, Berlin Weihnachten 1930, in: BA R 43 I, Reichskanzlei, Nr. 1586 a. Pünders eigene Überlegungen zu der Einweihung am 18. Januar 1931 in: Pünder (wie Anm. 120), S. 82

125. Pünder (wie Anm. 120), S. 86

126. Die beiden liberalen Parteien brachten in ihren Stellungnahmen zum 18. Januar die Einigung des Reiches in eine enge Beziehung zur Großmachtstellung des Kaiserreichs, die als Vorbild für die Zukunft hingestellt wurde. Für die *Deutsche Demokratische Partei* war die mit der Reichsgründung verwirklichte nationale Einheit die Basis für den »Aufstieg des Kaiserreichs zur führenden Industriemacht des Kontinents«, eines Aufstiegs, der jetzt der Republik als Unterpfand und als Modell für den eigenen Wiederaufstieg zur Großmacht dienen sollte. Damit sind bereits die Grenzen zu der Vorstellung überschritten, daß »das Ziel der deutschen Politik ... kein anderes sein könne« als »die Wiederaufrichtung des Reiches als Machtstaat« wie die der DVP und der

Schwerindustrie nahestehende Deutsche Allgemeine Zeitung unter dem Titel »Bismarck-Aufgabe der Gegenwart« zum 18. Januar 1930 erklärte. Zitat der DDP nach: Elfi Bendikat: »Wir müssen Demokraten sein.« Der Gesinnungsliberalismus; Zitat aus der DAZ nach: Klaus Megerle: Aus dem Gefühl der Defensive erwächst keine Führung. Gesellschaftliche Elitegruppen am Beispiel der Industriellen, beide in: Detlef Lehnert/Klaus Megerle (Hrsg.): Politische Identität und nationale Gedenktage. Zur politischen Kultur in der Weimarer Republik, Opladen 1989, S. 139–158, hier S. 143 und S. 207–230, hier S. 215. Der Band umfaßt eine Reihe von Untersuchungen über den Umgang verschiedener Gruppen, Verbände und Parteien mit dem 18. Januar, dem 9. November und dem 11. August, dem Verfassungstag. Die *Deutsche Volkspartei*, deren Vorsitzender Gustav Stresemann den Realpolitiker Bismarck so gerne beschwor, brachte am 13. Juli 1922 den Entwurf zu einem Gesetz im Reichstag ein, in dem es heißt: »Nationalfeiertag des deutschen Volkes ist der Tag der Reichsgründung (18. Januar)«; drei Jahre später, am 17. Januar 1925, folgte die *Deutschnationale Volkspartei* im Geiste des »Gewaltpolitikers mit Kürassierstiefeln« mit einem gleichlautenden Antrag. Beide Anträge wurden einem Ausschuß überwiesen, der die Sache offenbar nicht weiter verfolgte. Der Antrag der DVP in: Verhandlungen des Reichstags, I. Wahlperiode 1920, Band 374, Berlin 1924, Drucksache Nr. 4763. Der Antrag der DNVP in: Verhandlungen des Reichstags, III. Wahlperiode 1924/25, Band 398, Drucksache Nr. 359. Die DNVP war zu diesem Zeitpunkt zum ersten Mal an einer Regierung der Republik beteiligt, da sie vier Tage zuvor in das Kabinett des parteilosen Hans Luther eingetreten war, wo sie mit drei Ministern bis zum Sturz der Regierung im folgenden Januar verblieb.

127. Die Kundgebung des Reichspräsidenten in: Schulthess' Europäischer Geschichtskalender 62, 1921, München 1926, S. 10. Das Protokoll der Ministerbesprechung vom 21.12.1920 in: Akten der Reichskanzlei. Weimarer Republik, Band 4. Das Kabinett Fehrenbach, bearbeitet von Peter Wulf, Boppard 1972, Nr. 143, S. 372/373. Der Innenminister erhielt von seinen Kollegen den Auftrag, »mit dem Präsidenten des Reichstages wegen einer Feier im Reichstag an diesem Tage in Verbindung (zu) treten«. Noch bevor der Minister diesen Auftrag ausführen konnte, wurde er von dem Vorsitzenden der Reichstagsfraktion der SPD, Hermann Müller, von der Tatsache in Kenntnis gesetzt, daß die SPD eine solche Feier aus politischen Gründen ablehne.

128. Richard Lewinsohn: Die Bismarck-Legende, in: Die Weltbühne 17, 1921, S. 33–35, hier S. 33

129. Der 18. Januar wurde wohl zum ersten Mal 1896 aus Anlaß des 25. Jubiläums der Kaiserproklamation in Versailles festlich begangen und blieb auf Preußen und dessen dynastisch-militärische Tradition beschränkt. Vgl. Schieder (wie Anm. 73), S. 77

130. Alldeutsche Blätter, zitiert nach: Freisel (wie Anm. 112), S. 125; Vorwärts, Nr. 29, 19.1.1929.

131. Akten der Reichskanzlei. Weimarer Republik, Band 12/1. Die Kabinette Brüning I und II, Band 1, bearbeitet von Tilman Koops, Boppard 1983, Nr. 203, S. 743–745. (Protokoll der Ministerbesprechung vom 17. Dezember 1930). Der Reichskanzler selbst erklärte, daß die Feier »den Charakter der Erinnerung an die Einigung des Deutschen Reiches tragen« solle; er glaubte überdies betonen zu müssen, »daß natürlich auf jeden Fall bei der Feier der Reichsregierung eine monarchistische Kundgebung vermieden werden müsse«. Da niemand den Verdacht geäußert hatte, es könne sich bei der Feier der Reichsregierung um eine monarchistische Kundgebung handeln, liegt die Vermutung nahe, daß der Reichskanzler hier einen Dialog mit sich selbst führte, wobei er laut auf eine nicht ausgesprochene eigene Frage geantwortet zu haben scheint, die weniger den Charakter der Befürchtung als den des Wunsches trug. Dieser Verdacht liegt um so näher, wenn man weiß, daß Heinrich Brüning in seinen Memoiren erklärte, von Anfang seiner Kanzlerschaft an die Wiederherstellung der Monarchie als Ziel gehabt zu haben. Vgl. Heinrich Brüning: Memoiren 1918–1934, Stuttgart 1970, S. 378. Der Staatssekretär im preußischen Staatsministerium, Robert Weismann, trug in der Sitzung des Reichskabinetts die Bedenken der peußischen Regierung gegen die Feier vor. Weismann wies insbesondere darauf hin, daß der 18. Januar auch im Kaiserreich kein Feiertag gewesen und »vor allem in Königsberg als Tag der Krönung der preußischen Könige gefeiert worden sei«, ein Argument, das indirekt, aber deutlich den monarchistischen Charakter einer solchen Feier unterstrich.

132. Zitiert nach: Christl Wickert: »Zu den Waffen des Geistes ... Durchgreifen Republik!« Die Linksintellektuellen, in: Lehnert/Megerle (wie Anm. 126), S. 115–137, hier S. 121/122

133. Das neue Heim der Reichskanzlei, in: Münchner Neueste Nachrichten, Nr. 355, 31. Dezember 1930; Primus inter pares? Zum Einzug in die neue Reichskanzlei, in: Frankfurter Zeitung, Nr. 1/2, 1. Januar 1931; Die neue Reichskanzlei. Moderner Allerweltsbau in historischer Umgebung, in: Berliner Lokalanzeiger, Nr. 614, 31. Dezember 1930.

134. Albert Speer: Erinnerungen, Berlin 1969, S. 47
135. Adolf Hitler: Einleitung, in: Die Neue Reichskanzlei. Architekt Albert Speer, Zusammengestellt von Rudolf Wolters und Hermann Wolff, München 1940, S. 7/8
136. Männer um den Führer. Ein Gang durch die Reichskanzlei, in: Arbeit und Wehr, Jg. 7, Nummer 5, 31. Januar 1937
137. Hitler (wie Anm. 135), S. 8. Die Akten zum Anbau des Balkons in BA R 43 II, Nr. 10
138. Speer (wie Anm. 134), S. 47
139. Abgedruckt in: Angela Schönberger: Die neue Reichskanzlei, Berlin 1981, S. 177–182, hier S. 178
140. Zitiert nach: Die Tagebücher von Joseph Goebbels. Sämtliche Fragmente., Hrsg. Elke Fröhlich, Teil I, Band 2, 1.1.1931–31.12.1936, München/New York/London/Paris 1987, S. 357. Im parallel abgedruckten Tagebuchtext heißt es: »Es ist soweit. Wir sitzen in der Wilhelmstraße.«
141. Zur Villa des Handelsministers vgl. Zentralblatt der Bauverwaltung, Jg. 25, 1905, S. 541–549; zur Übernahme durch Göring vgl. Jan Thomas Köhler/Markus Richter: Haus der Flieger. Der Umgang einer Diktatur mit einem Parlamentsgebäude, in: Die Präsidentin des Abgeordnetenhauses von Berlin (Hrsg.): Der Preußische Landtag. Bau und Geschichte. Berlin 1993, S. 189–214, bes. S. 192–195
142. Quellen und Literatur in den Kurzmonographien dieser Gebäude im Anhang. Dort auch Abbildungen. Zu der Dienstwohnung des Chefs des Geheimen Zivilkabinetts siehe das Kapitel »Symbolische Politik«. Zu den wechselnden Belegungen dieser Wohnung ab 1933 siehe GStPK Rep. 151 IV, Finanzministerium Hochbauabteilung, Nr. 1237, Blatt 131-190 und GStPK Rep.90, Preußisches Staatsministerium, Nr. 1729
143. Hitler (wie Anm. 135), S. 7
144. Speer (wie Anm. 134), S. 43
145. Hitler (wie Anm. 135), S. 7 Dort auch die beiden folgenden Zitate.
146. Abgedruckt in: Schönberger (wie Anm. 139), S. 183–186, hier S. 185
147. Vgl. Ludwig Biewer: Das Auswärtige Amt in der Wilhelmstraße (1870–1945), Bonn 1997, S. 10
148. Zu dem Neubau mit der Adresse Hermann-Göring-Straße 20 vgl. Ralf Georg Reuth: Goebbels. Eine Biographie, 1990, S. 414–416
149. Goebbels (wie Anm. 140), S. 388, 6. März 1933
150. Goebbels (wie Anm. 140), S. 390, 11. März 1933
151. Goebbels (wie Anm. 140), S. 392, 13. März 1933
152. Sievers (wie Anm. 98), S. III
153. Johannes Sievers: Aus meinem Leben, 1966, S. 359/360. Typoskript im Archiv der Verwaltung der Staatlichen Schlösser und Gärten, Schloß Charlottenburg.
154. Der Erweiterungsbau des Reichsministeriums für Volksaufklärung und Propaganda in Berlin, in: Zentralblatt der Bauverwaltung, Jg. 55, Heft 9, 25. Februar 1935, S. 149–156; Neubauten des Reichsministeriums für Volksaufklärung und Propaganda in Berlin, in: Zentralblatt der Bauverwaltung, Jg. 59, Heft 6, 8. Februar 1939, S. 125–131
155. Neubauten ... (wie Anm. 154), S. 126. Weitere Quellen und Literatur in der Kurzmonographie des Gebäudes im Anhang. Dort auch Abbildungen.
156. Siehe oben S. 56/57
157. Quellen und Literatur in der Kurzmonographie dieses Gebäudes im Anhang. Dort auch Abbildungen.
158. Zu dem Ausbau des Areals vgl. Der preußische Landtag ... (wie Anm. 141)
159. Vom Bau des Reichsluftfahrtministeriums, in: Bauwelt, Jg. 27, Heft 9,1936, S. 1–11, hier S. 3; Das Luftfahrtministerium als Werk der Baukunst, in: Bauwelt, Jg. 28, Heft 8, 1937, S. 11–15, hier S. 12
160. Das Luftfahrtministerium (wie Anm. 159), S. 12
161. Vom Bau des ... (wie Anm. 159), S. 3
162. Text der Urkunde in: Vom Bau des ... (wie Anm. 159), S. 9
163. Zu diesem Gebäude Schönberger (wie Anm. 139)
164. Willy Meerwald: Hier arbeitet der Führer des Reiches, in: Völkischer Beobachter, Nr. 233, 21. August 1934. Der Autor des Artikels war als Oberregierungsrat in der Reichskanzlei beschäftigt. Hubert Neun: Reichskanzlei. Wie die Befehlsstelle Adolf Hitlers arbeitet, in: Das Reich. Deutsche Wochenzeitschrift, 6. April 1941
165. Wilhelm Lotz: Die Errichtung der neuen Reichskanzlei, in: Die Neue Reichskanzlei (wie Anm. 135), S. 26
166. Hitler (wie Anm. 135), S. 8; Rede zum Richtfest, in: Schönberger (wie Anm. 139), S. 179; Rede zur Übergabe, in: Schönberger (wie Anm. 139), S. 185
167. Angela Schönberger hat in ihrem Buch (wie Anm. 139) zuerst die tatsächliche Planungs- und Baugeschichte dargestellt.
168. Hermann Giesler: Symbol des Großdeutschen Reiches, in: Die Neue Reichskanzlei (wie Anm. 135), S. 10

SYMBOLISCHE POLITIK
Schauplätze und Rituale

1. Stenographische Berichte über die Verhandlungen des Deutschen Reichstags, 4. Legislaturperiode, IV. Session, Sitzung vom 4. März 1881, S. 164/165. Die Aufstellung über die »Wohnräume Seiner Durchlaucht des Herrn Fürsten Reichskanzler im Dienstgebäude Wilhelmstr. 77« befindet sich in: BA R 43 I Reichskanzlei, Nr. 1520, Blatt 34–37. Daß sich hinter Bismarcks heftigen Attacken gegen die Mietsteuer sowohl eine politische Polemik gegen den liberalen Magistrat der Hauptstadt als auch kleinliche Privatinteressen verbanden, wird in aller Klarheit deutlich an einer Aufzeichnung von Karl Oldenburg, der Bevollmächtigter Mecklenburg-Schwerins zum Bundesrat war: »Ehegestern im Reichstag fiel der Keulenschlag auf Forckenbeck [liberaler Berliner Oberbürgermeister] und die städtische Verwaltung ... Bismarck verurteilte die Steuerpolitik des Magistrats und warf seiner Einschätzungskommission geradezu tendenziöses Verhalten vor. Er redete drei Stunden lang, daß man i h n [im Original gesperrt] zu einer Mietsteuer von 22000 M. eingeschätzt habe, daß er sich das nicht gefallen lassen könne, daß der Magistrat in der Aufrechterhaltung der Mietsteuer ganz schlechte Steuerpolitik treibe, daß derselbe aber, statt an die Aufhebung derselben zu denken, fortschrittliche Politik mache und durch diese fortschrittliche Koalition der städtischen Verwaltung auf das äußerste schade usw. usw. Was soll man darüber noch viel sagen? Alle Welt, selbst die Konservativen waren empört: sie bedauerten, wie ein so großer Mann mit solcher Heftigkeit Privatinteressen vor dem Reichstage verteidigen könnte.« Karl Oldenburg: Aus Bismarcks Bundesrat. Aufzeichnungen aus den Jahren 1878–1885, Berlin 1929, S. 45.
2. Gräfin Elise von Bernstorff geborene Gräfin von Dernath. Ein Bild aus der Zeit von 1789 bis 1835. Aus ihren Aufzeichnungen, Erster Band, Berlin 1896, S. 259/260. Dort auch die folgenden Zitate. Die Zusage der »freien Wohnung« in dem Brief, mit dem König Friedrich Wilhelm III. den dänischen Gesandten ernannte, und der auf den Seiten 246/247 abgedruckt ist.
3. GStPK Rep. 2.4.1. Ministerium der auswärtigen Angelegenheiten, ZB Nr. 224, Blatt 19
4. GStPK Rep. 2.4.1. Ministerium der auswärtigen Angelegenheiten, ZB Nr. 221, Blatt 26: Schreiben Hardenbergs vom 9. Mai 1820
5. GStPK Rep. 2.4.1. Ministerium der auswärtigen Angelegenheiten, ZB Nr. 236, Blatt 1. Mit dem »Haus an der Ecke des Wilhelmplatzes« ist nicht das Ordenspalais gemeint, das zwar an der Ecke der Wilhelmstraße mit dem Wilhelmplatz lag, in dem sich aber die Büros des Außenministeriums nur bis 1826 befanden, um dann in das an der Südseite des Wilhelmplatzes liegende Haus Wilhelmstraße 61 verlegt zu werden.
6. Bodelschwingh lehnte den Vorschlag mit der Begründung ab, »daß für die Staatsverwaltung zur Zeit, meines Wissens, kein Bedürfnis vorliegt, zu dessen Befriedigung das der Witwe Reimer gehörige, in der Wilhelmstraße No. 73 hierselbst gelegene Grundstück verwendet werden könnte.« Manteuffel dagegen, der von diesem Kauf profitiert hätte, stimmte der Meinung des Königs zu und beklagte, in Anknüpfung nicht an die »repräsentative«, sondern an die »bürokratische« Argumentation, in seiner Antwort vom 11. August die »Trennung eines großen Theils der Geschäftslokale von dem Lokale des Chefs«. GStPK Rep. 2.4.1. Ministerium der auswärtigen Angelegenheiten, ZB Nr. 236, Blatt 4 (Bodelschwingh) und Blatt 15 (Manteuffel).
7. GStPK Rep. 2.4.1. Ministerium der auswärtigen Angelegenheiten, ZB Nr. 236, Blatt 21
8. GStPK Rep. 2.4.1. Ministerium der auswärtigen Angelegenheiten, ZB Nr. 236, Blatt 23: Brief vom 27. November 1861; Blatt 24: Antwort vom 19. Dezember. Eine eigens zum Vergleich der Werte der drei Gebäude eingesetzte Kommission kam in ihrem Bericht vom 19. Mai 1862 zu dem Ergebnis, der Wert des Hauses Wilhelmstraße 73 belaufe sich auf 242 311 Taler, der des Hauses Nr. 76 auf 158 727 Taler und der des Hauses Wilhelmstraße 61 auf 82 609 Taler. Der Unterschied hätte also noch nicht einmal 1000 Taler betragen. Blatt 37: Bericht der Kommission; Blatt 39: Brief vom 31. Mai 1862.
9. GStPK Rep. 2.4.1. Ministerium der auswärtigen Angelegenheiten, ZB Nr. 236, Blatt 68 ff.
10. Brief Bismarcks an seine Frau, in: Die Gesammelten Werke, Band 14/2, Berlin 1933, S. 621
11. GStPK Rep. 2.4.1. Ministerium der auswärtigen Angelegenheiten, ZB Nr. 226, Blatt 123/124
12. Otto von Bismarck: Erinnerung und Gedanke, in: Die Gesammelten Werke, Band 15, Berlin 1932, S. 279. Ernst Engelberg hat in seiner Bismarck-Biographie darauf hingewiesen, daß es ganz so nicht gewesen sein kann, daß vielmehr auch die Militärführung gegen die Fortsetzung des Krieges votierte. Im übrigen fand die Vermittlungsaktion des Kronprinzen erst am 25. Juli statt. Vgl. Ernst Engelberg: Bismarck. Urpreuße und Reichsgründer, Berlin 1986, S. 612-614
13. Vgl. GStPK Rep 2.4.1. Ministerium der auswärtigen Angelegenheiten, ZB Nr. 227, Blatt 86–88: Immediatbericht Bismarcks vom 19. Juni 1867; GStPK Rep. 2.4.1. ZB Nr. 236, Blatt ff. Immediatbericht Bismarcks vom 13. April 1872
14. Vgl. das Kapitel »Politische Symbolik«

15. GStPK Rep. 2.4.1. Ministerium der auswärtigen Angelegenheiten, ZB Nr. 226, Blatt 146
16. GStPK Rep. 2.4.1. Ministerium der auswärtigen Angelegenheiten, ZB Nr. 227, Blatt 86-88
17. GStPK Rep. 2.4.1. Ministerium der auswärtigen Angelegenheiten, ZB Nr. 227, Blatt 93
18. GStPK Rep. 2.4.1. Ministerium der auswärtigen Angelegenheiten, ZB Nr. 236, Blatt 86: Protokoll der Sitzung des Preußischen Staatsministeriums vom 4. Januar 1869; Blatt 88: Brief aus Paris an das Bundeskanzleramt vom 13. Januar 1871
19. Stenographische Berichte über die Verhandlungen des Deutschen Reichstages, I. Legislaturperiode, IV. Session 1873, Band 28/2, S. 1039/1040. Dort auch Darstellung der komplizierten Umzugs- und Tauschpläne. Über die unzureichenden räumlichen Verhältnisse in den Gebäuden des Auswärtigen Amtes gibt eine Denkschrift Auskunft, die Bismarck zur Begründung der Neubau- und Tauschpläne und der damit verbundenen Kosten am 29. April 1871 dem Bundesrat vorlegte. »In der politischen Abteilung (Wilhelmstraße 76) sehen die Räthe und Hülfsarbeiter sich auf zwei Zimmer und zwei Kammern, von denen die eine halb dunkel ist, angewiesen und müssen deshalb zu zweien, ja zu dreien in Einem Zimmer arbeiten. ... Noch empfindlicher sind die Mißstände in dem alten und baufälligen Dienstgebäude der zweiten Abteilung, Wilhelmstraße 61. In diesem sind die Räumlichkeiten zwar nicht in dem Grade beschränkt, wie diejenigen der politischen Abteilung, dagegen sind sie, namentlich im Erdgeschoß, feucht und kalt – so daß in mehreren Zimmern in jedem Jahre zehn Monate lang geheizt werden muß – auch zum Theil dunkel.« Zitiert nach: Edgar von Schmidt-Pauli: Die Diplomaten, Berlin 1930, S. 27. Diese Beschreibung wird bestätigt von Moritz Busch: Tagebuchblätter, Zweiter Band, Leipzig 1899, S. 182 ff.
20. BA R 43 I, Reichskanzlei, Nr. 1534, Blatt 166-183: Briefwechsel zwischen Kaiser Wilhelm I. und Bismarck am 25. und 26. Februar 1875
21. Baugeschichte des Palais, in: Zur Geschichte des Reichskanzlerpalais und der Reichskanzlei. Festschrift zur Grundsteinlegung des neuen Dienstgebäudes der Reichskanzlei am 18. Mai 1928, Herausgegeben vom Staatssekretär in der Reichskanzlei (= Hermann Pünder), Berlin 1928, S. 65–78, bes. S. 67–71. Das Kapitel stammt, wie aus den dazugehörigen Akten hervorgeht, vom Leiter der Reichsbauverwaltung, dem Oberbaurat Groß. Vgl. BA R 43 I, Reichskanzlei, Nr. 1510 c, Blatt 82-116
22. Die Zahlen in der »Übersicht über den planmäßigen Personalbestand der Reichskanzlei bis 1.4.1920« und »Übersicht ... bis 1.4.1927« in: BA R 43 I, Reichskanzlei, Nr. 1508, Blatt 6.
23. BA R 43 I, Reichskanzlei, Nr. 1583
24. GStPK Rep. 90, Preußisches Staatsministerium, Nr. 1728. Protokoll der Sitzung des Preußischen Staatsministeriums vom 25. März 1896. In dieser unpaginierten Akte auch alle weiteren Schreiben und Sitzungsprotokolle zu dem Vorgang. Ich verzichte auf Einzelnachweise.
25. Kaiser und Kabinettschef. Nach eigenen Aufzeichnungen und dem Briefwechsel des Wirklichen Geheimen Rats Rudolf von Valentini, dargestellt von Bernhard Schwertfeger, Oldenburg 1931, S. 53
26. Stenographische Berichte über die Verhandlungen der durch die Allerhöchste Verordnung vom 22. Dezember 1897 einberufenen beiden Häuser des Landtages. Haus der Abgeordneten, Erster Band, 18. Legislaturperiode, V. Session 1898, 20. Sitzung am 12. Februar 1898, S. 600. Das Votum des Abgeordneten Sattler, auf das Miquel antwortete, auf S. 599.
27. Der Bau des Hauses für den Handelsminister, in: Zentralblatt der Bauverwaltung, Jg. 25, 1905, S. 541–549
28. Quellen und Literatur in der Kurzmonographie des Gebäudes im Anhang. Dort auch Abbildungen.
29. Stenographische Berichte (wie Anm. 26), S. 595–602. Dort alle weiteren Zitate aus der Diskussion über die Wohnung für den Chef des Geheimen Zivilkabinetts.
30. Das Schreiben des Ministeriums der öffentlichen Arbeiten in: GStPK Rep.90, Preußisches Staatsministerium, Nr. 1728
31. Die lange, wechselvolle und heftig umstrittene Geschichte des Kabinetts geht bis auf die Regierungszeit Friedrich Wilhelms I. zurück. Das Kabinett im engeren Sinn war das Arbeitszimmer des Monarchen, im weiteren Sinn die Kanzlei, die ihm für die Wahrnehmung der Regierungsgeschäfte zur Verfügung stand. Das Kabinett wurde 1807, zu Beginn der »preußischen Reformen«, aufgelöst. Die Aufgabe des Vortrags der politischen Angelegenheiten ging 1810, nach einer Reihe von Provisorien, an den Staatskanzler, eine Stellung und ein Titel, die der Fürst von Hardenberg innehatte und die nach seinem Tod im Jahre 1823 nicht wieder vergeben wurden. Die Aufgabe des Vortrags beim König ging nach Hardenbergs Tod an einen Minister über, der in dieser Eigenschaft den Titel »Kabinettsminister« führte. Ab 1848 übernahm der Ministerpräsident – ein Amt, das in der Verfassung neu eingeführt wurde – den Vortrag, den er jedoch in der Regel dem Ersten Vortragenden Rat im Staatsministerium überließ. Seit 1872 war dann erneut der Chef des Zivilkabinetts, das 1810 wiedergegründet, aber auf protokollarische Angelegenheiten beschränkt worden war, auch mit dem Vortrag der politi-

schen Angelegenheiten befaßt. Das Zivilkabinett wurde 1919 aufgelöst. Der Verdacht, die Kabinettssekretäre und Kabinettsräte besäßen wegen ihrer Nähe zum Monarchen einen politischen Einfluß, der im Widerspruch zu ihrer subalternen Stellung als Kanzlisten stehe und durch den sie diejenigen, die nach Tradition, Recht und Verfassung diesen Einfluß haben sollten, am Zugang zum Monarchen hinderten, ist schon früh geäußert worden. So wurde von August Friedrich Eichel, dem Kabinettsekretär Friedrichs II. gesagt, er sei der »Mazarin des Landes« und wisse alles, die Minister wüßten nichts. Karl Friedrich Beyme, der unter Friedrich Wilhelm III. als Kabinettsrat tätig war, wurde der »versteckte« oder»unsichtbare Premierminister« genannt. Solche Vorwürfe wurden vornehmlich von Personen geäußert, die glaubten, vor allem ihnen selbst käme der den Kabinettsräten unterstellte Einfluß zu; im Zentrum dieser Polemik standen deshalb häufig soziale Vorbehalte der aristokratischen Mitglieder der hohen Ministerialbürokratie gegenüber den Kabinettsräten bürgerlicher Herkunft, wobei vor allem der Freiherr vom Stein, dem die schrillsten Äußerungen zu verdanken sind, nicht davor zurückschreckte, den Kabinettsräten den Vorwurf unmoralischen Lebenswandels zu machen und der Korruption zu bezichtigen. Beschuldigungen dieser Art, die besonders im Vorfeld der »preußischen Reformen« Hand in Hand gingen mit der Behauptung, die Kabinettsräte seien »Jakobiner«, sie betrieben also heimlich das Geschäft der Revolution, wurden auch am Ende des 19. Jahrhunderts, wie die Diskussion über die Wohnung für den Chef des Zivilkabinetts zeigt, immer wieder erhoben. So finden sich im Briefwechsel der Zeit zahlreiche Äußerungen, in denen Hermann von Lucanus, der Chef des Zivilkabinetts zur Zeit des Umzugs in die Wilhelmstraße war, sei der Sohn eines »Apothekers«, weshalb man ihn selbst kurz als »Apotheker« bezeichnete und diese Bezeichnung natürlich als Abwertung seiner Person meinte. Vgl. Hermann Hüffer: Die Beamten des älteren preußischen Kabinetts von 1713–1808, in: Forschungen zur Brandenburgischen und Preußischen Geschichte 5, 1892, S. 157–190; Heinrich Otto Meisner: Zur neueren Geschichte des preußischen Kabinetts, in: Forschungen zur Bandenburgischen und Preußischen Geschichte 36, 1924, S. 38–66 und 180–209; Karl Disch: Der Kabinettsrat Beyme und die auswärtige Politik Preußens in den Jahren 1805/1806, in: Forschungen zur Brandenburgischen und Preußischen Geschichte 41, 1928, S. 331–366

32. Stenographische Berichte über die Verhandlungen des Preußischen Hauses der Abgeordneten, 20. Legislaturperiode, II. Session 1905/1906, 43. Sitzung am 13. März, Spalte 3207–3213.
33. Stenographische Berichte über die Verhandlungen des Preussischen Herrenhauses, 18. Legislaturperiode, V. Session 1898, 4. Sitzung am 28. April 1898
34. Das Tagebuch der Baronin Spitzemberg (= Deutsche Geschichtsquellen des 19. und 20. Jahrhunderts, Bd. 43), Hrsg. Rudolf Vierhaus, Göttingen 1960, 1. März 1873, S. 139
35. Spitzemberg (wie Anm. 34), 10. März 1872, S. 133
36. »Einiges über Gesellschaft, Luxus und Politik« Hier zitiert nach dem Abdruck in: Es war alles ganz anders. Aus der Werkstätte eines politischen Journalisten. 1891–1914. Aufsätze August Steins, Hrsg. Max Fuchs, Frankfurt am Main 1922, S. 129–143. Alle im folgenden angeführten Zitate Steins aus diesem Artikel.
37. Alexander von Hohenlohe: Aus meinem Leben, Frankfurt am Main 1925, S. 196
38. Rudolf Morsey: Die oberste Reichsverwaltung unter Bismarck 1867–1890 (= Neue Münstersche Beiträge zur Geschichtsforschung, Band 3), Münster 1957, S. 257, Fn. 31
39. John C.G. Röhl: Beamtenpolitik im Wilhelminischen Deutschland, in: Michael Stürmer (Hrsg.): Das kaiserliche Deutschland. Politik und Gesellschaft 1870-1918, Düsseldorf 1970, S. 287–311, hier S. 298; John C.G. Röhl: Deutschland ohne Bismarck. Die Regierungskrise im Zweiten Kaiserreich 1890–1900, Tübingen 1969, S. 162–165
40. Stein (wie Anm. 36), S. 135
41. Typoskript in: BA R 43 I, Reichskanzlei, Nr. 1507, Blatt 220–229, hier Blatt 228
42. Otto Geßler: Reichswehrpolitik in der Weimarer Zeit, Hrsg. Kurt Sendtner, Stuttgart 1958, S. 414/415
43. Geßler (wie Anm. 42), S. 415
44. Hermann Pünder: Politik in der Reichskanzlei. Aufzeichnungen aus den Jahren 1929–1932, Hrsg. Thilo Vogelsang, Stuttgart 1961, S. 44. Das folgende Zitat S. 89
45. Geßler (wie Anm. 42), S. 415/416
46. Gestalten rings um Hindenburg. Führende Köpfe der Republik und die Berliner Gesellschaft von heute, Dresden 1928, S. 10. Das Buch erschien anonym, wird aber Kurd von Reibnitz zugeschrieben.
47. Bella Fromm: Als Hitler mir die Hand küßte, Berlin 1993, S. 13/14. Bella Fromm, die seit 1928 Kolumnistin für mehrere Berliner Zeitungen war, wurde 1934 aus »rassischen« Gründen vom Ullstein-Verlag entlassen und emigrierte 1938 in die USA. Die englische Originalausgabe der Auswahl aus den Tagebüchern und Auf-

zeichnungen erschien 1943 in London und 1944 in New York. Vgl. das Nachwort von Thomas Karlauf zur deutschen Ausgabe S. 305–316

48. BA R 43 I, Reichskanzlei, Nr. 1604. In dieser Akte findet sich auch folgender Vorgang: Der Deutsche Kunstverlag plante im Januar 1929 die Herausgabe eines Buches mit dem Titel »Arbeitsstätten der Reichsregierung«, das »propagandistisch auch für die Republik werben soll«, wie es am 9. Januar 1929 in der Antwort der Pressestelle der Reichsregierung auf ein Schreiben des Verlags heißt; die Edition des Buches wurde von der Pressestelle »warm befürwortet« und mit 2000 Mark unterstützt. Am 22. Oktober 1930 teilte der Verlag der Reichskanzlei mit, daß er das Vorhaben einstellen mußte, da die Pressestelle die Unterstützung des Buches widerrufen habe mit der Begründung, »daß es das hungernde Volk im Lande aufreizen würde, die prachtvollen Gemächer zu sehen, in denen Reichspräsident, Reichskanzler und einzelne Reichsminister repräsentieren«.
49. Fromm (wie Anm. 47), S. 48/49
50. Heinrich Ritter von Poschinger: Fürst Bismarck und die Parlamentarier. Erster Band: Die Tischgespräche des Reichskanzlers, Breslau 1894, S. 7 und 23
51. Erinnerungen aus dem Leben von Hans Viktor von Unruh, Hrsg. Heinrich von Poschinger, Stuttgart u.a. 1895, S. 288/289
52. Über den Dualismus in der Verfassung des Kaiserreichs, seine Vorgeschichte in der preußischen Verfassung, seine Struktur und innere Dynamik ist kontrovers diskutiert worden. Die beste kurze Zusammenfassung und Darstellung bei Hans Boldt: Deutscher Konstitutionalismus und Kaiserreich, in: Stürmer (Hrsg.) (wie Anm. 39), S. 119–142. Vgl. auch: Hans Boldt: Deutsche Verfassungsgeschichte, Band 2, München 1990, bes. S. 168–220
53. Georg Brandes: Berlin als deutsche Reichshauptstadt. Erinnerungen aus den Jahren 1877–1883. Hrsg. Erik M. Christensen/Hans-Dietrich Loock, Berlin 1989, S. 97. Das folgende Zitat S. 98
54. August Bebel: Die Sozialdemokraten im Deutschen Reichstag, Berlin 1909, S. 15
55. Zitat aus einem Artikel des Berliner Tageblatt nach: Poschinger (wie Anm. 50), S. 96, Fn. 1
56. Zitiert nach Poschinger (wie Anm. 50), S. 17
57. Unruh (wie Anm. 51), S. 289
58. Zitiert nach Poschinger (wie Anm. 50), S. 17
59. Poschinger (wie Anm. 50), S. 15
60. Poschinger (wie Anm. 50), S. 140
61. Poschinger (wie Anm. 50), S. 144/145
62. Zitiert nach Poschinger (wie Anm. 50), S. 147
63. Norbert Elias: Die höfische Gesellschaft, Frankfurt am Main 1983. Der Begriff »Königsmechanismus« S. 41. Das Buch von Norbert Elias wurde zum ersten Mal 1969 veröffentlicht, geht aber auf eine Habilitationsschrift aus dem Jahre 1930 zurück.
64. Elias (wie Anm. 63), S. 199
65. Daß Norbert Elias selbst von der Möglichkeit überzeugt war, daß seine Interpretation auch auf andere Formen der Herrschaft bezogen werden könnte, wird aus dem Anhang 1 »Über die Vorstellung, daß es einen Staat ohne strukturelle Konflikte geben könnte«, in: Elias (wie Anm. 63), S. 405–415 deutlich. In diesem kurzen Text, der sich auf eine Veröffentlichung von Hans Mommsen über die Struktur der nationalsozialistischen Herrschaft bezieht, heißt es auf den Seiten 405/406, daß es nützlich sei, »darauf hinzuweisen, daß eine Untersuchung der Herrschaftsapparatur absolutistischer Könige, und besonders auch der sorgfältigen Kultivierung der Spannungsbalance zwischen Spitzengruppen im Falle Ludwigs XIV., auch etwas zum Verständnis der Strategie des nationalsozialistischen Herrschers gegenüber seinen Spitzengruppen in der Phase des Übergangs von der charismatischen zu der routinisierten Herrschaft (den er gewiß durch den Krieg zu verzögern suchte) beizutragen vermag.«
66. Spitzemberg (wie Anm. 34), 8. Juni 1878, S. 171/172. »Brutaler Luxus« und »barbarische Verachtung äußerer Schönheit« siehe Anm. 77
67. Aus 50 Jahren. Erinnerungen, Tagebücher und Briefe aus dem Nachlaß des Fürsten Philipp zu Eulenburg-Hertefeld, Hrsg. Johannes Haller, Berlin 1923, S. 57
68. Poschinger (wie Anm. 50), S. 139
69. Lothar Gall: Bismarck. Der weiße Revolutionär, Frankfurt am Main/Berlin/Wien 1980, S. 348
70. Volker Bauer: Die höfische Gesellschaft in Deutschland von der Mitte des 17. bis zum Ausgang des 18. Jahrhunderts. Versuch einer Typologie, Tübingen 1993, S. 66–70
71. Hugo Graf Lerchenfeld-Koefering: Erinnerungen und Denkwürdigkeiten 1843 bis 1925, Berlin 1935, S. 226
72. Bismarcks großes Spiel. Die geheimen Tagebücher Ludwig Bambergers, Hrsg. Ernst Feder, Frankfurt 1933, S. 304
73. Zum populären Bismarck-Mythos vgl. Rolf Parr: »Zwei Seelen wohnen, ach! in meiner Brust«. Strukturen und Funktionen der Mythisierung Bismarcks (1860-1918), München 1992. Zitate »Sohn der deutschen Erde«, »deutscher Bauer« S. 81. Zitat zu den parlamentarischen Abenden aus: D. v. J.: Im Reichskanzlerpalais, in: Über Land und Meer, 1909, Band 102, Nr. 28, S. 645-648, hier S. 648
74. Gall (wie Anm. 69), S. 364
75. Im Reichskanzlerpalais (wie Anm. 73), S. 648
76. Spitzemberg (wie Anm. 34), 10. Mai 1901, S. 407

77. Spitzemberg (wie Anm. 34), 1. Februar 1902, S. 413
78. Bogdan Graf von Hutten-Czapski: Sechzig Jahre Politik und Gesellschaft, Erster Band, Berlin 1936, S. 234
79. Ottmar von Mohl: Fünfzig Jahre Reichsdienst. Lebenserinnerungen, Leipzig 1920, S. 280; Stein (wie Anm. 32), S. 133
80. Im Reichskanzlerpalais (wie Anm. 73), S. 648
81. Aufzeichnungen des Geheimrats Johannes Pinkow über die Einrichtungen in der Reichskanzlei und des Reichskanzlerhauses zur Zeit des Fürsten Bismarck und seiner unmittelbaren Nachfolger, Typoskript in BA R 43 I, Reichskanzlei, Nr. 1508, Blatt 117–176, hier Blatt 163. Pinkow, der bereits im Dezember 1923 von der Reichskanzlei um diese Aufzeichnungen gebeten worden war und im Januar 1924 seine Bereitschaft zu erkennen gab, übersandte das Manuskript am 8. Juli 1925. BA R 43 I, Reichskanzlei, Nr. 1507, Blatt 155/156. Blatt 160–213 die handschriftliche Fassung des Textes.
82. Philipp Eulenburgs politische Korrespondenz, Band 3 (= Deutsche Geschichtsquellen des 19. und 20. Jahrhunderts, Band 52/III), Hrsg. John C.G. Röhl, Boppard 1983, Nr. 1178, S. 1620–1622, hier S. 1621
83. Kathy Lerman: The decisive relationship: Kaiser Wilhelm II and Chancellor Bernhard von Bülow, 1900–1905, in: John C.G.Röhl/Nicolaus Sombart (Hrsg.): Kaiser Wilhelm II. New Interpretations, Cambridge 1982, S. 221–247, hier S. 237. Zu Bülows »Drittem Weg« siehe S. 222 und Katherine Anne Lerman: The Chancellor as Courtier. Bernhard von Bülow and the Governance of Germany 1900–1909, Cambridge 1990, S. 55–61 und 74–86
84. Johannes Penzler/Bogdan Krieger (Hrsg.): Die Reden Kaiser Wilhelms II., Leipzig 1900, Band 2, S. 38–41
85. Eulenburgs Korrespondenz (wie Anm. 82), Nr. 1245, S. 1713–1715, hier S. 1714. Als »persönliches Regiment« wurde der Anspruch Kaiser Wilhelms II. bezeichnet, selbst zu regieren. Zeitgenossen und Historiker gaben und geben verschiedene Antworten auf die Frage, ob ein solches »neoabsolutistisches« Regiment in der Verfassung des Kaiserreichs möglich und ob es überhaupt wünschenswert sei oder gewesen sei. Unabhängig von den Antworten auf diese Fragen sind sich alle einig, daß Wilhelm II. wegen seiner persönlichen Eigenschaften gar nicht in der Lage gewesen sei, ein solches Regiment zu führen, daß aber seine Versuche immer wieder zu Störungen des stetigen Verlaufs der Politik der preußischen Regierung und der Reichsleitung geführt hätten. Da der Begriff »persönliches Regiment« unter den Zeitgenossen deshalb negativ besetzt war, glaubte Bülow von einem »persönlichen Regiment im guten Sinne« sprechen zu müssen. Vgl. Isabel Hull: »Persönliches Regiment«, in: John C.G. Röhl (Hrsg.): Der Ort Kaiser Wilhelms II. in der deutschen Geschichte, München 1991, S. 3–23
86. Zitiert nach Katharine Anne Lerman: The Chancellor as Courtier: The Position of the Responsible Governement under Kaiser Wilhelm II, 1900–1909, in: John C.G.Röhl: Der Ort Kaiser Wilhelms II. in der deutschen Geschichte, München 1991, S. 43–52, hier S. 50 Rückübersetzung von mir. Die zentrale Formel »nicht Hof-, sondern Reichskanzler« ist in der englischen Übersetzung K. Lermans in deutsch eingefügt.
87. Brief an Karl von Lindenau vom 20. November 1897 bei Lerman (wie Anm. 83), S. 43; Lerman, in: Röhl/Sombart (wie Anm. 83), S. 224, Bericht Lerchenfelds vom 25. Oktober 1900 nach München
88. Vgl. Lerman, in: Röhl/Sombart (wie Anm. 83), S. 224
89. Vgl. die Titel des Buches von Lerman (wie Anm. 83) und des Aufsatzes (wie Anm. 86). Der Bezug auf Elias findet sich in Lermans Buch (wie Anm. 83), S. 89/90 und in Lerman (wie Anm. 86), S. 44/45. Die Interpretation der Rolle Wilhelms II. im Kaiserreich mit dem Begriff »Königsmechanismus« aus dem Buch von Norbert Elias findet sich bei John C.G.Röhl: Kaiser Wilhelm II., Großherzog Friedrich I. und der »Königsmechanismus« im Kaiserreich, in: Historische Zeitschrift 236, 1983, S. 539–577
90. Elias (wie Anm. 63), S. 165
91. Zitiert nach Lerman, in: Röhl/Sombart (wie Anm. 83), S. 227, Rückübersetzung von mir.
92. Zitiert nach Lerman (wie Anm. 83), S. 45. Rückübersetzung von mir
93. August Stein: Bülow, in: Frankfurter Zeitung vom 15. Juli 1909, hier zitiert nach dem Abdruck in: Es war alles...(wie Anm. 36), hier S. 65, 72 und 77
94. Im Reichskanzlerpalais (wie Anm. 73), S. 648
95. Erinnerungen und Gedanken des Botschafters Anton Graf Monts, Hrsg. Karl Friedrich Nowak/Friedrich Thimme, Berlin 1932, S. 21; Spitzemberg (wie Anm. 34), 11. Oktober 1906, S. 21
96. Hutten-Czapski (wie Anm. 78), S. 404
97. Der Tag, Nr. 30, 3. Februar 1924, 1. Beiblatt.
98. Stein (wie Anm. 93), S. 74
99. Fritz Wiedemann: Der Mann der Feldherr werden wollte, Velbert/Kettwig 1964, S. 201–203
100. Albert Speer: Erinnerungen, Berlin 1969, Dieses und die folgenden Zitate auf den Seiten 131–133.
101. Reinhard Spitzy: So haben wir das Reich verspielt, München 1986, S. 124/125

102. Otto Dietrich: 12 Jahre mit Hitler, München 1955, S. 152 und 253
103. Erich Kordt: Nicht aus den Akten ..., Stuttgart 1950, S. 66
104. Spitzy (wie Anm. 101), S. 125
105. Spitzy (wie Anm. 101), S. 126
106. Speer (wie Anm. 100), S. 138
107. Dietrich (wie Anm. 102), S. 253
108. Speer (wie Anm. 100), S. 137
109. Henry Picker: Hitlers Tischgespräche im Führerhauptquartier, Berlin 1993. Dieses Buch erschien zum ersten Mal im Jahre 1951. Zur Entstehung und Funktion dieser Mitschriften mit weiteren Beispielen für die Umsetzung von Äußerungen Hitlers in Direktiven Bormanns vgl. Werner Jochmann: Einführung, in: Adolf Hitler. Monolge im Führerhauptquartier, 1941–1944.Die Aufzeichnungen Heinrich Heims, Hrsg. Werner Jochmann, Hamburg 1980, S. 7–35 bes. S. 19/20
110. Picker (wie Anm. 109), S. 400
111. Jochen von Lang: Der Sekretär. Martin Bormann: Der Mann, der Hitler beherrschte, Stuttgart 1977, S. 207/208
112. Wiedemann (wie Anm. 99), S. 69/70
113. Ernst von Weizsäcker: Erinnerungen, München/Leipzig/Freiburg 1950, S. 201/202
114. Kordt (wie Anm. 103), S. 63; Wiedemann (wie Anm. 99), S. 148
115. Kordt (wie Anm. 103), S. 67. Dort auch das folgende Zitat.
116. Weizsäcker (wie Anm. 113), S. 202
117. Kordt (wie Anm. 103), S. 64
118. Weizsäcker (wie Anm. 113), S. 155
119. Ernst Hanfstaengl: Zwischen Weißem und Braunem Haus, München 1970, S. 321
120. Spitzy (wie Anm. 101), S. 183
121. Rudolf Diels: Lucifer ante portas, Stuttgart 1950, S. 124. Die folgenden Zitate aus Diels auf den Seiten 125 und 126.
122. Ich folge in dieser kurzen Skizze vor allem Veröffentlichungen von Hans Mommsen und Martin Broszat, von denen hier die wichtigsten zu diesem Thema genannt werden sollen, wobei ich im Text auf Einzelnachweise verzichte. Hans Mommsen: Ausnahmezustand als Herrschaftstechnik des NS-Regimes, in: Manfred Funke (Hrsg.): Hitler, Deutschland und die Mächte. Materialien zur Außenpolitik des Dritten Reiches, Düsseldorf 1976, S. 30–45; Hitlers Stellung im nationalsozialisrtischen Herrschaftssystem, in: Gerhard Hirschfeld/Lothar Kettenacker (Hrsg.): Der Führerstaat. Mythos und Realität, Stuttgart 1981, S. 43–72; Nationalsozialismus oder Hitlerismus, in: Michael Bosch(Hrsg.): Persönlichkeit und Struktur in der Geschichte, Düsseldorf 1977, S. 62–67. Martin Broszat: Soziale Motivation und Führerbindung im Nationalsozialismus, in: Vierteljahreshefte für Zeitgeschichte 18, 1970, S. 392–409. Der Gegenstand ist außerordentlich kontrovers diskutiert worden. Ich kann hier sowohl aus Platz- als auch aus Kompetenzgründen auf diese Kontroverse nicht eingehen. Einen guten Überblick mit umfassenden Literaturangaben bietet Ian Kershaw: Der NS-Staat. Geschichtsinterpretationen und Kontroversen im Überblick, Reinbek 1994, bes. S. 114–148
123. Johannes Sievers: Bauten für die Prinzen August, Friedrich und Albrecht von Preußen. Ein Beitrag zur Geschichte der Wilhelmstraße in Berlin, Berlin 1954, S. 230
124. Vgl. Im Reichskanzlerpalais (wie Anm. 73), S. 648
125. Die Akten über den Ankauf des Hauses Wilhelmstraße 73 als Residenz für den Reichspräsidenten in: BA R 43 I, Reichskanzlei, Nr. 577; BA Rep. 22.01. Reichsschatzministerium, Nr. 718, Blatt 1 ff. Grundsätzliche Bedenken, ob das Gebäude des ehemaligen Ministeriums des Königlichen Hauses für den Reichspräsidenten aus symbolpolitischen Gründen nicht unpassend sei, scheinen nicht erhoben worden zu sein.
126. Der Vorgang der Übernahme von Möbeln und anderen Ausstattungsgegenständen von der Jacht Hohenzollern in: BA Rep.22.01 Reichsschatzministerium, Nr. 718 Blatt 15–36
127. Der Brief des Reichsinnenministers und das Brieftelegramm Schliebens in: BA R 43 I, Reichskanzlei, Nr. 1607, Blatt 183 und 185. Blatt 184 ein Schreiben des Reichskunstwarts, das der Innenminister seiner Einladung beigelegt hatte, und in dem Edwin Redslob auf Reproduktionen bekannter Kunstwerke, auf Fotografien und Plakate als möglichen Wandschmuck verwies. Redslob schienen solche Vorschläge dringend geboten, da er plante, »der Erregung, die durch den Erlaß über die Entfernung der monarchischen Bilder notgedrungen entstehen muss, etwas Lebendiges gegenüber zu stellen«. Das Zitat Brechts in: Arnold Brecht: Aus nächster Nähe. Lebenserinnerungen 1884–1927, Stuttgart 1966, S. 205. Brecht merkt zu Schlieben an, »daß er allen prodemokratischen Anregungen ohne Sympathie gegenüberstand«.
128. Akten der Reichskanzlei. Weimarer Republik, Band 5/1. Die Kabinette Wirth I und II, Band 1, bearbeitet von Ingrid Schulze-Bidlingmaier, Boppard 1984, S. 531, Fn. 2.
129. GStPK Rep. 93 B, Ministerium der öffentlichen Arbeiten, Nr. 1938, Blatt 4
130. Harry Graf Kessler: Aus den Tagebüchern 1918–1937, Hrsg. Wolfgang Pfeiffer-Belli, München 1965, 21. Dezember 1918, S. 30
131. H.H. Borrmann: Wo Otto Braun residiert, in: 8-Uhr-Abendblatt, 27. Januar 1932. Vgl. Hagen

Schulze: Otto Braun oder Preußens demokratische Sendung, Berlin 1977, S. 373/374. Ob tatsächlich auch die Porträts Steins und Hardenbergs im Sitzungssaal hingen, läßt sich nicht nachprüfen. Weder Stein noch Hardenberg waren Ministerpräsidenten, da dieses Amt erst 1848 eingerichtet wurde; Hardenberg trug den Titel Staatskanzler, der weder vor noch nach ihm vergeben wurde.

132. Die Vorgänge um die Beschaffung der Porträts in: BA R 43 I, Reichskanzlei, Nr. 1608. Blatt 1 ff
133. Verhandlungen des Reichstags, 1. Wahlperiode 1920, Band 369, Anfrage Nr. 1020, Drucksache Nr. 2657, S. 261
134. Akten der Reichskanzlei (wie Anm. 128), Nr. 196, Protokoll der Sitzung vom 1. Februar 1922, S. 533
135. Verhandlungen ... (wie Anm. 133), Band 371, Drucksache Nr. 3693, S. 375
136. Berlin und seine Bauten II, 1896, S. 75
137. BA R 43 I, Reichskanzlei, Nr. 1586; BA NL 5, Nachlaß Pünder, Nr. 40, Blatt 56
138. BA R 43 I, Reichskanzlei Nr. 1586; Nachlaß Pünder (wie Anm. 137), Blatt 57
139. BA R 43 I, Reichskanzlei, Nr. 1586
140. Umfassend zur Reichsreform vgl. Gerhard Schulz: Zwischen Demokratie und Diktatur. Verfassungspolitik und Reichsreform in der Weimarer Republik, Band 1, Tübingen 1963, bes. S. 453 ff. Die verschiedenen Lösungsvorschläge sind übersichtlich abgehandelt bei Ludwig Biewer: Reichsreformbestrebungen in der Weimarer Republik, Frankfurt am Main/Bern/Cirencester 1980.
141. Ich folge in der Darstellung der Absichten und der Politik Otto Brauns in Fragen der Reichsreform Schulze (wie Anm. 131), S. 584–601
142. Schulze (wie Anm. 111), S. 593
143. BA R 43 I, Reichskanzlei, Nr. 1587. In dieser Akte die weiteren Schreiben zum Vorgang.
144. Akten über den Umbau in: BA R 43 I, Reichskanzlei, Nr. 1531 und R 43 II, Reichskanzlei, Nr. 1046 a
145. BA R 43 I, Reichskanzlei, Nr. 1607, Blatt 1: Schreiben der »General-Verwaltung der Koeniglichen Museen« vom 10. November 1893 mit beiliegender Liste von 12 Gemälden »aus den Beständen der Königlichen Gemäldegalerie«. Blatt 29/30 und 39: Listen aus dem Jahre 1901; Blatt 70: Liste aus dem Jahre 1911 mit Leihgaben des Kaiser-Friedrich-Museums; Blatt 107/108: Liste aus dem Jahre 1917 mit Leihgaben der National-Galerie; Blatt 138: Liste aus dem Jahre 1919 mit Leihgaben der National-Galerie; Blatt 169: Liste aus dem Jahre 1925 mit Leihgaben der Nationalgalerie. Aus einer Aufstellung vom 10. Juni 1918 geht hervor, daß zu diesem Zeitpunkt insgesamt 221 Gemälde aus den Beständen der Nationalgalerie und des Kaiser-Friedrich-Museums an Reichsämter und preußische Ministerien verliehen waren, 54 davon an die Reichskanzlei (Blatt 115/116). Im Jahre 1925 war die Zahl der an die Reichskanzlei verliehenen Gemälde auf 83 gestiegen (Blatt 170/171). Nur am Rande erwähnt sei die Tatsache, daß auch das Kunstgewerbemuseum zahlreiche Leihgaben zur Verfügung stellte.
146. BA R 43 I, Reichskanzlei, Nr. 1608, Blatt 273. Dort im weiteren auch der umfangreiche Briefwechsel mit Lilly von Werner, mit dem Maler Hermann Kröger, der den Auftrag erhielt und mit dem Präsidenten der Deutschen Kunstgemeinschaft, der zunächst um die Benennung eines geeigneten Kopisten gebeten worden war. Der Präsident, der ehemalige Staatssekretär im Reichsinnenministerium Schulz, machte den Vorschlag, Eugen Spiro, den Vorsitzenden der Berliner Sezession, zu beauftragen, eine fast schon bizarre Idee angesichts der Tatsache, daß die Sezession gerade aus Protest gegen die von Anton von Werner beherrschte und verkörperte Kunstpolitik im Kaiserreich gegründet worden war. Dazu paßt, daß Schulz glaubt, Spiro als Kopist besonders empfehlen zu können mit dem Hinweis auf Kopien von Bildern Monets und van Goghs, die Spiro hergestellt habe, und daß er diese Empfehlung verbindet mit dem Vorschlag, eine Kopie »in einer etwas freieren Weise«, »mit der künstlerischen Technik der heutigen Zeit« anzufertigen. Es sieht so aus, als habe der Präsident die Absicht ästhetisch-politischer Mimikry, die dem ganzen Plan offenbar zugrunde lag, nicht verstanden. Der Reichskanzlei fiel die Ablehnung Spiros um so leichter, als dieser ein Honorar in Höhe von 12000 Mark gefordert hatte.
147. Bestätigung der Übergabe in: BA R 43 I, Rechskanzlei, Nr. 1609, Blatt 46. Die Kopie des Kongress-Bildes war offenbar »in den unteren Räumen des Reichskanzler-Palais« aufgehängt worden, wie es in einem Vermerk des Bürodirektors Ostertag vom 17. Mai 1934 heißt, mit dem er Staatssekretär Lammers den Vorschlag machte, das Bild, für das nach dem Umbau des Hauses für Hitler kein Platz sei, an das Märkische Museum abzugeben. Da das Märkische Museum, wie auch ein Jahr später beim Angebot der Übernahme der Bestände des nicht verwirklichten Bismarck-Museums, auf die Übernahme aus Platzgründen verzichtete, ging das Bild, auf Wunsch des Reichswirtschaftsministers, am 13. August 1934 als Leihgabe der Reichskanzlei in dessen Ministerium; vgl. Blatt 134 und 136
148. Benedikt F. Dolbin: Der Staat als Mäzen, in: Das Tagebuch. Nr. 37, 13. September 1930

149. Aufzeichnung Pünders für die Pressestelle der Reichsregierung, in: BA R 43 I, Reichskanzlei, Nr. 1608, Blatt 321–323. Georg Stein: Anton von Werner in der neuen Reichskanzlei! Kunst in Not – Reich sucht Kopisten, in: Berliner Montagspost, Nr. 33, 1. September 1930
150. Der Brief Osborns in: BA R 43 I, Reichskanzlei, Nr. 1608, Blatt 325–328
151. Aufzeichnung Pünders (wie Anm. 149), Blatt 321. Max Osborn: Die Anton von Werner-Kopie. Kunstwerke in der Reichskanzlei, in: Berliner Montagspost. Nr. 36, 22. September 1930; Vossische Zeitung, Nr. 448, 23. September 1930
152. Moritz Busch: Tagebuchblätter, Zweiter Band, Leipzig 1899, S. 216
153. Busch (wie Anm. 152), S. 212–216 mit detaillierter Schilderung. Dort auch die folgenden Zitate.
154. Bernhard Fürst von Bülow: Denkwürdigkeiten, Zweiter Band, Berlin 1930, S. 53
155. BA R 43 I, Reichskanzlei, Nr. 1511, Blatt 8 und R 43 I, Nr. 1608, Blatt 273.
156. BA R 43 I, Reichskanzlei, Nr. 1511, Blatt 10. Pünder erbat in diesem Schreiben vom 29. April 1929 Leihgaben aus den Beständen in Friedrichsruh. Von dort wurde eine komplette Uniform Bismarcks zur Verfügung gestellt, bei der auch »1 Paar hohe Kürassierstiefel» nicht fehlten.
157. Hermann Pünder: Bismarcks Abschied. Das Museum in der Reichskanzlei, in: Vossische Zeitung, Nr. 135, 20. März 1930.
158. Der Briefwechsel der Reichskanzlei mit dem Märkischen Museum, dem Oberbürgermeister der Stadt Berlin und dem Botschaftsrat von Bismarck an der Deutschen Botschaft in London zwischen November 1935 und Januar 1936 über die Abgabe der in der Reichskanzlei verbliebenen Gegenstände aus Bismarcks Arbeitszimmer an das Märkische Museum befindet sich in: BA R 43 I, Reichskanzlei, Nr. 1511, Blatt 132–149. Das Museum übernahm schließlich alle Gegenstände außer dem Schreibtisch und dem dazugehörenden Sessel, die an das Bismarck-Museum in Friedrichsruh gingen.
159. Pinkow (wie Anm. 81), Blatt 162
160. Zu den Vorgängen um den Vorzimmerdienst Bülows folge ich Lerman: The Chancellor (wie Anm. 83), S. 198/199. Die Verfügung, mit der »das Spezial Kanzlei-Bureau des Herrn Reichskanzlers« aufgelöst wurde, datiert vom 15. Oktober 1908, in: BA R 43 I, Reichskanzlei, Nr. 1507, Blatt 25
161. Deutsche Volkswirtschaftliche Korrespondenz, Jg. 32. Nr. 87, 8.November 1907, Nr. 88, 12. November 1907 und Nr. 91, 22. November 1907
162. Im Reichskanzlerpalais (wie Anm. 73), S. 651. Zu den »Sattelstühlen« Wilhelms II. vgl. Klaus-D. Pohl: Das »Allerheiligste«. Anmerkungen zu den Arbeitsräumen der Hohenzollern, in: Hans Wilderotter/Klaus-D. Pohl (Hrsg.): Der letzte Kaiser. Wilhelm II. im Exil. Katalog der Ausstellung in München und Berlin 1991, Gütersloh/München 1991, S. 123–130 und S. 212, Kat.Nr. 205. In der Liste der »Ausstattungsgegenstände, die sich in den Arbeitsräumen des Altreichskanzlers Fürsten von Bismarck im Reichskanzlerpalais, Wilhelmstraße 77, befunden haben«, die im Zusammenhang der Planung des Bismarck-Museums 1927 erstellt wurde, ist dieses Sitzmöbel Bülows, das man offenbar Bismarck, dem Mann mit den »Kürassierstiefeln«, glaubte zuschreiben zu müssen, aufgenommen und als »Reitsessel« bezeichnet worden.
163. BA R 43 I, Reichskanzlei, Nr. 1506, Vermerk der Reichsbaudirektion vom 13. Dezember 1930
164. BA R 43 I, Reichskanzlei, Nr. 1586. In dieser unpaginierten Akte die Briefe von Pünder an den Reichsfinanzminister vom 25. Oktober und an Popitz vom 28. Oktober und 15. November 1930. Dort auch der Briefwechsel zur Übernahme von Möbeln aus dem Schloß in Koblenz.
165. »Zigarrenkiste« bei Hans Frank: Im Angesicht des Galgens. Deutung Hitlers und seiner Zeit auf Grund eigener Erlebnisse und Erkenntnisse, München 1953, S. 130. »Generalvertreter« in: Adolf Hitler: Einleitung, in: Die Neue Reichskanzlei. Architekt Albert Speer. Zusammengestellt von Rudolf Wolters und Hermann Wolff, München 1940, S. 7
166. Friedrich Christian Prinz zu Schaumburg-Lippe: Als die Goldne Abendsonne. Aus meinen Tagebüchern der Jahre 1933–1937, Stuttgart 1971, S. 73/74
167. Willy Meerwald: Hier arbeitet der Führer des Reiches, in: Völkischer Beobachter, Nr. 233, 21. August 1934. Der Autor des Artikels war als Oberregierungsrat in der Reichskanzlei beschäftigt.
168. BA R 43 I, Reichskanzlei, Nr. 1508, Blatt 77
169. Hitler (wie Anm. 165), S. 7
170. Zur Friedrich-Plastik im Arbeitszimmer in der neuen Reichskanzlei vgl. Angela Schönberger: Die neue Reichskanzlei von Albert Speer, Berlin 1981, S. 110. Zum Friedrich-Porträt im Arbeitszimmer auf dem Berghof vgl. Sonja Günther: Design der Macht. Möbel für Repräsentanten des »Dritten Reiches«, Stuttgart 1992, Fn. 47; zu den Porträts von Bismarck und Friedrich im Arbeitszimmer im »Führerbau« die Abb. auf S. 44.
171. Fromm (wie Anm. 47), 10. Februar 1926, S. 23
172. BA R 43 I, Reichskanzlei, Nr. 1609, Blatt 139/140
173. Konrad Barthel: Friedrich der Große in Hitlers Geschichtsbild, Wiesbaden 1977, S. 1/2
174. Hugh Trevor-Roper: Hitlers letzte Tage, Frankfurt am Main/Berlin/Wien 1965, S. 116/117

DIE REGIERENDE BÜROKRATIE
Beamtenpolitik, politische Beamte und die Herrschaft der Kanzleien

1. John C.G. Röhl: Beamtenpolitik im Wilhelminischen Deutschland, in: Michael Stürmer (Hrsg.): Das kaiserliche Deutschland. Politik und Gesellschaft 1870–1918, Düsseldorf 1970, S. 287–311, hier S. 308, Anm. 9
2. Horst Möller: Preußen (= Die Verwaltung in den Ländern des Reiches, § 1), in: Kurt G. A. Jeserich/Hans Pohl/Georg-Christoph von Unruh (Hrsg.): Deutsche Verwaltungsgeschichte, Band 4, Stuttgart 1985, S. 540–557, hier S. 549/550
3. Hans Fenske: Bürokratie in Deutschland. Vom späten Kaiserreich bis zur Gegenwart, Berlin 1985, S. 18
4. Fritz Hartung: Studien zu Geschichte der preußischen Verwaltung, in: Fritz Hartung: Staatsbildende Kräfte der Neuzeit, Berlin 1961, S. 178–344, hier S. 248–275 und 311–318; Wolfgang Runge: Politik und Beamtentum im Parteienstaat. Die Demokratisierung der politischen Beamten in Preußen zwischen 1918 und 1933, Stuttgart 1965, S. 21–23. Der Schwerpunkt von Runges Untersuchung liegt bei den Spitzenbeamten der Provinzialbehörden und den Landräten der preußischen Provinzen Westfalen, Hessen-Nassau und der Rheinprovinz; er beschäftigt sich nicht mit den politischen Beamten in den Ministerien.
5. Otto von Bismarck: Erinnerung und Gedanke, in: Gesammelte Werke, Band 15, Berlin 1932, S. 209. Bei der Vorbereitung des Reichsbeamtengesetzes 1873 wollte Bismarck die vortragenden Räte in den Kreis der politischen Beamten aufnehmen lassen, scheiterte jedoch am Reichstag. Vgl. Hartung (wie Anm. 4), S. 255
6. Robert M. W. Kempner: Ankläger einer Epoche. Lebenserinnerungen, Frankfurt am Main/Berlin/Wien, S. 49/50
7. Althoff und Regierende. Beide Artikel werden zitiert nach dem Abdruck in: Es war alles ganz anders. Aus der Werkstätte eines politischen Journalisten. 1891–1914. Aufsätze August Steins, Hrsg. Fuchs, Frankfurt am Main 1922, S. 45–53, hier S. 45 und 185–192, hier S. 190/191.
8. Staatssekretäre gab es bis zum Ende der Monarchie nur auf Reichsebene. Während in Preußen die Minister an der Spitze der Ministerien standen, deren Leitung als Behörden Unterstaatssekretären oblag, waren die Staatssekretäre im Reich Leiter der Reichsämter und als solche dem einzigen Minister im Reich, dem Reichskanzler unterstellt. Die Ernennung vom Reichsstaatssekretär zum preußischen Minister war in jeder Hinsicht eine Verbesserung, da der preußische Minister »in Rang und Titel, Ansehen, gesellschaftlicher Stellung und Gehalt« über dem Staatssekretär stand«. Rudolf Morsey: Die oberste Reichsverwaltung unter Bismarck 1867–1890 (= Neue Münstersche Beiträge zur Geschichtsforschung Band 3); Münster 1957, S. 256/257. Das Jahresgehalt eines preußischen Ministers lag in den siebziger Jahren des 19. Jahrhunderts bei 36 000 Mark, das eines Staatssekretärs bei 24 000 Mark. Morsey, S. 256, Anm. 28
9. Röhl (wie Anm. 1), S. 287–290; Fenske (wie Anm. 3); S. 12/13
10. Morsey (wie Anm. 8), S. 251–255, Zahlen S. 251/252; vgl. Röhl (wie Anm. 1), S. 293/294.
11. Das Tagebuch der Baronin Spitzemberg (= Deutsche Geschichtsquellen des 19. und 20. Jahrhunderts, Bd. 43), Hrsg. Rudolf Vierhaus, Göttingen 1960, 29. Oktober 1894, S. 327
12. Röhl (wie Anm. 1), S. 295/296; Hans-Karl Behrendt: Zur Personalpolitik des preußischen Ministeriums des Innern. Die Besetzung der Landratsstellen in den östlichen Provinzen 1919–1933, in: Jahrbuch für die Geschichte Mittel- und Ostdeutschlands, Band 6, Tübingen 1957, S. 173–214, hier S. 204. Vgl auch Hans Fenske: Preußische Beamtenpolitik vor 1918, in: Der Staat, Jg. 3, 1973, S. 338–356, hier S. 342
13. Röhl (wie Anm. 1), S. 296–298; Umfassend: Ernest Hamburger: Juden im öffentlichen Leben Deutschlands. Regierungsmitglieder, Beamte und Parlamentarier in der monarchischen Zeit 1848–1918 (=Schriftenreihe Wissenschaftlicher Abhandlungen des Leo Baeck Instituts, Band 19), Tübingen 1968, besonders Kap. 1, S. 1–119
14. Fenske (wie Anm. 3), S.16; Fenske (wie Anm. 12), S. 343–346
15. Röhl (wie Anm. 1), S. 298; Fenske (wie Anm. 3), S. 13
16. Siehe Kapitel »Symbolische Politik«
17. Ernst Heilborn: Zwischen zwei Revolutionen, Band 2. Berlin 1929, S. 214. Vgl. Röhl (wie Anm. 1), S. 298–301; Fenske (wie Anm. 3), S. 17
18. Zahlen bei Behrendt (wie Anm. 12), S. 200/201; Morsey (wie Anm. 8), S. 244–248; Fenske (wie Anm. 12), S. 350–353
19. Morsey (wie Anm. 8), S. 262–270; Fenske (wie Anm. 12), S. 340/341 und 350–355
20. Hellmut von Gerlach: Von Rechts nach Links, Zürich 1937, S. 76
21. Zu den Militäranwärtern vgl. Bernd Wunder: Geschichte der Bürokratie in Deutschland, Frankfurt am Main 1986, S. 57–59; Fenske (wie Anm. 3), S. 18
22. Fenske (wie Anm. 12), S. 341. Über die Aufstiegsmöglichkeiten der Angehörigen des mittleren Dienstes in den höheren Dienst bis zur Reichsgründung vgl. Wilhelm Naudé: Zur Geschichte des preußischen Subalternbeamtentums, in: Forschungen zur Brandenburgischen

und Preußischen Geschichte, Band 18, 1905, S. 1–22. Naudé plädiert energisch für die Rückkehr zur Durchlässigkeit der Grenzen zwischen den beiden Laufbahnen.
23. Hartung (wie Anm. 4), S. 271
24. Hans Fenske: Monarchisches Beamtentum und demokratischer Staat, in: Demokratie und Verwaltung. 25 Jahre Hochschule für Verwaltungswissenschaften Speyer (= Schriftenreihe der Hochschule Speyer, Band 50), Berlin 1972, S. 116–136, hier S. 124
25. Fenske (wie Anm. 24), S. 118. Über die Frage des Handlungsspielraums, der den SPD-Politikern in den ersten Wochen nach dem 9. November zur Verfügung stand, vgl. Heinrich August Winkler: Die Revolution von 1918/19 und das Problem der Kontinuität in der deutschen Geschichte, in: Historische Zeitschrift 250, 1990, S. 303–319. Dort heißt es auf S.305 knapp zusammengefaßt: »Erstens: Die regierenden Sozialdemokraten kamen, wenn sie kein wirtschaftliches und soziales Chaos heraufbeschwören wollten, an einer begrenzten Zusammenarbeit mit den Trägern des alten Regimes nicht vorbei. Zweitens: Das Ausmaß dieser Zusammenarbeit und damit der politischen und sozialen Kontinuität zwischen Monarchie und Republik war erheblich größer, als es die Situation erforderte.«
26. Otto Braun: Von Weimar zu Hitler, Hamburg 1949, S. 16
27. Braun (wie Anm. 26), S. 15
28. Hermann Pünder: Von Potsdam nach Europa, Stuttgart 1968, S. 43
29. Walter Oehme: Damals in der Reichskanzlei. Erinnerungen aus den Jahren 1918/1919, Berlin 1958, S. 26.
30. Braun (wie Anm. 26), S. 16
31. GStPK, Rep. 90 Staatsministerium, Nr. 2275, Blatt 223. Weitere Vorfälle in dieser Akte bis 26. Februar 1926.
32. GStPK, Rep 90 Staatsministerium, Nr. 2275, Blatt 318
33. Vgl. Wolfgang Elben: Das Problem der Kontinuität in der deutschen Revolution 1918–1919, Die Politik der Staatssekretäre und der militärischen Führung vom November 1918 bis Februar 1919, Düsseldorf 1965, S. 31–43
34. Behrendt (wie Anm. 12), S. 176–178; Hans Fenske: Beamtenpolitik in der Weimarer Republik, in: Verwaltungsarchiv, Band 64/2, April 1973, S. 117–135, besonders S. 124/125; Eberhard Pikart: Preussische Beamtenpolitik 1918–1933, in: Vierteljahreshefte für Zeitgeschichte, Jg. 6, 1958, S. 119–137, besonders S. 124/125
35. Fenske (wie Anm. 34), S. 120/121; Wunder (wie Anm. 21), S. 111/112
36. Behrendt (wie Anm. 12), S. 182/183 und 205
37. Zahlen nach Fenske (wie Anm. 24), S. 129 und Möller (wie Anm. 2), S. 547. Die Zahlenangaben, die der Veröffentlichung von Albert Grzesinski: Republik und Beamter, in: Das Beamtentum im neuen Staat, Berlin 1930, bzw. Notizen im Nachlaß Grzesinskis, der der SPD angehörte und von Oktober 1926 bis Februar 1930 preußischer Innenminister war, entnommen wurden, weichen bei diesen und anderen Autoren voneinander ab.
38. Braun (wie Anm. 26), S. 164. Vgl. Runge (wie Anm. 4), S. 206/207
39. Fenske (wie Anm. 3), S. 34.
40. Fenske (wie Anm. 24), S. 129
41. Möller (wie Anm. 2), S. 547
42. Hagen Schulze: Otto Braun oder Preußens demokratische Sendung, Frankfurt am Main/Berlin/Wien 1977, S. 522/523
43. Das Innenministerium war im Januar 1920 aus der Wilhelmstraße, wo es als Nachfolger des Reichsamts des Innern im Haus Wilhelmstraße 74 seinen Sitz gehabt hatte, in das Gebäude des ehemaligen Großen Generalstabs am Königsplatz gezogen. Das Haus Nr. 74 wurde vom Auswärtigen Amt übernommen.
44. Arnold Brecht: Aus nächster Nähe. Lebenserinnerungen 1884–1927, Stuttgart 1966, S. 378/379. Dort auch das folgende Zitat.
45. Gerhard Schulz: Die Anfänge des totalitären Maßnahmestaats, in: Karl Dietrich Bracher/Wolfgang Sauer/Gerhard Schulz: Die nationalsozialistische Machtergreifung, Köln und Opladen 1960, S. 371–681, hier S.490. Zusammenfassend zum Papen-Putsch vgl. Sabine Höner: Der nationalsozialistische Zugriff auf Preußen. Preußischer Staat und nationalsozialistische Machtereroberungsstrategie 1928–1934 (= Bochumer Historische Studien, Neuere Geschichte Nr. 3), Bochum 1984, S. 313 ff. Zu den beamtenpolitischen Maßnahmen Brachts vgl. Runge (wie Anm. 4), S. 237 ff.
46. Schulz (wie Anm. 45), S. 490 ff; Runge (wie Anm. 4), S. 239 ff; Höner (wie Anm. 45), S. 416 ff.
47. Behrendt (wie Anm. 12), S. 210; Runge (wie Anm. 4), S. 249
48. Hans Mommsen: Beamtentum im Dritten Reich (= Schriftenreihe des Instituts für Zeitgeschichte Nr. 13), Stuttgart 1966, besonders S. 39–61
49. Mommsen (wie Anm. 48), S. 55/56
50. Zitiert nach Runge (wie Anm. 4), S. 241
51. Brecht (wie Anm. 44), S. 251/251
52. Zitiert nach: Jane Caplan: Civil Service Support for National Socialism: An Evaluation, in: Gerhard Hirschfeld/Lothar Kettenacker (Hrsg.): Der »Führerstaat«: Mythos und Realität. Studien zur Struktur und Politik des Dritten Reiches (= Veröffentlichungen des Deutschen Historischen Instituts London, Band 8), Stuttgart 1981, S. 167–193, hier S. 170

53. Hans Mommsen: Die Stellung der Beamtenschaft in Reich, Ländern und Gemeinden in der Ära Brüning, in: Vierteljahreshefte für Zeitgeschichte, Jg. 21, 1973, S. 151–165
54. Rudolf Morsey: Beamtenschaft und Verwaltung zwischen Republik und »Neuem Staat«, in: Karl Dietrich Erdmann/Hagen Schulze (Hrsg.): Weimar. Selbstpreisgabe einer Demokratie, Düsseldorf 1980, S. 151–168, hier S. 161
55. Morsey (wie Anm. 54), S. 161; Mommsen (wie Anm. 48), S. 29
56. Fenske (wie Anm. 3), S. 41
57. Moritz Busch: Tagebuchblätter, Zweiter Band, Leipzig 1899, S. 181
58. Wolfgang Gans Edler Herr zu Putlitz: Unterwegs nach Deutschland. Erinnerungen eines ehemaligen Diplomaten, Berlin 1960, S. 61; Herbert von Hindenburg: Das Auswärtige Amt im Wandel der Zeiten, Frankfurt am Main 1932, S. 6.
59. Friedrich Payer: Von Bethmann Hollweg bis Ebert. Erinnerungen und Bilder, Frankfurt 1923, S. 59
60. Ludwig Raschdau: Wie ich Diplomat wurde. Aus dem Leben erzählt, Berlin 1938, S. 41/42
61. Lamar Cecil: The German Diplomatic Service, 1871–1914, Princeton 1976, S. 26–31; Röhl (wie Anm. 1), S. 291–293
62. Cecil (wie Anm. 61), S. 39–43
63. Hans Philippi: Das deutsche diplomatische Korps 1871–1914, in: Klaus Schwabe (Hrsg.): Das diplomatische Korps 1871–1945 (=Deutsche Führungsschichten in der Neuzeit, Band 16), Boppard 1985, S. 41–80, hier S. 59
64. Cecil (wie Anm. 61), S.44–56. Zu Hohenlohes Einkommen siehe S. 45 und 52
65. Cecil (wie Anm. 61), S. 105–146. Arthur von Brauer: Im Dienste BismarckS.Persönliche Erinnerungen, Hrsg. Helmuth Rogge, Berlin 1936, S. 99
66. H. Schlieben: Die deutsche Diplomatie. Wie sie ist, wie sie sein sollte, Zürich 1917, S. 17
67. Verhandlungen des Reichstags, XII. Legislaturperiode, II. Session, 58. Sitzung, Dienstag den 15. März 1910, Stenographische Berichte Band 260, S. 2135
68. Zitiert nach: Staatssekretär Graf Herbert von Bismarck. Aus seiner politischen Privatkorrespondenz (= Deutsche Geschichtsquellen des 19. und 20. Jahrhunderts, Band 44), Hrsg. Walter Bußmann, Göttingen 1964, S. 14, Anm. 6 in der Einleitung des Herausgebers
69. Vgl. Hans E. Riesser: Von Versailles zur Uno, Bonn 1962, S. 35. Zu der verschwindend geringen Zahl jüdischer Angehöriger des Auswärtigen Amtes und zum Antisemitismus vieler führender Diplomaten vgl. Cecil (wie Anm. 61), S. 97–103.
70. Lamar Cecil: Der diplomatische Dienst im kaiserlichen Deutschland, in: Schwabe (wie Anm. 63), S. 15–39, hier S. 17 (Anwärter); Cecil (wie Anm. 61), S. 66
71. Cecil (wie Anm. 61), S. 32–35
72. Graf Johann Heinrich Bernstorff: Erinnerungen und Briefe, Zürich 1936, S. 25/26
73. Cecil (wie Anm. 61), S. 33
74. Cecil (wie Anm. 70), S. 18
75. Cecil (wie Anm. 61), S.3 4
76. Raschdau (wie Anm. 60), S. 43. Vgl. auch Brauer (wie Anm. 65), S. 93–103. Brauer meint, die politische Abteilung »bildete eigentlich ein kleines Ministerium für sich«.
77. Cecil (wie Anm. 61), S. 10, Tabelle I
78. Während die Staatssekretäre des Auswärtigen Amtes im Kaiserreich über 50000 Mark Jahresgehalt verfügten, lag das Gehalt des Botschafters in London bei 150000 Mark. vgl. Cecil (wie Anm. 61), S. 46, Tabelle 5. Am 22. Juli 1882 schrieb Friedrich von Holstein an Herbert von Bismarck: »Hatzfeldt ist der Ansicht, daß der Tausch vom Botschafter zum einfachen Staatssekretär unter allen Umständen einem vom Pferd auf den Esel, nicht nur dem Gehalt, sondern namentlich auch der äußeren Stellung nach sein würde.« in: Staatssekretär Graf Herbert von Bismarck ... (wie Anm. 68), Nr. 55, S. 139.
79. Verhandlungen (wie Anm. 67), S. 2135
80. Verhandlungen des Reichstags, XIII. Legislaturperiode, I. Session, 257. Sitzung, Donnerstag den 14. Mai 1914, Stenographische Berichte Band 295, S. 8862
81. Bernhard Fürst von Bülow: Denkwürdigkeiten, Vierter Band. Jugend- und Diplomatenjahre, Berlin 1934, S. 296. Der erste Außenminister der Weimarer Republik, Ulrich Graf von Brockdorff-Rantzau, war ein Vetter Johann Heinrich Graf von Bernstorffs; ein anderer Vetter Brockdorff-Rantzaus war der Freiherr Langwerth von Simmern, der 1919, als Brockdorff-Rantzau Außenminister war, den Posten des Staatssekretärs innehatte. vgl. Rudolf Nadolny: Mein Beitrag, Wiesbaden 1955, S. 67
82. Cecil (wie Anm. 61), S. 23
83. Richard von Kühlmann: Erinnerungen, Heidelberg 1948, S. 120/121
84. Die folgende Skizze stützt sich auf die Auswertung von Kühlmann (wie Anm. 83); Herbert von Hindenburg: Am Rande zweier Jahrhunderte. Momentbilder aus einem Diplomatenleben, Berlin 1938; Herbert von Dirksen: Moskau-Tokio-London. Erinnerungen und Betrachtungen zu 20 Jahren deutscher Außenpolitik 1919–1939, Stuttgart 1949; Kurd von Reibnitz: Gestalten rings um Hindenburg. Führende Köpfe der Republik und die Berliner Gesellschaft von heute, Dresden 1930; Nadolny (wie Anm. 81). Zu den Familienverbindungen Spitzemberg, Varnbüler und Wangenheim vgl Spitzemberg (wie Anm. 11).

85. Ferdinand von Stumm hatte Hermann Herzog zu Hatzfeld-Trachenberg, der zuletzt als Botschafter dem diplomatischen Dienst angehörte, zum Schwiegersohn. Vgl. Kühlmann (wie Anm. 83), S. 569; mit einer Stumm-Halberg war auch der Baron Lucius von Stoedten verheiratet, der um die Jahrhundertwende der Botschaft in Paris angehörte. Vgl. Cecil (wie Anm. 70), S. 16
86. Dirksen (wie Anm. 84), S. 34
87. Dirksen (wie Anm. 84), S. 55
88. Dirksen (wie Anm. 84), S. 12
89. Dirksen (wie Anm. 84), S. 11
90. Die Mitglieder der drei Korps des »Weißen Kreises« waren zu 90 % aristokratischer Herkunft und konnten unter anderem Wilhelm II., der *Borusse* war, in ihren Reihen zählen. Zahlen und Namen für die Zeit zwischen 1871 und 1914 bei Cecil (wie Anm. 61), S. 80–85. Namen für die Weimarer Republik bei Peter Krüger: Struktur, Organisation und außenpolitische Wirkungsmöglichkeiten der leitenden Beamten des Auswärtigen Dienstes, in: Schwabe (wie Anm. 63), S. 101–169, hier S. 124–126.
91. Aufzeichnungen und Erinnerungen aus dem Leben des Botschafters Joseph Maria von Radowitz, Hrsg. Hajo Holborn, Erster Band 1839–1877, Stuttgart/Berlin/Leipzig 1925, S. 24
92. Alexander von Hohenlohe: Aus meinem Leben, Frankfurt am Main 1925, S. 328
93. Putlitz (wie Anm. 58), S. 55. Große Anteile am Hanielkonzern, im besonderen der Gute-Hoffnungs-Hütte, hielt auch Haniel von Haimhausen, der während des Weltkriegs Botschaftsrat, im Jahre 1919 Unterstaatssekretär, bis 1923 Staatssekretär und anschließend Vertreter der Reichsregierung in München war.
94. Am 3. April 1923 setzte sich Staatssekretär von Maltzan in einem Brief an Friedrich Stampfer, den Chefredakteur des *Vorwärts*, gegen die in dieser Zeitung am 1. April in Form einer Frage aufgestellte Behauptung zur Wehr, daß sich unter den 18 neu ernannten Legationsräten 17 Bonner *Borussen* befänden. Maltzan verneinte die Frage, gab jedoch den Hinweis auf die der Redaktion nicht bekannte Tatsache der Zugehörigkeit des Ministers Rosenberg, des Staatsekretärs Maltzan und des Ministerialdirektors Schubert zu diesem Korps.Vgl. Akten der auswärtigen deutschen Politik 1918–1945, Serie A: 1918–1925, Band VII, Göttingen 1989, Dokument Nr. 176, S. 429–432.
95. Krüger (wie Anm. 90), S. 125/126
96. Verhandlungen der verfassunggebenden Deutschen Nationalversammlung, 67. Sitzung, Sonnabend den 26.Juli 1919, Stenographische Berichte Band 328, S. 1195
97. Verhandlungen der verfassunggebenden Deutschen Nationalversammlung, 106. Sitzung, Donnerstag den 23. Oktober 1919, Stenographische Berichte Band 330, S. 3355
98. Die Rede Stresemanns in: Verhandlungen (wie Anm. 67), S. 2135; die Rede Bassermanns in: Verhandlungen (wie Anm. 80), S. 8835. In der gleichen Debatte hatte der Abgeordnete Gothein seine Angaben über das faktische Adelsmonopol bei den Inhabern der höheren Posten des Auswärtigen Amtes vorgelegt.
99. Zu den Reformen des Auswärtigen Amt zu Beginn der Weimarer Republik vgl. Kurt Doß: Das deutsche Auswärtige Amt im Übergang vom Kaiserreich zur Weimarer Republik. Die Schülersche Reform, Düsseldorf 1977, S. 188 ff., bes. S. 215–286. Ausserdem Kurt Doß: Vom Kaiserreich zur Weimarer Republik. Das deutsche diplomatische Korps in einer Epoche des Umbruchs, in: Schwabe (wie Anm. 63), S. 81–100, und Krüger (wie Anm. 90)
100. Erich Kordt: Nicht aus den Akten. Die Wilhelmstraße in Frieden und Krieg. Erlebnisse, Begegnungen und Eindrücke 1928–1945, Stuttgart 1950, S. 21
101. Hans-Jürgen Döscher: Das Auswärtige Amt im Dritten Reich, Berlin 1987, S. 41
102. Zur Berufung von Außenseitern vgl. Doß: Das deutsche Auswärtige Amt (wie Anm. 99), S. 270–286.
103. Walter Zechlin: Pressechef bei Ebert, Hindenburg und Kopf. Erlebnisse eines Pressechefs und Diplomaten, Hannover 1956, S. 27
104. Zu den Personen Doß: Das deutsche Auswärtige Amt (wie Anm. 99), S. 273–285; Krüger (wie Anm. 90), S. 127–131
105. Zum Verhältnis Schülers zu Simons und zum Beginn der Revision der Reformen Doß: Das deutsche Auswärtige Amt (wie Anm. 99), S. 287 ff.
106. Doß: Das deutsche Auswärtige Amt (wie Anm. 99), S. 285. Zwei weitere Posten waren unbesetzt.
107. Döscher (wie Anm. 101), S. 44, Anm. 32
108. Döscher (wie Anm. 101), S. 35–50, Doß: Das deutsche Auswärtige Amt (wie Anm. 99), S. 248 ff.
109. Krüger (wie Anm. 90), Tabelle 2, S. 167
110. Paul Seabury: Die Wilhelmstraße. Die Geschichte der deutschen Diplomatie 1933–1945, Frankfurt am Main 1956, S. 44; Hans-Adolf Jacobsen: Nationalsozialistische Außenpolitik 1933–1938, Frankfurt am Main/Berlin 1968, Tabelle S. 627–632
111. Döscher (wie Anm. 101), S. 44, Anm. 32; Jacobsen (wie Anm. 110), Tabelle S. 627–632
112. Rathenau war im übrigen selbst ein Außenseiter, da er weder, wie sein Vorgänger Rosen und sein Nachfolger von Rosenberg, zu den Be-

rufsdiplomaten gehörte, noch, wie Müller und Köster, aber auch ab 1923 Gustav Stresemann, Parlamentarier war. Zu Rathenaus Stellung im Auswärtigen Amt vgl. Peter Krüger: »Es handelt sich darum, einen Kontinent wieder aufzubauen«. Walther Rathenau und das Auswärtige Amt, in: Hans Wilderotter (Hrsg.): Die Extreme berühren sich. Walther Rathenau 1867–1922, Berlin 1993, S. 189–202

113. Dirksen (wie Anm. 84), S. 29/30

114. Georg Schreiber: Zwischen Demokratie und Diktatur. Persönliche Erinnerungen an die Politik und Kultur des Reiches (1919–1944), Münster 1949, S. 101

115. Doß: Das deutsche Auswärtige Amt (wie Anm. 99), S.289/290. Nur am Rande sei vermerkt, daß über Ullrich Rauschers ungewöhnliche diplomatische Fähigkeiten allgemeiner Konsens besteht, während über den Prinzen zu Wied, der von 1919 bis 1922 Gesandtschaftsrat in Stockholm war, von seinem damaligen Vorgesetzten Rudolf Nadolny gesagt werden konnte, daß er »nicht von sehr starken Geistesgaben« gewesen sei, ein Urteil, das durch die Tatsache bestätigt wird, daß der Prinz Mitte der zwanziger Jahre »wegen Unfähigkeit« aus dem Dienst entlassen wurde. Dem Prinzen gelang mit der Berufung zum Gesandten in Stockholm im Oktober 1933 die Rückkehr in den diplomatischen Dienst, nachdem er, der bereits seit 1930 mit Hitler bekannt war und 1931 den Antrag auf Aufnahme in die NSDAP gestellt hatte, seit Frühjahr 1932 als Verbindungsmann zwischen Hitler und Constantin von Neurath fungierte, der damals noch Botschafter in London war, unter Franz von Papen ab Juni 1932 als Außenminister amtierte und Außenminister auch bei Hitler bis zu seiner Ablösung durch Joachim von Ribbentrop im Februar 1938 blieb. Zur Karriere des Prinzen zu Wied vgl. Döscher (Anm. 101), S. 59–61. Positive Urteile über Rauscher z.B. Peter Krüger (wie Anm. 90), S. 129 und 150.

116. Kordt (wie Anm. 100), S. 24/25. Mit der Formulierung, die maßgeblichen Posten seien nach 1918 »noch eine ganze Zeitlang« mit Berufsdiplomaten des ancien régime besetzt gewesen, suggeriert Kordt, der Anteil der Angehörigen dieser Gruppe bei der Besetzung der Spitzenpositionen sei im Laufe der Jahre zurückgegangen, eine Unterstellung, die im Widerspruch zu den nachweisbaren Zahlen steht. Zur Mitgliedschaft der genannten Personen bei der DDP siehe Doß: Das deutsche Auswärtige Amt (wie Anm. 99), S. 276. Nicht nur Graf Johann Heinrich Bernstorff, den Doß anführt, sondern auch dessen Neffe Graf Albrecht Bernstorff war Mitglied der DDP. vgl. Knut Hansen: Albrecht Graf von Bernstorff. Diplomat und Bankier zwischen Kaiserreich und Nationalsozialismus, Frankfurt am Main u.a. 1996, S. 99. Daß selbst die Mitgliedschaft in einer demokratischen Partei keineswegs im Widerspruch zu fortwirkenden mentalen Prägungen aus der Zeit des ancien régime stehen muß, wird an einem Brief deutlich, den der damalige Staatssekretär Haniel von Haimhausen im Vorfeld der Berufung Berenberg-Goßlers am 6. August 1920 an Außenminister Walter Simons schrieb: »Zum Glück haben die soeben eingezogenen Erkundigungen über unseren Kandidaten für Rom ergeben, daß er zwar in einen gesellschaftlichen Skandal verwickelt war, sich aber aus diesem in durchaus ehrenwerter Weise herausgezogen hat, indem er den Liebhaber seiner Frau im Duell erschoß. Im übrigen wurde er mir von einem zuverlässigen Gewährsmann als ein nicht sehr bedeutender, aber vorzüglich gesellschaftlich gewandter und zuverlässiger Mann geschildert mit einem nicht unbeträchtlichen Vermögen.«, in: Politisches Archiv des Auswärtigen Amtes, R 28038, Blatt 242. Vgl Doß: Das deutsche Auswärtige Amt (wie Anm. 99), S. 282 und Doß: Vom Kaiserreich (wie Anm. 99), S. 100

117. Zu den Aktivitäten des *Novemberklubs* und zur Verbindung zur DDP vgl. Friedrich von Prittwitz und Gaffron: Zwischen Petersburg und Washington. Ein Diplomatenleben, München 1952, S. 125–129. Dort ist im Anhang auf S. 238 der Aufruf abgedruckt, dem das Zitat entnommen wurde. Von einer der ersten Sitzungen des Klubs am 18. November berichtet Harry Graf Kessler, der zu den Mitunterzeichnern des Aufrufs gehörte: »Nachmittags um vier Versammlung der jüngeren Beamten des Auswärtigen Amtes, die den Aufruf unterzeichnet haben, im »Kaiserhof« im Hohenzollernsaal. Ferdinand Stumm präsidierte ... Ich versuche, soweit ich kann, sie nach links festzulegen. ... Es wurden drei Kommissionen eingesetzt: 1. für Ausarbeitung des Programms, 2. für Propaganda und Werbung, 3. für Ausarbeitung einer deutschen Verfassung. In die Propagandakommission wurde ich gewählt, Ferdinand Stumm als mein Vertreter.« Harry Graf Kessler: Aus den Tagebüchern 1918–1937, Hrsg. Wolfgang Pfeiffer-Belli, München 1965, S.16. Kessler gehörte, wie aus seinen Aufzeichnungen hervorgeht, neben Prittwitz, Bernhard Wilhelm von Bülow und Jürgen von Bornstedt auch dem Verfassungsausschuß an (S. 74 und 77). Aus der Eintragung vom 19. Februar 1919 (S. 58) geht hervor, daß er zumindest am Anfang auch der Redaktion der Deutschen Nation angehörte.

118. Prittwitz (wie Anm. 117), Anhang S. 238

119. Vgl. Lothar Albertin: Liberalismus und Demo-

kratie am Anfang der Weimarer Republik. Eine vergleichende Analyse der Deutschen Demokratischen Partei und der Deutschen Volkspartei, Düsseldorf 1972. Einige der im Text folgenden Zitate aus Aufrufen und Programmen, von Gremien und Personen der DDP und der DVP wurden diesem Buch entnommen. Andere finden sich in: Werner Fritsch: Deutsche Demokratische Partei (DDP) 1918–1933, in: Dieter Fricke u.a. (Hrsg.): Lexikon zur Parteiengeschichte. Die bürgerlichen und kleinbürgerlichen Parteien und Verbände in Deutschland (1789–1945), Band 1, Köln 1984, und in: Dieter Langewiesche: Liberalismus in Deutschland, Frankfurt am Main, 1988

120. Zu den parteipolitischen Konstellationen in den ersten Wochen nach dem 9. November vgl. Eberhard Kolb: Die Weimarer Republik (= Oldenbourg Grundriß der Geschichte, Band 16), München 1983, S. 1–22. Vgl. auch Reinhard Rürup: Probleme der Revolution in Deutschland 1918/19, Wiesbaden 1968.
121. Langewiesche (wie Anm. 119), S. 253
122. Dieses und das folgende Zitat nach Hansen (wie Anm. 116), S. 94/95
123. Zu Bülow vgl. Peter Krüger/Erich J. C. Hahn: Der Loyalitätskonflikt des Staatssekretärs Bernhard Wilhelm von Bülow im Frühjahr 1933, in: Vierteljahreshefte für Zeitgeschichte 20, 1972, S. 376–410. Bülow spielte die zentrale Rolle bei der Wende der deutschen Außenpolitik im Jahre 1930, nach der das Ziel der Revision der außenpolitischen Bestimmungen des Vertrags von Versailles nicht länger mit den Mitteln der wechselseitigen Verständigung, sondern der verschärften Konfrontation erreicht werden sollte. Die Frage nach den Kontinuitätslinien, die diese Konfrontationspolitik der letzten Jahre der Republik mit der Außenpolitik der ersten Jahre der nationalsozialistischen Herrschaft verbinden, soll hier ebensowenig erörtert werden wie die Frage nach der Kontinuität der Ziele dieser Konfrontationspolitik und der Verständigungspolitik Stresemanns. Ein schönes Bild für die Abwendung von Stresemann auch bei denen, die sein Ziel, die Rückkehr zur deutschen Großmachtstellung, teilten, findet sich in den Aufzeichnungen von Ernst von Weizäcker, der von 1938 bis 1943 Staatssekretär des auswärtigen Amtes war. »Es gibt mir«, heißt es unter dem 16. Februar 1930, »einen Stich, wenn ich in unserem Amt einen Ehrenplatz für eine Stresemann-Büste herrichten sehe, während der verstaubte Bismarck-Kopf nur ein bescheidenes Oval im Treppenhaus einnimmt.« Genau einen Monat später kann er schon feststellen, daß »das Erbe Stresemanns ... heute doch schon mißtrauisch betrachtet« wird. »Kommt seine Büste nicht bald ins Amt, so kommt sie vielleicht gar nicht mehr.« Sie kam doch ins Amt, wurde jedoch im März 1933 entfernt, und zwar von Johannes Sievers, der damals noch nicht zur Disposition gestellt war und der in seiner Eigenschaft als Kunstreferent im Aiftrage seiner Vorgesetzten handelte. Sievers war auch derjenige, der im Frühjahr 1922 im Auftrag von Außenminister Walther Rathenau eben das bescheidene Oval, eine schildförmige Vertiefung, anbringen ließ, um die Bismarck-Büste so aufstellen zu können, daß auf sie »der Blick jedes Besuchers fallen mußte«. Die Zitate von Weizsäcker in: Die Weizsäcker-Papiere 1900-1932, Hrsg. Leonidas E. Hill, Berlin, Frankfurt am Main, Wien 1982, S. 400/401. Sievers, Rathenau und die Bismarck-Büste vgl. Johannes Sievers: Aus meinem Leben, S. 352. Typoskript im Archiv der Verwaltung der Staatlichen Schlösser und Gärten, Schloß Charlottenburg. Sievers und die Stresemann-Büste vgl. Politisches Archiv des Auswärtigen Amtes, R 120 191.
124. Karl Graf von Hertling: Ein Jahr in der Reichskanzlei. Erinnerungen an die Kanzlerschaft meines Vaters, Freiburg 1919, S. 36
125. Zitiert nach: Peter Krüger/Erich J. C. Hahn (wie Anm. 123), hier. S. 402
126. Zu Neurath vgl. Döscher (wie Anm. 101), S. 51–58. Dort auch das folgende Zitat aus dem Pressetelegramm.
127. Prittwitz (wie Anm. 117), S. 145
128. BA R 43 I Reichskanzlei, Nr. 1508, Blatt 33 (Abschrift). Der Reichskanzler bat den Kaiser »ehrfurchtsvoll, durch Vollziehung der anliegenden Allerhöchsten Cabinetts-Ordre diese Bezeichnung Allergnädigst genehmigen zu wollen«. Diese Ordre, in der es nicht nur um die Benennung der Behörde, sondern um deren Errichtung ging, befindet sich im Original in BA R 43 I Reichskanzlei, Nr. 1506, Blatt 37
129. Vgl. Morsey (wie Anm. 8), S. 104–122
130. BA R 43 I Reichskanzlei, Nr. 1506, Blatt 18
131. Zum Stellvertretergesetz vgl. Morsey (wie Anm. 8), S. 287–312
132. BA R 43 I Reichskanzlei, Nr. 1506, Blatt 17
133. Brecht (wie Anm. 44), S. 207. Die folgenden Zitate auf S. 207/208
134. BA R 43 I Reichskanzlei, Nr. 1506, Blatt 88/89 (Entwurf Sachse), Blatt 91–93 (Konzept mit handschriftlichen Ergänzungen Tiedemanns). Vgl. Morsey (wie Anm. 8), S. 224
135. Stenographische Berichte über die Verhandlungen des deutschen Reichstages, Band 80, VI. Legislaturperiode, I. Session 1884/85, 8. Sitzung. Donnerstag, den 4. Dezember 1884, S. 197–201; S.198 (Rottenburg); S. 199/200 (Bismarck)
136. BA R 43 I Reichskanzlei, Nr. 1506, Blatt 84
137. BA R 43 I Reichskanzlei Nr. 1506, Blatt 102

138. Aufzeichnungen des Geheimrats Johannes Pinkow über die Einrichtungen in der Reichskanzlei und des Reichskanzlerhauses zur Zeit des Fürsten Bismarck und seiner unmittelbaren Nachfolger, Typoskript in BA R 43 I Reichskanzlei, Nr. 1508, Blatt 117–176, hier Blatt 128
139. Christoph von Tiedemann: Sechs Jahre Chef der Reichskanzlei unter dem Fürsten Bismarck, Leipzig 1910, S. 436. Der Titel ist irreführend, da Tiedemann im September 1881, dreieinhalb Jahre nach der Gründung, aus dem Dienst der Reichskanzlei ausschied. Er war allerdings bereits seit Frühjahr 1876 als »persönlicher Adjutant« und »auschließlich zur Verfügung« Bismarcks in das preussische Staatsministerium eingetreten. Tiedemann rechnet diese zweieinhalb Jahre mit zu seiner Tätigkeit als Chef der Reichskanzlei.
140. Handbuch für das Deutsche Reich auf das Jahr 1886, Berlin 1886, S. 38. Ähnlich formuliert bereits der Immediatbericht vom 16. Mai 1878 (wie Anm. 128)
141. Stenographische Berichte über die Verhandlungen des Deutschen Reichstages , Band 47, 3. Legislaturperiode, II. Session, 10. Sitzung am 26. Februar 1878, S. 224–235; S. 229/230 (Hänel); S. 231/232 (Windthorst)
142. BA R 43 I Reichskanzlei, Nr. 1508, Blatt 7–10
143. Karl Oldenburg: Aus Bismarcks Bundesrat. Aufzeichnungen aus den Jahren 1878–1885, Berlin 1929, S. 33
144. BA R 43 I Reichskanzlei, Nr. 1506, Blatt 5
145. Siegfried Schöne: Von der Reichskanzlei zum Bundeskanzleramt. Eine Untersuchung zum Problem der Führung und Koordination in der jungen deutschen Geschichte, Berlin 1968, S. 37
146. Tiedemann (wie Anm. 139), S. 45
147. Vgl. das Kapitel »Politik der Symbole«
148. Helmut Böhme: Deutschlands Weg zur Großmacht. Studien zum Verhältnis von Wirtschaft und Staat während der Reichsgründungszeit 1848–1881, Köln/Berlin 1966, S. 455
149. Tiedemann (wie Anm. 139), S. 68–89. Böhme (wie Anm. 148), S. 388 (Sammelbewegung) und S. 424 ff. zu diesen beiden Petitionen.
150. Tiedemann (wie Anm. 139), S. 182/183
151. Tiedemann (wie Anm. 139), S. 233
152. Böhme (wie Anm. 148), S. 318/319
153. Tiedemann (wie Anm. 139), S. 356/357. Zu Bismarcks Schreiben an den Bundesrat vgl. Böhme (wie Anm. 148), S. 524/525
154. Bismarck und Tiedemann, in: Heinrich von Poschinger: Stunden bei Bismarck, Wien 1910, S.277–289, hier S. 278
155. Vgl. Hartung (wie Anm. 4), S. 255
156. Rudolf Morsey: Zur Geschichte der obersten Reichsverwaltung im wilhelminischen Deutschland (1890–1900), in: Deutsche Verwaltungsblätter 1, 15.Januar 1971, S. 9–16, hier S. 13
157. Katherine Anne Lerman: The Chancellor as Courier. Bernhard von Bülow and the Governance of Germany 1900–1909, Cambridge 1980, S. 109
158. Bernhard Fürst von Bülow: Denkwürdigkeiten, Zweiter Band, Berlin 1932, S. 276
159. Zu Wilmowsky, Conrad, Loebell und Wahnschaffe vgl. Peter Christian Witt: Konservatismus als »Überparteilichkeit«. Die Beamten der Reichskanzlei zwischen Kaiserreich und Weimarer Republik 1900–1933, in: Dirk Stegmann/Bernd-Jürgen Wendt/Peter-Christian Witt (Hrsg.) Deutscher Konservatismus im 19. und 20. Jahrhundert, Bonn 1983, S. 231–280, bes. S. 271/272
160. Brecht (wie Anm. 44), S. 200/201
161. Brecht (wie Anm. 44), S. 201–203. Zu Simons vgl. Witt (wie Anm. 159), S. 275
162. Brecht (wie Anm. 44), S. 205. Zu Schlieben vgl. Witt (wie Anm. 159), S. 275
163. Brecht (wie Anm. 44), S. 251–254. Zu Bornstedt vgl. Witt (wie Anm. 159), S. 274/275
164. Witt (wie Anm. 159), S.272/273
165. BA R 43 I Reichskanzlei, Nr. 1507, Blatt 138. Vgl. Schöne (wie Anm. 145). S. 129/130 und Witt (wie Anm. 159), S. 248
166. Schöne (wie Anm. 145), S. 133/134; Witt (wie Anm. 159), S. 248–251. Vgl. auch Peter Christian Witt: Kontinuität und Diskontinuität im politischen System der Weimarer Republik. Das Verhältnis von Regierung, Bürokratie und Reichstag, in: Gerhard A. Ritter (Hrsg.): Regierung, Bürokratie und Parlament in Preußen und Deutschland von 1848 bis zur Gegenwart, Düsseldorf, o. J., S. 117–148
167. Akten der Reichskanzlei. Weimarer Republik, Band 1. Das Kabinett Scheidemann, bearbeitet von Hagen Schulze, Boppard 1971, Nr. 1, S. 1–4: »Denkschrift des Ministerialdirektors Meyer-Gerhard über die Geschäftsordnung des Reichsministeriums« vom 20.2.1919.
168. Otto Geßler: Reichswehrpolitik in der Weimarer Zeit, Hrsg. Kurt Sendtner, Stuttgart 1958, S. 371. Zu den verschiedenen Besprechungskreisen siehe das Vorwort von Karl Dietrich Erdmann in den Bänden der Edition der Akten der Reichskanzlei. Weimarer Republik.
169. Hermann Pünder: Politik in der Reichskanzlei. Aufzeichnungen aus den Jahren 1929–1932 (= Schriftenreihe der Vierteljahreshefte für Zeitgeschichte, Nr. 3), Hrsg. Thilo Vogelsang, Stuttgart 1961, S. 29–32
170. Von Februar 1919, also nach dem Rat der Volksbeauftragten, bis 29. Januar 1933, amtierten insgesamt 20 Kabinette.

171. Pünder (wie Anm. 169), S. 46
172. Akten der Reichskanzlei. Weimarer Republik, Band 11. Das Kabinett Müller II, 1, bearbeitet von Martin Vogt, Boppard 1970, Einleitung des Bearbeiters, S. XV
173. Zur Bildung und zur Politik der Regierung Brüning vgl. immer noch Karl Dietrich Bracher: Die Auflösung der Weimarer Republik. Eine Studie zum Problem des Machtverfalls in der Demokratie, Stuttgart 1955, S. 303 ff. Kurze und prägnante Zusammenfassung der Vorgänge bei Kolb (wie Anm. 120), S. 123–141
174. Pünder (wie Anm. 169), S. 48 (4. April) und S.50 (13. April)
175. Der § 48, Absatz 2 der Weimarer Republik gab dem Reichspräsidenten die Möglichkeit, bei einer erheblichen Störung oder Gefährdung der öffentlichen Sicherheit und Ordnung vorübergehend einschneidende Maßnahmen zu ergreifen, um den Normalzustand wiederherzustellen Diese Maßnahmen, zu denen auch der Einsatz der bewaffneten Gewalt und Suspendierung von Grundrechten gehörte, mußte nach Absatz 3 des § 48 auf Verlangen des Reichstags außer Kraft gesetzt werden. Bei diesem Verfassungsparagraphen war also an exekutive Maßnahmen zur Bewältigung des Ausnahmezustands und nicht an legislative Maßnahmen neben und anstelle der Gesetzgebung des Parlaments gedacht. Gleichwohl wurde dieses Notverordnungsrecht schon in den ersten Jahren der Republik immer wieder als Weg der Gesetzgebung benutzt, der allerdings weder de jure noch de facto mit dem Plan einer Revision der Verfassung verknüpft war. Erst die Verbindung des Notverordnungsrechts nach § 48 mit dem Recht des Präsidenten zur Auflösung des Reichstags nach § 25 der Verfassung und dem Recht des Präsidenten zur Ernennung des Reichskanzlers und der Reichsminister nach § 53, wie es seit Amtsantritt der Regierung Brüning praktiziert wurde, machte aus der Verfassung ein Instrument zur Revision der Verfassung. Vgl. Hans Boldt: Der Artikel 48 der Weimarer Verfassung. Sein historischer Hintergrund und seine politische Funktion, in: Michael Stürmer (Hrsg.): Die Weimarer Republik. Belagerte Civitas, Frankfurt am Main 1980, S. 288–309
176. Pünder (wie Anm. 169), S. 56
177. Pünder (wie Anm. 169), S. 57 (12. September)
178. Pünder (wie Anm. 169), S. 59 und 79
179. Ich folge in der Darstellung Dieter Rebentisch: Hitlers Reichskanzlei zwischen Politik und Verwaltung, in: Dieter Rebentisch/Karl Teppe (Hrsg.): Verwaltung contra Menschenführung im Staat Hitlers, Göttingen 1986, S. 65–99; Dieter Rebentisch: Führerstaat und Verwaltung im Zweiten Weltkrieg. Verfassungsentwicklung und Verwaltungspolitik 1939–1945, Stuttgart 1989, besonders S.46–67 (Reichskanzlei), S.117–131 (Ministerrat für die Reichsverteidigung)
180. Henry Picker: Hitlers Tischgespräche im Führerhauptquartier, Berlin 1993, S. 276 (5. Mai 1942)
181. Zitiert nach Rebentisch: Hitlers Reichskanzlei (wie Anm. 179), S. 68
182. Brecht (wie Anm. 44), S. 380 und 394. Dort auch das folgende Zitat.
183. Rebentisch: Hitlers Reichskanzlei (wie Anm. 179), S. 76–81; Rebentisch: Führerstaat (wie Anm. 179), S. 56–63
184. Mommsen/Müller
185. Ullrich von Hassell: Die Hassell-Tagebücher 1938–1944. Aufzeichnungen vom Andern Deutschland, Hrsg. Friedrich Freiherr Hiller von Gaertringen, Stuttgart 1988, S. 195/196
186. Hassell (wie Anm. 185), S. 196
187. Rebentisch: Führerstaat (wie Anm. 179), S.62
188. Rebentisch: Hitlers Reichskanzlei (wie Anm. 179), S. 78/79; Rebentisch: Führerstaat (wie Anm. 179), S. 59–61
189. Zitiert nach Rebentisch: Führerstaat (wie Anm. 179), S. 60
190. Rebentisch: Hitlers Reichskanzlei (wie Anm. 179), S. 78, Anm. 49; Rebentisch: Führerstaat (wie Anm. 179), S. 60, Anm. 119
191. Zum folgenden Lothar Gruchmann: Die »Reichsregierung« im Führerstaat. Stellung und Funktion des Kabinetts im nationalsozialistischen Herrschaftssystem, in: Günther Doeker/Winfried Steffani (Hrsg.): Klassenjustiz und Pluralismus. Festschrift für Ernst Fraenkel zum 75. Geburtstag am 26. Dezember 1973, Köln 1973, S. 187–223
192. Zum Ermächtigungsgesetz vgl. Karl Dietrich Bracher: Stufen der Machtergreifung, in: Bracher/Sauer/Schulz (wie Anm. 45), S. 1–370, hier S. 152–168, Martin Broszat: Der Staat Hitlers, München 1989, S. 108–116
193. Gruchmann (wie Anm. 191), S. 192. Dort auch die folgenden Zahlen
194. Die folgende Darstellung nach Gruchmann (wie Anm. 191), S. 192–196
195. Gruchmann (wie Anm. 191), S. 196
196. Darstellung nach: Rebentisch, Hitlers Reichskanzlei ... (wie Anm. 179), S. 85/86
197. Der Intervention von Lammers hatte einerseits Erfolg, da der beanstandete Absatz aus dem Gesetz gestrichen wurde, bevor Hitler es am 30. April 1938 unterschrieb. Andererseits hatte der »Stellvertreter des Führers« seine Zustimmung zu dieser Streichung nur unter der Bedingung gegeben, daß die diesem Absatz entsprechende Regelung in die Ausführungsbestimmungen übernommen würde. Vgl. Rebentisch: Hitlers Reichskanzlei (wie Anm. 179),

S. 86, der darauf hinweist, daß an diesem Vorgang das Dilemma der Reichskanzlei im Dritten Reich deutlich werde, die gerade dadurch, daß sie an der Rechtsförmigkeit der Vorgänge festhielt, dem größten Unrecht den Schein des Rechtes verlieh.

198. Kempner (wie Anm. 6), S. 304/305

199. Rebentisch: Führerstaat (wie Anm. 179), S. 117–131 (Ministerrat für die Reichsverteidigung) für die folgende kurze Skizze vgl dieses Buch von Rebentisch und Broszat (wie Anm. 192)

GStPK = Geheimes Staatsarchiv Preußischer Kulturbesitz
BA = Bundesarchiv Koblenz

ABBILDUNGSNACHWEIS

Architektursammlung der TU Berlin
S. 257, S. 260, S. 261

Archiv der Vereinigten Werkstätten für Kunst im Handwerk
S. 95, S. 124, S. 169

Archiv des Autors – S. 81, S. 125, S. 149, S. 156, S. 159, S. 203, S. 312, S. 313, S. 314 unten, S. 315

Bauwelt 1937 – S. 322/323

Berlin und seine Bauten I (1877) – S. 31 unten, S. 241 unten, S. 280, S. 282

Berlin und seine Bauten II (1896) – S. 241 oben, S. 283, S. 309

Berliner Bauwerke Tafel 11 – S. 177, S. 292

Bildarchiv Preußischer Kulturbesitz – S. 16, S. 19 oben rechts, S. 23, S. 69, S. 73, S. 109, S. 111, S. 135, S. 167, S. 202, S. 205, S. 240, S. 248 oben, S. 272, S. 274, S. 284, S. 302, S. 307

Bundesarchiv Koblenz – S. 18 oben links, S. 31 oben, S. 59, S. 62, S. 85 oben/unten, S. 93, S. 116–117, S. 213–217, S. 243 oben, S. 287, S. 300, S. 319

Deutsche Bauzeitung 1913 – S. 321 links

Die Baugilde – S. 60, S. 61, S. 304/305

Anneliese Eichholtz, Bad Iburg – Umschlag, S. 30

Geheimes Staatsarchiv PK – S. 18 oben rechts, S. 162/163, S. 245, S. 254, S. 259, S. 264, S. 266

Kunstbibliothek SPK Berlin – S. 44, S. 145, S. 147, S. 148, S. 173, S. 275, S. 277, S. 289, S. 290, S. 295–297

Landesarchiv Berlin– S. 15, S. 79, S. 243 unten, S. 246, S. 252/253, S. 263, S. 311 oben

Landesbildstelle Berlin – S. 19 oben links, S. 200, S. 221, Pläne S. 225–237, S. 245, S. 251, S. 269, S. 278, S. 285, S. 288, S. 294, S. 303, S. 310, S. 314, S. 320, S. 321 rechts

Johannes Sievers: Bauten für die Prinzen August, Friedrich und Albrecht von Preußen, 1954 – S. 273

Stiftung Reichspräsident Friedrich Ebert Gedenkstätte Heidelberg – S. 144

Stiftung Stadtmuseum Berlin – S. 12, S. 101, S. 255, S. 267, S. 268, S. 308

Ullstein Bilderdienst – S. 17, S. 25, S. 72, S. 83, S. 87, S. 89, S. 94, S. 142, S. 146, S. 151, S. 155, S. 191, S. 201, S. 209, S. 311 unten, S. 317

Zeitschrift für Bauwesen 1904 – S. 270/271

Zentralblatt der Bauverwaltung 1903 – S. 49, S. 134, S. 256

Zentralblatt der Bauverwaltung 1905 – S. 97

Zentralblatt der Bauverwaltung 1939 – S. 248–250